# 古代文化常识这样学

韩健 著

中信出版集团|北京

图书在版编目（CIP）数据

古代文化常识这样学 / 韩健著. -- 北京：中信出版社，2023.11（2025.5重印）
ISBN 978-7-5217-4748-5

I. ①古… II. ①韩… III. ①中华文化－青少年读物 IV. ①K203-49

中国版本图书馆CIP数据核字（2022）第167910号

古代文化常识这样学
著者：韩健
出版发行：中信出版集团股份有限公司
（北京市朝阳区东三环北路27号嘉铭中心　邮编　100020）
承印者：北京盛通印刷股份有限公司

开本：787mm×1092mm 1/16　印张：30.5　字数：500千字
版次：2023年11月第1版　印次：2025年5月第3次印刷
书号：ISBN 978-7-5217-4748-5
定价：79.00元

版权所有·侵权必究
如有印刷、装订问题，本公司负责调换。
服务热线：400-600-8099
投稿邮箱：author@citicpub.com

# 目录

前言 / III

## 第一部分
## 皇帝老儿的标杆式生活

第一章　宗法 / 003

第二章　皇帝 / 023

第三章　宫室 / 058

## 第二部分
## 张三的苦难岁月

第四章　称谓 / 084

第五章　生死 / 099

第六章　婚姻 / 138

第七章　亲族 / 153

第八章　邻里 / 162

第九章　社会 / 175

第十章　礼节 / 227

第十一章　营生 / 271

第十二章　服役 / 281

## 第三部分
## 张三的科举之路

第十三章　进私塾 / 315

第十四章　中秀才 / 318

第十五章　考举人 / 328

第十六章　成状元 / 341

## 第四部分
## 张三的仕途

第十七章　地方官制 / 361

第十八章　中央官制 / 390

第十九章　品阶勋爵 / 442

第二十章　官员考绩 / 451

第二十一章　官职变化 / 454

后记 / 475

# 前言

中国古代文化常识应该怎么学？将这个问题推而广之，像中国古代文化常识这样细碎且庞杂的知识，应该怎么学？

作为一名学习者，我深一脚浅一脚地摸索过二十多年，踩坑无数。

上高中那时，为了应付考试，我背过好些来自不同参考书的密密麻麻的所谓"知识清单"，最终搞得自己脱发一大把，肠胃不适，却收获寥寥。至今犹记，我当时的强烈感受是——根本记不住。虽说那时在考试重压之下，对待学习很是"势利"，可以说"不在乎天长地久，只在乎考前拥有"，但现实是，就吃一碗泡面的工夫，泡面里的防腐剂还没代谢完，很多知识点就已经不愿意和我"亲密共存"了，随着泡面的香气消散了。

还有，那些历经风霜还对我"不离不弃"的知识点，期待它们原封不动地出现在考试文章里就像买彩票中奖。费了半天劲记住"三省六部制"，但阅读文段里出现的，都是类似"开府仪同三司""同中书门下平章事""提举崇福宫""公车司马令"这样奇怪且冗长的"怪胎"官名；好不容易牢牢记住"致仕"是指古代官员退休，文章里又来了个模样差不多的"致身"，意思竟然和致仕截然相反，是指献身入仕……"累觉不爱"就是我当时的心声，刻骨铭心。

后来在北京师范大学文学院读书，我发现自己和古代文化常识真是"冤家路窄"。自己竟然中了一些有趣教授的"邪"，真心爱上了古典文学，整月整年地泡在古诗词、文言文里。入门的时候，我心里隐隐叫苦：当年高考完扔书，看来是太年轻、太草率了，"知识清单"们迟早得重回案头。可是，我泡久了发觉，当初那些"知识清单"一次都没翻过，似乎以后也用不着了。从前那些记不住的琐碎知识点，现在在脑中居然甩都甩不掉。这回打通任督二脉，应该是有原因的。

第一，这些知识点其实并不是孤立存在的，而是根植于深厚的社会背景和文化传统。枝枝相覆盖，叶叶相交通。就好像面对一株仙人掌，我们不应该单独记忆它的外貌特征和植物特性，而应该结合它背后更广阔的自然环境，即在沙漠地带那种干旱少雨、烈日暴晒的环境之下，植物会呈现出什么特点。道理想明白了，具体内容理解性地推理一下就好，要记住它并不费劲。不仅如此，记忆在干旱环境下生存的其他植物如胡杨、芦荟、多肉等分别有什么特点，也都没什么难度。这也正是当年在大学里"浸泡式"学习的成果，了解古人的各种生活细节，在众多作品里感受他们的思维方式，其实就是在探索知识点产生的原因。时间久了，这些文化常识，就真的刻在脑海中了。

第二，学科之间的知识点应该是交叉联系的。上大学之前，我觉得语文就是一个学科；上大学之后，我才知道文学和文字学是两个分支。学习的过程就好像谈恋爱，分支之间分分合合，分头提升自我，合并在一起就更容易双向奔赴。其中，古文字学方面的知识对理解古代文化常识多有助益：为什么"布"这个字原本就是劳动人民制作衣服的材料？为什么"殿"字既能指高大上的宫廷建筑，又能在官员考绩中表示最差？为什么"尹"这个字用在官职名称时，经常指中高级别官员？积累的专业知识越多越杂，彼此之间就越容易出现"神助攻"。

第三，知识点之间也应该是广泛联系的。我渐渐意识到，从前那种单独罗列一个知识点的学习方式是反人性的，会使得每一个知识点孤立无援。大脑在接受知识的时候，孤立的知识点因没有依托，不能融入既有的知识体系，就极容易被海马体扔出"记忆仓库"。要想掌握知识点，就得把它们织成一张网，有意识地发掘其中的关联：皇家宫殿与百姓住宅的建筑规则是不是可以对比观察？说到里坊制度的时候，少不了要提到宵禁，那么负责管理宵禁的官员和唐代的官制是不是也自然而然地扯上了关系？等等。如果在知识点之间建立起联系，海马体就更容易接受它们。学习的终极秘籍，就是不要和认知规律对抗，这是人性。

作为一名高中语文老师，在中国古代文化常识教学的路上，我也摸索了十几年。

我想要帮学生学好这些，不想看到他们再走我当年"累觉不爱"的老路。以下两种途径，是经过我反复验证的。

第一，通过讲故事传授知识。一个让人印象深刻的故事，包含的边边角角的小知识，即便过去很多年，人都不会忘。比如讲避讳长辈名字的知识，就一定要讲"诗鬼"李贺当年无法参加科举考试的悲催故事。相比于扔给学生一堆"干货"，讲故事是有些"浪费"时间，可是从长远来看，就能看出差别。当"干货"早已"腐烂"，那个故事却能在学生的大脑中始终保持鲜活。只要提起悲催的"诗鬼"，其中蕴含的知识点也就"复活"了。这也是由人脑的认知规律决定的，顺应认知规律的教学方式才是有效的。

第二，对枯燥的知识多做一些延伸性的讨论。知识点是维生素、蛋白质，虽重要，却没人愿意直接当饭吃，因为无趣。味同嚼蜡的结果就是，不爱吃，少吃，甚至不吃。延伸性的讨论是把它们变成美味，易于下咽，且风格可变：今天是满汉全席，明天是麻辣火锅……正因为学海无涯，以苦为舟，才难坚持前进。比如我只是在课上提到了古代帝王家的嫡长子继承制，有学生在下面嘟囔了一句"这个制度好蠢啊，嫡长子万一是个傻子咋办？"，引得哄堂大笑，于是大家就此讨论了半节课，讨论了为什么会出现这样的制度，这个制度会引发什么后果，这个制度在历史上有哪些正面例子或者反面例子……讨论的内容五花八门，贯通古今中外，这才是学习中国传统文化的意义所在。后来，我看到当天讨论过的内容多次被学生应用到作文中，或作为论据，或作为观点。思考的乐趣最终成就更高的效率。

很多学习者坚持不下来，是因为把学习当成了跑马拉松，一声枪响，就全拼意志了。如果有人把这个过程变成逛街呢？可能没有那样快，但是心情愉悦，过程放松，容易坚持啊，而且也不伤身体。最终走过的里程，可能自己回望的时候都会吓一跳。于是我把这些经验总结出来，写成了这本书。在写书的过程当中，我始终注重体系化、因果逻辑、运用故事和讨论延伸。

我尝试让体系化成为本书的最与众不同之处。对于一些零散的知识，我改变了传统的分类方式，以"皇帝老儿的标杆式生活""张三的苦难岁月""张三的科举之路""张三的仕途"四个话题作为篇名，把枯燥的古代文化常识融入古人生活、考试、做官的方方面面，变得真实、易接受。

另外，我还制作了一幅大思维导图，以一张形象的"网"来呈现这些知识之间的关联。有了这张"网"，学习过程就会变成：在"网"中找到自己想要查阅的知识点→翻开书阅读、学习→回到"网"中看看与之相关的其他知识点→翻开书学习新的拓展知识……如此循环，每一次学习都能帮助大脑构建知识体系，这个知识体系也慢慢地变得完整。

为了保证本书的因果逻辑，我下了很多功夫。我希望学习者能够知其然，并且把知其所以然看得更重要。因此，在知识的讲述上，我没有将结论直接呈现，那就像在说"你自己去背吧"。我想要带着大家，从探究的角度，分析某个知识的成因，让学习者自然而然地用意义记忆代替机械记忆。很多学习者，尤其是在考试重压下的学生，常常会陷入一种关于效率的迷思："老师，你不要扯那些没用的，浪费时间，直接给我'干货'就好。"太遗憾了，大脑就是讲究系统、逻辑和理解的。从长远来看，多次痛苦的、无意义的"干货"记忆，相比于一次用时略长的有意义学习，低效多了。

运用故事和讨论延伸是这本书的另外两个特点。尤其是在第三部分里，我把主人公张三设定为一个生活在古代的书生，用一整篇的篇幅以及近似小说的叙述，带着读者走了一遍他的科举之路。"醉翁之意"不在讲故事本身，而在于传授故事中关于科举考试的知识碎片。还有第四部分，为了梳理中国古代官制中最复杂的部分——相权是怎样演变的，我把它讲述成现代社会中公司的几股势力来回较量的故事，听起来也是乐趣满满。我希望读者就像听隔壁公司的"权斗"八卦一样，在欢乐的阅读氛围中，不知不觉地把零散的知识点串起来，做到融会贯通。

最终，涉及一个最实际也最让人头痛的问题——中国古代文化常识浩如烟海，选哪些来讲呢？是参照各种高考复习资料里的"知识清单"，还是把这个领域中如泰山北斗一般的重量级读物——王力先生主编的《中国古代文化常识》——当作蓝本？

我都没有选。

我的选择特别务实：要选那些最切实有用的知识点，也就是普通学习者在古代文献中见到最多的，中学生在课本里、在高考试卷里最常遇到的知识点。这就完全没有办法凭借经验和主观臆测了。为了实现这个简单而务实的目标，我在提笔之前，用目前国际上最先进的"人工智能"做了一项宏大的工作。对，一位语文老师所谓的"人工智能"，就是用纯人工的方式对大量数据进行智能分析。

第一步，我把人教版语文教材中，从小学到高中的文言文篇目，近3.2万字，以及最近13年来（2011—2023）在高考中出现过的文言文真题汇总在一起，包括全国卷和地方卷，一共有138篇，13.3万余字。这些文言文段落，从时代上讲跨越了春秋到清朝，从体裁上讲涵盖了历史散文、抒情小品文、议论文、游记、墓志铭等类。因此它们有较强的代表性，不管是对于面对高考的考生，还是对于需要阅读文言文的学习者来说，这些都是弥足珍贵的资料。我把这 13.3 万余字逐字逐句地翻译出来，为了再现阅读和考试的过程，我一边读一边圈画出对理解文意有帮助的古代文化常识。不画不知道，一画吓一跳，这些知识点分布得非常密集，且和大家熟悉的"知识清单"相去甚远。

第二步，我把这些知识点逐条输入电脑，得到了 2557 条文化常识"生料"。这些内容在电脑里是没有办法自动归类的，我便把它们打印出来，裁成一张张小纸条。

第三步，按照编排思路把这些堆积如山的小纸条逐一归类，整理齐备。这项工作特别有意义，最能体现"人工智能"的优越性。经过这一番折腾，哪些是重点，只要看这堆积纸条的数量就一目了然了。而且在相应的部分里，实战当中的知识点会以怎样的面貌呈现，也非常清晰。如此一来，在具体的讲解过程中，我就能踏踏实实、充满自信地做到有的放矢了。

中国古代文化博大精深，要讲好古代文化常识，确实是一件有挑战的工作，而我还在为此奋斗的路上。书中难免有不足之处，还请各位读者多多指教。

# 第一部分

## 皇帝老儿的标杆式生活

做皇帝，是不是天下第一得意事？这是三观领域的有趣话题。历朝历代皇帝的为政得失，是历史学家们忙活的领域。我们在中国古代文化常识的学习当中虽不必细究这些，但也得对皇帝及皇家生活投入大量关注。这不仅仅是因为中国古代社会是皇权至上，这个权力中心有力量主宰整个国家的命运走向，更重要的是，围绕着这个权力中心产生的各种礼仪规矩、生活安排，会成为整个古代社会的标杆。普通官员、平民百姓虽然不可能照搬皇帝生活中的每个细节，但皇帝生活中的某些原则、原理是辐射四方的，所以我把这部分内容安排在开篇。

以一个什么样的视角来观察皇帝和皇家的生活，最有利于我们了解这些知识呢？像个小说家一样杜撰一些事情太不靠谱；像个平民百姓一样匍匐仰视这位高高在上的天子，你就看不到其生活的方方面面，也无法对其共情……最佳的视角是把皇帝当成一个普通人，理解他有七情六欲，也有一堆不得不面对的烦心事；会经历婚丧嫁娶，也得花心思处理与七大姑八大姨的亲戚关系。自然，身处权力之巅，他日思夜想的是无论如何也不能让祖宗基业有丝毫动摇……在这一部分里，我们将皇帝称为"皇帝老儿"，用着这个称呼，他看上去就没那么高不可攀了。如果你能站在皇帝的立场上想事情，多问问枯燥知识背后的成因，思考皇帝定规矩的动机，这些知识就更容易被全面理解，很多看上去杂乱无章的知识，记起来也就容易多了。

# 第一章
# 宗法

现代社会比较重视个人的权益和价值，比如很多年轻人结婚喜欢签婚前财产协议，古代社会更重视家庭的传承，家庭拥有多少财富，习惯以集体为单位。一说到唐朝，就是指李家的江山；一说到宋朝，就是指赵家的天下。身处其中的皇帝老儿心里也明白，皇权就是接力棒，每一任皇帝都是本家族的运动员，跑得快不快尚在其次，首要是保护好接力棒，不能弄丢了。

那关于这场接力赛的内容，咱们就先从交接环节说起。

## 受禅

接力棒从哪儿来呢？绝大多数选手的棒都是从自家老爹手里接来的，再不济，也是从自己的亲兄弟、亲叔伯、亲老公手里接来的，更有甚者是从自己的亲侄儿怀里抢来的。这些家族内部运作的戏码，咱们都比较熟悉。有些选手原本不在赛道上，但乱世出枭雄，他们大刀阔斧地从别家抢来接力棒，在自家赛道上开始奔跑。这种丰功伟绩在中国古代历史上可以说是屡见不鲜。

这里又涉及古今文化的不同。古代封建社会是家天下，建立王朝的功绩在宣传上往往陷入两难的境地：大肆歌颂这位祖宗建立了自家基业吧，他当时明明就是犯上作乱，不光说起来不好听，如此宣传出去，自己的臣民不也蠢蠢欲动、纷纷效仿吗？可是闭口不提吧，人家毕竟是开国君主，是自家长辈，那不显得不贤不孝了？

所以，古代封建社会的文献在描述开国君主取得大位的时候，尤其是本朝人描述自己这一朝的开国君主时，往往是扭扭捏捏的，犹抱琵琶半遮面。这夺棒的惊险过程通常被粉饰成太平友好的"受禅"，即接受禅让，就像从前尧把位子禅让给舜，舜又把位子禅让给禹，真妙！这妙处不仅在于掩盖了祖宗当初夺棒的不正当性，而且有尧、舜二位贤君作对比，更显得祖宗接过棒不是因为能打架，而是因为人品好、能力强。

这种戏码不仅在后人记载的文献当中存在，在现实中也多有上演。曹丕当年不就自己嚷嚷了好几次："哎呀，不行不行，我怎么能做这种不忠不义的事呢？"读历史的时候，咱们了解了前因后果，见到汉献帝禅让的情节，你就会心一笑，心里是洞若观火，可是当读起文献，冷不丁来个"受禅"时，你可不能受蒙蔽、犯糊涂呀。

### 高考文本对应

**2014 年广东卷**："舜至侧微也，尧禅之以位，天地享之，百姓戴之，非有他道，惟孝友之德光于上下耳。"这里提到了尧、舜，那么这里的"禅"是真正的禅让。

**2017 年山东卷**："及高祖受禅，皓还乡里，供养贞母，将二十年。"注意，此处的"受禅"说的是后来某朝的高祖，各位就心知肚明了吧？

## 登上皇位

接棒这件事情，我们熟悉的叫法有"登基""登极""即位""登位"。如果是从家族中顺理成章地把棒接过来，而不是横刀抢夺，自然可以大大方方地说是"继位"或者"嗣位"；也可以说得更夸张一些，"登尊位""即大位"，意思都是一样的。这几个词，或者强调独一无二的宝座位置，或者强调万人之上的巅峰极点，或者强调皇权对于国家来说像建筑之基石一样，都没有什么理解上的难度。

只有一种文绉绉的叫法看上去令人费解——"践阼"。一个字一个字地击破，其实也不难。先看"践"，有个熟悉的词叫"践踏"，两个字又都是足字旁，说明践与踏的意义是类似的，踏上不就是登上吗？那"践"也类似，就是登上、踏上的意思。"阼"有个左耳刀，这个偏旁以耳命名，其实从造字的源头上看，它和耳朵一点关系都没有。从耳朵旁在篆文当中的样貌可以看出，它画的是山崖上嶙峋的石头，或是一级一级的石阶。而右边的"乍"代表"祚"，"祚"本来就有皇位的意思，也表示赐福，如我们平时说"国祚"，所以"阼"这个字指被赐福的、走上皇位的台阶。最后，"践阼"合起来就是登上去往皇位的台阶。有些地方会把"践阼"写成"践祚"，没有问题，照样能讲通，而且意思完全一样。

### 语文教材链接

高中选择性必修中册《苏武传（节选）》："昭帝即位，数年，匈奴与汉和亲。"

### 高考文本对应

2013年江苏卷："初，明帝在东宫，丰在文学中。及即尊位，得吴降人。"

2020年全国2卷："高宗即位，内徙道州，寻放自便。"

2019年全国1卷："孝文帝初即位，谦让未遑也。"

2013年大纲卷："高祖践阼，进号辅国将军。"

2014年全国1卷："值禄山构难，肃宗践祚，休烈迁太常少卿，知礼仪事，兼修国史。"

2018年全国1卷："武帝践阼，转镇东将军，进爵为侯。"

2018年全国1卷11题C选项："'践阼'原指踏上古代庙堂前台阶，又表示用武力打败敌对势力，登上国君宝座。"这个选项讲述的内容是错误的，它仅指登上国君宝座，与是否使用武力不相干。

### 皇帝去世

中国古代皇权赛道上的运动员，基本是终身制的。在这个"基本"之外，自然也有些意外，比如有跑着跑着被敌人掳走的；还有跑着跑着被丘比特的爱情之箭射得浑身是血，半路哭着喊着死活要退赛去庙里出家的；还有年少轻狂说了句"跑六十年就不跑了"，真跑到那时候虽然心里不愿意，但顾及面子也不得不拖泥带水交棒的……

无论如何，父死子继是主调。可是咱中国人的传统是忌讳"死"字，所以皇帝的去世有专门的说法——崩。这个字用得很形象：我们至高无上的君王，指挥国家、引领方向，一旦不在了，就好像大山崩塌了，另一个说法就叫"山陵崩"。山陵崩塌好理解，可为什么又说"驾崩"呢？因为驾是车驾，是皇帝的车乘，用来指代皇帝。

"晏驾"一词就说得更加隐晦。《离骚》中有句"及年岁之未晏兮，时亦犹其未央"，即趁着年华还没有迟暮，趁着季节还没有萧条，还可以大有作为。看出来了吗？"晏"是晚、迟的意思，从日与安组合的字形上也容易理解，日头都去安寝了。驾指代皇帝，那晏驾的意思就是皇帝像日暮的太阳一样，落山安寝了。

"大行"本是一个动作，行就是走，大行就是一去不复返之意。一去不复返，很容易理解，它可以成为死亡的讳称，而且因为有一个"大"字显得尊贵，所以专门用于讳称君王之死。我们在史籍中经常看到一种说法——大行皇帝，这说的是刚刚去世的皇帝。你想啊，刚刚去世的皇帝不好称呼——因为刚刚去世，谥字追尊尚未定，没法称呼谥号、庙号；那称陛下？人家新君已立，你说的是哪个陛下？在这个尴尬为难的时候，就称呼其为大行皇帝，等定下谥号、庙号，就不再这样称呼了。

"千秋""百岁"类一词，就不只是用在皇帝身上，普通人也可以用。我们现在还保留着对去世的委婉说法，叫"百年之后"。

> **高考文本对应**
>
> **2013 年江苏卷：**"帝崩后，为永宁太仆，以名过其实，能用少也。"
>
> **2020 年全国 3 卷：**"及简文崩，群臣疑惑，未敢立嗣。或云，宜当须大司马处分。彪之正色曰：'君崩，太子代立，大司马何容得异！若先面咨，必反为所责矣。'于是朝议乃定。"
>
> **2020 年全国新高考 2 卷：**"帝初崩，外庭多未知。""主事因附耳语：'宫车适晏驾，先生今即出大用矣。'即大恸，陨绝于地。"11 题 C 选项："晏驾是帝王死去的委婉说法，'晏'义为晚，晏驾指帝王车驾未能按时发出。"这个选项的内容是正确的。

## 嫡长子继承制

这一棒跑完了，下一棒谁来接？这个问题太重要了，权力的生态当然也讲究可持续发展。赛场上的每一位运动员在运动生涯中都有责任和义务，一边往前跑，一边把这个关键问题解决好。首先要保证有人跑，在此基础之上，后备力量自然是越多越好。因为儿子多了才有挑选的可能，才有抵御不可抗风险的能力。然后，在适当的时机，确定其中一个为下一棒运动员，对他好生加以培养——这个环节就叫"建储"，或者叫"立嗣"。建是建立，储是储君。建储，顾名思义，就是我们家储备好了未来的君主。

仔细想想，古人的这种做法和现代家庭的想法是大相径庭的。2016 年实施全面两孩政策之后，我的一位大学同学响应号召，喜迎老二。但是在与他的聊天当中，我也感受到了来自年轻父亲的巨大压力：以前只有一个孩子，自己这套房子将来直接给他就好，现在老二来了，当爹当妈的得再奋斗出一套房子给老二呀，这一碗水无论如何得端平。古人，至少是古代的皇家就不这样想，所谓建储，必须一人。那皇家父亲就不走"手心手背都是肉"这一路了？手心手背，自然都是疼的，可是如果多一个继承人，国家就得被多分一份。太祖爷当年打下的万里江山，被子子孙孙分而治之，越分越小，越小越弱，不就容易被敌人各个击破了吗？当年汉武帝为了削弱诸侯王的实力，颁布的推恩令玩得更狠，是三个儿子都有继承权，那就是把诸侯国按照3的指数倍进行瓜分，那中央不就迅速实现集权了吗？在集权制度下，只有独尊，才能维持长期的实力和稳定。虽然有违亲情，这却是长远视野下忍痛的智慧。

那么，应该建谁为储呢？从西周开始，宗法制度里就有明确的规定——嫡长子继承制。嫡为正妻，于皇家便是指皇后，嫡长子继承制即应该在皇后所生的儿子当中选长子继承王位。如果皇后没有儿子，就选其他儿子当中最年长的一个。这个制度的原则在于立嫡立长。

因为可以继承王位，所以嫡长子的身份格外尊贵。在中国传统的宗法当中有大宗、小宗之说，嫡长子也称为宗子，他所在的那一支被称为大宗，其余都是小宗。名分上的区别带来的就是在祭祀当中，大宗可以上前行礼祭拜，而小宗只能在旁观礼，真是"坐观垂钓者，徒有羡鱼情"。继承家族权力和财富的时候，大宗会有绝对优势，而小宗获得的就少得多。

"嫡"这个字的读音与"帝"相近，一听就觉得是大权在握的。从字源上看，嫡的确与帝有关。按照这个传统，混不上嫡长子也就罢了，当个普

继承示意图

通的嫡子也凑合，而非正妻所生的儿子就只能叫庶子。我们一看"庶"这个字就想到了庶民，不用多解释，暗示了一种地位降级的悲惨命运。庶子还有一种叫法，叫"孽子"。孽这个字就更不讨人喜欢了，有个词就是罪孽。事实上，孽字的本义指妇女非法怀胎，因而遭到宗族的惩罚。这个字还有另一种说法，"凡木萌旁出皆曰蘖，人之支子曰孽，其义略同"。蘖指树木的旁支，下半部分换成子，指家族中的庶出孩子。但是旁支的说法并不能支撑现代汉语中的"罪孽""造孽""孽障"等词的意义，我个人还是认为妇女非法怀胎的本义更靠谱。慢慢演化后，婢妾所生的孩子虽然说不上非法，但也看得出来，这在地位上差距就不是一星半点了。

这个制度在很多真实的历史故事当中得到印证。《左传》里"郑伯克段于鄢"的故事就讲道：郑武公的妻子姜氏生了两个儿子，生大儿子的时候难产，她差点丢了性命，就觉得大儿子不祥。这个奇葩的母亲不光不喜欢他，还丧心病狂地给孩子取了个名字叫寤（wù）生，就是难产的意思。大儿子真可怜，不光从小得不到母亲的疼爱，还被左一声"难产"右一声"难产"地喊到大。这又如何？人家这位名叫"难产"的小朋友是郑国名正言顺的嫡长子，任姜氏的枕边风吹了无数次，想要立小儿子为储君，郑武公都不为所动，照样把位子传给了寤生。

很多现代人会对这种制度感到不忿且疑惑，不忿在于这明显违背了人生而平等的现代社会基本准则，疑惑在于它的教条和僵化——万一嫡长子是个傻子怎么办？即便嫡长子不傻，但明明有另外一个庶子异常聪颖优秀，也得选这个平庸的嫡长子吗？

现代人的不忿，源于时代的巨大差别，我们倒没什么可说。多数人经常产生的这个疑惑，可能真的是源于咱们自己的想法过于幼稚和局限了。之前提到过，这场家天下的皇权接力赛，最重要的不是看谁跑得快，而是看谁不丢棒。有个聪明伶俐的储君，他将来能跑得快些自然是好，可是为了这一点点的提速就敞开了选接班人，由此带来一哄而上的争抢，却是最

第一部分　皇帝老儿的标杆式生活　　　　　　　　　　009

容易丢棒的不稳定因素。抢得厉害些也就罢了，更可怕的是，一旦儿子都有参赛的资格，那些明争暗斗的戏码就会在现实中轮番上演，一支支战斗力强劲的"打胎小分队"还会明显降低皇家生育率，怎么想都得不偿失。所以，古代宗法制度体现出的不公，背后往往是君王对稳定压倒一切的诉求。不仅是小宗和大宗如此，臣子得听皇帝的，儿子得听老子的，弟弟得听兄长的，妻子得听丈夫的……这些规矩背后的原理都是一样的。

  古代科技没有现代发达，古人的智商却不输你我。庶子当中有非常优秀的怎么就不能破格提拔一下？不是古人脑中缺根弦，而是人家考虑得更全面、更长远，大智便往往若愚。因为治国这件事不像乒乓球比赛，有一个张怡宁就足够横扫世界了；它更像踢足球，得靠团队，需要配合。嫡长子之所以能成为嫡子，是因为他的母亲是皇后；而他的母亲当初能成为皇后，不是因为她长得最美，也不是因为她最受宠，往往是因为她是这个国家除皇家以外另一个势力很大的家族的女儿。此时你就明白了为什么一定要让一个资质平庸的球员上场，因为只要他上，站在他背后的"梅西"就会上。而另外一个球员虽然比他优秀一些，但这个球员背后只有校队的一众业余选手。而且他一旦上场，"梅西"还会因为心里不爽时不时地在场下搞些阴险的破坏。换成你是教练，你选谁？

  这些原则固然重要，也是共识，但都是理论构想，是乌托邦一般的存在。一旦回到现实的层面，可能又是另外一番光景。在中国历史上，以嫡长子身份继位的皇帝其实少得可怜。人们津津乐道的，是一些著名的糊涂皇帝放着优秀的小儿子不立，非要传位给嫡长子引发祸端的故事，如唐朝的玄武门之变，还有明朝的朱棣"以大欺小"，从侄儿口里抢糖吃，不都是小儿子的"物不得其平则鸣"吗？

  的确，西周时期制礼作乐，可早在春秋那会儿就有人破口大骂礼崩乐坏了。理想中的图景美好，道理大家也都明白，可是在皇权交接的现实中，具体操作起来就困难重重。

首先，人性往往是自私的。你苦口婆心地教育这些庶子听嫡子的、听哥哥的，他们就会乖乖听话吗？训练狗狗不吃陌生人给的火腿肠都没那么容易吧？更何况是面对皇位。

其次，一些皇帝逃不出政治联姻的宿命，像乾隆皇帝和富察皇后那样，虽是父母之命、媒妁之言，却能在婚后琴瑟和鸣、夫妻恩爱的有几对呢？皇后不受宠爱，生育自然艰难，再加上古代医学又不发达，即便像富察皇后一般接连生子又能如何？嫡子接连夭折也只能悲叹天不垂怜。一般来说，在现实中，嫡子有限但庶子数量众多且和其中一两个关系格外亲近的情况，是皇帝经常面对的。

再次，即便皇帝老儿立场坚定，抵住了美貌小妾的枕边风，如果国家政权当时正处于内忧外患、危如累卵的境地，他也能放着一个胸怀大志、能力超群的庶子而不动立储之心？能逆着天性、不顾时局，还把祖宗家法奉为圭臬吗？

另外，在现实当中，政治斗争诡谲莫测、瞬息万变，皇后家族的势力也不是沙漠里的胡杨树，能活着三千年不死，死了三千年不倒，倒了三千年不朽。皇家和皇后家族的实力对比，也常有此消彼长的情形。刘彻娶阿娇，因为自己当时是黄口小儿，羽翼未丰，阿娇的母亲长公主对自己登基有莫大的助力。然而等雏鸟长成了雄鹰，就算长公主的势力不衰，大权在握的汉武帝也未必会将她放在眼里了。俗话说"三十年河东，三十年河西"，等真到了立嗣之时，皇后家族能不能施加影响，亦未可知呢。

最后，说一千道一万，这个嫡长子继承制度的根源在周王室。春秋战国时期，绝大多数诸侯国和周王室的关系比较近，在文化上，周王室对它们就有很大的影响力。但是，也有一些在情感和文化上都与周王室疏远的诸侯国，它们就基本不在意这一套。比如向来叛逆的楚国，许多国君似乎都比较偏向小儿子，那小儿子即位的情况也就较为多见了；远在西北的秦国，通常也不管什么嫡不嫡、长不长的，谁最能打，谁就最有可能继承权位。

其实到底是应该立长还是应该立贤，原本就争论了数千年，也没个标准答案。如果只局限在几个干巴巴的概念记忆上，就真的浪费了这个宝藏。一头扎进去，你会发现里面到处是智慧的闪光、全局的考量、人性的体察，还有大量的历史素材呀。

> **高考文本对应**
> 
> **2016 年全国 1 卷**："仁宗末年，琦请建储，与公亮等共定大议。"
> 
> **2016 年全国 1 卷 5 题 B 选项**："建储义为确定储君，即确定皇位的继承人，我国古代通常采用嫡长子继承制。"此选项内容正确。
> 
> **2016 年全国 2 卷**："还朝，会廷臣方争建储。"
> 
> **2015 年全国 2 卷 5 题 C 选项**："嗣位指继承君位，我国封建王朝通常实行长子继承制，君位由最年长的儿子继承。""长子继承制"说法错误。
> 
> **2015 年全国 1 卷 5 题 D 选项**："太子指封建时代君主儿子中被确定继承君位的人，有时也可指其他儿子。"内容错误，只有接班人才是太子。

## 封建

确定继承人是皇权接力赛的核心工作，可在这个继承人之外，还有很多落选的儿子，皇帝老儿也不能无视。从政治上说，怎样让他们不捣乱，最好还能经常在场下给场上接力的运动员热心地递递毛巾、送送水，是个重要的课题；从情感上说，毕竟手心手背都是肉，其他儿子也得有像样的待遇才好。王朝建立时间越长，这些问题就越复杂，毕竟子又有子、子又有孙地繁衍下去，皇家宗族的管理就成为一个越来越烫手的山芋。

"宗"这个字，在甲骨文里的字形就是在一间房子里摆个神主牌位的样子。皇家的所谓"宗室""宗亲"，简单来说就是大家都认同一个祖宗，就是我们皇家这一家子了。在史籍里，我们经常看到对一些人的描述带"宗"字，你就得意识到他和皇家的亲缘关系。比如说此人是"宗臣"，那就是既当官又和皇帝沾亲的人物。或者把"宗"和"社稷"的社连在一起的"宗社",这两个国家中最高贵的事物,就顺理成章地指代整个国家了。

认祖归宗的政策能宽泛到什么范围,历朝历代都有自己的规定,太窄了显得皇家势单力孤,太宽了养活他们的财政负担也得呈指数级增长。宽到一定程度,他们就应该别立寝庙,分别祭祀了。毕竟有些自称皇叔的人,也可能因为这个血亲关系离得实在太远,沦落到街头卖草鞋的困窘境地。

## 语文教材链接

高中必修下册《子路、曾皙、冉有、公西华侍坐》:文中,公西华的理想是:"宗庙之事,如会同,端章甫,愿为小相焉。"这里的"宗庙之事",就是指国君祭祀祖先的典礼活动。

## 高考文本对应

2011年广东卷:"时宣宗以尚书宗室禧恩来督军,未至,诸公议待禧至。"这句话略复杂,先断句:尚书/宗室/禧/恩/来督军。从后文的"诸公议待禧至"看,这位老兄的名是"禧",官职是尚书,而且具有宗室身份,"恩"就是带着皇恩抚慰的意思,他前来督军。

2021年全国新高考1卷:"上皇敦睦九族,大封宗室,自两汉以来未有如今之多者。"11题B选项:"宗室,是古代社会中对与君主同一宗族血亲的称谓,历代皇族例称为宗室。"此选项内容正确。

2019年全国3卷:"及悼王死,宗室大臣作乱而攻吴起,吴起走之王尸而伏之。"

古代王朝在管理宗室方面,有截然不同的想法和政策。

早期在西周那会儿，生产力太不发达，突然间获得大片土地，君王就会觉得自己鞭长莫及，怎么办呢？"得有人亲赴前线替我去管理呀，环视四周，最信任的人当然是我的亲儿子、亲弟弟。"当时的王室宗亲还是抱团打仗的架势，层层分封，共同建制，一人分一块地盘，各自守土，拱卫中央。天子分封给诸侯的土地叫作"邦国"，简称为"国"；诸侯继续向下分封给大夫的，被称为"采邑"或者"食邑"，也被称为"家"。这两个说法从根源上来讲并不难理解：国这个字最初表示的，就是一个独立进行防御的政治单位，和当时的诸侯们各自守土的情况是对应得起来的。至于家么，有大有小——普通老百姓的家，三亩地一头牛，老婆孩子热炕头；贵族大夫的家，拥有的土地则大得多。给我们造成困难的是，"国"和"家"在先秦时期指代的对象和我们现在所说的"国家"不一样，"国家"这个词是个现代的政治概念，国中不能再有国，同时，哪一个个人的家都不可和国相提并论。不过，当咱们梳理清楚了来源就能明白，在先秦时期，"国"与"家"其实都是周天子治下层级不同的政治单位。孔子说，"丘也闻有国有家者"（《论语·季氏》），这里的"有国"，是指拥有邦国，就是诸侯；"有家"，是指拥有采邑，就是大夫。所以"有国有家者"，就是泛指拥有封地的贵族们。

### 语文教材链接

**八年级下册《桃花源记》**："率妻子邑人来此绝境，不复出焉，遂与外人间隔。"这里的"邑"是指众人共同居住的一片地域。

### 高考文本对应

**2023年新课标全国1卷**："襄子曰：'晋阳之事，寡人国家危，社稷殆矣。'"赵襄子是晋国大夫，准确地来讲，他拥有的是家而不是国。这里的"国家"，是泛称自己的领地。

"邑"在甲骨文当中,上面是四四方方框起来的一块范围,下面是人,指人口聚居的城邦。再看"采邑""食邑"这两个词,就会发现"食邑"显得特别朴实且直接:封地的主人就是靠这块地来养家糊口、获取物资的。"采邑"的说法,在表面上看脱离了"食色性也"的低级趣味,但它真实的意义更体现出强权和剥削。

"采"在甲骨文中的字形,上半部分是一只手,下半部分是长满了果子的树,这只邪恶的手伸向了秋天丰硕的果实,把它们据为己有,这就是采。想象一下,主人到了自己的封地上,他的基本生活甚至享乐的资源就是向当地的土地、川泽伸手摘取,以及向当地的百姓征收赋税。虽然名义上全天下的土地属周王所有,但这些获取了封地的诸侯和他们的后代,实际上对自己的土地有极大的支配权。换种咱们都能听得懂的说法就是,除极个别情况(如周初的三叔之乱)外,即便这个诸侯或大夫本人犯下了滔天大罪,周王把他处死,这块封地也属于他的继承人,而不是权力就此被周王悉数收回。我们熟悉的《诗经》里的句子——"普天之下,莫非王土;率土之滨,莫非王臣"也不过是从礼法上恭维一下周王至高无上的地位而已。这句话诞生在西周,但用于描绘秦朝以后的郡县制大一统政权的实际情况,才更确切。

当然,除了亲儿子和亲兄弟,获得封地的人里也有一部分异姓功臣。比如齐国,就是周武王分封给姜子牙的地盘。周王的儿子、弟弟的诸侯国在面对异姓功臣的诸侯国时,就多多少少会有些血缘上的优越感。比如,周王室姓姬,这些与王室同姓的分封国就经常喜欢强调自己是"姬姓国"。在我们熟悉的大国里,晋国、鲁国、燕国都是姬姓国。

衡量分封国地位高低的,除了姬姓国国君内心的血缘优越感,还有更加明确的爵位等级。例如高中语文教材中的一篇选文——《烛之武退秦师》

开篇一句就是"晋侯、秦伯围郑"。晋侯是晋国国君，秦伯是秦国国君，可为什么叫法就不一样呢？中国古代的爵位分公、侯、伯、子、男五级，这里晋国国君的爵位和秦国国君的爵位是不一样的等级。很多人看过外国小说以后经常会觉得很奇怪，中国古代这些爵位的名称怎么和外国的一样呢？不是我们和外国的一样，而是最初我们在翻译那些外国爵位名称的时候，发现也大致分了五级，为了让自己人好理解，就按等级比对着我们自己的爵位体系进行翻译了。

西周时期，公爵诸侯国有宋国、杞国、祝国、焦国等；

侯爵诸侯国有齐国、鲁国、晋国、卫国、管国、蔡国等；

伯爵诸侯国有秦国、郑国等；

子爵诸侯国有楚国、吴国等。

### 语文教材链接

**高中必修下册《烛之武退秦师》**："晋侯、秦伯围郑，以其无礼于晋，且贰于楚也。"这里对晋国国君、秦国国君的称呼，就是用了公、侯、伯、子、男这五等爵位的体系：晋国是侯爵诸侯国，国君称晋侯；秦国是伯爵诸侯国，国君称秦伯。后文是这样记录郑国国君与烛之武的对话的："公曰：'吾不能早用子，今急而求子，是寡人之过也。'"这里"公"指的是郑国国君。注意，这并不能说明郑国是公爵诸侯国，我们在文中提到郑国的爵位和秦国的一样，是伯爵。这里就涉及另一个习惯：对于任何一个诸侯国国君，都可以尊称"公"，因为公爵地位高嘛，就像现如今，有人喜欢逢人就称某某总，也并不一定严格地对应职位。

衡量分封国地位高低的另一套体系叫"五服"，划分方法就像太阳系。周天子的王畿（jī）之地是正中的太阳，紧挨着的水星这一层为甸服；往外一层，金星、地球这个距离的，是侯服；再往外一层，火星、木星这个距离的，是绥服（或者宾服）；再往外，土星这个距离的是要服；最外层，天王星、海王星这个级别的叫荒服。这种划分体现的不仅仅是距离远近，更代表了诸侯国对周王室的义务不同。挨得近的诸侯国，每天都得朝拜，周王室一声令下还得随王征战。不过，近水楼台先得月，这些亲近的诸侯国通常爵位等级高，得到的实惠也多嘛。到了荒服这个级别，山迢水远，诸侯国每年能象征性地来磕个头已然不易了，每次来拎点儿土特产表表孝心就行。周王室自然也不会找它们去帮自己打架。主要还是因为离得太远，等使臣吭哧吭哧走到了，仗可能都打完半年多了。

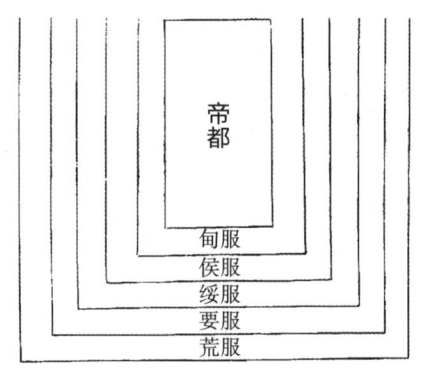

通过这些诸侯国在历史上的著名程度，我们就看出来了，爵位高低是一个方面，距离远近也是一个方面，真正的经济、军事实力又是另一个方面。处于较低爵位的楚国、吴国，那都是荒服之国，可是它们都大名鼎鼎，曾经称霸过一方呢。所以衡量诸侯国的实力强弱，需要综合考量很多因素。

### 语文教材链接

**高中必修下册《烛之武退秦师》：** 在春秋战国时期，其实爵位很低的楚国，是一个实力雄厚的大国。在文中提到："晋侯、秦伯围郑，以其无礼于晋，且贰于楚也。"意思是说，郑国一直以来是晋国的小弟，但是突然转过头去认了楚国当大哥，晋国国君心中不爽，带着秦国一起来揍这个小弟。想想看，既然郑国能屁颠儿屁颠儿地跑去认楚国这个新大哥，足以说明楚国实力不俗。

> **高中选择性必修中册《屈原列传》：** 文中讲述了战国时期楚国名臣屈原的故事，从他的经历我们不难看出，秦国、楚国是当时的两大强国，但是因为楚国用人不善，屈原去世以后，"楚日以削，数十年，竟为秦所灭"。

那周王就当个甩手掌柜了吗？并不是，他亲自管理的土地叫王畿之地。"机"的繁体字写作"機"，看看它的右半部分和这个王畿之地的"畿"是不是很像？对，它们本来就是同源的。"机"有关键、机要的意思。"畿"字形里的田字，是在这个意思的基础上特别强调了土地，强调了王土的高贵和重要。

那这块高贵且重要的王畿之地多大呢？《周礼》记载："邦畿方千里。"这里的"方千里"，不是方圆千里的意思，而是边长千里，那理论上讲王畿之地就是一个一百万平方里的正方形了。不过，在实际地形里，山川纵横；在实际历史中，诸侯国又势力交错，正方形的形状肯定是没法实现的，但是大致的面积在周王室强盛的时期还是有保障的。感慨一下，暂且不论一里地在当时和现在的差别大小，一百万平方里，也是挺让人垂涎三尺的。这么大一个地盘，周王就可以亲自指挥、亲自领导了吗？也不是，还有另一种身份的贵族，叫畿内诸侯，就是把王畿之地也分封给一些诸侯，但是这些诸侯的权益和王畿以外的诸侯相比就差很多了。对于他们来说，自己的"封地"，更像个没签协议的租地，也像同桌借给你的橡皮，同桌开心的时候你可以一直用，一旦同桌因食堂的午饭不好吃而心绪烦乱，突然想起来这一块橡皮，说一句收回，你只能把橡皮乖乖奉还。

文言文里还有一个常见的词叫"畿辅"，辅为辅佐，畿辅指的是国都附近。这一块的地位也不同寻常。

其他地方和王畿之地不可同日而语，因为在法统上，后者就像爹。野心勃勃的秦国即便在春秋时期就已经"贼眉鼠眼"地准备向东面扩张，但在力量还不足以动摇晋国和楚国这两个大胖子邻居的时候，它宁可找机会往郑国渗透势力，也不敢碰离自己更近、地理上更方便渗透的周王室的地盘。在秦国一统江山的过程中，虽然东周王室早就沦为傀儡，不堪一击，王畿之地相较于其他强大的诸侯国也只是九牛一毛，但这块地归秦所有，依旧是一枚重磅的历史炸弹。因为这块地在法统上的特殊意义：灭了周，收了王畿，就算是捅破了弑君篡逆的最后一层窗户纸。

刚刚提到野心勃勃的秦国，其实在那个年代，诸侯国之间称霸、称雄的争斗哪一天停止过？当初建立这种分封制度，周王难道就没有想到这些吗？想想这些，他难道不会不寒而栗吗？刚刚分封出去的时候，大家是父慈子孝，誓死效忠，可是时间一长呢？爷儿俩之间是感情甚笃，可我儿子继承了我的位子，你儿子又继承了你的位子，我们各自的儿子连面都没见过几次，哪里谈得上维持和平的深情厚谊呢？

周王室也想过解决办法，没有见面机会，咱们就创造见面机会，老话说见面三分情嘛；没有深情厚谊，咱们就培养，毕竟大家不是亲眷就是君臣，建立感情的基础还是有的嘛。就像我们现在，偌大的家族要常常联络感情，五一劳动节通知侄儿一家来看我；端午节让外孙一家来给我送粽子；国庆节放假了，让儿子、闺女都常回家看看……

一年四季，周王都得忙着分批分拨地见诸侯们。《周礼》记载："以宾礼亲邦国，春见曰朝，夏见曰宗，秋见曰觐，冬见曰遇，时见曰会，殷见曰同。"在这几个说法中，出现得比较多的就是"朝"和"觐"。朝见、觐见最初都是指诸侯（或者诸侯的特派使臣）来见周王，后来臣子见皇帝也能叫朝见、觐见了。

另有一种情况，《礼记·中庸》记载："朝聘以时，厚往而薄来，所以怀诸侯也。""朝聘"这个词也流传下来了，指诸侯拜见周王，或者诸侯之间礼尚往来。聘也指带着厚礼去娶妻，现在不少地方还称娶媳妇为聘媳妇，将聘这个字解释为带厚礼。

第一部分　皇帝老儿的标杆式生活

> **语文教材链接**
>
> **九年级下册《送东阳马生序》**:"余朝京师"中的"朝"字,依旧保留着最初的臣子见皇帝之意。
>
> **九年级下册《邹忌讽齐王纳谏》**:"燕、赵、韩、魏闻之,皆朝于齐。"注意,此处的"朝"字用得相当恭敬,是诸侯朝见天子专用的字,这基本说明,燕、赵、韩、魏这四国,对于当时的齐国,是一种崇敬和拜服的心态。同时,齐国敢受一个"朝"字,严格来说是一种僭越——毕竟战国时期礼崩乐坏,大家是靠实力取胜。

> **高考文本对应**
>
> **2014 年安徽卷**:"会文正公入觐。"这里的入觐,是指臣子见皇帝。

## 郡县

春秋战国时期,诸侯争霸、骨肉相残,就是分封制维持不下去的最好证明,秦始皇统一六国以后就果断推行郡县制度。不过历史有时会重演,不可能始皇帝一纸诏书颁布,分封制度就"嘎嘣"一声碎了。后来,汉朝也还是学着周王的样子分封了一批诸侯王;都到唐朝了,柳宗元还洋洋洒洒地写过一篇《封建论》和时人雄辩……

大体上来讲,郡县制度确立以后,在皇权接力赛里落选的儿子们就越来越不需要被分封各处去守土了。那他们做什么呢?做官吗?人家不让。因为这群有着皇家骨血的人对于皇帝老儿来说其实极具威胁,一旦有人同时具备了官职、功劳和血统,通常离造反也就不远了。咱中国人李鸿章说:"身怀利器,杀心自起。"(引自影视剧《走向共和》)外国人马斯洛说:"如果你手里有一把锤子,看所有东西都像个钉子。"古今中外,大家对人性的认知能达到这种程度的统一,皇帝老儿自然也非常明白这个道理,宁可花大价钱养着一个注定越来越庞大的闲人群体，也不轻易撒手。那他们就一直闲着吗？对，就闲着——吃喝玩乐生孩子，养鸟下棋买文物。反正他们是皇帝的至亲手足，国家拨钱，把他们好生供养起来就罢了，不就是支持亲戚们乐和乐和吗？

宋朝对皇室宗亲有明文的政策："赋以重禄，别无职业。"当然"别无职业"也不是绝对的，有个别特别优秀能干的宗亲，遇上个惜才又宽容些的皇帝，也会给些无关紧要的官职，让他们小试牛刀。但总体来说，历朝历代皇室对宗亲掌权都会秉持非常谨慎、防范的态度。在这方面，只有唐朝是个特例，除了武则天在当政的那些年对李唐宗亲多有防范，唐朝其他皇帝对宗亲做官这件事还是挺大方的，甚至出现过不少宗亲宰相。

历代朝廷也会设置专门的机构来管理这些亲眷，有时候叫宗正寺，有时候叫宗正司，还有的时候叫宗正府、宗人府。无论怎么称呼，大家就认准我们曾经讲过的宗这个字：在庙堂里，祭拜同一个家族的祖先。

---

**语文教材链接**

**高中必修下册《六国论》**：文中提到秦统一六国以后实施的郡县制度，语气甚为悲凉："洎牧以谗诛，邯郸为郡，惜其用武而不终也。"邯郸本是赵国国都，但是良将被杀后，赵国气数已尽，曾经繁华的国都被划归为秦国版图上的一个郡。赵国如此，梧桐一叶而天下知秋，又有多少昔日六国的骄傲，被秦国的郡县制度一并覆盖？

**高中选择性必修中册《过秦论》**：文中提到郡县制度之处更多，如："南取汉中，西举巴、蜀，东割膏腴之地，北收要害之郡。""南取百越之地，以为桂林、象郡。"

**高考文本对应**

2017年北京卷："始皇曰：'天下共苦战斗不休，以有侯王。赖宗庙天下初定，又复立国，是树兵也，求其宁息，岂不难哉！廷尉议是。'分天下为三十六郡，郡置守、尉、监。"

# 第二章
# 皇帝

中国文化讲究"名不正则言不顺，言不顺则事不成"，所以几千年来人们一直孜孜以求正名。普通人尚且如此，皇帝老儿因地位、身份特殊，围绕着他展开的这项事宜也比普通人繁杂、郑重。我们从号的体系、尊称体系、代称体系以及皇帝的自称体系这四个方面来讲述皇帝的这一堆称呼。

## 号的体系

普通人可以同时拥有几个不同的号，哪怕是外号。你当初可能因为上课总睡觉，老师叫你"特困生"；在单位工作时，你可能是"背锅侠"；回到家陪儿子玩打枪时，你可能就是"活靶子"；出去和狐朋狗友聚餐千杯不醉时又被戏称为"不倒翁"……

皇帝的各种号不可能像你在不同场合的外号一般轻松随意，毕竟是一国之尊，动辄事关国体。虽然各种号看上去杂乱无章，但你只要理解它们各自有其用处和场合，就如你自己也不会跑去单位在领导面前自称"不倒翁"，皇帝的这些号也能记得井井有条。

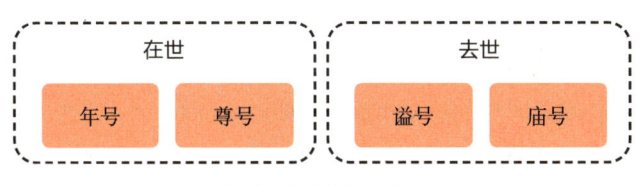

```
┌─────────────────────┐  ┌─────────────────────┐
│        在世          │  │        去世          │
│   ┌────┐  ┌────┐    │  │   ┌────┐  ┌────┐    │
│   │年号│  │尊号│    │  │   │谥号│  │庙号│    │
│   └────┘  └────┘    │  │   └────┘  └────┘    │
└─────────────────────┘  └─────────────────────┘
```

不同号的使用范围

首先，年号和尊号是皇帝在世的时候使用的，谥号和庙号是皇帝去世以后才有的。其余的皇家重要成员，比如说太后、皇后，也会有尊号、谥号，参照皇帝的号即可。有些古装剧就是因为不注意这些，闹出各种笑话。比如编剧写出"我孝庄……"这样的台词，就是因为不知道孝庄文皇后是人家的谥号，人家活着的时候肯定不会这样说。

顾名思义，年号是皇帝纪年的名称。比如康熙二年，康熙是皇帝爱新觉罗·玄烨的年号，康熙皇帝是在顺治十八年（1661年）正月初九登上皇位的，这一年虽然只过了九天，但顺治的年号既然已经被启用，一般就不再改动，这一年依旧记载为顺治十八年。第二年建立一个新的年号，记载为康熙元年，这叫"建元"，所以康熙元年是1662年，康熙二年就是1663年了。

年号是人定的，当然就可由人来改。如果皇帝觉得需要配合国家的某个大事件——比如一项重大的新政策，要改用一个新年号，象征着国家进入一个新纪元，也可以改元。有时候改元也并没有什么别的原因，就是皇帝单纯觉得最近倒霉，想要改改运，就好像如今的小年轻不知道被谁忽悠说是自己的名字挡了桃花运，不利于成就良缘，得改个名字，皇帝也会折腾折腾改年号的事情。

尊号也叫徽号。"徽"是美好的意思，国家发给立下战功的军人的奖章叫作徽章。把"尊"和"徽"两个字放在一起理解，就是皇帝、皇后、太后在世的时候，为了表示尊敬，大家给他们献上一个具有美好意义的尊号。比如，当初秦始皇在世的时候，一群臣子就表示"古有天皇，有地皇，有泰皇，泰皇最贵。臣等昧死上尊号，王为'泰皇'"。大意就是，我们在古今中外对王的称呼里选了最贵重的一个献给你。

不过咱们学习时也不能太死板，原理搞明白了，具体的应用场景就可以具体分析了。尊号是这样的用法，那能不能由活着的人起一个尊号追加在去世的人身上，表示对逝者的尊崇？当然也没有问题。

如果你觉得秦始皇的这帮臣子上个"泰皇"的尊称，还假惺惺地来个"昧死"挺虚伪的，那后世的大臣就更是有过之而无不及，甚至还能连续创新：何必从史籍中寻找什么最尊贵的，咱自己动手创作不就完了嘛！因此，唐玄宗的尊号不仅个个意义重大，在长度上也是屡创新高。

  713 年：开元神武皇帝

  739 年：开元圣文神武皇帝

  742 年：开元天宝圣文神武皇帝

  748 年：开元天宝圣文神武应道皇帝

  749 年：开元天地大宝圣文神武应道皇帝

  753 年：开元天地大宝圣文神武孝德证道皇帝

在中国古代的历史中，随着中央集权的日益加强，这种奉承当权者的戏码肯定会愈演愈烈。到了清朝，乾隆皇帝的尊号是"法天隆运至诚先觉体元立极敷文奋武钦明孝慈神圣纯皇帝"。不必费劲，我已经替你数过了，除去最后的"皇帝"两个字是客观陈述，前面一共是二十三个字。这样的尊号若是让唐玄宗看见，不知道他会不会哭晕在陵墓，深觉自己当年实在没必要羞羞答答。

谥号和庙号都是皇帝去世以后才有的，那要怎样区分呢？

"谥"这个字是言字旁加一个益。言字旁说明它和言论相关，言论就是族中有文化的长老或者文臣史官给的评价；而益是增益、增加的意思。在中国古代，传说人去世之后就成为鬼神，他生前的名字也就被带去了阴间，成了鬼神世界的事物，要忌讳，人间就得专门增加一个他去世以后的称呼。有个成语叫"盖棺论定"，就是指盖上棺材盖后才能给人一个整体性的评价。在我们的传统文化当中，这个整体性的评价很关键，一个有体面、有追求的人，在生前就需要为了死后获得一个好的评价而努力奋斗。如果有人死后得了个恶谥，那他的子孙都会抬不起头。这个习惯一直保留到现在，比如哪个官员生前犯错严重，在他去世以后的讣闻里，我们就不称他为同志了，这本身就是一种委婉的评价。

普通人尚且如此，那这件事于皇帝而言就更加郑重、复杂了。对皇帝盖棺论定，考量的角度不仅有性格品行、为人处世，更有治国理政、开疆守土等。如此复杂的信息用一两个字（后期字数变多）来总结，真不可谓不是一种运用文字的水准和艺术了。

在中国古代社会，有必要大加褒扬的是，给君王定谥号的文化在一段时期内真能做到悲天悯人、不畏皇权。那些负责定谥号的文官史臣自然明白，人死为大，揪住个死人的把柄说人家坏话会显得不厚道，更何况这个人还是皇帝，所以评价的大方向一般来说是偏歌颂的。如果真的遇到鱼肉百姓、天怒人怨、罪大恶极的皇帝，他们也真能定出个恶谥，让这个皇帝遗臭万年。这可能就是最早的"媒体监督""社会良知"。

那么，皇帝生前不同的功过应该得到什么样的谥号呢？这种庄重的事情自然不能随便由一个人说了算，有祖宗之法可循，《逸周书·谥法解》里有解释和规定。

> 经纬天地曰文
> ……
> 威强敌德曰武
> ……
> 绥柔士民曰德
> ……
> 安乐抚民曰康
> ……
> 安民立政曰成

……

布德执义曰穆

……

圣闻周达曰昭

……

执事有制曰平

……

布义行刚曰景

……

清白守节曰贞

……

胜敌志强曰庄

……

乱而不损曰灵

……

蚤孤短折曰哀

……

动静乱常曰幽

……

去礼远众曰炀

……

杀戮无辜曰厉

……

名与实爽曰缪

……

如此，有明文规定、经常用到的谥字有一百多个。这一百多个谥字，比较明显地分成美谥、恶谥。

赞美的谥字，比如文（如与民休息的汉文帝）、武（如平定匈奴的汉武帝）、昭（如筑黄金台求贤的燕昭王）、景（如削藩平乱的汉景帝）……

> **语文教材链接**
>
> **八年级上册《周亚夫军细柳》：**"文帝之后六年，匈奴大入边。"此处的"文帝"，是西汉皇帝刘恒的谥号。
>
> **高中选择性必修中册《苏武传（节选）》：**"武帝嘉其义"，此处的"武帝"，是西汉皇帝刘彻的谥号；"昭帝即位"，此处的"昭帝"，是西汉皇帝刘弗陵的谥号。
>
> **高中选择性必修下册《石钟山记》：**"噌吰者，周景王之无射也。"此处的"周景王"，是东周第十二任君主姬贵的谥号。
>
> **高中选择性必修中册《过秦论》：**"孝公既没，惠文、武、昭襄蒙故业，因遗策……"这里的"孝公"是秦孝公，"惠文"是秦惠文王，"武"是秦武王，"昭襄"是秦昭襄王，这些都是战国时期秦国国君的谥号。看得出来，这几位都是秦国国力日渐强盛之路上的国君，他们的谥号里也充满了热情洋溢的讴歌。

批评的谥字，比如灵（如暴躁无常的卫灵公）、厉（如当初邵公进谏的周厉王）、幽（如烽火戏诸侯的周幽王）、炀（如荒淫暴虐的隋炀帝）……

> **语文教材链接**
>
> **九年级下册《出师表》：**"先帝在时，每与臣论此事，未尝不叹息痛恨于桓、灵也。"这里的"灵"是汉灵帝，东汉第十一位皇帝刘宏的谥号。

得了夸奖，大家一般会各自欢喜、相安无事，但因为谥号涉及一个人的千古名声，所以关于恶谥的争论就会更多。争论比较多的是"缪"字。按《逸周书》记载，"名与实爽曰缪"，这明显是恶谥，但是历史上以此为谥最著名的是秦缪公（又作秦穆公，在古代，"缪"和"穆"二字经常相通）。我们现在也习惯写成秦穆公，"穆"这个字的意义还是很不错的：肃穆、温和。而且秦缪公在秦国还是一位励精图治的君主，是"春秋五霸"之一，我们熟知的"秦晋之好"就是他缔结的，怎么就变成恶谥了呢？没搞错，的确是恶谥。司马迁在《史记·蒙恬列传》里解释过，因为他"杀三良而死，罪百里奚而非其罪也，故立号曰'缪'"，就是批评他名不副实，批评他在获得美誉的背后为人残酷无情，冤杀忠良。

> **语文教材链接**
>
> **高中必修下册《谏逐客书》：**"昔缪公求士……此五子者，不产于秦，而缪公用之……"课下注释②解释"缪（mù）公即秦穆公"，其中的渊源就在于此。

在民间，另一位以"缪"为谥的著名古人是关羽，他的谥号为"壮缪侯"。这不是别有用心的人害他，而是关羽他干大哥的儿子刘禅在他死后正式"追赠"的，原因是关羽生前刚愎自用，破坏了孙刘联盟，加之大意失荆州造成了恶果。后来或许是因《三国演义》太深入人心，关羽成了"武圣"，民间喜欢尊称他为关二爷或者关公，祭祀的庙宇甚至被称为关帝庙。他这个不甚光彩的谥号，便鲜有人再提起，即便有人提及，也被一众拥趸驳斥，说一定是历史记载错了，不是"壮缪"，而应该像岳飞的谥号"武穆"一样，是"壮穆"，是个美谥。

如果更加仔细地观察划分，会发现美谥里美的程度也不尽相同。比如"平"，看解释会觉得似乎还挺好，可是听起来怎么都不如文、武、昭、襄那样洋溢着热情讴歌的气氛，这一类比较平淡的赞美被称为平谥。还有人觉得有几个谥号没有特别点出贡献，反而偏向于对君王人生经历的怜悯，比如"哀"，这种类型的叫悯谥。另有几个谥号，因为太好，渐渐不被轻易使用了，比如"文"，在唐代，韩愈这样的才配谥"文"；在宋代，王安石、朱熹谥号"文"，范仲淹谥号"文正"，欧阳修、苏轼谥号"文忠"。另外，忠、成、襄这几个字，都是因为太好，慢慢就不能轻易被授予了，哪个臣子想要得到这几个字必须特批，由皇帝特别赐予，就成了特谥。这些说法比较零碎，大家见到以后根据上下文理解意思就好。

现在游人去故宫博物院参观，通常的路线是途经天安门、端门，最后由午门进入。从端门到午门这一段路的右手边，有一处重要的所在——太庙。游人一般直奔故宫，太庙这里人少，就变成了新婚男女拍婚纱照的胜地。太庙为什么挨着故宫建造？因为这里是皇家祭祀祖先的地方，就类似于咱们普通人家的祖先堂。

讲这个做什么呢？因为它能帮助你理解庙号当中的"庙"字。庙就是太庙，就是祖先堂，庙号是皇帝死后的牌位被放在自己家祖先堂里供子子孙孙祭拜时用的称号。既然都是自家人，那在下面跪拜的也都是皇子皇孙，被供奉在上的就是一众祖宗了呗，所以庙号在形式上表现出来的特点就是非祖即宗。

**语文教材链接**

高中选择性必修中册《过秦论》："一夫作难而七庙隳，身死人手，为天下笑者，何也？仁义不施而攻守之势异也。"这里提到的"七庙"，庙是祭祀祖先的宗庙；数字七，《礼记·王制》中记载："天子七庙，三昭三穆，与太祖之庙而七。"后来"七庙"泛指帝王的宗庙。

高中选择性必修中册《五代史伶官传序》："庄宗受而藏之于庙。其后用兵，则遣从事以一少牢告庙，请其矢，盛以锦囊，负而前驱，及凯旋而纳

> 之。方其系燕父子以组，函梁君臣之首，入于太庙，还矢先王，而告以成功……"这一段生动地记录了祖先宗庙在古代战争当中的重要作用：他们认为，战争想要取胜，要获得祖先的祝福才行，同时还得借助祖先的英勇精神，取胜以后，需要回到宗庙当中，汇报战果，告慰祖先的英灵。

虽然都是去世了才有的号，但谥号和庙号在形式上和用途上都不一样。

历代庙号，只用过"祖"和"宗"两个字，那怎样区分和使用呢？往简单了记，祖宗里面，祖大还是宗大？当然是祖大，因为那是开国之君，所以被称为祖，其余就都是宗了。《孔子家语·庙制》记载："祖有功，宗有德。"祖有什么功呢？自然是开疆拓土的立国之功，其余者守土治民，自是靠德。

历史上，庙号称为祖的，基本上是有开国之功的皇帝，个个大名鼎鼎，如汉高祖刘邦、隋高祖杨坚、唐高祖李渊、宋太祖赵匡胤、元太祖铁木真、明太祖朱元璋、清太祖努尔哈赤。

但也有些大家没听说过的皇帝，如唐太祖李虎、唐世祖李昞。这两位是谁呀？李昞是李渊的父亲，李虎是李渊的祖父，这下你明白了吧？他俩没有当过皇帝，可是开国皇帝李渊面对着空空荡荡的太庙祭祀磕头可能觉得挺尴尬的，就把爹、爷爷的牌位请来，想着"我都已经是'祖'了，他们得'更祖'才行"，所以这两位的庙号是太祖、世祖。

还有些特例，例如明朝有两位"祖"——明太祖朱元璋和明成祖朱棣。这个好理解，朱棣后来登基并且迁都北京，算是开启了明朝的新纪元。清朝没有迁都，然而有三位"祖"，而且前期的几位皇帝竟然一会儿祖一会儿宗地交错着，如清太祖努尔哈赤、清太宗皇太极、清世祖福临、清圣祖玄烨，自此以后才踏踏实实地变成了宗。怎么回事呢？努尔哈赤称祖是因为他开创了清朝的基业，下一位皇太极继承遗志就只能是宗；顺治皇帝福临是满人一统天下以后第一个在北京紫禁城称帝的皇帝，所以称祖；下一位玄烨，也就是康熙皇帝，按照惯例，称宗是顺理成章的，而他能称祖是由他儿子雍正一力促成的。康熙去世之后，雍正表示"虽然我老爹不是开国之君，但是古语云'祖有功，宗有德'，我老爹平定了明朝余党，剿灭噶尔丹，收复台湾，开疆拓土，在位时长61年是亘古未有的国泰民安，这样的功勋完全抵得上开国之君"，于是他发明了一个新词——"圣祖"。

在众多"宗"里面，除了个别有规律的名字，如"祖"结束之后的第一位宗基本称"太宗"，其余诸位，在命名之时，多少也会结合他的生平功绩、性格特点来选字。例如北宋的仁宗皇帝，这个"仁"于他而言，真的是一个再恰切不过的赞美。这个过程与选定谥号的过程多少有些类似。

另外，古代皇室的太庙里供奉的全是皇家自己的列祖列宗吗？不一定，还有一些地位特别尊崇、为帝国的建立和建设立下过不可磨灭的功勋的臣子，他们的牌位也会被恭恭敬敬地摆进太庙里，享受皇家子子孙孙的香火供奉。对于古代臣子来说，这简直是梦寐以求、至高无上的殊荣，叫"配享太庙"。历史上大家比较熟悉的名臣，如长孙无忌、房玄龄、狄仁杰、褚遂良、郭子仪、司马光、韩琦……他们都曾经配享太庙。不过配不配的，自然也是皇家说了算。王安石、张廷玉就曾经被认为配，郑重其事地被摆上去供奉，后来又翻了案说不配，灰头土脸地被撤下来……

在庙号这个系列里，有一点在阅读时经常让人费解。虽然皇家的一众祖宗统一在太庙里享受香火，但是我登基以后格外思念父亲，我就要单独建一个庙来祭拜父亲，行不行呢？践行孝道，当然没有问题，为父亲先王单独立庙在后来甚至成为常规。据此，很多文献里都有用某庙来代替某祖某宗的说法。例如贾谊就写过"以报高庙"，不要费解什么是高庙啦，因为高庙等同于高祖。有些庙号这样称呼指代还比较明显，比如仁庙是指仁宗，哲庙是指哲宗，可是你知道在宋代的文献里出现的神庙是指神宗吗？嗯，路漫漫其修远兮，面对古代文献，一个"懂"字里面，练就的都是硬功夫……

### 语文教材链接

**高中必修下册《谏太宗十思疏》：** 这里提到的"太宗"，是唐太宗李世民的庙号。

**高中选择性必修中册《五代史伶官传序》：** "原庄宗之所以得天下……""庄宗"指后唐庄宗，是五代时期晋国国君李存勖的庙号。

### 高考文本对应

**2015年全国1卷5题C选项：** "庙号是皇帝死后，在太庙立室奉祀时特起的名号，如高祖、太宗、钦宗。"此选项内容正确。

**2014年大纲卷：** "诏复孝敬皇帝庙号义宗，凑谏曰：'传云："必也正名"。礼：祖有功，宗有德，其庙百世不毁。历代称宗者，皆方制海内，德泽可尊，列于昭穆，是谓不毁。孝敬皇帝未尝南面，且别立寝庙，无称宗之义。'遂罢。"这一段内容是古代臣子在皇帝庙号方面的据理力争。皇帝下诏书要给一位"孝敬皇帝"恢复"义宗"的庙号，臣子反对，提出了各种理由，比如说孝敬皇帝从来没有实际登上帝位、执掌过政权，而且别立寝庙了，没有立庙号称宗的合法性，于是这件事情便作罢。

总结一下，皇帝的号虽然多，但在历史上究竟习惯选用哪一个来称呼，历朝历代都不尽相同。这里面有历史的偶然因素、实用性的考量，却也能让你我从中咂摸出一些天下大势的味道。汉朝以及汉朝之前，在那个独立敢言、仗义执言的士大夫史官传统还可以主导历史言说方式的时代里，谥号无疑是对一个君王的最大特点的概括，所以大家称君王的时候大都选用谥号。但是，自从司马迁因言遭宫刑，史官传统日渐衰微。我们在汉朝君王的谥号中还能找出个别意义不好的，比如汉灵帝、汉哀帝、汉殇帝，等到了唐代，皇权日盛，皇帝的谥号就开始走"至道大圣大明孝皇帝"这种路线了。这种谥号，一来不好记，二来没有区分度，反而是庙号精练简洁，于是唐、宋、元、明基本上走了用庙号称呼的路线。到了清朝，又习惯用年号来称呼皇帝了，比如我们熟悉的康熙、乾隆，就都是年号。一来是从明朝开始就已经有这样的习惯，比如万历皇帝，到了清朝就延续下来；二来是明清两朝的皇帝都不喜欢改年号，基本上一个皇帝只有一个年号，忠贞不贰，清晰了然。不像过去某些皇帝，晚上做个不吉利的梦，第二天醒来都想改一改年号，一辈子折腾了十几回。这种情况下就算想用年号来称呼，记忆负担也实在太重。当然，明清时期在正式的文献中称呼皇帝用的还是庙号，但日常生活中，年号占上风。

最后，需要澄清的一点是，我们讲到的都是总体上、原则性的内容，历史很长，实际上什么特例都有。比如我们讲年号，说每个皇帝都得有年号，但真的有那种倒霉蛋，今年登基，明年挂掉，还来不及定年号。再如我们讲这几种号的用途、所用场合都不同，但到了清朝，皇权到了顶峰，不管什么号，都是溢美之词，少夸了哪一句，都显得不够尊敬。清东陵的慈禧太后牌位上写着"孝钦慈禧端佑康颐昭豫庄诚寿恭钦献崇熙配天兴圣显皇后"，一共二十五个字。这么长的一串，其中"孝钦"两个字是她的庙号，"慈禧端佑康颐昭豫庄诚寿恭钦献崇熙"十六个字是她的尊号，"配天兴圣"是清朝在皇后谥号前的习惯，表明她是天子的贤内助，"显皇后"是她的谥号——你瞧，都凑一块儿去了。我们把原则理解透彻，只要它在文本中出现时我们可以灵活把握、顺畅理解，就胜利了。

## 尊称体系

关于臣下对皇帝的称呼，我们比较熟悉的有圣上、皇上、陛下……这些常识的普及也得感谢咱们日常生活中那些喜闻乐见的古装剧。如果你的古装剧阅历丰富一些，你会发现个别称呼比较别扭，比如电视剧《武媚娘传奇》里管皇帝叫"大家"，《知否，知否，应是绿肥红瘦》《清平乐》里管皇帝叫"官家"……其实这部分内容还是略复杂的，远不是几部电视剧能全面覆盖的。清人陆以湉（tián）在《冷庐杂识》里为我们记载了一大堆对皇帝的称呼。

> 君，《尚书》称"辟"、称"元后"、称"皇帝"，《诗经》称"天子"，《礼记》称"后王"，《战国策》称"陛下"，《史记》称"上"、称"巨公"，《汉书》称"朝廷"、称"天辟"、称"至尊"、称"圣上"、称"县官"，《后汉书》称"上帝"、称"天公"，《独断》称"天家"、称"大家"、称"官家"，《三国志》称"明上"，魏晋六朝时称"官"、称"殿下"，后魏称"皇上"，《左传箴》称"君天"，《北史》称"大尊"，唐时宫中称"宅家"，《唐语林》称"崖公"。

看上去有点头晕，对吧？按照我的宗旨，面对这样杂乱无章的知识，我是最不希望你死记硬背的，所以接下来我会分门别类地帮你总结一下重要的称呼。

- "王"一类

"王"是我们熟悉的对帝王的称呼，或者单独出现，或者组成一些词，如君王、帝王、天王、大王，已故的可以称为先王。针对王这个称呼，有一个时代是需要特别注意的。

王或者天王，在春秋战国时期，理论上是只能用来称呼周王的。之前讲过分封制，天下只有一个王，"称天王以表无二尊也"，其余国家都是周的分封国，头领都以自己的爵位为称呼：某公（比如鲁公）、某侯（比如晋侯，晋文公的称呼，公是尊称，而非代表爵位）、某伯（比如秦伯、郑伯）、某子（别笑，就是某子，楚国国君是子爵，在史籍中称楚子）、某男（憋住，别笑，与某子同理）。往大了称呼，他们顶多是一个诸侯国的国君，如果称王，就是明显僭越了。

也有奇怪的现象，比如在我们熟悉的历史当中，屈原效忠的是楚怀王，这个人不应该是楚国的国君吗，怎么他被称为"王"？这是因为在春秋时期，楚国、吴国这样的国家，虽然地盘广阔，实力也越来越强，但是他们的爵位很低，都是子爵头衔，在所有贵族爵位里排倒数第二。这个容易理解，在当时，齐国、燕国、晋国、郑国等比较核心的诸侯国，包括周王室，都地处黄河流域，而楚国和吴国却围绕长江流域发展。在当时，它们不仅地处"蛮夷"，而且文化也大相径庭，在中原文化体系里，它们排不上号，大家都看不起它们。可想而知，每次诸侯会盟时，楚国的国君就很尴尬，虽然他也参加，但是当别人介绍与会人员的时候，就类似于这种效果：这位是某部长，中华人民共和国教育部部长；这位是某主任，北京市教育委员会主任；这位是某局长、某厅长……最后这位是韩主任，什么主任呢？我们班的班主任——差距太大嘛！当时，楚国国君因为爵位太低，只能混个基础的会务打杂工作，比如举个旗子啊，扶着火炬啊，不仅没有存在感，而且觉得自己遭受了羞辱。《史记》记载，周文王时期，楚国的首领鬻（yù）熊就去"子事文王"。什么意思呢？一眼看过去像说鬻熊"像儿子一样侍奉文王"，感觉好没尊严，但真正严谨的解释应该是以子爵身份的礼仪来侍奉文王。不论选哪个，历史中的卑微感隔了几千年，仍然难以磨灭。等到了楚武王熊通执政的时代，楚国实力越来越强大，楚国打败了姬姓小国随国，让随国国君给周王带个话："我们的爵位得升一升。"没想到周王对此嗤之以鼻，断然拒绝了，于是熊通气急败坏之下说出一句名言："我自尊耳。"这句话的意思就是说，你不封我，我封我自己。那封自己个什么爵位呢？侯？公？没必要，扭扭捏捏不是楚人的性格，人家自己直接当王了。同样地处偏远的吴国、越国抬眼一看，这是榜样啊，就有了我们熟悉的"吴王夫差""越王勾践"这样的称呼。春秋时期，中原一带的诸侯国国君还是规规矩矩的，该是什么公就称什么公，该是什么侯就称什么侯，但是地处偏远的"蛮夷之国"就脱离了这个体系，彻底放飞了自我。

随着周王室的势力日渐衰微，春秋时期打个仗还需要理由的日子也一去不复返，大家在追逐权势时越来越不在乎遮羞布，到了战国时期，"七雄"也就一个接着一个地称王。这段时期里，究竟谁是王，谁不能称为王，我们都需要格外小心。

### 语文教材链接

**九年级下册《唐雎不辱使命》**："秦王使人谓安陵君曰……""秦王不说……""秦王怫然怒……"作者称秦国国君为秦王，这篇文章出自《战国策》，说明在战国起始，秦国国君已经僭越称王了。

**九年级下册《邹忌讽齐王纳谏》**：文中称齐国国君为齐王："于是入朝见威王。""宫妇左右莫不私王，朝廷之臣莫不畏王，四境之内莫不有求于王。"这篇文章出自《战国策》，说明在战国起始，齐国国君也开始僭越称王。

**高中必修下册《阿房宫赋》**："六王毕，四海一。"这句话是说秦统一了六国，齐、楚、燕、韩、赵、魏这六个国的王，都结束了自己的历史使命。可见战国时期这几个诸侯国国君全都称王，王不再是周天子特有，大家膨胀得很厉害了。

### 高考文本对应

**2021年全国新高考1卷**："故皇再从三从弟及兄弟之子，虽童孺皆为王，王者数十人。"此处的"王"，因为前文指明是"故皇再从三从弟及兄弟之子"，所以是皇帝之下诸侯王的身份。

**2019年全国1卷**："乃以贾生为长沙王太傅。"王字前面出现地名，显然是封地在长沙国的诸侯王身份。

**2019年北京卷**："幽王乃灭，周乃东迁。"王字前面是谥号，这里是指称周幽王。

- "皇帝"一类

众所周知,"皇帝"一词成为君王的正式称呼,始于秦始皇,因为他是"始皇帝"嘛。我们在先秦的文献里几乎没有见过皇帝这种说法,偶尔出现,还被考证为黄帝。

"皇"这个字最早出现的时候连个名词都不是,《说文解字》记载"皇,大也","皇"是我们现在使用的"煌"的本字。有趣的现象是,即便秦始皇后来把皇的意义名词化,但是与其他表示帝王的名词比起来,皇还是带有熠熠闪光的荣耀的语感。比如汉高祖追尊他的父亲刘太公为太上皇,既然皇、帝二字都可以指代帝王,为什么不叫太上帝或者太上王呢?因为他没有实际掌握过权柄,所以这个皇位于他,只是一种熠熠闪光的荣耀而已,用皇这个字岂不是恰如其分吗?

皇王、皇上,以及皇帝的父亲被称为太上皇,这些理解时都没什么难度,有难度的是在有些文献里出现的"上皇"。上皇,可不是指皇上,可以理解为上天的皇,那就是指神明了。我们见到时一定擦亮眼睛。

现代人把王、皇、帝、君之类一大堆称呼都用在皇帝老儿身上,就觉得这些称呼的等级都是一样的,实则不然。当中,帝是更高一筹的。从前,天下只能推崇周王一个,王自然是至高无上的,但是战国时期大家纷纷自立为王,王这个称号的价值就出现"通货膨胀"了。秦始皇统一六国而称帝,帝就成了高于王的级别,到了秦末起义的时期,不论是陈胜还是刘邦、项羽,都只是称王而不敢称帝。等到刘邦灭掉项羽、平定天下,已经是汉王的刘邦还是上演了好几轮"不敢当帝位"的戏码,最终是"不得已"而称帝的。汉朝时分封出去的诸侯也能称王,韩信当初就被封为齐王,这是汉朝与西周的不同。你看,虽然我们"帝王、帝王"叫得很顺嘴,但是有时候也需细分,王的等级就低于帝。

五代时期,后唐庄宗李存勖(xù)将父亲李克用追谥为"武皇帝",既然是武皇帝,自然应该简称"武帝"。但是记载这件事情的史官薛居正在自己监修的《旧五代史》里就偏偏称"武皇",显然是因为在他的心目中,李克用根本配不上帝这个殊荣。那历史上另一位大名鼎鼎、当之无愧的"武帝"——汉武帝呢?在"诗圣"杜甫的诗里,他也被降级成了"边庭流血成海水,武皇开边意未已"。究其原因,除了对平仄的考虑,自然也是因为在这位关心民生疾苦的"诗圣"眼里,穷兵黩武的汉武帝不配称为帝。在中国古代文献当中,这种暗戳戳的一字褒贬,真的是被古代文人用得微妙至极。

"帝"这个字的甲骨文字形,看上去就像被捆在一起的干柴,它原本反映的是古人在郊外烧柴祭天的场景,后来被借去指代天帝,因此"帝"在众多的君王称呼里带有一种神的色彩,当然地位也最高。比如我们在翻译西方宗教的时候,就用"上帝";称呼我们自己文化里土生土长的道教人物,"玉皇"还不够,最终也得归结到"玉皇大帝"上。唐宋两朝,多数君王信奉道教,民间也必然形成风气,在唐宋的诗文中也得注意,"玉皇""玉帝"指的经常是人间的皇帝老儿,比如温庭筠的诗"天宝年中事玉皇,曾将新曲教宁王"。

> **语文教材链接**
>
> **五年级上册《少年中国说(节选)》:** "奇花初胎,矞矞皇皇。"这里的"皇",用的就是它原本的意义,表示灿烂盛大。
>
> **九年级下册《出师表》:** 文中用"帝"来称呼刘备,如"先帝创业未半而中道崩殂""先帝知臣谨慎,故临崩寄臣以大事也"。这里的用词就很微妙,与之前讲过的"崩"一样,理论上来讲,当时魏、蜀、吴三足鼎立,刘备作为地方割据政权的最高首领,用"帝"自然是僭越的。但写下这段话的是诸葛亮,是自己人,在蜀国人的眼中,刘备姓刘,是正统的汉代继承者,所以他有资格用这个中央集权统治者专用的"帝"字。

**高中必修下册《鸿门宴》**：在文中，人们称刘邦和项羽的时候，都是"王"，如"良曰：'料大王士卒足以当项王乎？'"在这里，"大王"是称呼刘邦，"项王"指项羽。这个称呼很有趣，当时刘邦和项羽都没有一统天下，所以都是称王的。

**高中选择性必修中册《苏武传（节选）》**："律曰：'苏君，律前负汉归匈奴，幸蒙大恩，赐号称王。拥众数万，马畜弥山，富贵如此！'"这句话里卫律所说的"赐号称王"很有趣，很有汉朝的朝代特点。当时的匈奴与中央朝廷对峙，显然认为自己与中央朝廷是平起平坐的，汉朝最高领导人称帝，匈奴最高领导人自然也该称帝。至于"王"这个称呼，在汉朝是仅次于天子的爵位，卫律在匈奴的这个"王"的称号，自然也是仅次于匈奴"皇帝"的。

### 高考文本对应

**2021年全国新高考1卷**："太宗即皇帝位于东宫显德殿。"

**2021年全国甲卷**："陈尧叟，阆州人，请幸成都，帝以问寇准。"此处出现"帝"，不用多想，一定是指当时中央集权的最高统治者。

- **"君主"一类**

在这一类里面，我们比较熟悉的有"君主""君王""君上""君子""君人""人君""大君""君父""主君""主公""主上""人主""世主""国主"。因为皇帝可称君、主，所以有些文献就直接用君来替代皇、帝。但是，面对这一类称呼需要特别注意的是，君、主往往指代都比较宽泛，也经常不用在皇帝身上，会区分它们显得尤其重要，比如有些地方称晋文公为晋文君。

"君"的甲骨文，上半部分是一只手举着鞭子，表示握权执政，下半部分是口。《说文解字》称："君，尊也。"其实君就是对发号施令的人的尊称。

在古代，可以用君指称的人有很多：君王自然可以发号施令，诸侯也可以，其他贵族也可以。在我们熟悉的文献当中，"若使烛之武见秦君"里的秦君指的是秦国的国君，"信陵君围魏救赵"里的信陵君是个贵族。

因为指称的广泛性，所以君在后世的所指范围也不断扩大，可以在道德品质方面指君子，后来甚至泛指男性，比如我们熟悉的夫君。尤其是君子这个说法，在先秦时期就用得特别混乱，比如《诗经》中的"假乐君子，显显令德""未见君子，寺人之令"，这里的君子都是指天子、国君。孔子也把君子这个词用得挺乱，说到"君子坦荡荡，小人长戚戚""君子欲讷于言而敏于行"的时候，这里的君子明显指那些对美好的品德有追求的人。但是在孔子其他的语句中，比如"君子之德风，小人之德草"等，君子到底指谁，就没有一定之规，只能根据上下文的语意来自行推断。不过我们了解它的复杂性之后，树立对它的警惕意识，是我们能正确地做出临场推断的第一步。

"主"这个字也是一样的。汉代文字学家许慎认为"主"的字形代表灯中的火苗，而近代文字学家唐兰则指出，"主"和"示"原是同一个字的不同变体，这一观点得到了另一位文字学家陈梦家的认可，陈梦家还指出"主"字象征神主牌。不管是灯中的火苗还是神主牌，都不直接指向君主，所以主未必一定是皇帝。

不过你也没必要一看到这种指代不明确的称呼就直呼头痛，"主"这个字被用作对帝王的称呼，大致集中在三国时期，我们看了《三国演义》后就很熟悉主公这个称呼。其实咱们之前讲过皇、帝的区分，推演到这里就容易理解多了。《三国志》使用"主"的称呼，也是为了和正统的"帝"进行区分。作者陈寿认为，曹魏政权既然接受了汉献帝的禅让，那么他们才是正统之君，所以称为帝，而其余的政权——蜀汉、东吴是非正统的，只能称为主。不过陈寿的观点只是他的一家之言，比如人家诸葛亮自然觉得蜀汉政权才是正统，在著名的《出师表》里，开篇就称"先帝创业未半而中道崩殂"。后来的理学家朱熹也认为，人家刘皇叔姓刘，代表的才是汉朝正统，曹家就是篡权夺位的奸臣，于是在朱熹笔下，刘备成了帝，而曹操、孙权都只是主。

再有，就是"君""主"这两个字，因为各自的指代都比较宽泛，所以它俩凑在一起，意思也不明确。没错，怎么凑都不明确。"君主"未必指皇帝，咱们熟悉的所谓君主立宪制只是现代人的叫法，在古代文献里，君主指的通常是公主，是帝王之女。《史记》就曾记载"初以君主妻河"，妻在这里显然是名词作动词用，表示做妻子、嫁给的意思。皇帝出于性别的局限，显然没法"妻"什么人呀。在阅读的时候，我们一定要瞪大眼睛，看清楚它究竟是指君王，还是君主。反过来，"主君"也不一定是指皇帝，《史记·苏秦列传》里韩王就称苏秦为"主君"；《知否，知否，应是绿肥红瘦》中普通官宦人家的女性就管自己的丈夫叫主君。没错，主君在古代确实也是一家之主的意思。咱们练好基本功，在具体的文献里遇到，便逢山开路、遇水搭桥、见招拆招吧。

---

**语文教材链接**

**五年级下册《杨氏之子》：**"此是君家果"，此处的"君"，是对普通人的尊称，与君王无关。

**七年级上册《穿井得一人》：**"国人道之，闻之于宋君。宋君令人问之于丁氏……"此处的"君"是宋国国君。

**九年级上册《岳阳楼记》：**"居庙堂之高则忧其民，处江湖之远则忧其君。"此处的"君"指皇帝。

> **高考文本对应**
>
> **2019年全国2卷：**"商君者，卫之诸庶孽公子也，名鞅。""景监曰：'子何以中吾君？吾君之欢甚也。'鞅曰：'吾以强国之术说君，君大说之耳。'"这篇文章里出现的"君"字用法比较多。"商君"，是指商鞅；后文提到的"吾君""说君""君大说"，是指当时的秦国国君。
>
> **2017年全国1卷：**"晋陵公主降为东乡君。"这里的东乡君是一个爵位的名称。乡君是中国古代的女性封号，而且根据前文提到的，是由"晋陵公主"降位而来，也能说明性别特征。
>
> **2021年全国新高考1卷：**"隋主好自专庶务，不任群臣。"此处的"主"是指隋朝皇帝。根据上下文语意，这是唐朝的臣子在议论前朝政事时使用的称呼，语气上的微妙拿捏也很见功力：客观上承认是主，但语义上并未见到多少尊重。

- **"大家"一类**

另外，对皇帝还有一些不怎么成体系的称呼，包括"大家""天家""国家""官家""宅家""县官"，我们一一做原理性的解释。

首先，几个称呼里都出现了"家"这个字眼。众所周知，中国古代是家天下，天下属于这一家人，皇帝作为这家人在皇权接力赛中正奔跑的代表，自然就是这家人乃至整个天下的代表。称家和称皇帝，在本质上也是相通的，"天家"就是以天下为家的意思，"宅家"就是以天下为宅的这家人。另外，这个"国家"在中国古代君权制度之下的所指和我们现在的肯定不一样，指的是把整个国作为家的那个人。《晋书》中记载"国家年小"，显然是在说皇帝年幼。

而"官家"这一称呼，可参见三国时期的蒋济提出的"三皇官天下，五帝家天下"的说法，这个称呼在唐宋两朝出现得比较多。当然，"家"这个字，在中国文化的语境中，既可以指家庭，也可以指其他的集体，比如说"儒家""法家"；它和一些表示机构的字连用，也可以表示非家庭的集体，比如"州家""郡家"等，这个"官家"在很多文献中也泛指那些当官的人。

"大家"的起源比较特殊，它本身是指大家族，再久远一些的时候指贵族、卿大夫之家，这个称呼原本是这些卿大夫之家的下人私下里对主人家的叫法，慢慢地演变成对天子的称呼了。因为它有这样的起源，所以不是什么人都能称呼"大家"的，通常是皇帝身边的近侍、亲近的臣子这样称呼。如果突然间从海南岛来了个县令，他第一次进京，诚惶诚恐地给皇帝汇报工作的时候来一句"大家"——你这不是在讨打吗？县令在这种情况下应该恭恭敬敬地称呼天家或者陛下。

最让人费解的称呼是"县官"。我们现在觉得县官是个芝麻小官，怎么想它都和高高在上的天子扯不上关系。咱们换个角度想想：官这个字，就是管嘛，管多大的地方、多大的事情，就是多大的官，从本质上来说，天子不也是这样吗？关键在于对县的认知。我们现在所说的县是一个不大的地方行政区，但是在古代，它经常指天子所治之地，在京都周围千里之内，就是我们之前讲过的王畿之地。那管理这块地方的官，不就是皇帝本人了吗？古籍中也经常记载一种人叫"县主"，比如和静县主、寿春县主、金城县主……天哪，这可不是指村里有个姑娘叫小芳，她们是公主！等到了汉朝以后，条件慢慢放宽了一些，比如在唐宋时期，亲王、郡王之女也可以封县主了，这不可与"九品芝麻官"县令的女儿同日而语哦。

> **语文教材链接**
>
> 九年级下册《送东阳马生序》："今诸生学于太学，县官日有廪稍之供。"这句话中的"县官"，显然不是一县之长，因为学生已经进入太学了。太学是

> 中央级别的学术机构，一个地方的县长自然是鞭长莫及。此处的"县官"就是指皇帝。在现实当中，有关太学生俸禄这样琐碎的小事，自然也不可能是皇帝本人亲力亲为的，因而泛泛地解释为朝廷，是比较合适的。

## 代称体系

中国人民族性格中的委婉，有时真是能表现得登峰造极、花样翻新。这种委婉体现在称呼这个角度，经常出现的现象就是，我要说张三偏不直接提张三，而要从李四那里拐个弯过去。可能是出于在公开场合提及与自己有亲密关系的人的羞涩，很多男性说起自己的妻子时不说妻子，而说"孩儿他妈"。更多的时候，尤其是对尊长，那就是尊敬到我都不敢直接称呼其名，而是找一个代称，拐个弯儿地指代你——这种情形就连带出我们的文化当中对皇帝的很多独特称呼。

- 陛下

陛是台阶的意思，很多人虽然对陛下这个词感到熟悉，但是一想到陛下明明指的是台阶下，就感到困惑：皇帝明明应该是高高在上，端坐于台阶之上的啊，为什么称之为陛下呢？这里就是古人对皇帝拐着弯的尊称了。陛下原本指在皇帝所站台阶之下站立的侍臣，用他来指代皇帝起到了"以卑达尊"的效果："臣启陛下"，表示我有事情不敢直接禀告皇帝，而是禀告您身边的侍臣；"求见陛下"，表示我不敢直接求见皇帝，我只敢求见一下您身边的侍臣……我们中学课本里的经典文言文篇目《烛之武退秦师》中也有过这样一个细节：烛之武在和秦君交谈时说"敢以烦执事"，意思就是我怎么敢拿自己国家这点破事来劳烦您手下的相关官员呢？老烛这是不是有点太"虚情假意"了？他都面见人家的国君谈论这件事了，居然还说怕麻烦人家手下的相关官员？其实这不是个假不假的问题，而是一个表示极度尊敬的习惯。

同样的道理，其实在战国时期的很多文献里，"足下"也是用来指称皇帝的。

"殿下"是宫殿的台阶之下，用来指代比皇帝低一个等级的诸侯，或者皇子、皇后。唐朝以后，只有皇子可以称殿下，诸侯王就没有这个资格了；再后来，只有太子能称殿下，普通的皇子也不行了。

"阁下"的本义是殿阁之下，这些殿阁肯定不是普通人家能修得起的，最初是用来指称级别比较高的官员，比如"三公"。慢慢地，阁下的称呼也渐渐普及起来，就好比我们现在逢男性就喊帅哥，见女性就叫美女一样，布衣之间表示尊敬也能称阁下了。

"节下"，关于节这个东西，我们最熟悉的是持节牧羊的苏武，节是皇帝亲自委派的象征。魏晋时期，因为皇帝亲自派出的部队的首领都会持节，所以当时的节下是对军中高级将领的尊称。一样的道理，麾是部队打仗时将帅指挥用的军旗，"麾下"也是对军中高级将领的尊称，例如《三国志》中记载："愿麾下重天授之姿，副四海之望。"

### 语文教材链接

**九年级下册《出师表》**：文中，诸葛亮称当时的蜀国君主刘禅为陛下："愿陛下托臣以讨贼兴复之效；……陛下亦宜自谋，以咨诹善道，察纳雅言，深追先帝遗诏。"

### 高考文本对应

**2021年全国新高考1卷**："但陛下使人遗之而受，乃陷人于法也。"
**2020年全国新高考1卷11题C选项**："殿下是古代对太子、诸王、丞相的敬称，礼尊意味次于敬称皇帝的陛下。"此选项错误，丞相不能称殿下。
**2016年全国2卷5题B选项**："陛下指宫殿中立有护卫的台阶下，因群臣不可直呼帝王，于是借用为对帝王的尊称。"此选项内容正确。

• 万岁

我们看过不少古装剧之后都知道,"万岁"是专门称呼皇帝的,其他人在礼制上不能拥有这么长的寿命,比如皇后娘娘、太子殿下仅次一等的,只配活千岁。

其实万岁这个词在诞生的时候不是用于称呼人,人们在表示庆贺、表达欢庆心情的场合都可以呼万岁。这有些像我们现代人了,今天数学课下课的时候,数学老师宣布晚上没有作业,大家群情振奋,脱口而出就是一句"耶,万岁"。战国时期,蔺相如舌战群儒,并且完璧归赵,史籍就记载:"左右皆呼万岁。"若当时万岁是君王的专属,蔺相如这属于率众造反了。

实际上,"万岁"一词,汉武帝以后臣民尚不乏使用,如《后汉书·李固传》市里称万岁,汉和帝弟弟名刘万岁等,一直到宋朝,"万岁"才基本成为皇帝专属,从此以后被皇帝老儿一人霸占了。

• 车驾

在古代,普通百姓甚至中低等级的官员是没有机会见到皇帝本人的,即便皇帝出游,他们也只能远远望一望皇帝煊赫无比、浩浩荡荡的车队。当年的刘家老三(刘邦),不就是远远看到秦始皇出巡的车队,流着哈喇子感慨"大丈夫当如是也"吗?车驾往往是人们对于皇帝的直观感知,于是"车驾"就经常被用于指代皇帝。我们在电视剧中经常看到,皇帝走到哪儿,随行的太监都来一声"皇上驾到",就是这个道理:皇上的车驾到了,其实就是告诉你,皇帝本人来了。

类似的说法还有"驾""法驾""大驾""尊驾""乘舆""辇""辇毂"……了解了其中的原委,看到其他在此基础之上进行加工的说法也就豁然开朗了:驾崩,就是皇帝去世了;辇下或者辇毂下,就是皇帝治下,指都城。

不过驾的说法后来也扩展到了民间，不一定局限于皇帝，比如我们熟悉的"劳您大驾""欢迎大驾光临""尊驾怎样称呼"等，需要根据上下文语意具体分析。

### 高考文本对应

**2020 全国新高考1卷11题A选项：**"辇下，又称为辇毂下，意思是在皇帝的车驾之下，常常用作京都的代称。"此选项内容正确。

**2018年全国2卷：**"永元十五年，从驾南巡，还为洛阳令。""从驾南巡"就是跟从皇帝去南边巡视的意思。

• 龙

对龙的崇拜是由图腾崇拜发展而来的，龙一直是中华民族的象征。《汉书·高帝纪》中说刘邦的母亲与龙交配生下刘邦，称刘邦是龙的子孙，用来渲染一种君权神授的神秘感，树立一种正统的来源。且不管刘邦的亲爹刘太公作何感想，我们只需要明确，龙在古代往往特指帝王。

龙升比喻天子即位；龙辇是天子的车乘；龙颜比喻皇帝的容貌；龙腾比喻帝王的兴起；龙鳞比喻皇帝的威严；龙驭是皇帝的车驾；龙兴指创立帝业；龙节是皇帝所授予的符节；龙衮指帝王的礼服；龙穴是最适宜给皇帝埋棺材做陵寝的好地方……

### 语文教材链接

**高中必修下册《鸿门宴》：**"吾令人望其气，皆为龙虎，成五采，此天子气也。"这句话是在讲刘邦入关以后志气高昂，气成龙虎，在传统文化中，自然而然就会被联想为天子之气。

> **高考文本对应**
>
> **2019 年浙江卷**："昔在建安，二曹龙奋，公幹角立。"既然此处的"二曹"指代曹操和曹丕，"龙奋"也就顺理成章地解释成王朝霸业的奋发和崛起。虽然理论上曹操并没有称帝，但是曹丕称帝了，曹操作为他的父亲，合并被奉为龙，也没什么奇怪的。

- 陵寝

古代的很多帝王极其重视自己的身后事，大约是活着越过瘾越怕死后享用不到，在生前就倾尽国力为自己修建规模浩大的陵墓。因为工程浩大，所以陵寝也被称为"山陵"，在古籍中就成了常见的情形。那君王死后，自然就有用陵墓来指代君王的习惯。这个习惯始于唐宋，到清末方止。比如宋朝的文献记载"裕陵追慕至忘寝食"，其中"裕陵"指的是宋神宗，因为他的陵寝叫永裕陵；"思陵绍兴乙亥岁"，其中"思陵"指的是宋高宗，因为他的陵寝叫永思陵……

以陵寝代称君王的习惯在明朝达到了巅峰，明朝文献恰是我们高中阶段大量文言文篇目的出处，那这个用陵墓名称代指皇帝的知识点，就显得尤其重要。不过对于普通中学生来说，记住这么多皇帝的陵寝名称显然不现实，其实也没有必要。在阅读文献的时候，我们只要看到某陵，根据上下文能够知道它在指代一位皇帝，就可以了。当然，如果你是个精益求精的学习者，愿意下这个工夫，我相信历史老师会感激我在教学上的配合的。

> **高考文本对应**
>
> **2014 年全国 2 卷**："武宗即位，赏赉及山陵、大婚诸费，需银百八十万两有奇，部帑不给。"这句话的意思是，武宗登基以后需要花很多钱，有三个重要的项目：赏赐、结婚，剩下的"山陵"一项，就是指修陵寝。

> **2011年湖北卷：**"孝文皇帝居霸陵，顾谓群臣曰：'嗟乎！以北山石为椁，岂可动哉！'"这一幕一旦解释，在现代人眼中就显得比较诡异。文中的孝文皇帝就是我们熟悉的汉文帝，霸陵是他自己的陵寝——那么文中这一幕是在闹鬼吗？皇帝站在自己的坟头上对大臣说了一番豪言壮语？其实不然，古代皇帝为自己修建陵寝是生前的大事，这显然是汉文帝来到自己的陵寝工地视察引出的一段故事。另外提醒大家，汉文帝的霸陵也称灞陵，因为建在灞河边。唐代的霸陵桥，是当时人们离开长安的必经之地，桥两边又刚好杨柳掩映，霸陵就成了古人折柳送别的"网红"创作地标。文人写诗的时候不一定只有依依惜别的泪水，但凡诗兴大发来点儿时代的感慨，霸陵是开创下文景之治的汉文帝的陵寝，这个知识点就是必不可少的。

- 山陵

我们之前讲过君王的死叫作崩。崩嘛，就是指山崩地裂，那内在的预设显然是说君王是山陵。

理解这一点并不难，我们很容易想到一个朴素的比喻：君王在国家的地位，就好比大山。不过你往深了想，这个朴素的比喻就不那么容易站住脚了，因为显出君王的重要地位也可以有大量的其他喻体，也显得合适，比如君王是一棵大树，能给百姓提供依靠和庇护。为什么一定是用山陵指代君王呢？在这个问题上，我们更愿意细说的是中国古人看待世界的天人合一的观点。

其实山并不是永远屹立不动的，现代人认可的科学解释是地壳运动，但古人的解释是阴阳平衡。他们认为阳气被阴气压制而不能正常上升的话，憋久了，山就会崩。用山陵指代君王，背后更是对统治者治理国家的一种隐喻和思考：君王是山，自然也需要维持这种平衡，民意若是长久得不到满足和疏导,就好像上升无望的阳气一样,迟早会造成君王自身的毁灭。山崩在古代是亡国的征兆。周朝的发家之处是现在的陕西岐山一带,那里闻名于世的是臊子面,但在古时,岐山的意义并不像我们现代社会这般肤浅。周朝最著名的一次山崩就是岐山崩,结果没过多久就搞出平王东迁的惨剧。西周和东周的分野,就是因为这一次东迁。

体会一下山陵指代君王背后的隐喻,我们也更能理解,山陵这个词有时候并不一定指皇帝本人,也可能指皇后或者太后。但并不是所有的皇后、太后都称得上山陵。怎么区分呢?只有掌权的皇后、太后才叫山陵。我们熟悉的文言文篇目《触龙说赵太后》里面就有一句"一旦山陵崩",赵太后此时称得上山陵之尊,因为她代替赵国国君掌握权柄。

最后,山陵一词也指皇帝的坟墓。我们普通人的坟墓一般是个鼓起来的小丘冢,但皇帝的坟墓像山一样巨大。这一点好理解,此处就不再赘述。

> **高考文本对应**
>
> **2019 年北京卷:**"是岁也,三川竭,岐山崩。幽王乃灭,周乃东迁。"

## 自称体系

在自称方面,中华文化向来比西方文化复杂。在英语当中,一个英文字母"I"能走遍各种场合;而中国人的自称向来分为两种:一种是普普通通的"我",另一种是带有谦卑色彩的自称,比如"仆""鄙人""小人"等,这些一般用在和地位高的人的对话当中,或者比较正式的社交场合里。

君王也是一样,自称也是有两个系列的。在"我"这个系列里,君王有时候也可以像百姓一样自称"余""予""我""吾"。如果全都是这些"寡淡"的规矩,我的讲述也就没什么存在的价值了。这个系列里最有价值的还是君王独特的自称,老百姓以及臣子、贵族都不许用的那种。

对"余/予"做一些加工,就成了君王特有的自称——"余一人/予一人"。这个自称，大家并不熟悉，因为它存在的时间很久远了。《论语·尧曰》里记载了周武王的话："百姓有过，在予一人。"周武王，就是伐纣的那个武王，他所在的历史时期在商周之交那会儿了。有时候把"余/予"拿掉，"一人"也是君王的自称。因为年代太久远，那个时期的文献通常艰深晦涩，几乎是高考选文言文的禁区。这点知识虽然考查的概率不大，却不妨把它作为可以积累的素材。它还有多角度阐发的价值："一人"的内涵是君王这一个人独特的位置，是在万民之中挑起重担；"予一人"意思就是我这个普通的人和天底下任何一个人都没有差别。年长日久，这种称呼的初衷早已经不可考了，古往今来那些给古籍做注疏的大家吵来吵去也没个定论，我们刚好在其中穿梭，任由己用啦。

下一个"我"系列的自称，大家就太熟悉了——朕。在我们看过的大多数古装剧里，皇帝都自称朕，需要大家注意的是，这个字成了皇帝的专属，是秦始皇飞扬跋扈的体现。在此之前，王公贵族、平民百姓、阿猫阿狗都可以自称朕呢，它就和"我""余"一样普通。屈原在《离骚》一开篇就讲了，"帝高阳之苗裔兮，朕皇考曰伯庸"，前一句的意思是我是高阳帝的后代，显摆一下自己的高贵血统；后一句的意思是我故去的亲爹叫伯庸。屈原也自称朕啊。很多人会感到奇怪，为什么在电视剧《芈月传》里芈月也自称朕，现在你就明白了，芈月是秦始皇的爷爷的奶奶，当时，谁都能自称朕呀，并不是因为芈月掌了权才这样嚣张的。碰到先秦时期的事件时候，我们需要对朕这个字的使用场景提高警惕。

说起自秦始皇开始君王自称朕，又涉及两个有趣的问题。

第一，那在此之前的列位诸侯都自称什么呢？别瞪着你那迷茫的小眼睛看我，问问自己，这事儿你一定是知道的。咱们高中课本里选过《孟子》里的一篇文章——《寡人之于国也》。好了，这回你知道当时的诸侯自称什么了，就是寡人嘛，这篇文章记录的就是孟子去见梁惠王的事情。寡人是个谦虚的称呼，意思是寡德之人，但是秦始皇这位刚刚统一了六国、建立了大一统王朝的君王，那么志得意满、不可一世，可能觉得自称一句寡人太委屈自己了，不论在哪一方面他都得更新换代，连个自称都得高于那些春秋战国时期的诸侯。

第二，除朕以外，普通人的自称也多了，"余""予""我""吾"之类，秦始皇为什么单单选中了朕？是这个字有什么特别的含义吗？嬴政本人当时是怎么考虑的，我们不可能确切地知道，但是可以深入地推测一下，顺便放松放松。可能是因为其他自称太普遍：孔子说"吾与点也"，孔子习惯自称"吾"；孟子说"予岂好辩哉，予不得已也""我善养吾浩然之气"，孟子自称"予"，也自称"吾"；庄子说"往矣！吾将曳尾于涂中"，庄子也习惯自称"吾"；那个自称过朕的屈原，用别的自称更多："路漫漫其修远兮，吾将上下而求索""众女嫉余之蛾眉兮，谣诼谓余以善淫"。综合来看，朕算是个相对冷门的自称，用的人少。嬴政自己应该也知道，如果他把"吾""余"之类用强权定为自己的专属，虽然也无不可，但是大家日常说惯了嘛，强行要求每个人都改口，总得有适应的时间。虽然说当了皇帝，人也不能残暴到什么人习惯性地脱口而出"吾"就都按大不敬之罪拉出去砍头的地步吧？这个比较冷门的"朕"字，是个成本更低的选择。

君王表示谦卑的自称有"孤""寡""寡人""寡君""不谷""小子""眇身""冲人"。

"孤""寡"意思相近，现代甚至把这两个字放在一起——"孤寡老人"。《说文解字》记载"孤，无父也""寡，少也"，寡也特指老而失偶的人。反正看来看去呢，它们都是特别惨的意思。将这两个字加工成"孤家""寡人""寡君"，也是一样的。一提到这两个自称，很多内心戏特别足的朋友早就开始脑补电视剧里的各种著名桥段。《如懿传》里的"渣渣龙"——乾隆皇帝就对如懿展开过一段感人至深的游说："朕在万人之上，俯视万千，可这万人之上，就是无人之巅了，朕总孤单得很……"此处电视屏幕上闪烁着"渣渣龙"和如懿两个人的点点泪光，你没准也跟着这种氛围窝在沙发上啜泣。感慨之余，大家就会据此推断，"孤家寡人"这个谦虚的自称就应该源于帝王的这种站在无人之巅的孤独寂寞冷吧，毕竟苏轼都说"高处不胜寒"呢……

即便我们现代人对古代帝王的处境有如此人性化的关怀，但"孤""寡"的自称也不源于这里。古代王侯刚刚即位的时候，先王刚刚去世，此时在情感上，新登基的王侯难免有一种失去父亲庇护的孤单无助之感，再加上中国人向来注重孝礼，所以自称"孤"或者"寡"。《左传》当中记载："列国有凶，称孤，礼也。"凶，就是不吉祥的事，这儿指的是王侯去世的丧事，那么刚即位的君主就得自称孤，这是礼法。慢慢地，这个自称延续到君主后期的执政中，就变成了通例。

按照习惯，在先秦时期，称孤道寡的都是诸侯国的国君，周王的自称是不一样的。周王自称什么？前面讲过周武王，记得吗？自称"予一人"嘛。不过周王自称与诸侯自称不同的模式，倒是对后世帝王产生了不小的影响。但凡是大一统王朝的君主，基本自称朕，这是和秦始皇学的；地方割据政权的君主，就自称孤或者寡人。看过《三国演义》的人回想一下，曹操、孙权、刘备自称什么？还有一位特别善于与时俱进的主——刘邦。在老家种地、喝酒、当刘亭长的时候，他都是自称"吾"，一直到参加起义，攻占了咸阳，他还是与平民百姓一般，规规矩矩、低调地自称"吾"；被封为汉王以后，他立马自称"寡人"；他登基称帝之后自称什么，你想也能想得到啦——朕嘛。

"不谷""小子"都是先秦时期的君主所用的谦称，出现的概率并不大，大家有个粗略的印象就够了。"不谷"就是不善，用于君王的谦称。"小子"这个称呼并不完全用在君主身上，它既可以用作普通人的谦称，也可以用在上级对下级的教训当中，重要的是根据上下文语境判断。

"眇身""眇躬"中的"眇"字和我们熟悉的"渺"是相通的，意思也相同，这两个称呼就是帝王从渺小的自我这个角度来称呼的。

"冲人"里的"冲"字，让我们用它组个词吧。没什么文化积淀的小朋友就会组冲锋，这是现代人常用的、熟悉的词；有文化的小朋友听说过"幼冲"这个词，指的是年纪小。向前冲和年纪小，这两种意思完全不相关啊，为什么会同时出现在一个字的字义里呢？"冲"这个字在甲骨文里的形象如图所示，是先有了一条河，河中心有个"中"字受到激流冲刷，"中"又与幼童的童古音相通，明白这个字的起源就好理解了。"冲锋"的意思源于向前奔流的河水，而"幼冲"的意思源于河里"中"的处境。一个孩子，如果被孤零零地扔进社会的洪流当中，不正是备受冲刷，随时处于危险的境地吗？进一步理解，"冲人"是古代那些幼年就登基的"娃娃皇帝"的自称。

当然啦，最后还是需要找补一番。上文讲到的都是一些原则性的大致习惯，但历史太长，林子大了就什么鸟都有。总有些奇葩皇帝的自称是不走寻常路的，比如明朝的开国之君朱元璋，人家就喜欢操着一口淳朴的乡音，自称"咱"。这可能是因为放牛娃当久了，无法改变。不过对照着这位皇帝在皇宫里开荒种菜，带领着一众子孙亲自耕种的教育方法，他也真是做到了劳动人民的勤劳质朴。

---

**语文教材链接**

七年级下册《孙权劝学》："权曰：'孤岂欲卿治经为博士邪！但当涉猎，见往事耳。卿言多务，孰若孤？孤常读书，自以为大有所益。'"这里是三国时期，吴国的国君孙权自称孤。他作为当时地方割据政权的统治者，自称"孤"是非常合适的。

九年级下册《唐雎不辱使命》："秦王使人谓安陵君曰：'寡人欲以五百里之地易安陵，安陵君其许寡人！'"此时处于战国时期，秦国还没有统一六国，作为诸侯国国君，自称"寡人"是很普遍的。当秦国完成统一大业，秦始皇就自称"朕"了。

**九年级下册《邹忌讽齐王纳谏》：** 在文中，齐王下令"群臣吏民能面刺寡人之过者，受上赏；上书谏寡人者，受中赏；能谤讥于市朝，闻寡人之耳者，受下赏"。这里是战国时期的诸侯——齐王自称"寡人"。

**高考文本对应**

**2021年全国新高考1卷：** "上曰：'然。朕为天子，所以养百姓也，岂可劳百姓以养己之宗族乎！'"

**2019年全国2卷：** "惠王曰：'寡人恨不用公叔痤之言也。'"魏惠王是诸侯，自称寡人。

讲了这么多、这么复杂的君王谦虚的自称，我经常想，它们存在的理由是什么呢？仅仅是一种礼仪吗？不是的。这种烦琐之礼之所以能存在几千年，背后一定有实用性需求。李泽厚先生在《美的历程》当中讲，中国古代的许多礼仪规范设立的目的，都是通过对人表面行动的规范来实现对人的深层次内心情感方面的诉求。古人使用谦称，连高高在上的君王都不例外，甚至不惜把自己悲惨地称为"孤""寡"，应该在人际交往中有实用价值。

中华民族是一个很懂得在人际交往当中"示弱"的民族。分析我们日常与人交往时的心理，大家通常都不喜欢那种高高在上、趾高气扬的人物，真的想获得良好的合作效果，就得懂得适当地把自己的姿态放低。最使我有切身感受的，就是我上课总有孩子在讲台下窃窃私语，这种情况下，瞪着眼大吼一声"上课不许说话"的效果就比认真地告诉他"我很用心地讲课，但是你不认真听，我很难过欸"的效果差很多。使用前一种方法的话，学生可能会吓一跳，暂时收敛一些，但心里其实是很反感的，他总会找个机会继续嘀嘀咕咕。使用后一种方法，你坦诚地把自己的情绪告诉对方，反而容易得到对方真心的理解。

皇帝也是一样的，万人之上，无人之巅，仅凭一己之力能看顾得好偌大的江山吗？在和周围人交流的时候，他用一种谦虚的自称，把自己的身段自然而然地放低一点：我是孤家寡人，我是冲龄小儿。他把自己的困境明明白白地摆出来，手下忠心的臣子自然时时受到激励和提点。

# 第三章
# 宫室

讲和皇帝老儿有关的文化，自然离不开他的居住场所，这一部分专门来梳理与宫室相关的内容。在正式开始之前，我必须得把一盆冷水泼下去。我明白，关于宫室，大家普遍感兴趣的点在于：皇帝老儿的后宫佳丽住在哪儿？哪个朝代的皇宫里住的美女比较多？御膳房里天天做什么好吃的？电视剧里那个专门动酷刑的慎刑司在哪儿？冷宫里是不是真的特别吓人……呃，这些轻松有趣的话题，我在视频网站上倒是有一搭没一搭地和网友们聊过不少，但是当咱们专注于系统性的知识时，这些话题就显得太零碎、太边缘了。这些问题就好像人的毛细血管末端的穴位，单独捏一捏觉得还挺舒服，但想通过摸一堆零散穴位了解整个人体，就是在盲人摸象了。咱们还是得从心脏开始，抓住几个大的动脉，让原则性的知识带领我们贯穿全身。

在这一部分里，我们弄明白皇帝宫室的相关知识以后，甚至要主动把这些知识迁移到普通官员、百姓的住宅当中去思考。因为皇帝是万民景仰的中心，他的生活是标杆，其中的准则能辐射万民。

## 宫、殿

人在学习母语时，有个弊端，就是很多东西因为太熟悉了，就顺理成章地接受，看不出其中有什么可思考的。就比如宫殿这个词，不光我们现代人张口就来，王维写诗也提笔就是"九天阊阖开宫殿，万国衣冠拜冕旒"。你读到这一句的时候有没有想过问一问王维：开宫殿，究竟是开宫呢，还是开殿呢？因为较真的话，宫和殿其实并不是一回事。

先说殿，像个小学生一样搜肠刮肚地用它组组词：宫殿、殿堂、殿阁、殿下……对了，殿后用的也是这个字。发现诡异之处了吗？前面那一组词中，殿的意思都很统一，指的都是富丽堂皇的宫廷建筑，但是这个意思和殿后是怎么凑在一个字里的呢？

"殿"和"壂"是异体字。"殿"这个字，在篆书当中还能看出是有个土字底的。这个土字底就说明，"殿"指的是那种建在一个用土堆成的台子上的高大建筑。那继续追问：建一所房子，为什么要先用土堆一个高高的台子？因为这是给君王用的房子，君王在里面是要身居高位、接受万民朝拜、布政训话的，所以房子需要高。其中既有身份的象征，又有实用性的考量。说到这儿，殿的字义也清楚了，它不是走彰显皇帝身份、房屋华丽那一路的，而是强调了垫在底部的这一意思。

结论来了，敲黑板，记笔记：殿表示的是单体建筑，最初就是皇帝在高台上被臣民仰望的那个房子，在慢慢演化之下，皇帝用来睡觉、办公的其他房子也统统叫作殿了。

**语文教材链接**

高中必修下册《阿房宫赋》："舞殿冷袖，风雨凄凄""辞楼下殿，辇来于秦"，这里的"殿"，都是指秦始皇的豪华宫殿——阿房宫。

**高考文本对应**

2021年全国新高考1卷："太宗即皇帝位于东宫显德殿。"
2011年重庆卷："时上方修太和殿，使者采木且及柳，柳人大恐。"

在这一番讲解当中，我们不仅得到了结论，"土垫起来一个高台"这个习惯也在宫廷建筑文化当中保留下来了。生产力不发达的时候，这个高台可能就只是一个简朴的土台子。在以后的历史中，虽然它变得越来越高级，越来越华丽，但是我们见到它的时候，还是有能力一眼洞穿它的本质。明清的皇宫——故宫中轴线上最重要的三个建筑：太和殿、中和殿、保和殿就是修建在高八米多的台子上。虽然这个台子已经从最初的土台子进化成牢固的砖石结构，表面还饰以华丽的汉白玉雕刻，但都源于"殿"这个字，都在字源里呈现了建筑习惯。

另外，这种台基其实也有专门的名字，叫"须弥座"。须弥是佛教词汇，原本指的是佛像底部的底座。中国古代建筑的这个结构和佛像的须弥座很像，就把这个名字借来用了一下。

当然，不可否认的是，历史的进步、生产力的发展不仅体现在材质的变化和外表的装饰上，明清时期故宫里的须弥座除了彰显至高无上的皇权，还通过内部扎实的砖石结构起到了防止地基下陷以及抗震的作用。

丹陛

我们顺着台基这个思路继续想：既然君王所在之处被垫起了高高的台子，那上下台子就少不了长长的台阶。这个台阶在文化上的意义，就是普通臣子与皇帝的距离，而皇帝是天子，是上天在人间的代表，那这个台阶也就是芸芸众生和上天的距离。在这一套语境中，距离产生的是神圣感和神秘感——我等凡夫俗子匍匐在地，得尊敬地称呼台阶那头高高在上的君王为"陛下"。按照中国传统的礼仪，这段台阶会在隆重的庆典场合被装饰成红色，所以宫殿的台阶也被称为丹陛。

现在故宫博物院的标识，用的就是"宫"这个字的甲骨文样貌。不过故宫的宫和甲骨文中的宫，指的可不是同样的东西。

我们看看"宫"字的甲骨文，像不像尖尖的屋顶和下面的墙上开了几扇窗？窗子多，说明屋子大，宫原本指的是豪华一些的大屋子。不过文字的使用总是灵活的，字义也常常在变化。我们再观察观察"宫"字的甲骨文形象，是不是也挺像在一圈围墙的环绕之下，里面有几个不同的小房子？对，这就是我们现在提到的故宫中"宫"字的含义：一组被包围起来的建筑。

日本汉学家高田忠周提出一个很有意思的看法，他认为"宫"最初其实并非专指王室居所，开了几扇窗户的大房子或者一圈围墙里围了几所房子，谁都可以住这样的建筑。宫是从秦汉时期开始演变成皇帝专用的字眼。

我们熟悉的故宫不就是这样吗？外面有一圈高高厚厚的宫墙，里面"檐牙高啄……钩心斗角……蠢不知其几千万落"，而且故宫的特殊之处在于它太大了，大的宫里面还套着小的宫。东、西六宫包括景仁宫、延禧宫、承乾宫、永和宫、翊坤宫、长春宫……它们不都是一个相对独立的由围墙包围起来的小院落吗？

镜头继续拉近，拿储秀宫做个例子。储秀宫是整个宫院的名字，在储秀宫里有绥福殿、养和殿、丽景轩等，它们是宫院中的单体建筑。

好，知道了这一套理论，我们来尝试着解答下面这个问题：总有人问为什么故宫的西六宫里有一个特殊的名字——太极殿？它原来叫启祥宫，这名字是怎么改的？规矩森严的故宫，竟然连宫、殿都不分了吗？答案来了：它原本叫启祥宫，没错，是个由独立围墙环绕的小宫院，但是在清朝晚期的时候，有人把启祥宫和长春宫打通，合并成为一个院子。他们把两宫之间的围墙拆掉，把启祥宫的后殿、后墙改成穿堂，直接穿进长春宫里，这下称为殿就顺理成章了。因为这都不是个独立的院子啦，就把原先启祥宫的主殿改名为太极殿，是不是与我们讲过的规矩特别契合？

好吧，如果你觉得前一个问题是我要赖了，事先没有交代合并启祥宫和长春宫的背景就贸然提问，那接下来这个问题，我们回到这部分最初探讨过的王维的诗："九天阊阖开宫殿，万国衣冠拜冕旒"究竟是开宫还是开殿？答案是，都开了。"万国衣冠拜冕旒"，就是身着各种"奇装异服"的各国使臣一起来朝拜天子，那就必然是宫门洞开，皇帝端坐在大殿之上。基于这个场景，如果现在让有文化的你来拍电影，为了彰显皇帝的尊贵，应该一道道宫门次第打开，让使臣们列队鱼贯而入，最后穿过宽阔的广场，他们在广场上按位次跪定，最终"吱呀"一声打开大殿正中的大门，皇帝就端坐于殿上，紧接着就是广场上回荡着大家山呼万岁的声浪。为什么有文化的人才能拍出这么有层次感的镜头？咱首先得敏感地意识到宫和殿是不一样的，才能继续想到开宫殿指的不是简简单单的一道门。

### 语文教材链接

**八年级下册《核舟记》**："能以径寸之木，为宫室、器皿、人物，以至鸟兽、木石。"在一块小小的木头上雕刻出富丽堂皇的宫殿，足见其精巧。

### 高考文本对应

**2015 年福建卷**："使苞于此间得一亩之宫、数顷之田……"此处的宫说的是宫字的本义——房子。这篇文章的作者是方苞，这句话的意思是方苞在这里能占地一亩大小的房屋、几顷田地。

**2016 年山东卷**："吾君好治宫室，民之力敝矣。"

**2011 年浙江卷**："时高宗造蓬莱、上阳、合璧等宫……秦、汉广事四夷，造宫室，至二世土崩，武帝末年户口减半。"

学习中国传统文化，难就难在基础原则之上经常有例外，或者说因为历史太长、解释众多，总会有来自不同角度的阐发，在宫和殿的区分上也是这样。重新回到我们最初对殿的解释：就是修个高台子，在台子上盖个房子，让君王在房子里接受朝拜、布政训话，时间一长，近朱者赤，殿这个字就染上了浓浓的"办公室"严肃氛围。它给人的感觉就像个耸入云霄、带有玻璃幕墙的写字楼，虽然没有明文规定，但人们总觉得不穿个正装就往里溜达不太合适。相应地，宫是围墙里的一组建筑，既然是一组，就各有功能：正厅、卧室、厨房、卫生间……感受到这股挥之不去的生活气息了吗？有句古话说："国事曰殿，家事曰宫。"从这个意义上，我们就可以解释现今总是让人摸不着头脑的例外——乾清宫、坤宁宫看上去是单体建筑，为什么叫宫呢？因为它们俩分别是皇帝和皇后的生活起居之处。那养心殿明明是有围墙围起来的一组建筑，为什么叫殿呢？因为皇帝虽然也在里面生活，但它办公理政、接见臣子的功能非常显著，所以人家就愿意叫殿，咱也挑不出什么错处。

## 内外

中国人格外熟悉"中央"这个概念。为什么格外熟悉呢？因为源远流长嘛。早在春秋战国时期，我们的文化里就有了所谓的"华夷五方"格局。啥意思呢？华是华夏，五方是五个方位，华夏（汉族先民或中原的古称）自然是居中的一方，剩下的四方，名字就不太好听啦：东夷、北狄、南蛮、西戎。显然，位居中央是有优越感的。现代人接受现代文化的多年洗礼，自然不能那样看待问题。更何况随着经济中心的不断南移，境况早就不同了。春秋战国那会儿，中原一带的人都瞧不起楚国人、吴国人，说人家是"南蛮子"；现如今在上海人、广州人的口中，

华夷五方

北方人差不多成了"土老帽"的代名词。我们在这儿就不感慨"三十年河东，三十年河西"的境遇转换，关键是要懂得，最初那河东三十年的理念，对于中国的政治文化有多么深远的影响。

### 语文教材链接

**高中选择性必修中册《苏武传（节选）》**："汝为人臣子，不顾恩义，畔主背亲，为降虏于蛮夷，何以汝为见？"这里就把北方少数民族匈奴称为"蛮夷"。

**高中必修下册《谏逐客书》**："北收上郡，南取汉中，包九夷，制鄢、郢，东据成皋之险……"这句话里，"九夷"中的数字九泛指多，夷指东方的少数民族。"昔缪公求士，西取由余于戎……此五子者，不产于秦，而缪公用之，并国二十，遂霸西戎。"这句中的"戎"是西方的少数民族。

### 高考文本对应

**2021年全国新高考2卷**："由宗室争权，自相鱼肉，遂使戎狄乘隙，毒流中土。"

**2019年全国2卷11题A选项**："缪公即秦穆公，春秋时秦国国君，在位期间任用贤臣，使国力趋强，称霸西戎。"本选项内容正确。

**2018年全国1卷**："天水夷夏慕德，老幼赴阙献书，乞留芝。"此句中，夏指华夏汉族，夷指其他民族。

**2018年全国2卷**："境内清夷，商人露宿于道。"

**2013年安徽卷**："谢陆生曰：'居蛮夷中久，殊失礼义。'"

既然大一统国家是中央集权，那国家的中心就是都城，都城的中心就是皇城，皇城的中心就是宫城，宫城的中心就是皇帝。我们从这一下几张图——唐长安城到北宋东京城的都城平面图看得出来，这种"位居中心"

唐长安城　　　　　　　　宋东京城

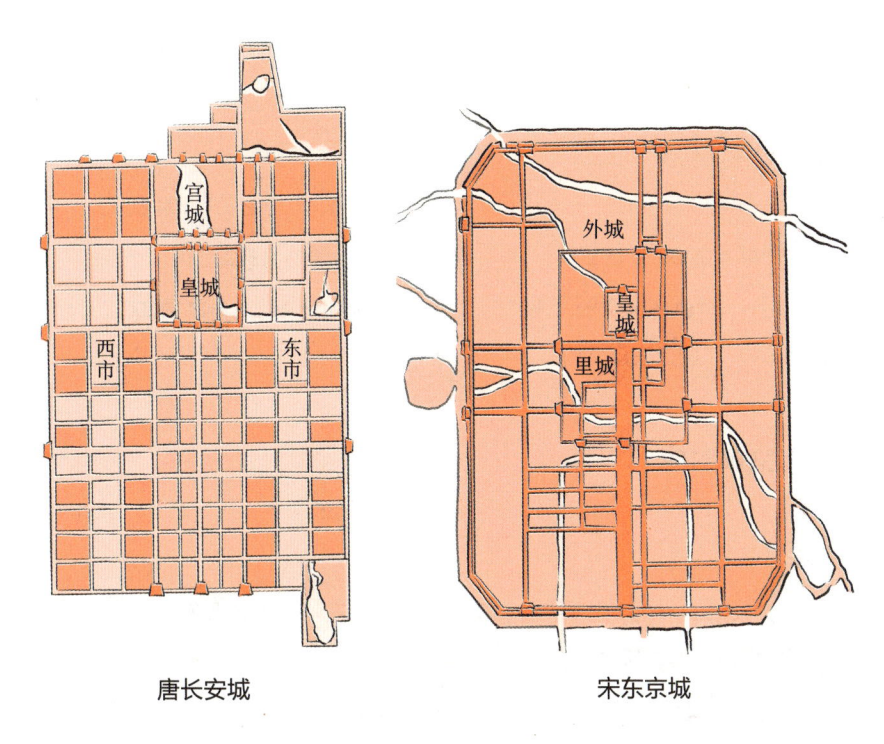

的理念越来越明确。

在阅读古代文献的时候，有些学习者特别较真，提问说："凭什么'内''大内'就一定指皇宫？我自己家里不也是内吗？怎么只有皇帝老儿的家才能是内？"你瞧，这就是因为他们对中国古代中央集权这一点没有深入骨髓的领悟。现如今城市发展的模式是多中心的，比如北京，长安街、国贸、金融街、王府井、望京、中关村都算得上是北京的中心。但换成古代的北京，要说内，在这一圈套一圈的结构里，有哪个内能比皇帝的宫殿更"内"？

在古代文献里，含有内的词汇大都和皇宫、皇帝有关。内藏是皇家仓库，内帑是皇家国库，内侍是皇宫中的侍从，内园是宫中的御花园，内厩是宫中的马厩，内禁是宫禁，内庭是宫禁以内，内宴是宫廷宴会，内志是入主朝廷的志向，内荣是指在朝中任职，内辅是在朝中辅弼君主，内附是指归附朝廷，内属是归附朝廷成为属国或属地，内藩是朝廷直辖的中原诸

第一部分　皇帝老儿的标杆式生活

侯王国，内转是地方官上调中央政府任职，内任是在朝中担任要职。

> **语文教材链接**
>
> 高中选择性必修中册《屈原列传》："怀王以不知忠臣之分，故内惑于郑袖，外欺于张仪。"这里的"内"与"外"可以理解为在楚国内、在楚国外。其实楚国国君被郑袖这样的宠妃迷惑，也的的确确是在宫墙之内，此处的"内"，也指宫廷之内。

> **高考文本对应**
>
> 2021年新课标全国乙卷："行刑之日，尚食勿进酒肉，内教坊及太常不举乐。"
>
> 2020年全国2卷11题C选项："禁中，又称禁内，指皇室宗族所居之处，因所居宫室严禁随便进出得名。"本选项内容正确。
>
> 2020年全国3卷："谨具封还内，请停。"
>
> 2014年全国2卷："请分别给银钞，稍益以内库及内府钱，并暂借勋戚赐庄田税，而敕承运库内官核所积金银，著之籍。且尽罢诸不急费。"

## 中轴

　　从个人的角度来说，一个成年人，一旦形成了一套成熟稳定的行事逻辑，那他在各种场合都会一以贯之。比如一个人在工作环境里不能包容和理解不同意见，回到家里，如果他不喜欢吃榴莲，看到家人正围着这种长相可恶、浑身长刺的奇异水果展开饕餮盛宴，他八成会忍不住暴怒。文化亦是如此，于皇家其实更甚：我费了半天劲向天下人宣传了一套层层嵌套的中心观念，那么对于我自己居住、办公的地方，象征着至高无上的皇权的中心之中心——皇宫来说，自然需郑重相待。

　　在天下人看来，皇帝的宫殿是那个中心的点，可在宫墙之内，亦有宫阙万间。皇家的宫殿，在布局方面也要想办法彰显皇权中心这个理念。皇帝的职责、生活不可能局限在一个点，他需要参加典礼、祭祀、办公、居住……于是中国古代皇家正式宫殿的布局都会有一个明显的中轴。北宋汴京城的皇宫情况特殊一些，前朝和后宫各有一个中轴，并且这两条中轴没有齐齐整整地落在一条直线上，那实在是无奈之举，并非刻意为之。北宋这座皇宫是唐代宣武军节度使的署衙，在五代时期又被后梁、后晋先后改建，等宋朝建立、皇室入住时，皇宫周围已然是繁华闹市，成为既定事实，改造起来也肯定是束手束脚的。这就能理解了，一件衣服先后被几个人穿过，经过了好几任裁缝的手，两个袖口的颜色难免不一样，扣子和扣眼也不太容易平整地对上。转过头看看明清的故宫，当年明成祖朱棣修建它的时候，那可是铺平了全新的布料，清空了裁缝案上的其他杂物，完全顺着自己的心意裁一件合体的衣服。那人家宫殿的这条中轴线，就不仅仅是贯通禁内，它还借着这股皇气，痛痛快快地伸胳膊抻腿，贯通了整座北京城。

我们现在去故宫博物院参观，印象最深的就是这条尊贵的中轴线，皇宫里规格最高的建筑都依次排列在这条中轴线上。随着中轴线进入后宫，王朝最尊贵的女人——皇后的居处也坐落在此，用借代的手法，古人也把皇后称为"中宫"。

> **高考文本对应**
>
> **2016年全国2卷5题A选项：**"中宫是皇后所居之宫，后来又可以借指皇后，这与东宫又可以借指太子是同样道理。"此选项内容正确。

我们津津乐道地讲皇宫的中轴，但视线一定不能停留在皇宫里。之前反复提过，皇宫重要，不仅因为它是皇权所在，更重要的是它在文化上具有标杆、辐射作用。皇帝的居处是按照这一套原则修建的，那天下的官员、百姓，只要家里不是穷得只剩一间茅屋，但凡能围成个院子，或者富足一些的，拥有几进的院落，在安排布局的时候是不是都得比照着皇宫来？

例如我们读《红楼梦》的时候，在第三回里，我们随着林黛玉第一次直接观察贾府的人和事。黛玉去拜见两位舅舅，她看到大舅舅贾赦的院子"必是荣府中花园隔断过来的。进入三层仪门，果见正房厢庑游廊，悉皆小巧别致"，然后去拜见二舅舅贾政，看到贾政的院子"仪门内大院落，上面五间大正房……一条大甬路，直接出大门的"。但凡是个懂得中轴线文化的读者，一下子就能捕捉到贾府的人物关系信息了：老大贾赦不管事，老二贾政才是贾家的主人。为什么？因为贾政在中轴"C"位啊，他的住处是"一条大甬路，直接出大门的"。联想一下，什么建筑在故宫不需要拐弯，可以一条路直接出大门？这是贾府的中轴线，占据着这儿，就足够表明他在贾府的地位了。

古人说"修身，齐家，治国，平天下"，我小时候看这句话觉得没道理，凭什么非得一层一层递进呢？管不好一个家并不代表治理不了天下啊？慢慢懂得了文化的结构，我才觉得它是适用的。你看贾府的布局就知道了，家和天下，在文化上其实是一样的结构。

## 方位

说起宫殿的具体布局，在古代自然是有一套玄而又玄的风水理论，我们甚至可以联想到在各种影视剧里出现过多次的场景：一位道士装扮的人物，捻捻胡须，掐指一算，然后告诉你这里主大凶，那里主大吉……其实这些所谓风水的建筑布局理论，都是古人最朴素的居住智慧。

比如古人认为好的风水要坐北朝南，这其实是因为中华文明的诞生地——中原一带，地处北半球北回归线以北，一年四季，不论太阳直射点如何变化，太阳始终位于南边。房子坐北朝南可以最大限度地利用太阳这个光和热的来源。毕竟在生产力不发达的时候，房屋的自然取暖、采光都是影响居住舒适程度的重要因素。

这一条风水原理，在全球都是适用的。推广到南半球的话，那好的风水就应该是坐南朝北。中国的建筑还有自己独特的建造习惯，就是中国人造房子喜欢用建筑包围空间，而西方人造房子比较常见的是用空间包围建筑。通俗点儿说，就是咱中国人就喜欢个院子，周围都是我家的房子，中间这一块露天的空间，对于生活来说就有了一种微妙的便利：它既是敞开的，又是私密的；既是家庭公共的，又是对外隔绝的。

不过这种建筑习惯也带来了另一个令人头疼的问题：既然围成一个院子，就不可能让所有的房子拥有坐北朝南的好风水，有东边的一排、西边的几间，还有南边的若干。东边的房子上午见不到太阳，西边的房子一过了正午就阴森森，南边的房子更惨，一天到晚、一年四季都是黑黢黢、冷飕飕的，所以南边的这排房子也叫"倒座"。那么让谁住在风水最好的房子里？让谁住在南边那排人人都嫌弃的小屋里？看到了吧，东、西、南、北这四个方位，人家自己其实很无辜，大家原本平起平坐，没有捧谁也没有贬谁，其实是我们的现实条件生生逼出了一座院落里的方位尊卑。

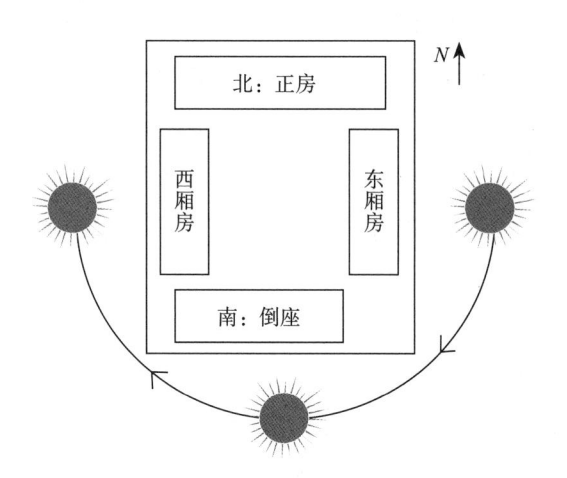

坐北朝南当然是最尊贵的，在一个院落里，住这个方位的是主人、长辈；坐南朝北是卑微的，住在这里的一般是仆人。在很多百姓家里，这里

索性不住人，搭个棚子养些牲口了事。这个居住习惯保留时间长了以后，居于南方面朝北，就成了地位低的人面向地位高的人的固定姿势。于是，对君主称臣，叫"北面而事之"（《资治通鉴》）；拜师学艺，叫"执经下坐，北面受业"（《梁书》）。

> **高考文本对应**
>
> **2017 年江苏卷：**"予之先容甫，以爵也；若以学，则予于容甫当北面矣。"
> **2013 年安徽卷：**"君王宜郊迎，北面称臣。"

南和北的尊卑区分明显，那么东和西就是平等的吗？不是的。在中国的传统习惯里，东更加尊贵。为什么呢？明明东西两面的房子都是半天阴半天阳，甚至有纠结细节者还会辩论说："东边的房子有夕晒，哎呀，夏天的下午很热的，所以从这点来说还是西面的房子好一些……"打住啊，古人的思路和我们现代的"炒房团"不同，他们对于东与西哪个更尊贵的感受更宏观，更倾向于对自然这股神秘力量的敬畏。小时候看电视，我记得一部动画片的主题曲是这样唱的："太阳从东方升／这里的花先开／东方人在东方／最早沐浴太阳爱……"对，因为从小被这首主题曲洗脑，所以如果你在我小时候问我，是东更尊贵还是西更尊贵，我会脱口而出是东。这首主题曲的歌词就应该是人类最原始的感觉：带给我们光和热的太阳，每天从东面升起，所以这个方位一定蕴藏着什么神秘力量。《尚书·尧典》："寅宾出日，平秩东作。"就是在讲太阳是从东边升起的，一年四季的各种信息也是最早从东边传来的。这不就是"太阳从东方升／这里的花先开"这句歌词的原初版本吗？所以春是四时之首，春耕在古代也被称为"东作"。这种"起始"的特点，就给东这个方位带来了尊贵感、重要感。

继续回到我们讨论院落的布局话题中，南北的房屋已经分配好，东西两边的房屋，按照文化习惯，东边是给儿子住的，相应地，西边可以住女儿。你看在我们中国的传统语境当中,东总是和男性相关。比如当年东晋的大贵族太尉郗鉴派了一位使者去另一个大贵族王导家,想看看王家哪个小伙子能配得上自己的宝贝女儿。使者回来以后如实汇报:"哎呀,王家果然门风不俗,少爷们个个风度翩翩。不过呢,听说我的来意以后,他们都挺羞涩、拘谨,只有一位少爷,就好像我们都不存在一样,敞着衣襟、露着肚皮在东床上吃东西。"魏晋果然是个奇特的时代,这位郗鉴太尉一听,激动地表示:"啊呀,我想找的就是这样的好女婿呀!"其实身为现代人的我们,很难理解这是什么样的奇葩择婿观:相亲的时候,衣襟无论如何也得规规整整地系上啊,怎可露着肚皮?要么就是他最近刚好在健身房练出了八块腹肌?回归正题,你从这个典故也应该看出来了,这就是"东床快婿"的出处。这位被一眼选中的好女婿,就是大名鼎鼎的王羲之。回顾一下我们刚刚讲过的东边更尊贵,常常与男性相关,"东床"就这么恰巧地摆在东面吗?我觉得这个位置应该挺虚化的,即便当时的真实情况是这个床摆在南边、北边或者西边,在文化的流传当中,中国古代的文人也会自觉地把它加工到东边的。

西比不上东尊贵,在院落布局当中,西厢房可以作为女儿的闺房。我们这里一说"西厢房",你是不是自然而然地想到了《西厢记》?对呀,崔莺莺给张生传的小纸条上写的就是"待月西厢下,迎风户半开。拂墙花影动,疑是玉人来"。莺莺小姐不就住在西厢房里吗?不过在古代,女儿的住处也未必一定在西厢房,那些家境更富足、院落更大的人家,如果有后院,女儿一般会被安排在后院的绣楼上居住,自然是因为后院幽深隐蔽。这个时候,长子可以住在东厢房,次子就可以住在西厢房。但是不论如何,东与西两个方位的尊卑是没有变化的。

相应地,方位文化应用到宫廷当中,也是一样的道理。只不过,宫廷太大,建筑太多,坐北朝南的建筑也多,给各位尊贵的主子居住的房子自然缺不了,在皇家的宫廷布局知识当中,重点是东和西。

在民间，东厢房是长子的居处；在宫廷，东宫就是太子的宫殿。因此，就像中宫指代皇后一样，东宫也能指代太子。故宫里，位于中轴线东侧的毓庆宫，是康熙皇帝为太子胤礽准备的宫殿。乾隆皇帝眼瞅着自己的执政时间快到当初亲口承诺的六十年了，就修建了未来退位养老的宁寿宫，它占据的也是故宫内廷区域的东侧。而故宫内廷的西侧则是太后宫区，慈宁宫、寿康宫，都在西边。即便是看上去地位一致、布局对称的东西六宫，在理论上，东六宫也比西六宫尊贵。这些布局都遵循了我们讲到的东西方位的尊卑次序。

**语文教材链接**

**高中选择性必修下册《陈情表》**："猥以微贱，当侍东宫，非臣陨首所能上报。""东宫"指代太子。

**高考文本对应**

**2021 年全国新高考 1 卷**："太宗即皇帝位于东宫显德殿。"

**2020 年全国新高考 1 卷 11 题 B 选项**："东宫是古代皇家宫殿的称呼，由于是太子所居之宫，文中用来借指太子。"此选项内容正确。

**2020 年全国新高考 1 卷**："阉人刘朝称东宫令旨，索戚畹废庄。"

**2016 年全国 3 卷**："武宗立，以东宫恩，进左谕德，充讲官，纂修《孝宗实录》。"

**2013 年江苏卷**："初，明帝在东宫，丰在文学中。"

## 大门

电视剧《甄嬛传》当中，做了多年宫妃的姐姐甄嬛对自己尚未出嫁的小妹玉娆说："这紫禁城啊，别人看是天家富贵受用不尽，可一进来才知道，这四方的天，四面的墙，没有比这里更闷的去处了。"我们借着这句台词,不从讨论剧中人物的三观和心境出发,而从文化的角度思考一下,其实它准确而且鲜明地反映了中国建筑的一个特点:方正的围墙。我之前提到过,中国人盖房子喜欢用建筑包围空间,那身处空间里的人,也难免产生甄嬛那样的感慨。

中国的这种建筑特点,不仅体现在皇家,也体现在普通百姓家、官府衙门处。以一圈方正的围墙,围起一个又一个或大或小的空间,成为独立的家庭、单位。被围起来的空间总得和外界交流吧?门就产生了。在中国文化的建筑群当中,东、西、南、北的房子都有等级尊卑,这些开在不同方位的门自然也不可能例外。

在这个四四方方的建筑布局当中,四面皆有可供出入的门,哪个门才是紫禁城的正门呢?是南门,因为整个建筑群坐北朝南嘛,位于中轴线和南宫墙交叉之处的南门就理所当然地成为正门。在普通官员家里,如贾政院子有"一条大甬路",直接通大门,自然也是南门。故宫的午门修得和其他门不一样,很复杂、庄严,是一个凹字形的结构,它的专有名词叫"五凤楼",向外伸出的这两翼叫"雁翅楼",顾名思义,像一只大雁张开的翅膀。

不过,雁翅楼的名称并不是我们在实际阅读文言文时面对的知识重点,重点在于雁翅楼这种大门形制的来源——阙(què)。"阙"这个字在文言文里的意思也令人费解。我们都熟悉的解释

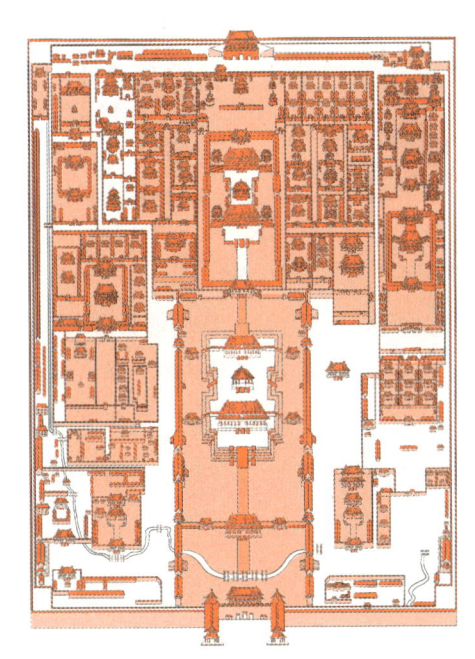

故宫俯视图

是，它和"缺"的意思一样，初中课本里著名的文言名篇《出师表》就有一句"必能裨补阙漏"，阙漏就是缺漏，它俩的读音也相近，这容易理解。但是这露着破洞的意思和豪华的宫门有什么关系？即使你去查一些词典，你会发现词典也并不把它直接解释成宫门，而是说阙指"古代皇宫大门两边供瞭望的高楼"。

不要着急，我们把这些看似杂乱无章的知识关联起来：阙是缺口的意思，这与阙还能解释成宫门两边的高楼并不冲突。宫门两边，各自修建一座高楼，两座高楼之间不就留出一个缺口供人进出了吗？这就是两种意思之间的基本联系。

那这个阙究竟是做什么用的呢？为什么要在宫门两边修建这个东西？我们还得多费些笔墨把这件事讲清楚。有一次我带学生去故宫博物院参观，走到天安门前时我的两个学生激动地指着一座华表问我："啊，老师这东西就是'阙'吧？"我险些在游人如织的旅游景点惊得晕过去，意识到了单单解释一个字的苍白，还是应该把它的样貌、作用说明白。上图是四川出土的东汉画像砖上的阙门，它和天安门前的华表不一样。华表就是华丽的柱子，装饰用的，而画像砖上的阙是可以站人的。很明显，这就是军事观察用的，基本上起到了我们熟悉的抗日电视剧里炮楼的作用：能瞭望到敌军动态，也能居高临下地放箭。明白它的功能之后，它的应用场景就可以拓展一下，凡是需要这种功能的其他地方，也会出现这个建筑，比如祠庙前、陵墓前。普通百姓家徒四壁，自然不需要这玩意儿，所以它慢慢有了王族气质，为帝王家所专有。

建筑的样貌会随着时间推移而渐渐改变，那么我们可以打开脑洞帮古人想一想，当皇权越来越集中、生产力越来越发达、建筑水平越来越高超的时候，皇帝老儿自然希望皇宫正门能修得更气派雄壮，还要拥有更强悍的军事防御功能，即看得更远，箭放得更多。如果你是设计师，你会怎样帮助他改造这个阙门呢？就是把阙楼加大，把两侧加长啊。

明清时期的午门就是在最高领导的意愿之下改造的结果：伸出更长，能看得更远；面积更大，能站的士兵就更多。万一有敌军来攻门，这三面环抱的高空优势几乎形成关门打狗之态势，简直是万夫莫开。即便没有战争，皇帝老儿在城门楼上站一会儿，两侧的雁翅楼上礼乐齐鸣，也是众星捧月的太平盛世嘛。嗯，皇帝老儿对这个改造一定很满意。

他满意了，我们也懂得了为什么宫殿的正门会修建成那个样子。那继续推演这条逻辑线索——在普通百姓的眼里，皇帝长什么样？不知道。皇宫里什么样？也不知道。大家只能远远地望见皇家宫殿门口巍峨矗立的高台，心里知道这就是至高无上的皇帝的所在，这一对耸入云霄、别处没有的高台自然就成为皇宫、皇帝的代称。王维有诗："云里帝城双凤阙，雨中春树万人家。""帝城"就是都城长安，"双凤阙"指代的自然就是大明宫了。称"凤阙"，是因为这两座阙楼的名字分别叫翔鸾、栖凤。至此，我们讲明白了为什么阙这个高高搭起的台子用来指代皇宫、皇帝都可以。自然，我们绕了这么一大圈才指向了一个简单的终点，终点固然很重要，但是我总觉得在寻找终点的过程中途经的中国古代建筑知识更加有趣、有料。

我们在文言文中经常看到这些词："赴阙""诣阙"就是去皇宫找皇帝；"伏阙"是拜伏在皇帝脚下；"阙下"是帝王的宫阙之下，那一般就是指朝廷了。最后一个词，你可以自己来试一试解释，即岳飞的名句，"待从头、收拾旧山河，朝天阙"。

> **高考文本对应**
>
> **2018 年全国 1 卷 11 题 B 选项：**"'阙'原指皇宫前面两侧的楼台，又可用作朝廷的代称，赴阙也指入朝觐见皇帝。"此选项内容正确。
>
> **2015 年全国 2 卷 5 题 D 选项：**"阙是宫门两侧的高台，又可借指宫廷；'诣阙'既可指赴朝廷，又可指赴京都。"此选项内容正确。
>
> **2014 年全国 2 卷：**"即偕诸大臣伏阙上疏，疏入，帝惊泣不食。"
>
> **2013 年全国 2 卷：**"开元末，举进士，献书阙下，诏中书试文章，擢拜右拾遗。"
>
> **2013 年江苏卷：**"及宣王奏诛爽，住车阙下，与丰相闻。"
>
> **2012 年福建卷：**"从蓝溪东南行五六里，两山峙如双阙，相距百步，绵亘东趋。"

　　午门是正门，但是这个正门不能乱走，它有五个门洞，正中的那一个就是清朝的"总裁专用门洞"。在极个别的情况下，"总裁夫人"大婚的当天，她可以从这里进入；还有"总裁"在新员工招聘的科举考试结束以后，为"帝国公司"钦点前三名未来潜质员工，可以恩赏这三位乘坐"总裁专用电梯"下楼，以示表彰和重视，鼓励天下英才踊跃向公司"投递简历"。其余人员呢，高管乘坐"高管电梯"，普通员工乘坐"普通员工电梯"。"高管电梯"位于"总裁专用电梯"两旁，空间略小，级别也略低；"普通员工电梯"位于公司一楼大厅最边缘的位置，人多杂乱，电梯的入口甚至隐藏在一个门房样貌的小房子后面。

　　我们现在看一些清宫戏，其中会出现皇帝带着一众妃嫔，一人一驾马车，排成大队，浩浩荡荡地从午门的正门洞里走出来，去圆明园避暑；还有皇后的一个侍女嫁人出宫，皇后竟然在金水河边与侍女道别，目送侍女和她的丈夫从午门出宫去……这些出现常识性错误的场景，若不是因为导演想要找机会拍一些大场景来提升电视剧品质,故意而为之,那就真的是剧组古代文化常识的功课没有做到位,以人人平等的现代思维去推测古人的做法了。娘娘、小主们即便是伴驾出宫,也不会走南面的午门,而是从北面的神武门出发。俗话说,"猫有猫道,狗有狗道",小动物尚且如此,尊卑分明的古代社会又怎么会在方位次序上出错呢?

## 第二部分

# 张三的苦难岁月

我们终于告别了规矩冗长烦琐且高高在上的皇帝老儿，开始走近一个普通人——张三的人生。从一个普通人的生老病死、婚丧嫁娶、衣食住行、街坊邻里，了解各种存在于市井民间、适用于普通人物的文化常识。

对于张三这个极具代表性的名字的选择，我个人还是感到非常骄傲的。有些人此时开始捂着嘴偷乐，会说这不是大家平时张嘴就来的名字吗？非也，非也，我选这个名字的初衷和角度都是有良苦用心的。因为仅从这个名字本身就可以引发一段文化常识的普及：在中国古代，普通百姓以数字为名，其实是一种很普遍的现象。一来在平凡人家，父母本身并不识字，即便想给孩子起个惊天动地、寓意深刻的名字，也力不从心；二来在市井民间，名字无关国体大政，自己用着方便、明确更重要；三来在古代的一些历史时期，普通人家的孩子是不配拥有名字的。

中国古代最常见的情况是以排行为名。因为中国人重视家族，重视家族当中的长幼次序，所以这种例子不胜枚举。单说汉朝大姓刘家，汉高祖刘邦的本名叫刘季，其实就是刘老三的意思；《水浒传》里的阮氏三兄弟的名字都很简单，叫阮小二、阮小五、阮小七。白居易写过一首温情脉脉的诗："绿蚁新醅酒，红泥小火炉。晚来天欲雪，能饮一杯无？"这是他写给好友刘十九的。看到"刘十九"这个名字，你也不用惊掉下巴说"苍天，他妈真能生"，毕竟"刘二十八"这样的排行也确有其人，他就是我们熟悉的刘禹锡。排进这个序列的人不一定是一个妈生的，古人是一夫一妻多妾，后代的数量自然是现代一夫一妻制度下难以企及的。再就是，这往往是整个家族的同辈男性在一起的排名，堂兄堂弟皆在其中。有时觉得单独一个排行数字作为名字太单调，后面加一个"郎"就好了，如武大郎、武二郎这两兄弟，大家不是经常图简便，就称武大、武二了吗？

也可以以出生日期为名，还可以以出生时候父母年龄相加的数字为名。鲁迅先生在《社戏》中写到的淳朴乡民六一公公，他为什么名"六一"呢？应该就是这种习俗的留存，可能是指他出生在六月初一，也可能他出生的时候，父母年龄相加为六十一。再有一个典型的例子就是明太祖朱元璋。元璋，多霸气的名字：元者，始也；璋者，玉也。《礼记》有云："大宗执璋。"这是他要当皇帝了，给自己改的名字，就好像当年刘家老三要当皇帝时也给自己改了个气势如虹的名字刘邦一样。朱元璋的本名叫朱重八，重为重复之意，重八就是八八。我们现代人看见这个名字，就感觉有一种特别接地气的欢乐。其实不止他一人呢，咱们梳理一下朱元璋称帝之前整个老朱家的家族谱系，更加让人乐不可支。这不是因为老朱家酷爱数学，

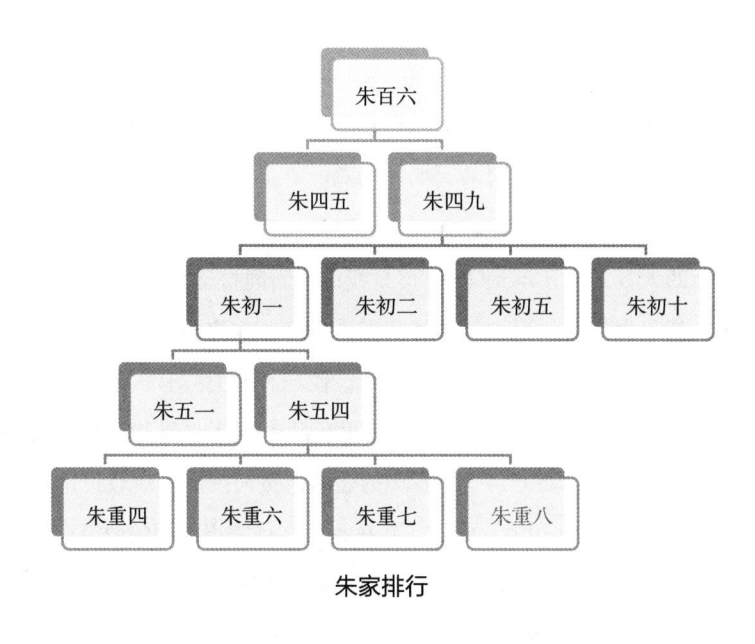

**朱家排行**

而是宋、元两朝就开始流行用数字取名了。当时不仅老朱家如此，放眼望去，街坊四邻的名字也都是一堆形如乱码的数字代号。

至于说朱元璋为什么名"重八"，《明朝那些事儿》里讲是因为他出生在八月初八，我对这个说法存疑，因为他家这一辈的兄弟都是重字辈，比如重四、重六，难道个个都生得这样巧？或者是因为他出生时父母年龄相加为八十八？如此看来，朱元璋的父母分别在年龄相加为四十四、六十六、八十八的时候生子？虽然看上去没什么明显的毛病，可就是太巧合了些。我个人觉得，更有可能是老大重四恰巧是四月初四生的，后来的弟弟为了整齐地凑上这个"重"，就在排行、父母年龄、出生日期等有关的一堆数字当中选一选，总能凑上个重合的，这样一家子兄弟的名字也就整齐划一了。如若真的如此，我们也能看出来，元朝接近末年之时，乡间百姓已经对这个政策下的数字姓名感到单调厌倦，开始自娱自乐地玩起凑字游戏了。

说起元朝的这一规定，很多人都会觉得恍惚：既然整个朝代都有这样的规定，那绝大多数人的名字应该是乱码数字，可是我们在学习历史、文学的时候，怎么没有这么明显的感觉呢？说起元朝的文化名人，我们会想到白朴、郭守敬、赵孟頫、黄公望、元好问、关汉卿、施耐庵……这些名字看上去都很正常啊。但是，我们后人接触到的历史和文学、文化，是主要体现那些以乱码数字为名的人的生活吗？不是的，是记载朝廷贵族、官员士大夫的故事和文化。就好像现在，如果只看统计数据，我们国家拥有本科学历的人数占比还不到4%，但是我们看新闻报道、社会热点等信息，感觉人人都是大学生。因为这些新闻报道也好，关注的社会热点也罢，基本是这些具有高等教育经历的人操作的，他们有能力、有资源，他们掌控着社会的话语权。而其余的大多数，在我们讲究人人平等的现代社会尚且限于自身的资源或者能力，少有发声的途径，更何况在等级森严的古代社会。"一叶障目，不见泰山"而已。好在我们文化常识方面的研究，主战场也并不在泰山，就只是在这一叶之上，所以，障不障的于我们这本书而言，也无所谓。

  我把这一部分的主人公张三的基本身份设定在民间的一个小康之家，比如地方的小乡绅或者书香门第的普通官员家庭。因为出于民间，所以接地气，具有典型性和覆盖性。小乡绅或者基层官员家庭，保证了他至少有机会读书，他的生活中能接触到这些文化和思想。毕竟"礼不下庶人"，太基层的百姓连温饱尚且难以保障，所谓的宗法礼教与他们也不甚紧密了。

# 第四章
# 称谓

首先来认识一下张三此人吧。他是谁呢？有人狐疑地发问："这不是废话吗？他不就是他自己吗？张三呀！"

真是这样吗？"张"是他的姓，是整个家族的符号。"三"虽然是属于他自己的个性化称谓，但是这个称谓也不过是他在整个家族中的排行。从名字上看，他真的是他自己吗？是一个独立的、有个性的"不一样的烟火"吗？其实他不过是家族这个烟火矩阵当中的一束火花，除了他自己本身的闪耀，更重要的是出现在正确的位置上。这是传统社会中每一个出生在大家族中的中国人的宿命。

现在还有一些非常讲究的家族，比如孔家，给孩子起名的时候是需要体现辈分的。比如我们熟悉的乒乓球运动员孔令辉，还有扎根阿里的好干部孔繁森，明眼人一看便知，在整个家族当中，孔繁森是孔令辉的爷爷辈了。即便家族日益壮大，同姓人相见而不相识，但等各自报上名来，彼此的尊卑辈分就清晰明了了。

## 姓、氏

在现代社会的语境里，姓与氏是不做区分的，它们甚至可以组成一个词。在专门讨论姓与氏这一节之前，我们也是一会儿说姓，一会儿说姓氏。因为在现代社会，早已不深究这些了。注意啦，在这专门讨论姓与氏的小节里，这两个字需要严格区分，因为它们原本是不一样的。

姓，单单从字形上看，本义其实就很明确：女人生的孩子。姓的说法原本是从母亲的血缘关系上来看的。当然啦，这个习惯已经太久远了，久远到原始社会的母系氏族阶段。太阳底下没有新鲜事，人类社会很多现象的原理其实是一致的。在古代封建社会，男性掌控社会，所以孩子的归属要从男性血缘那里论；在现代社会呢，男女日渐平等，很多女性在生存能力、社会地位等方面并不输给男性，所以现代社会有不少孩子随母姓，大家也不觉得奇怪，或者孩子的名字中有父母双方的姓，出现了"郭夏子轩"一类的名字。

母系氏族，顾名思义，就是女性占据当时社会的主导地位。这个也好理解，在生产力非常低下的时候，部落当中的男性负责出门狩猎，女性负责采集果子、打磨工具之类。狩猎不可能天天有收获，而且人类没有猛虎的利爪，也没有豹子的速度，在自然界中凭借兽性以命相搏当然是个极其危险的营生。连生命都没有什么保障，还谈什么社会地位？孩子生下来也经常"知其母不知其父"（《庄子·盗跖》）。所以，我们目前能在先秦文献中见到的一批最古老的姓，姜、姬、妫、姒、嬴、嫽等字形里多是包含"女"的。

我们的祖先对姓很重视，它作为血缘的符号，是用来"别婚姻"的。我们现代人明白近亲不能结婚，这是有现代生命科学作为依据的。因为男女双方既是近亲，就带有太多相似的遗传因子，所以近亲婚配大大增加了遗传疾病的发生风险。而且现代人还根据这个风险的概率，定义了直系血亲和三代以内的旁系血亲为"近亲"。古人虽然不懂什么染色体、DNA（脱氧核糖核酸），但人家也有生活经验呀。《左传·僖公二十三年》记载："男女同姓，其生不蕃。"《国语·晋语四》也记载："同姓不婚，恶不殖也。"因此，人们当时的讲究是"同姓不婚"。

历史的车轮肯定是滚滚向前的，等人类的生存方式慢慢从狩猎走向农耕，男性的性别优势就体现出来了：他们肌肉发达、体格壮硕，在耕地、灌溉等农业劳动方面基本样样比女性强，而且农耕生活也不需要他们再去冒生命风险了，他们在部落自然也就"咸鱼翻身"，有力量领导一切了。与此同时，人类不断繁衍，同姓的后代也越来越多，早先一个以女性为主导的部落慢慢发展出了多个男性做首领的部落，那怎样区分他们呢？因为这个时候男性掌握权力，所以以男性的特点来区分，"氏"就诞生了。

比如说，大家是同样的姓，但是这一群人去打鱼了，大家就叫他们"打鱼氏"；那一群人去种田了，大家就叫他们"农夫氏"；还有一群人没啥特定的营生，但是他们住在山洞里，那就叫他们"洞穴氏"……这些氏的叫法自然是开玩笑的啦，但原理就是这样的。先秦时期的芈（mǐ）姓是楚国国君的姓，后来分化为景氏、昭氏、伍氏、能氏、鷃氏、班氏、翠氏、成氏、建氏、屈氏、潘氏、荆氏、庄氏、熊氏……

这些氏的叫法是怎么来的呢？情况多种多样，反正就是这一支有什么显著的特征就会以什么为氏。就好比班里同学的昵称，有的叫"眼镜"，有的叫"老班"，有的叫"书皮"……五花八门，并不是源于一个共同的体系。《风俗通义》记载："或氏于号，或氏于谥，或氏于爵，或氏于国，或氏于官，或氏于字，或氏于居，或氏于事，或氏于职。"你看到这一大堆已经头痛了吧，没关系，我们选几个知名人物，给你提供一些合上书就可以拿出去吹嘘的例子。

对于儒家的"圣人"孔子，从形式上看似乎是姓孔名丘，字仲尼。错啦，孔其实不是他的姓，是他们这一支的氏。根据《孔子家语》记载，孔子是宋国贵族之后，而宋国又是武王伐纣时灭掉商朝以后，为了善待商朝遗民，让他们建立的一个公爵国家。所以若是说姓，孔子应该随殷商贵族姓"子"才对。而孔子这一支，是从本支先祖的字"孔父"当中拿了一个字出来，作为自己的氏，他们是"氏于字"的情况。

还有"路漫漫其修远兮，吾将上下而求索"的屈原，我们把他放在这里讲，你就猜出来了，人家不姓屈，屈是他的氏。屈原其实姓芈，《离骚》

的第一句就讲了"帝高阳之苗裔兮",人家身体里流淌着的是楚国王族的血统,屈原先祖后来封地在屈,是以地为氏的典型代表。

著名的史学家司马迁在《太史公自序》中说:"司马氏世典周史。"这个"司马氏"的说法倒是精当,因为从西周时期开始,"司马"是个官职的名称。司是管理的意思,司马就是管理马,是军事部门的长官。因为当时作战主要是车战,车是依靠马来拉的,当时所谓"万乘之国",就是指马多、战车多的强国,所以司马不可能是个天然的姓,一看就是"氏于职"的情况,是个后期分化出的氏。同样的道理,咱们现在还有姓"司空""司徒"的,我们也都顺便知道来源了。然而"世典周史",意思是我家世世代代掌管、典藏着周朝的历史,这一看就是他在吹牛了。从司马的来源上看,他家应该是"部队大院"出身的军事世家才对。自然,司马迁生在汉代,他的史官职位是从他的史官父亲司马谈手中接过来的,也算是世袭。但是汉朝和周朝从时间上算已经隔了几代,你说自己家世世代代掌管周朝历史,你的氏就戳穿了谎言哦。

当时,姓和氏的区别还是很明显的,使用也得慎之又慎,郑重对待:女性称姓,男性称氏。女性之所以称姓,在上文讲过了,姓用来"别婚姻"。春秋战国时期,在政权已经被男性牢牢掌握的社会背景下,女人嘛,价值就只剩下婚姻和生育,所以姓用作标记。

但是男性是需要称氏的。顺着上文我们讲过的话题,同姓之下分化出的各个分支已经按照男性的血统来区分了:这一支男人特别能打,自然就能为自己的分支赢得更多地盘;那一支男人特别会种地,自然一家老小不必忍饥挨饿;另外一支的男人既窝囊又愚钝,生活都快维持不下去了,肯定处处受别人欺负……男性世界里的符号,是用来区分贵贱的。孔丘为什么不按姓叫子丘?屈原为什么不按姓叫芈原?就是这个道理。

最终,姓与氏的发展越来越复杂,早先只有贵族有姓,普通人是没有的,所以在《尚书》《左传》这些早期的文献中,"百姓"指的其实是众多贵族。后来战国时纷争不断，普通人也可以上战场杀敌立功，改变阶层，慢慢地，平民也拥有了自己的氏。这数量一多，情况就加倍复杂，根源自然越来越"烟涛微茫信难求"，姓和氏终于在汉朝的时候彻底合二为一了。

> **语文教材链接**
>
> **高中选择性必修中册《屈原列传》：**"屈原者，名平，楚之同姓也。"如果不是学过姓与氏的相关知识，这一句话是没办法理解的。现代人会想屈原"姓"屈，当时的楚怀王熊槐"姓"熊，司马迁怎么能记载他们是同姓呢？现在我们就明白了，准确地讲，屈原和楚王都是芈姓，慢慢分化了之后，屈原是屈氏，楚王一脉是熊氏。男子称氏，所以历史上流传下来的名字是屈原。
>
> **九年级下册《送东阳马生序》：**"四海亦谬称其氏名，况才之过于余者乎？"准确地说，男子就应该称"氏名"，只是因为文化的演变，姓与氏渐渐不再严格区分，大家才会解释说：氏名其实就是姓名，二者没有区别。区别，其实是有的，只是到了这篇文章所在的时代，不再严格区分了而已。

## 名、字

在现代社会，文明的演进方向是自由与平等。我们在日常生活中看到不少国外的电影、电视剧，剧中很多外国孩子对父母、老师都是直呼其名的，人家这些长辈看上去也欣然接受，大家相安无事啊。这时候，张三的儿子张小三心里免不了就会想，那凭什么我在家就只能称自己的父亲为爸爸，而不能直接喊张三呢？

是啊，名确实也就是个代号，起了本就是让别人叫的。但在我们中国，儿子张小三在家大喝一声"张三"，当爹的心里虽说不清缘由，却难免不知从哪里冒出一股无名怒火。

怒火从哪里来呢？从文化的根源里来。

先秦典籍《仪礼·丧服传》记载："子生三月，则父名之。"孩子出生三个月后，父亲就会给他取名。当然，在实际操作当中，取名的不一定是父亲，可能是祖父，也可能是族中其他有声望的长辈……无论如何，名既是长辈给的，自然也是给长辈用的。在这种传统之下，名可就不是任何人都能随便拿来用的了。在家族中，长辈可以唤他的名；在工作单位，领导可以唤他的名；在朝堂之上，皇帝老儿自然也唤得；在非常隆重的场合，介绍或者宣布某人如何时也应该称全名。

这么个规矩传承了几千年，即便现代社会早已没有古时那般严格，但是文化可不是块豆腐，你轻轻一切它就断了。如今虽然很多人不知道名的讲究，但在我们中国的文化氛围里，突然被人指名道姓地这么一喊，大家都会不由自主地紧张一下。就好像小时候，父亲板着脸在背后喊你的名字，质问当天的功课为什么还是背不出。

当爹的张三被自己的儿子张小三大呼一声全名，现在你知道他为什么全身都不爽了吧？

不能直呼其名这个文化习惯还引出了一个规矩，就是避讳。凡事走到极端，就会显得比较迂腐，避讳这个讲究也是如此。照理来说，对于长辈、领导，不直接称呼人家的名字就好了，但是这种尊敬之情发展到极端，文化演化到了迂腐，就连正常说话时，长辈或者领导的名都不能提到了。

比如说，我姓韩名健，难道说我的学生为了避讳我的名，平常就连"健康""健身"这些词在班级里都不能说、不能写了吗？是的，若按古理，确实是不能了。如果非要说、非得写，就换个别的读音，比如就读作"jì kāng"，写这个字时少写一笔，或者干脆找个别的读音相近的字来替代。《红楼梦》里林黛玉不就是这样处理"敏"这个字的吗？因为要避讳她母亲贾敏的名字。大名鼎鼎的《史记》，里面有个名是有问题的：晋国大夫赵襄子有个家臣叫张孟谈，赵襄子曾经在全军被围的困境中派张孟谈秘密出城去离间敌军，后来离间成功才保住了赵家，种下了绝地反击的火种。日后韩、赵、魏三足鼎立的局面渐成，最终三家瓜分了晋国。如此看来，这个叫作张孟谈的人也称得上是为保家卫国挺身而出的英雄，甚至是影响了中国历史走向的人物。可是司马迁把人家的名字都写错了，写成了"张孟同"。若不是天下还有其他的史书可作对照阅读，以《史记》这"史家之绝唱"的地位和影响力，这位张先生的名字就免不了在历史中"改头换面"，不得翻身了。司马迁作为一个训练有素的史官，自然不是粗心犯错，而是他自己的父亲名叫司马谈，这是为了避父亲的名讳。这种事情在我们现代人的眼中也真算是不可思议了，职业史官为了避讳自家，竟然篡改历史当中英雄人物的名字，也是令人无奈了吧？

父母双亲的名字忌讳，人人各不相同，但是天下人都必须避皇帝的名讳。电视剧《清平乐》里有一个小情节：主管问起小内侍梁元亨的姓名，他恭恭敬敬地通报以后，还担心主管不知道是哪两个字，就补充了一句，说是"元亨利贞"的元亨。这很正常，"元亨利贞"是《易经》当中出现过很多次的一句卦辞，当时的人们都很熟悉，就好像我们现代人介绍说："我叫王苟且。'生活不只是眼前的苟且'里的那个苟且。"没想到话一出口，他就被主管一个大嘴巴抽到地上，还差点因此丢了性命。原来，是因为当时的皇帝宋仁宗名叫赵祯，说一句"元亨利贞"，虽然同音不同字，但那也是万万不行的。如果你觉得这也太严苛了，这么一点无心之过就险些让一个孩子丢了性命，那说明你对古代的君王至尊还是没有足够的意识。当年为了避讳唐太宗李世民的名，连观世音菩萨都改名叫观音菩萨了呢，百姓民间还有什么是做不到的？对于君王，不仅要避讳名，连年号有时也得避讳。当年唐玄宗把年号改成开元，宰相姚元崇就改名叫姚崇了。从这个角度来说，清朝皇帝还是不错的，起名的用字大都相对生僻：胤禛、颙琰、旻宁、载湉……君王的名字生僻一些，民间就谢天谢地，免去了很多麻烦。若是皇帝的名字都像李世民的名字这般，百姓可不是要被折腾死了？玄烨的玄常用一些，故宫的北门玄武门这个名字用了几百年了，那也得改成神武门。这一处为了避讳君王之名而改名的历史遗迹，几百年后的我们去故宫博物院参观时，依旧看得到。

这里补充一个与之相关的奇葩事件，牵扯到唐代著名诗人李贺的文学常识，对你有用。李贺好惨，身负奇才却不能通过当时的科举考试博取个功名，无法出人头地，搞得自己才 27 岁就郁郁而终、撒手人寰。为什么呢？因为李贺的父亲名叫李晋肃，有嫉贤妒能的好事者跑去官府衙门告状，说："报告官府，有个叫李贺的人，可不能允许他参加科举考试，咱们国朝的科举是考进士，这进士的进和他父亲的名不就冲突了吗？"主理官员一想觉得有道理啊！于是，这位"诗鬼"的仕途出头之路就被彻底阻断了。好无奈，他自己的名字尚且是爹给取的，自己无权改动，更何况事关他爹的名字，这不就得去阴间找爷爷诉诉苦了吗？

**语文教材链接**

**高中选择性必修中册《屈原列传》：**"屈原者，名平，楚之同姓也。"我们通过《史记》的记载可知，"原"其实是他的字，他的名是"平"才对。那为什么百姓们口中流传的是字而不是名呢？这也是大家出于对他的尊重，不直呼其名。

**高考文本对应**

**2018 年全国 3 卷：**"诜诬其辄斥御名，罢为端明殿学士、知颍昌府。"

**2018 年全国 2 卷 11 题 C 选项：**"茂才，即秀才，东汉时为避光武帝刘秀名讳，改为茂才，后世有时也沿用此名。"此选项内容正确。

**2017 年全国 1 卷：**"弘微本名密，犯所继内讳，故以字行。"此句中"犯所继内讳"是指犯了指继母的名讳。

> **2016 年江苏卷**："祖讳汝霖，号雨若。"这里是要介绍自己的祖父，本应避讳，但是出于如实记录的原因，特加一讳字表示尊敬。
>
> **2015 年江苏卷**："君欧阳氏，讳发，字伯和，庐陵人，太子少师文忠公讳修之长子也。"

《红楼梦》中，宝玉和黛玉初见时，宝玉先是问了"妹妹尊名是哪两个字"，这个情节很正常，就如同我们现在，开学第一天大家互相介绍时，首先是互通姓名。可是宝玉接下来又没头没脑地问妹妹的表字，等等，我替你问一个问题吧：宝玉问表字是哪里不正常，为什么说"没头没脑"呢？

那你就需要明白"字"在中国古代的作用了。

我们之前讲了名，是长辈称呼晚辈用的，但孩子长大以后必然会有更多的社会交往，和平辈友人书信往来、念书切磋，周边同学像长辈一样称呼你就像是在占便宜了，总得有个不一样的称号，这个时候就需要有个"字"了。隋唐以后，字也称表字，因为古语说"字以表德"。区分两个概念，字是用来表德的，所以称"表字"，而"小字"是乳名的意思。例如曹操，字孟德，而小字是阿瞒。

《礼记·曲礼上》曰："男子二十，冠而字……女子许嫁，笄而字。"古代男子二十而冠，表示成年，既已成年，就意味着他有了独立的成年人身份来参与社交，所以取一个字，是同辈或晚辈之间表示尊重的称呼。你想一想，在桃园三结义的故事里，刘、关、张相互之间应该怎么称呼？除了称大哥、二弟、三弟，刘备应该管关羽叫云长，管张飞叫翼德，因为他们是平辈兄弟，称呼时应该称字。

女子也有字，比如大家熟悉的王昭君，昭君其实是她的字，她的名是嫱。女子"笄而字"的意思是女子十五岁行及笄礼，挽起长发取了字，表示她已经成年可以婚配。了解了这个规矩,你应该恍然大悟为什么未成年、未婚配的女孩儿叫"待字闺中",为什么女子婚配被那些文人委婉地称为"字人"了。

是啊,古代社会男尊女卑,男子可以科考夺魁、金榜题名,或者征战沙场,封妻荫子,他们成年时取的字才具备真正的、全面的成年为人的含义。而女子这一生的大事就是嫁人生子,所以女子所谓成年的几种形式——挽起长发、取字,很明显都有一股浓浓的婚恋味道。

回到宝玉和黛玉初见的那个话题。黛玉刚进贾府的时候,年纪尚不足十岁,怎么可能有字呢?这个细节就耐人寻味了。宝玉这个孩子虽是"行为偏僻性乖张",可怎么会第一次见妹妹就想到如此一个带有浓浓婚恋味道的问题?就更别提后面穷追猛打不肯罢休的"我送妹妹一妙字"了。这个创意,就好似两人初次见面时说:"来来来,哥哥我就热情地帮妹妹你把未来婚礼现场的婚纱和手捧花怎样搭配都设计好了呢。"你说,这是不是确实有一股暧昧的味道?

需要补充的一点是,我们讲的所谓名与字的讲究,并不是所有人皆如此。先秦时期,有名也有字的人,那得是有身份、有地位的贵族;到了秦汉,有字的人虽然越来越多,但也绝没有普及到平民百姓。我们看汉高祖刘邦,他就没有字,人家"举大计"之前,也算不上是完完全全的老百姓,泗水亭长也算是当时的基层国家干部了,但他依然没有字。还有后来他团队里的成员:萧何、曹参、陈平、韩信、樊哙……他们也都无字,因为出身都是平民。只有张良有字,字子房,因为他是韩国贵族的后人。男性尚且如此,女性的字就更少,一般是贵族人家的小姐,还得是书香门第才会真的给女孩子取字。王嫱字昭君,班昭字惠班,蔡琰字文姬,薛涛字洪度,鱼玄机字幼微……即便是我们最熟悉的宋代才女李清照,都没有字。李清照的父亲李格非,那可是进士出身、韩琦门生,做过礼部员外郎,连他的女儿都没有字,可见所谓"待字闺中"只是民间出于仰慕贵族的说法,真正"待"来"待"去的，就只是婚嫁本身而已，女性取字在古代就更是难得了。

　　林语堂说过，外国人研究中国文化的时候很头疼，他们很奇怪为什么一个中国人要有那么多个称呼。其实何止外国人，我们从小学古人的文章、诗词，免不了"全文背诵"之外还得牢牢记住文下注释的一堆关于作者的信息。

　　名与字的这一套称谓体系，你如果将它们视作天书，硬生生去背，记忆的负担自然就重。其实，古人的名与字往往是有关联的，发现这些关联，当然就减轻了记忆的负担。

　　有些人的名和字原本就是一样的意思，比如陆游字务观，游和观就是一样的意思；有些人的名和字是相反的意思，比如朱熹字元晦，熹是光明灿烂之意，而晦就是晦暗的意思了；有些人的名和字之间的关联需要你适当地联想一下，比如屈平字原，想想看，原野可不就是平坦的吗？

　　总之，多琢磨，发现规律，不仅仅是让这些看似枯燥的信息更好记，对自己在文言文的积累也多有助益。比如刘禹锡字梦得，看着两者似乎没什么关联，但这里有一个知识点，在古汉语中，锡与赐是同源的，所以在这里锡就是赐，赐是把东西给别人，那么它与"梦得"之间，你自己就找到关联了吧？

　　这里帮你总结了唐宋两朝时一批著名的常见文人的名与字，收好哦。

　　现代社会有一些改名的现象，一旦下定了决心，自己拿着户口本、身份证去派出所一趟，就搞定了。古人会不会也偶尔面临改名呢？

　　古人不常改名，所谓"行不更名，坐不改姓"，从理论上来说，名是家里长辈赐予的，自己无权改动。但是也不是没有人改过，以下几种情形，我们是在文献当中见过改名的。

**常见文人的姓名与字关联**

| 姓名 | 字 | 关联 | 姓名 | 字 | 关联 |
| --- | --- | --- | --- | --- | --- |
| 李白 | 太白 | 李母梦到太白金星后有了身孕 | 孟郊 | 东野 | 郊外，东边田野 |
| 杜甫 | 子美 | 甫，男子有美德 | 韩愈 | 退之 | 愈为进，与退相反 |
| 王昌龄 | 少伯 | 长寿/年少，伯是排行 | 白居易 | 乐天 | 居而易自然乐天知命 |
| 王维 | 摩诘 | 《维摩诘经》，佛教经文 | 李贺 | 长吉 | 祝贺长久吉祥 |
| 王勃 | 子安 | 勃发/安定，意相反 | 杜牧 | 牧之 | 太简单不解释 |
| 孟浩 | 浩然 | 太简单不解释 | 李商隐 | 义山 | 商代隐士伯夷、叔齐不食周粮饿死于首阳山 |
| 高适 | 达夫 | 适为往，达为到 | 李煜 | 重光 | 煜是火焰，是照耀 |
| 范仲淹 | 希文 | 淹为博大，希文是爱慕文采 | 苏轼 | 子瞻 | 车前横木，手扶以望 |
| 柳永 | 耆卿 | 耆为年老，耆、永皆长寿意 | 苏辙 | 子由 | 车辙，车所由来 |
| 晏殊 | 同叔 | 殊为不同，叔是排行 | 辛弃疾 | 幼安 | 模仿霍去病 |
| 欧阳修 | 永叔 | 修是长久，叔是排行 | 司马光 | 君实 | 光在表面，实为内在 |
| 王安石 | 介甫 | 介，《周易》："介于石，不终日，贞吉。" | 姜夔 | 尧章 | 夔是尧舜时的乐官 |

最常见的是出于避讳。在古代，凡是皇帝即位，就得引起一波改名的风潮。

还有一种情况是皇帝赐名，通常是源于立功受奖，这自然是一种无上荣耀。比如唐朝杨贵妃的哥哥杨国忠，本来叫杨钊，国忠就是玄宗所赐。只是赐名之时，玄宗可能并没有想到，自己这位大舅哥，既不是国之栋梁，也算不上忠臣良将。

其余就是一些极端情况，或者为了表达极端的情感了，比如逃难避祸，自然得隐姓埋名，顾不上什么亲爹祖宗了；或者为了表达志向，明朝的翰林院编修王振，觉得自己的名字与土木堡之变当中怂恿明英宗御驾亲征的太监王振一样是莫大的耻辱，愤而改名。在这种情况下，国耻盖过私人家族，似乎也说得过去。

但是字不一样，它没有名这么正式，在现实当中，古人改字的情形就特别多。理论上来讲，"字以表德"嘛，人生经历不同，人生阶段相异，对于自己品德的要求和认知也不同，改字也就顺理成章了。大名鼎鼎的关羽，就是个改过字的典型，他本字长生，后改字云长。我们经常在古籍中见到某某某本字什么、后字什么，或者某某某字什么、晚字什么……

> **高考文本对应**
>
> **2017 年全国 1 卷 11 题 A 选项**："以字行，是指在古代社会生活中，某人的字得以通行使用，他的名反而不常用。"此选项内容正确。
>
> **2015 年全国 2 卷 5 题 A 选项**："古代男子有名有字，名是出生后不久父亲起的，字是二十岁举行冠礼后才起的。"此选项在当年高考中被视为正确。原则上没有问题，但是"父亲起的""二十岁举行冠礼后才起的"这两个说法显然不够严谨。
>
> **2014 年四川卷**："王筠字元礼，一字德柔，琅琊临沂人……炬是泰，养即筠，并小字也。"
>
> **2014 年天津卷**："遗二寡妇一女，君悉心护之，以其女字君从子。"

## 号

再试想一个场景：如苏轼这般，年少成名、誉满天下的大文豪，以他这样的魅力和号召力，江湖中有几个后辈粉丝跋山涉水慕名而来，也该是常有的事。可是问题来啦，刚一推门，乍一相见，该怎么样称呼自己仰慕的这位大偶像呢？

称名，苏轼？算了，这肯定是在讨打。那就称字吧，子瞻？这个可行，可是这非亲非友非同学，甚至连个同乡可能都不是，感觉还没亲近到那个分儿上。况且，眼前这位可是自己无限倾慕之人啊，抛开岁数不谈，一上来就这样毫无顾忌地拉近距离，自己心里也难免有些羞赧和胆怯……

来，我告诉你，古人除了名与字，还有号可以称呼呢！什么是号呢？我们今天好像只熟悉小朋友给同学起外号被老师批评这种事情了，但是古人的号可是受欢迎得很呢，因为古人的号大多数是自己起的。想想也对，古人的名是长辈给的，字呢，大多又需要在意义上与名相配合，虽然有些人的字是自己取的，但总感觉在意义上、字数上、使用场合上似乎没什么恣意的快感，于是便有了号。

《周礼》郑注曰："号，谓尊其名，更为美称焉。"好家伙，这一句"尊其名，更为美称焉"，便在号里寄寓了多少美好和自由。

随便点儿的，我住在哪儿，哪儿就成为我的号。我家门口有五棵柳树，我就号"五柳先生"，满满的田园质朴之气；我常常去东边山坡上种地，我就号"东坡居士"，里面有辛酸，有自嘲，也有脱掉长衫换上短打的旷达随性……如果咱们的主人公张三，家住欢乐颂小区，又以跳广场舞为嗜好，他就可以号"欢乐舞者"。

讲究点儿的，搞点儿我自己不说别人便不知道的风雅藏进去。比如，自己家有藏书一万卷，有三代以来金石遗文一千卷，有琴一张，有棋一局，有酒一壶，再加上我自己这么一个老头，那我就叫"六一居士"吧。咱们的主人公张三也可以学一学，自己家既没有藏书万卷，也没有金石遗文，更不会附庸风雅地弹奏乐器，但是家里有一副跳棋、一箱啤酒，再加上自己这一条汉子，六个一缩为三个一，自号为"三一先生"，想来也没什么人挑得出毛病吧？

幽默点儿的，现代人瞅着"囧"这个字像是个耷拉着眉毛、大张着嘴的表情包，古人也会这一套。有人觉得"八大"两个字竖着写摞一起像"哭"字，"山人"两个字摞一起像"笑"字，如此令人哭笑不得的是时代还是他自己的人生？就留着让读者细品去吧，我自己就愿意号"八大山人"。那依着这个思路，张三可以怎样照猫画虎呢？自己姓张嘛，弓长张。众所周知，拉满了弓弦搭箭待发，弓的状态是紧绷缩短的。但是，我们这位张三欣赏的人生状态，正好相反，是慵懒松散的长弓，那就号"长弓散人"吧。此号一出，众人惊叹，具体啥意思，让你们挠破了头皮猜去吧。

所以呀，古人这号，尤其是文人的号，里面装着自己的性格特色、文艺理想，倒真的和辈分、年纪这些俗务无甚相干。江湖粉丝慕名而来，原本仰慕的不也是这些东西吗？推门乍相见，喊一声"东坡先生"，不仅得体，而且你对面的"爱豆"听到也会会心一笑的。

## 语文教材链接

**九年级上册《醉翁亭记》**："太守与客来饮于此，饮少辄醉，而年又最高，故自号曰醉翁也。"这是欧阳修给自己取了个外号。

**高中选择性必修下册《种树郭橐驼传》**："郭橐驼，不知始何名。病偻，隆然伏行，有类橐驼者，故乡人号之'驼'。"此处是乡里人根据郭橐驼的身形给他取的号。

## 高考文本对应

**2019 年江苏卷**："先生名显祖，字义仍，别号若士。"

# 第五章
# 生死

生而为人，我们都会经历生死，以及不同的人生阶段。这些内容，在哲学家眼里，是我们从哪里来、要往哪里去的深刻命题；在文学家眼里，是"而今识尽愁滋味，欲说还休"的人生况味；在社会学家眼里，是我们国家在时代变化背景之下人们不同行为、习惯的研究……但是在我们这里，是这些重大的人生节点中涉及的文化常识。

别人讲哲学、讲美学、讲文学……单单小喵老西挑着讲这些鸡零狗碎、不成体系的小知识，你是不是难免有点沮丧？其实不然，等你满心憧憬地打开中国传统文化的宝库，想要一窥其中那些看上去"高大上"的哲学、美学、文学成果，却被里面文化上的绊脚石随处羞辱，导致你处处碰壁时，你就知道这些小知识的重要性了。更何况，谁说这些琐碎的小知识里就没有哲学、美学、文学呢？其实有趣有料的点俯拾即是。那就还是继续请出咱们的主人公张三，让他带领我们经历一下这些重要节点上的重要知识内容。

## 虚岁

在介绍具体的年龄说法之前，先介绍传统文化当中计算年龄的方法，就是我们现代社会依旧熟悉的"虚岁"。否则混淆起来，讨论半天纠结不清，才发现原来你我用的是两套不同的坐标体系，就贻笑大方了。

现代人是用周岁来计算年龄的，张三一周岁就很准确地指他诞生一周年。刚出生的孩子是零岁，计算方法就是从他出生的那一天到第二年的这一天，张三就满一岁了。当然，如果张三的父母特别矫情，可以本着科学之精神将时间精确到娃出生的那一秒，即凌晨两点十二分三十五秒，定好闹钟爬起来给孩子庆祝生日。只不过我们一般人，觉得精确到天就足够了。

古人的计算方法，和现代人的从一开始就不一样，孩子刚出生时是按照一岁来计算的。这可能是因为最初数学理论不发达，大家对零这个数字还没有概念。另一种说法，这样计算是包含了怀胎十月的过程，是从一个受精卵的最原初状态开始记录的，铭记了母亲怀胎十月的孕育大恩，同时体现了中国人的孝亲之情。我个人对后一种说法就是呵呵一笑，这用来解释"虚岁"中"虚"的意思仿佛还凑合，但牵扯到什么传统美德就显然是现代人穿凿附会了。不过不论如何，万事从一开始，一生二，二生三，三生万物，是传统的哲学理念。然后增长年龄的日子也不是自己过生日的那一天，而是正月初一，新年当天，全国人民齐刷刷排队正步走，同时长一岁。我们现在过春节的时候还经常看到一副流传甚广的对联——天增岁月人增寿，春满乾坤福满门。"人增寿"，这不就是普天同庆之时，大家一起过生日的意思吗？

计算方法不同，就出现了一些让现代人费解的现象：有些时候，虚岁比周岁大一岁，但有些时候是大两岁，这是怎么回事呢？如下图所示，咱们假设张三出生在2004年4月1日，那按照我们现在周岁的算法，他应该是到2005年4月1日满一周岁。但是在传统的虚岁体系里，他一出生就是一虚岁，等到2005年春节，也就是2005年2月9日那天，长一岁变成两虚岁。在这个过程当中，虚岁大部分时候是比周岁大一，只有2005年2月9日春节这一天到自己的生日4月1日这段时间里，虚岁比周岁大两岁。

这里的张三代表的是最普通的大众，但也有极端的情况。比如说李四出生在农历腊月三十，也就是除夕这一天，生下来当天是一虚岁，第二天过年就两虚岁了，那他在一年当中的绝大部分时间里，虚岁都比周岁大两

**虚岁与周岁示意图**

岁。换另一个极端的例子，王五出生在大年初一，那他的生日就完全与农历的一年同步，即便考虑到公历纪年与传统农历纪年的差别，在一年当中的绝大多数时间里，他的虚岁也只比周岁大一。

还有一桩经常被问起的"百度公案"——乾隆皇帝究竟活了多少岁？百度之，答案不一，有些人说八十七岁，有些人说八十九岁，究竟哪个对呢？都对。乾隆皇帝去世的时候是周岁八十七，虚岁八十九。我们计算一下，他生于1711年9月24日（一说是25日），崩于1799年2月7日，那按照周岁来算的话，不到1799年9月24日，他确实没有满八十八周岁，那说八十七岁自然就没有错。但是按照虚岁来看呢，虚岁原本就比周岁大一，乾隆皇帝去世的当天是农历大年初三，那他去世前三天刚刚长了一岁，就是八十九岁。也不难理解，既然是咱们中国历史上最长寿的皇帝，那八十九这个数字自然比八十七更好，所以现代人在处理这个问题的时候选择八十九当然也就多一些。

## 人生

我们现代人记录人生，类似于一种数据化的统计：每年过生日的时候，都在蛋糕上比去年多插一根蜡烛，小时候对着蜡烛许愿，拍个照片时还觉得画面上有一种充满未知与希望的呆萌。随着年纪越来越大，蛋糕上渐渐插满蜡烛，甚至是插不下的时候，寿星本人八成一见蛋糕就开始反胃了。

古人不同，他们对人生不同年龄、不同阶段的感知，不如我们现代人精确，甚至有些表达年龄的词语只能说个大概，究竟是几岁也没人说得清楚。但是了解古人对年龄的认知后，又总觉得他们对于人生的每一个阶段，都充满了思考、体验和温情。

- 襁褓

指出生不满一年的婴儿。这个说法来源很简单，当张三还是刚出生的孩子时，妈妈总是用襁褓包裹着他，就用它来指代婴儿了。

- 垂髫

这是张三还处于孩童时期的发型，尚处于几乎完全自然的状态，发质还比较细软，在年纪小的这个时期，就让头发自然而然地垂下来。具体几岁应该叫垂髫呢？三四岁差不多是这个样子，到了八九岁了可能还是如此，但是张三这个孩子可能比较特殊，他先天头发又粗又茂密，长到六七岁的时候不扎起来就很碍事了……所以具体情况肯定有所不同，但一般来说垂髫是指现在幼儿园到小学三四年级的年龄段，也就是三四岁到八九岁。

这个年龄段的孩子的特点就是特别单纯，贪玩又天真烂漫，李白著名的《长干行》里，女主人公回忆说："妾发初覆额，折花门前剧。郎骑竹马来，绕床弄青梅。"这个"初覆额"不就是小女孩的头发自然而然地垂下来，长到刚刚遮住额头的年龄吗？这就是典型的垂髫之年的孩子：小女孩在自家院子里折下一枝花玩耍，隔壁年龄相似的小男孩骑着一根竹竿当马，手上还挥动一根绳子做马鞭，一边"驾，驾，驾"吆喝着，一边跑到小女孩面前，绕着她打转，挥洒白马小王子的豪情。这个阶段的张三对于性别之间的吸引或者区别都没有什么概念，天天和邻居家一个叫作罗敷的小姑娘玩过家家，但正是因为懵懵懂懂、稀里糊涂才更显得单纯可爱。"青梅竹马"的典故，不就是从这里来的吗？

> **语文教材链接**
> 
> 八年级下册《桃花源记》："黄发垂髫，并怡然自乐。"这里的"垂髫"，就是指孩童。

- 总角

从生理阶段上来说，张三长大了一些，头发也越来越茂密，越来越长了，总这么自然垂着，随风飘摇，就不是天真无邪，该变成精神错乱啦，所以要扎起来。现代人对于总角这个发型比较陌生，是因为现在的小男孩不需要蓄发，随长随剪，干净利落，没有这方面的烦恼；剩下一半的女孩子，留短发的也大有人在，少数留长头发的小女孩里，也按照各种现代造型来处理头发。但是在古代，满大街跑的都是统一发型的小孩，张三是这样，对门家的李四也这样，隔壁的小女孩罗敷也都一样：从中间把头发分成左右两半，在左右两边的头顶上各自扎一个小鬏鬏，就像小鹿的两只犄角，这种发型得名"总角"。那总角的年龄就始于垂髫结束的八九岁，结束于十三四岁，就是我们现在上小学中高年级以及初一、初二的样子。

这个年龄段的孩子，尤其是到了总角之年的后半段，就已经是少男少女了，对于小男生、小女生之间的感情就开始有所萌动。《诗经》里有一首入选人教版高中课本的诗——《卫风·氓》，里面就讲述了男女主人公的婚姻爱情，源于年少时期的"总角之宴，言笑晏晏"。当然啦，这个年龄阶段，刚上初中的小张三，开心的时候给隔壁班的罗敷发个甜蜜的誓言，罗敷怎么能相信呢？所以这首诗里的故事最终也是"信誓旦旦，不思其反"，婚姻也在女生多年后的一句"及尔偕老，老使我怨"的哀叹声中结束了。咱们也不能通过这一首诗就断言"男人都是大猪蹄子"，其实关键还是在于当年的"大猪蹄子"太嫩，自己能踩多深的泥连他自己都不知道，你就跟着他跑啦，太草率了。

- 豆蔻

这就是一种植物，杜牧有诗云："娉娉袅袅十三余，豆蔻梢头二月初。"（《赠别二首》）后人就用豆蔻来指代十三四岁的女孩儿，"娉娉袅袅"嘛，肯定和男生没有关系了。但是我觉得如果你因为杜牧的这首诗，死心眼地理解成这个年龄段的女孩子就像二月初天刚转暖的豆蔻幼苗的话，就当真美感全无。要知道，古人写诗不是有一说一的，不然就叫学术论文。这里的"二月初"显然是为了和上一句的"十三余"对上，所以就不能实打实地理解为二月初，刚破土而出的小幼苗不应该像婴儿一样吗？和十几岁的女孩子相比，还差得远。豆蔻和十三四岁小姑娘的共通点在于豆蔻的花。豆蔻花，样子粉嫩嫩的，娇艳欲滴，形状圆润饱满，真的就像是张三喜欢的正上初二的罗敷那粉嘟嘟的脸颊。仿佛透过含苞花朵的样子，就能让人想象到它日后长出豆荚、孕育果实。此时的状态就好像破晓时分的等待，人们既对彻底成熟以后的华光灿烂充满期待，也非常珍惜天亮之前的那一点点青涩、短暂的黎明时分。因为一旦过了这个阶段，花苞褪去，女性就即将迎来孕育果实的成熟。

- 及笄

及就是触及，笄就是簪，及笄就是说女子到了这个重要的人生节点上显著地改变了自己的发型：从披散的长发或者垂于后背的发辫，变成盘发造型了。对于女子来说，这个重要的人生节点在十五岁。这里发型的改变不是我们现在的女生今天拉直、明天烫卷、后天染色的个性造型尝试，而是标志着她已经不是一个小女孩了，她已经成熟，可以嫁为人妇了。

在中国文化的语境当中，即便是到了现代，我们看女性的发型带给周围人的心理感受，还是和延续千年的及笄传统有关。咱们总觉得未成年的小女孩儿应该是什么发型呢？扎两个麻花辫，梳一个大马尾，或者干脆一头垂顺的秀发就这样自然地披散下来……但是一说到盘起头发，无论是谁盘、怎么盘，都给人一种端庄稳重的心理感受。不过，现在流行的那种特别可爱的丸子头不在其列哈。比如章子怡在电影《我的父亲母亲》里饰演一个倔强的少女，梳着两根粗且浓黑的麻花辫。等章子怡自己结婚生子、为人母了，她抱着宝宝拍了一张照片，端庄的盘发映衬着母亲的温柔和坚定，就更有一种成熟的女性光辉。歌词里也是一样的，塑造年轻女孩的形象，就是"一双美丽的大眼睛，辫子粗又长"（《小芳》）；而另一首歌里，"谁把你的长发盘起"（《同桌的你》），后面紧接着一句，我们顺理成章地想到"谁给你做了嫁衣"，这种自然而然的感觉是哪里来的？文化给你的。悄无声息，日积月累，润物无声，深入骨髓。

当然啦，找补一下，并不是说古代女子一到十五岁就准时准点地嫁人了。这个及笄的意义就相当于我们现在的女生过二十岁生日，就是达到法定的结婚年龄要求了。现在每个女生都会在二十岁嫁人吗？自然不是。但是现在的女生一过二十岁，虽然不必马上结婚，但基本等不了几年，家人就开始积极筹备，给她安排各种相亲饭局了。人同此心，古代女子的父母一定比现代的爹娘更急，女子的及笄之礼过后，顺利的话，过一两年，也就可以送女出嫁了。还有一些特殊的历史时期，统治者比人家闺女的爹娘还猴急，天天催："嫁人啊，嫁人啊……"这是出于对生育速度的焦虑，人在自己的眼里有七情六欲、喜怒哀乐，在皇帝老儿的眼里是资源——耕种啊，打仗啊，修座漂亮的宫殿啦，哪里不需要人力？一个简单的数学除法题，如果人人二十岁就生孩子，一百年能繁衍出五代人；如果人人都二十五岁生孩子，一百年以后就整整少生了一代人啊。更何况，女性一辈子可不是任何时候说生就能生的，开始得早，大概率上就能生得多。要是像我们如今这般，很多女性三十多岁了才生头胎，你还能指望她这辈子后半程发力，生出个"儿孙满堂"不成？尤其是在国家缺人的紧急情况下，皇帝老儿怎么甘心让一个个妙龄少女待字闺中呢？我们熟悉的越王勾践卧薪尝胆的故事里就有这么个细节：勾践在越国颁布法律，"女子十七不嫁，其父母有罪"，意思就是，你女儿十五岁成年，我给你留出两年的时间找个满意的亲家，时间还不够吗？赶快找，麻溜儿嫁。那为什么不惩罚女儿这个当事人却惩罚父母呢？一来古代结婚要父母之命、媒妁之言，不嫁人的责任确实主要在父母；二来这年轻的小姑娘还得留着为国发挥强大的生育作用，怎么能抓去坐牢呢？不能浪费资源。父母无所谓，反正大概率已经不怎么生得出孩子来了。

• 束发

回到男性这条线，之前张三那个叫作"总角"的可爱"小鹿"发型，等他长大一些自然就不合适了。到十五岁时，他就需要束发，就是把原先一分为二的总角解开，把所有头发扎在一起，捆成一束，称为"束发"。你不要误会，这个束发和现在的女生把头发捆在一起的马尾辫或者丸子头不是一回事，马尾辫、丸子头是扎在后脑勺的，而古代男子的束发，几乎是束在头顶的，而且要戴发簪，同时会在发髻外面系一个简单的头巾，用于固定和装饰。古人讲究"身体发肤，受之父母"，头发平时是不修剪的。十五岁时，大男孩张三也已经长发及腰，头发这样齐齐整整地收拢到头顶，在技术上没有什么难度。所以，我们以后再看古装剧的时候，看见胡歌的古装造型，如果头顶束着发，前额竟然剪了个萌萌的小刘海，你就可以在知识的层面上尽情地藐视一下剧组了。

男孩在这个阶段的发型已经非常接近成年男子，毕竟十五岁的男孩就是现在准备上高中的学生了，身高噌噌地往上蹿，很多男孩已经喉结明显，嗓音条件已然在少年儿童合唱团混不下去了。对，古代这个阶段的男孩因此叫"成童"。《大戴礼记·保傅》记载："束发而就大学，学大艺焉，履大节焉。"意思就是说，束发后就是大男孩了，是准成年阶段，要开始重点学习高级的理论和知识了。孔子说："吾十有五而志于学。"十有五，这就是少年们结束童蒙之学，开始更深一层内容学习的年龄，就是在束发之年。

这里所谓高级的理论和知识，不是奥数，也不是相对论，而是古代贵族认为的一些象征高贵身份的技能。《礼记·内则》讲："成童，舞象，学射御。"舞象，不是像大象一样跳舞，而是古代一种兼具武术和舞蹈特点的高级体操，这个阶段也叫"舞象"之年。除此之外，在道德品质上，他们也得差不多按照成年人的要求来约束自己的行为了。

> **语文教材链接**
> **高中选择性必修下册《项脊轩志》：**"余自束发读书轩中"，这是作者归有光回忆自己从十五岁开始在项脊轩中读书。

• 冠礼

顾名思义，就是戴上冠的礼仪。古代男子的冠礼和女子的及笄礼是对应的，是不同性别正式成年的标志。只不过男子的成年礼比女子晚，是在二十岁。刚刚加冠的男子，已经成人，但体还未壮，称作弱冠。"冠"这个字，在现代汉语里貌似应该翻译成帽子，那么你觉得古人戴的这个冠应该是瓜皮帽、鸭舌帽、渔夫帽、贝雷帽，还是大冬天捂着耳朵的无边帽？都不是，错位了。现代人不用古人的"冠"，所以没有直接对应的物件，现代人就索性把戴在头顶的东西都安在"冠"字上了。古代男子的冠，不能御寒，捂不住耳朵，只是个套在头顶发髻上的硬壳套子。非得扯上点儿什么实用功能，可能就只是套上它以后能让好不容易梳起来的发髻更不容易散开。这个可有可无的鸡肋功能讲解，应该能让你自己悟出，古代男子的冠，其实更多体现的是装饰和礼仪方面的功能。

其实所谓的"硬壳套子"也是为了理解方便暂时这么一说，真追究起来，人家前前后后有好几种，整个冠礼的过程也很复杂。如果你想记住这个知识，也不难，你只要把它和咱们现在的婚礼对照着看就行，咱中国人的各种庆典的礼仪程序其实挺像的。咱们现在的婚礼，得有主持人吧？得有身份、辈分比较高的证婚人吧？冠礼也一样，父母当然得在场，自然也少不了亲朋好友在旁边鼓掌见证。周代贵族的冠礼差不多也是这一套，只不过不需要从婚庆公司花钱请主持人，是由自己的父亲担任的。咱们如今在婚礼上不磕头了，但也还有三鞠躬，每次鞠躬都有不一样的讲头：一拜天地，表示敬天告神；二拜高堂，表示娶了媳妇不会忘了爹娘；夫妻对拜，表示夫妻得互相尊重、和睦相处。冠礼也有类似的一套仪式，加冠也得加三次：先加黑色的麻布做的缁布冠，表示他具备了治理人的权力；再加白色鹿皮做的皮弁，表示他从此要服兵役，保家卫国；最后是爵弁，是一种赤黑色的平顶帽子，表示他有权参加祭祀，因为祭祀的时候是戴这样的帽子的。这一套仪式进行完以后，身份尊贵的来宾，类似证婚人的这一位，会为这个年轻的小伙子取一个字，他就有一个专门的称呼用来参加成人之间的平等交往了。接下来，他穿戴着这些礼服、礼帽去给来宾敬酒，这样整个加冠的仪式就可以在欢乐喜庆的氛围中宣告结束啦。

我们从上述这一套烦琐的仪式里能看出来，所谓治人的权力、服兵役之类的，都是贵族做的事情。对，在春秋时期，打仗也是贵族的特权；到了战国时期，平民才渐渐加入军队。那平民百姓就不需要冠礼了吗？贵族的礼仪和文化既然有标杆的作用，民间自然也慢慢就有了，只不过就是一个形式上的成人仪式，和治人、参军之类的实质意义没有关联。另外，在后世，唐代开始大踏步地削弱世家大族，所谓世袭贵族的文化，在中国历史当中也就渐渐消亡了，那作为周代贵族的冠礼，戴上什么冠赋予什么权力的肯定也就不存在了。冠礼渐渐成为单纯的成人礼，是一个承载着儒家礼仪教化功能的仪式。

为什么往头顶发髻上套个高高的硬壳套子就有礼仪教化功能了？其实再深奥的礼乐制度都有现实的根基，想想看，冠高高的，套在头顶，你是不是就不能摇头摆尾、乱走乱晃了？你一摇晃，头顶的冠就跟着晃得更夸张，它就在高处广而告之："看呀看呀，这边这个人这么不稳重。"而且这戴在头上的高帽子还在向世人显摆着主人的贵族身份,哎呀,好丢脸,还是乖乖坐正吧。子曰:"君子正其衣冠,尊其瞻视,俨然人望而畏之,斯不亦威而不猛乎?"(《论语·尧曰》)对呀,正襟危坐,四平八稳,首先在仪态上就显出高贵和威严,中国传统文化非常重视这些。《礼记》专门有一篇《冠义》,讲:"故冠而后服备,服备而后容体正、颜色齐、辞令顺。故曰:'冠者,礼之始也。'"我们从这里看出来,按中国古人的讲究,一个男孩子变成一个男人的本质,不是他身高一米八了,也不是他考上清华大学了,甚至不是他能赚钱养家了,而是他开始进入礼的约束门槛了。

曾经,孟子去见刚登基不久的梁襄王,发表了一句著名的毒舌评论:"望之不似人君。"我上初中那会儿就很不解:长成啥样不适合当"人君"呢?酒糟鼻子不行,还是猪腰子脸不行?孟子竟然还是"外貌协会"的,没想到他竟是这样的"亚圣"!而且,所谓"望之",是远远地瞅了一眼,他能看清楚什么就下这样的论断呢?现在推想一下,酒糟鼻子或者猪腰子脸肯定不是孟子语言攻击的对象,很可能是远远瞧见一个当王的人连坐姿都歪七扭八,上不了台面,或者摇头晃脑,毫无体面,这些被贵族衣冠加以放大后暴露无遗。如此做派,在传统礼仪当中,就连做个普通贵族都不配,更何况是当王。因此孟舌虽毒,却也算事出有因。这个猜测在历史当中也能得到印证。这位梁襄王能即位为王,纯粹是临时赶鸭子上架,当时根正苗红的继承人暴毙,王冠突然掉在他的头上。所以即便出身高贵,自幼锦衣玉食,但他一直没有被当成接班人来培养,这些正襟危坐的礼仪训练,想来也是欠了不少火候。

我还联想到一些有趣的事。上大学的时候,教我明清文学这门课的老师是北京师范大学文学院的郭英德教授,郭老师在讲《西游记》当中孙悟空这个人物——或者说"猴物"吧——的时候,有一个让人印象深刻的观点:"成人不自在。"他说:"你看孙悟空,石头缝里蹦出来的,没爹没妈没社会关系,就是天生没有牵挂。人就不行,生下来哪怕不和外界交往,至少也有家庭的牵挂，这是打断了骨头也连着筋的。"我们在社会当中，享受这种关系网的支持，必然受其牵绊约束。孙猴子的整个取经过程，其实就是重新建立社会关系、接受社会约束，建立感情、产生牵挂的过程。这些，就是他从一个石猴变为人的必经之路。而这个过程，在小说里有一个具象的表达：紧箍咒。如果泛泛地理解冠的含义，孙悟空的紧箍不也是一个"冠"吗？戴上就不自在，就不能乱说乱动、尽情摇摆。那反过来说，成人的过程也是让自己从一个只讲天性、无拘无束的小小孩童，成长为一个真正成熟的人，是不是也如孙悟空一样，是一个给自己加上紧箍的过程？这个过程里自然多有约束，经常勒得人头疼，但是我们都得戴着这个紧箍，闯过九九八十一难，且要时时优雅从容，告诫自己"不能低头，王冠会掉"，最终才能大功告成，立地成佛。

**语文教材链接**

九年级下册《送东阳马生序》："既加冠，益慕圣贤之道。""加冠"就是行冠礼，代表成年了。

高中必修下册《子路、曾皙、冉有、公西华侍坐》："冠者五六人，童子六七人"，"冠者"是指成年人。

**高考文本对应**

2019 年江苏卷："庚午举于乡，年犹弱冠耳。"

2023 年全国甲卷："尧卿警悟强记，七岁善赋诗，弱冠以学行知名。"

2018 年浙江卷："儒者果何如哉？高冠博带、广袂之衣谓之儒邪？"

2016 年山东卷："夫冠足以修敬，不务其饰。"

2015 年四川卷："文学诸生皆冠带之流，年盛志美，始涉学庭，讲修典训，此大成之业，立德之基也。"

> **2013年全国2卷：**"李揆，字端卿，陇西成纪人，而家于郑州，代为冠族。"
> **2011年江西卷：**"丞相弘燕见，上或时不冠。至如汲黯见，上不冠不见也。"

• 而立、不惑、知天命/知命、耳顺

这几个人生后半段称谓，都源于孔夫子的一句话："吾十有五而志于学，三十而立，四十而不惑，五十而知天命，六十而耳顺，七十而从心所欲，不逾矩。"于是，三十岁被称为而立之年，四十岁被称为不惑之年，五十岁是知天命/知命，六十岁是耳顺之年。因为六十年在干支纪年法当中刚好是一个甲子轮回，人走过了相互交错、名目繁多的所有干支名号，所以六十岁也被称为花甲之年。

• 古稀

这个年龄的称谓没有采用孔子的"七十而从心所欲，不逾矩"，大约是因为孔子这"不逾矩"的境界，实在是吾等凡人难以达到的。让大家更有同感的是民间的另一句老话："人活七十古来稀。"其实这句话并不是百姓言语，而是出自杜甫的一首诗："酒债寻常行处有，人生七十古来稀。"(《曲江》)看来是诗里的这句话，太能引起大家的共鸣了，在杜甫这首并不十分出名的诗里，有如此一脍炙人口的句子，显得和这首诗的名气太不搭调。不难想象，别说古代了，咱们新中国成立初期，国人的人均预期寿命只有四十岁左右。饮食营养是一方面，医疗条件是最主要的方面。想想看，在没有抗生素的年代里，小孩子在院里抓鸡玩，摔一跤伤口略严重都有可能造成感染，不治身亡，更何况还有发烧、传染病之类的重大威胁。人的寿命能达到七十岁，要么凭着物竞天择的好身板儿，要么就纯粹是各种机缘巧合，上天垂怜了。

七十岁对于古人，尤其是官员们，是个重要的年龄——退休。《礼记·典礼》记载："大夫七十而致事。"致事就是致仕，指退休，官员到任的时候坐车而来，称为"下车"，那退休就是把这辆车悬置不用，所以七十岁也叫"悬车"。

● 艾、耄、耋、耆

艾是草字头，本义也确实和草相关，而且中国民间对艾草这种植物很熟：用于熏蚊子、中医治疗、辟邪……但是说它和老人有关系就显得有些奇怪，离得八丈远似的。你继续细致地深入观察艾草这种植物的颜色，它是绿色的表面覆盖了一层白色的东西，好像是霜，也好像是绒毛，反正给人的感觉就不像其他植物那样绿得水灵灵、鲜亮亮。这样就想到它与年老之间的关系了吧？你看老年人，尤其是年纪很大的老年人，他的眼睛、皮肤的状态是不是和艾草有点像？我们经常在文献当中遇到一些把艾解释为年老的用法，比如"艾孀"（年老的寡妇）、"艾老"（老人），就得有意识地往这个方向考虑问题。

剩余的三个字——耄、耋、耆——你也一定知道，前两个凑在一起是个词：耄耋，指八九十岁的老人。其实准确地讲，耄是指八九十岁的老人，耋是指七八十岁的老人，但既然是组合嘛，就高不就低，反正连着用的本义也就是为了强调年事高，至于具体是指八十岁还是九十岁，你愿意较这个劲，人家文字本身都会嘲笑你。但你要注意啦，其实古籍阅读中的现实难点，并不在于知道耄耋的具体年纪所指，而在于这几个字和其他的字组合在一起，在上下文语境中，你是不是依旧具备这样的敏感度呢？另外，咱们国人现在的平均年龄已经超过七十岁，那就意味着其实在现代社会用到这几个佶屈聱牙却显得自己很有文化的字眼的概率很大了，给亲朋好友的老人家问好请安也会用到，好好学起来，经常能用得到。

耄：耄儿（老人和儿童）、耄年（老年）、耄老（老年，老年人）、耄荒（年老）、耄学（年耄硕学之士）、耄聩（年老糊涂）、耄勤（年老倦勤）、耄期（高年）、耄儒（老儒者）。

耋：耋老（老年人）、耋吏（老吏）、耋寿（高寿的人）。

耆：耆硕（年高有德的人）、耆民（年高有德之民）、耆英（年高硕德者）、耆彦（德高望重的人）。

### 语文教材链接

**九年级下册《送东阳马生序》**："今虽耄老，未有所成"中，"耄老"就是年老的意思。

### 高考文本对应

**2020年天津卷**："昏耄不省是谁生日也。"
**2018年浙江卷**："虽愚懦昏耄无所取者，积以年数，必得之。"
**2013年全国1卷**："在班列中最为耆硕，帝亦推心任之。"

• 鲐背之年

这是指九十岁。从字形上能辨别出，鲐是一种鱼，这种鱼的身上有明显的纹路。据说老年人到九十岁的时候，背部的皮肤会生出如同鲐鱼斑纹的褶皱，以此得名。我个人表示怀疑：一来，古代有多少老人能活到九十岁高龄？能有多少人见过老人背上的褶皱？即便真的有人见过，怎么断定这不是个别现象？或者谁能证明背上的褶皱要到九十岁才能长成鲐鱼这般，而七十岁人的后背就一定不是如此？所以，对这个词本身的年龄所指，也没必要太较真，这里"鲐背之年"的说法，让它泛泛地指代高寿老人，就挺好。

- 期颐

这就是一百岁，这个年龄对于现代人来说也是让人羡慕的、完满的高龄了。虽然长寿颇让人羡慕，可这两个字的意思，我个人却觉得挺悲哀。《礼记》说："百年曰期、颐。"郑玄注："期，犹要也；颐，养也。不知衣服食味，孝子要尽养道而已。"那"期颐"的意思就是到这个年龄全指望子孙孝道的奉养了。于古人而言，可能的确如此，七十已然古稀，那一百岁就更是罕见，能活到这么大年纪已然是上天垂怜，还奢求什么生活质量呢？所以"不知衣服食味"也是自然。然而现代随着科技和医疗的发展，有很多百岁老人过的并不是这样的生活：杨绛百岁，尚留感言；美龄百岁，还举办画展。那我觉得时移世易，是不是指代一百岁的"期颐"也可以改一改，叫"期怡"或者"期遗"？即期待内心的和悦，或者期待自己为后世留下更多人生成果……这难道不是我们共同期待的更美好的人生晚景吗？

最后，有人有疑问了：为什么十五岁以后的年龄名称看上去似乎没有女性什么事？确实是。这个问题提得很细心、机智，但也的确容易引发女性群体的感伤。在传统文化当中，所谓而立、不惑之类的人生成长，确实与这些在家庭里围着灶台和孩子转的女性没什么相干，而且这些与外部世界沟通、有所感悟的工作，在传统家庭里通常也是由男性来负责的。对于女性，一旦结婚生子，就统统被称为"人老珠黄"，区别只在于"黄"到了什么程度。不过，古稀及其之后的年龄称谓用在女性身上又变得和谐自然了。人生似乎就是一个循环，在刚出生的阶段和到达尾声的阶段，性别特征都不那么明显。更何况，女性的平均寿命基本长于男性，我们的主人公张三和小时候邻居家的小伙伴罗敷比起来，能用上这些词的概率显然要小。至于在现代，一个女孩子感慨说"哎呀，我眼看就到而立之年了"，这自然没有问题，因为既然男女平等，那女性的成长和感悟自然也不输给男性了。

## 尽头

这一节讨论的是人生的尽头。司马迁说"人固有一死",死亡的话题在文言古籍中自然也是屡见不鲜、处处渗透,但他接下来讲的"或重于泰山,或轻于鸿毛",是从人生意义的角度讨论人与人死亡的差别。咱们不一样,在文化常识里看人与人死亡事件的不同,视角得首先聚焦到阶级差异。

- 崩

这是最高等级的死亡,指帝王、王后之死。这一点,我们在第一部分已经详细讲过。

> **语文教材链接**
>
> **九年级下册《出师表》:** 文中两次用"崩"来描述刘备之死:"先帝创业未半而中道崩殂。""先帝知臣谨慎,故临崩寄臣以大事也。"这里的用词就很微妙:理论上来讲,当时魏、蜀、吴三足鼎立,刘备作为蜀汉的前最高首领,原本算不上一国之君,用"崩"自然是僭越的。但写下这段话的是诸葛亮,是自己人,在蜀汉人的眼中,刘备姓刘,是正统的汉代继承者,所以他有资格用这个帝王专用的"崩"字。

> **高考文本对应**
>
> **2020 年全国 3 卷:**"及简文崩,群臣疑惑,未敢立嗣。"
> **2020 年全国新高考 2 卷:**"帝初崩,外庭多未知。"
> **2017 年山东卷:**"俄而高宗崩,叔陵肆逆,府僚多相连逮,唯贞与卓独不坐。"
> **2015 年江苏卷:**"君为殿中丞时,曹太后崩,诏定皇曾孙服制。"

第二部分　张三的苦难岁月

- 薨

　　这是指诸侯之死。不过我们也不能认死理，因为诸侯这种身份在古代社会是越来越少，呈现出消失的趋势。皇帝身边，身份等级特别高的一些人，比如嫔妃、王爷，还有享有爵位或者品级很高的臣子，慢慢地，他们的去世也可以称为薨。

　　这是一个四处可查、普及率很高的知识点了，那我们可以讲点与众不同的，就是从字音和字形的角度来分析"薨"这个字为什么用来表示等级高的人的死亡。在字音上容易理解，薨就像轰隆隆的声音，帝王之死犹如山崩，那诸侯之死等级略低，好歹接近山崩的声音，也用来表示事态严重，带给人的内心震撼之大。这是有道理的，在周朝那会儿，诸侯也是一个地方小国的主政者，对于这个小国的百姓来说，他去世了不也类似于山崩？从字形上看，薨和梦的繁体字"夢"的上半部分一样，对，这部分就是用来表示在睡梦之中；下半部分是死，这是在传递死亡的含义了。上下两部分连在一起理解，就是人在睡梦中死亡。这种属于"无疾而终"，是非常安详、平稳的死亡。若说人人都难免一死，那"得好死"便是人人追求的走向尽头的方式了，怪不得咒骂仇人的时候有人经常会说"不得好死"。不论这位诸侯最终是被病痛折磨而死，还是在争夺地盘的战场上被乱箭穿心而亡，好歹从薨的字形上是体现了贵族的尊贵的。

### 高考文本对应

2018 年全国 1 卷："真薨，宣帝代焉。"

2017 年全国 1 卷："九年，东乡君薨，资财钜万。"

2017 年全国 2 卷："建初五年，憙疾病，帝亲幸视。及薨，车驾往临吊。时年八十四。谥曰正侯。"

2014 年四川卷："三年，昭明太子薨，敕为哀策文，复见嗟赏。"

- 卒

大夫的死称为卒。卿和大夫是周朝时期诸侯国内被任命职权的臣子。卿的地位比大夫高，笼统一些，卿大夫是经常连起来讲的。所以这里的大夫，我们可以泛泛地理解为普通的官员。"卒"这个字，在现代汉语的字形里有两个小小的"人"字，对应着甲骨文字形里的两个小叉。《说文解字》里讲："卒，衣有题识者。"早期的很多文字学家就根据这个说法认为，这两个小叉是古代士卒衣服上的标记。后来，文字学家裘锡圭就指出，这个字形是通过加叉线来表示衣服已经缝制完毕，引申为终结、完结之意。

**高考文本对应**

2021年全国新高考2卷："知大功不遂，感激发病。九月壬寅，卒于雍丘。"
2020年全国1卷："洵卒，赠光禄丞。"
2018年全国1卷："泰始九年卒，年八十四。"

- 不禄

士的死被称为不禄。周代诸侯国国君之下有卿、大夫、士三级，士在当时确实也属于贵族阶层，他们有正宗的贵族血统，但身份是贵族里最低的一级。他们一般是卿大夫的家臣，有的靠俸禄生活，有的有些田地，田地特别多的士自然可以靠收租生活，但是田地少的士，自己也免不了付出一些劳动。

孔子的出身就是士，这种贵族身份保证他从小接受教育，但也没有高贵到他能终日懒散却衣食有着落。所以孔子很努力地在鲁国做官，还周游列国，专心教学。其实当时如孔子这般好学进取的士有不少，因为这个身份给他们带来的处境是普遍相通的。多年以后，人们就用士人来指代知识分子。往上一个等级延伸一下，大夫这个级别，地位也高不到哪里去，多是凭着才华出来混的，自然也和很多进取的士一样乐于学习、努力做官。慢慢地，在后世，人们管这些读书、考试后做官的人叫士大夫。

扯得有点儿远了，不过只要我们了解了士这种身份的地位和处境，就能很顺畅地明白他们的死为什么叫不禄，就是没法继续做官，领不到薪水了。同时，另外两个重要的知识点，士人、士大夫这两个词是怎么来的，指的是什么人，咱们也讲清楚了。

> **高考文本对应**
>
> **2012 年天津卷：**"子之大夫一瓢先生，医之不朽者也，高年不禄。"

- 死

庶人的死，就不避讳了，可以直接称死。在中国传统文化当中，对于很多不好的事情，人们都是避讳的，死亡就是其中一个最显著的例子。但是庶人嘛，身份太低微，似乎连避讳都配不上。咱们还是用老办法，从字音和字形的角度看看古人是怎样描述这种死亡的，看看庶人之死到底能卑微到什么程度。从"死"的甲骨文字形上看，这是一个跪坐的人，低头对着一具尸体在哭泣。就只有这些信息了，没有山崩地裂的震动，没有整理衣装的体面，也没有停止发放退休金的手续，整幅画面就是"亲戚或余悲，他人亦已歌"。在字音方面，"死"的音源于澌。《说文解字》记载："死，澌也，人所离也。"澌就是冰雪消融、滴水已尽，指在大气中消散，什么都不剩了。

### 语文教材链接

**八年级上册《愚公移山》**:"虽我之死,有子存焉。"愚公在这里用"死"字来描述自己的死亡,是一种比较谦虚的说法,因为他把自己视作无足轻重的平民。

**八年级下册《马说》**:"故虽有名马,祇辱于奴隶人之手,骈死于槽枥之间,不以千里称也。"这里的"死"用在了千里马身上。一方面,这样用没有问题,马又不是人,难道还要什么尊贵的用词?另一方面,亦有一种悲凉之感。想想唐太宗的"昭陵六骏",想想关云长的赤兔宝马……同是千里马,只因为有伯乐赏识它们,把它们送到合适的英雄手中,它们就能和英雄一样万古流芳。那么再看看这里这个"死"字,不禁让读者为没有遇上伯乐的千里马惋惜。

### 高考文本对应

**2021 年北京卷**:"水旱失时,五谷不登,万民饥死,农不得耕,士不得战也。"
**2020 年全国 1 卷**:"杭,水陆之会,疫死比他处常多。"
**2020 年全国新高考 1 卷**:"光斗既死,赃犹未竟……长兄光霁坐累死,母以哭子死。"
**2019 年全国 3 卷**:"其父战不旋踵,遂死于敌。"

在身份地位之外,对于死亡的另一套讳称体系是年龄。

- 夭折

这是指未成年人的死。

在古代,男子二十而冠,女子十五及笄,都被看作成年的标志,那么夭折就一定指男子二十岁之前去世和女子十五岁之前去世吗?不尽然。我们如今也说一件事情还没有做到就夭折了，体会一下其中夭折的含义，就是它成长了一段时间，可是还没有呈现出一种比较完满的状态就结束了。在做事情上有这样抽象的比喻，难道在人的年龄上就非得那么刻板地理解吗？假设张三的人生梦想是吃遍全世界所有品牌的方便面，他觉得只要差一种没有吃过，自己就枉来这世间一趟了。他吃啊吃啊，一直吃到四十二岁不幸身亡，没有完成这个梦想。这种情况不能叫夭折吗？其实是可以的。在《三国演义》里，曹操痛哭郭嘉之死，就说："吾欲托以后事。不期中年夭折，使吾心肠崩裂矣！"这位郭将军去世的时候三十八岁。"托以后事"是一种未完成的使命，未完成使命而亡，可以说夭折。语言是活的，不是代入公式的演算，我们在理解古文中的一些词的时候，不能认死理。

> **高考文本对应**
>
> **2018 年浙江卷：** "太初虽贱而夭，其文岂必不传？"
> **2012 年天津卷：** "圣学莫如仁，先生能以术仁其民，使无夭札。"

- 殇

这也是指未成年而死。殇与伤读音相同，意思也类似，只是左边的歹字旁标志了死亡。人去世自然会引发亲人的悲痛，但在我们日常的经验当中，有一种亲人的去世格外让人哀伤、心痛，即所谓"白发人送黑发人"，就是父母面对子女的死亡。所以，"殇"这个字，用了"伤"这个字的声旁。《说文解字》说："殇，不成人也。人年十九至十六死，为长殇；十五至十二死，为中殇；十一至八岁死，为下殇。"从这个解释可以看出，虽然意义都是未成年而死，但夭折所指的范围比殇更大，在零到八岁这个年龄段里死亡，可以称为夭折，但是不能称为殇。

> **语文教材链接**
> 高中选择性必修下册《兰亭集序》："固知一死生为虚诞，齐彭殇为妄作。"这句话中，"彭"是长寿明星彭祖，"殇"是未能长大的孩童。

- 终

这是指老年人正常死亡。"终"这个字包含了汉字演变过程中一种很常见的"鸠占鹊巢"现象。在甲骨文里，表示终了、结束的意思时，古人就在记事的绳子的末端打一个结。绳子的两端都打上结，说明这件事情做完了，这是早期文明里结绳记事的体现。但是我们现在看着甲骨文里"终"这个字形和现代汉语里的"终"字一点儿也不像，如果去掉绞丝旁，单看这个"冬"，便和甲骨文里的这个字形有六七分相像了。没错，其实最初的时候，"冬"这个字是用来表示终了、结束的，后来它被"借"去表示冬天这个季节，因为冬季是一年的结束。时间一长，鹊巢就被鸠占得牢牢的了，反而是原本的终了之意没有了依托，那就只好再造一个新的字，古人就在"冬"字旁边加了一个表示绳子的偏旁。

根据这个意思，"终"引申到人的生命力方面，那就是老年人完整地走过了人生的各个阶段，最终画上句号。我们平时所说的"寿终正寝"，用的就是这个字，表示正常寿终。

> **语文教材链接**
> 八年级下册《桃花源记》："南阳刘子骥，高尚士也，闻之，欣然规往。未果，寻病终。"这句话当中的"终"，是在平静地叙述一位叫作刘子骥的"高尚士"最终生病去世，桃花源就永远消失在人们的视野当中了。这个

"终"字，不仅用在刘子骥的身上非常合适，而且在隐喻寻找桃花源的努力"终"了。

**八年级下册《大道之行也》**："故人不独亲其亲，不独子其子，使老有所终，壮有所用……"这句话中的"老有所终"是儒家追求的非常完满的境界。我们可以在这个社会终极追求中体会一下"终"这种死亡描述方式的语义。

### 高考文本对应

**2018 年全国 2 卷**："峻字叔高，终于太山太守。"

**2017 年全国 2 卷**："时赵王良疾病将终，车驾亲临王，问所欲言。"

**2016 年天津卷**："母以高年终，宗质亦白首矣。"

**2015 年重庆卷**："人之得终其天年，不其幸欤！"

**2014 年新课标全国 1 卷**："笃好坟籍，手不释卷，以至于终。"

在年龄之外，关于死亡的方式还有一套说辞。根据常识，在各种死亡的方式里，引人注目的通常是一些非正常的死亡，常见的暗含非正常死亡之义的，有下面这几个字。

• 绝

《说文解字》讲："绝，断丝也。"这是指人为地把丝割断。因为丝不会自己断绝，所以"绝"这个字引申为生命中断这个意思的时候，就难免会暗暗藏着这种外力的、人为的、非正常的死亡之意。《红楼梦》里的林黛玉听到宝玉和宝钗大婚的消息，吐血气绝而亡；《水浒传》中晁盖到最后一刻仍不忘要杀史文恭，一把扯断毒箭气绝而亡……你看，随便举两个例子，这两个人物都可以称得上是典型的"绝"，即被疾病、悲痛的情绪、毒箭之类伤害，这些如一把刀一般，割断其生命。

> **语文教材链接**
> 高中选择性必修中册《苏武传（节选）》："单于使卫律召武受辞。武谓惠等：'屈节辱命，虽生，何面目以归汉！'引佩刀自刺……武气绝，半日复息。"此处的"绝"字用得非常典型，当时的场景是匈奴单于派卫律来招降苏武，苏武用佩刀刺伤了自己，于是"气绝"。

- 殁

这个字的歹字旁，照例带着死亡的信号，意义其实和"没"相通。用"没"组个词，可以是"淹没""埋没""没过"，就是没在水中的意思。那把这个字换成歹字旁，意义上自然也会有连带，表示是一种非正常的死亡。不过咱们仔细体会一下，水渐渐涨起来没过人，人的生命消逝，这个过程比起拿一把刀一下子把一把丝割断，还是显得要慢一些、缓和一些，所以"殁"这个字在表示非正常死亡这方面的意义时没有"绝"那么激烈、突然。比如，韩愈在《祭十二郎文》里说过"少者殁而长者存"，既然是少者去世，一定不会是正常的死亡，用殁就很合适。结合之前学过的内容，这里用殀或者殇也是可以的。另外，《国语》记载管仲去世时用的也是这个字："管仲殁矣。"众所周知，管仲是因为疾病而死亡的。

> **高考文本对应**
> 2017年江苏卷："其于知友故旧没后衰落，相存问过于生前，盖其性之笃厚然也。"
> 2014年福建卷："十三岁，父祖继殁，独奉母以居。"
> 2014年上海卷："昔之君子成德立行，身没而名不朽，其故何哉？"
> 2014年天津卷："妻兄弟有老而独者养之二十年，没葬而岁祀之。"
> 2012年江苏卷："公没二十七年，不危状公遗事，以授公之从子辙曰：'先君既没，惟小子仅存……'"

第二部分 张三的苦难岁月

- 毙

这个字用来表示非正常死亡，是最惨的。现代汉语中毙的字形经过简化以后，把这种悲惨隐藏起来了，"毙"这个字的上半部分现在纯粹是用来表音的，但是其繁体字形把它的悲惨描绘得很具体、准确——斃。上半部分的"敝"是破烂的意思，比如咱们熟悉的成语"敝帚自珍"，意思不就是抱着把破扫帚还当个宝吗？那么这个繁体字的字形表现出来的表面意思就是：死者的尸体都残缺不全了。按照这个意思发挥一下，那就是被车裂、腰斩、砍头、千刀万剐的人，可以用"毙"这个字。你看看咱们现代汉语里关于毙的词语：枪毙、毙命……对，按照常理来推断一下，既然决定给这些人施加如此不得全尸的刑罚，从另一个角度也能体会到文字里传达出来的对受刑人的痛恨和鄙视。在《郑伯克段于鄢》里，我们在嫡长子继承制那一部分讲过那个名叫"难产"（寤生）的郑国嫡长子的故事，后续来了：从小就不受宠爱的寤生当上了郑国的国君，但是他那个奇葩娘和从小就惦记夺权的弟弟也没闲着，当不成国君，他们就想起兵造反，要了哥哥的命，在自己的封地也是招兵买马。寤生在弟弟犯一些罪不至死的小罪过的时候一直隐忍等待，等着他犯下滔天大罪再出手，来个一击毙命。他身旁的臣子却没有这般城府，情绪激动、忧心忡忡，劝他赶快去干预、制止，他便丢出一句话："多行不义，必自毙。"哎呀，我以前一直觉得这句著名的话是多么义正词严、铿锵有力，如今了解了"毙"这个字的含义，再咂摸咂摸，这句话透着寤生这前半生里对这个争夺宠爱和君位的弟弟多少切齿的恨啊！

**语文教材链接**

七年级上册《狼》："屠暴起，以刀劈狼首，又数刀毙之。"《狼》这篇文章讲述了晚归的屠夫在路上手刃两只尾随的狼的故事。被"毙"是两只狼尾随人类图谋不轨的恶果，结合原文中的"暴起"，以及屠夫的身份，我们可以想见这两只狼最终的惨状。

> **高考文本对应**
> 2020 年全国新高考 1 卷："涟等初不承，已而恐以不承为酷刑所毙。"
> 2012 年江西卷："九年，以疾毙，年四十七。"
> 2011 年广东卷："罗少亡赖，数行窃，令捕之杖毙，弃诸野。"

## 丧礼

古人云："死生亦大矣。"这生与死，是人生最重要的两个课题。生之时，大家都是浑浑噩噩的，突然间来到这世上，没来得及也容不得选择和思考。那死亡，就是大家可以用一生的时间来郑重对待的事情了。生死之事，于王羲之来说是"岂不痛哉"，于我们而言，是得抓紧了解中国古代文化里关于丧礼的常识。

首先，大家需要明白丧礼于古人而言有多么重要。我小时候看电视剧，经常看到有女孩子在父母去世以后孤苦无依，家境贫寒又没有能力给父母下葬，就在自己的头发里插根草，往闹市一跪，面前铺开一张血书，上面写着"卖身葬父/母"几个惨兮兮的大字。可想而知，她日后的人生是福是祸，就全听天由命了。我觉得很疑惑，这办个丧事，必须付出这么大的代价吗？所谓孝，不应该是父母在世的时候对他们好吗？人已经去世了，有能力的话，自然是要让父母离开得风风光光；但如果实在没有这个能力，一定要以自己的后半生作为交换来办这场仪式吗？另外，我以为办丧礼就是买口棺材再挖个坑埋上，真有那么贵吗？

是的，在古代社会，办丧事几乎是生活中的头等大事。既然是头等大事，就不仅仅是在态度上要极其端正，在经济上当然也得花"头等大钱"。如果你舍不得花这么大一笔钱，凡事能省则省，草草了事，也说不上是什么杀头的罪过，但是人毕竟生活在社会当中，自己平常在家有没有对父母双亲嘘寒问暖，别人无从得知，但是父母的丧礼办得怎么样，这可是别人都看在眼里的。就好像我们现在，原本所有人都正常上学，但有个孩子利用课余时间去上补课班了，就显得他格外刻苦用功。接下来所有人会有样学样，都去上补课班，你就得想办法考个国外的什么竞赛的证书，才能显出自己与众不同……这就在社会文化的发展当中不断"内卷"。对于一个普通家庭来说，为了办丧事，倾家荡产也是常事；孤苦无依的小女孩若不选择卖身葬父/母，那么作为这个孝道文化里的异类，她的生活也不可能好过了。

> **语文教材链接**
> 高中选择性必修中册《屈原列传》："复之秦，竟死于秦而归葬。"这里是讲楚怀王死在秦国，最终的丧事回到楚国来办。

> **高考文本对应**
> 2017年全国1卷："上甚痛惜之，使二卫千人营毕葬事，追赠太常。"

那办丧事有什么复杂的程序？一般需要花哪些钱呢？

第一，得找一块风水宝地作为坟茔。这倒不是说有了风水宝地，九泉之下的父母才能得安息，其实更多是为活人考虑。中国人讲究墓地的位置会影响家族世世代代的发展，咱们到现在依旧保留着这样的习惯：谁特别幸运了，大家就会说："哎呀，是你家祖坟上冒青烟了。"这风水宝地就像北京城三环内的房子，在一定范围之内，按照风水理论寻找，宝地总是有限的，那"房价"自然就会水涨船高。

第二，找风水宝地下葬需要时间，如果一时找不到又或者找到了没有钱买，需要花一些时间攒钱才行，在这种情况之下，是可以推迟下葬的。事实上，在古代，等个几年下葬的情形也不是没有。等等，等几年？尸体停放在哪里？那不早就腐烂、臭不可闻了吗？这的确是个问题，所以得花大价钱买好棺材啊。好棺材首先是木材的质地要细密且坚硬，这样才不容易透气，也不容易被虫吃鼠咬。除此之外，还得配合油漆工艺，一层一层地刷，不仅能防虫蛀，而且密封性好。再就是，中国传统的木作是榫卯结构，这木头做成棺材怎么能做得严丝合缝、密不透气，榫卯工艺也是重要一环……这几样东西加起来，哪个不要大价钱？一般老百姓家里，家具都没有用这么好的材料和工艺，但是棺材得用。所以民间有一句俗话，说老人家攒够自己的棺材本了，或者老人家被卖保健品的无良商家骗得棺材本都没有了。棺材本，在古代的确是很大一笔钱。

这还不够，文言文里有个词叫棺椁，这说明什么？棺和椁不是一种东西，通俗地讲是多层棺材，里面一层小的叫棺，外层大的叫椁，这样层层嵌套起来，密封效果更好，尸体停放的时间能更长。上古大贵族的棺椁，甚至还有三四层的。但是你懂的，这些也全是银子啊。

《论语》里记载了一个意味深长的故事：孔子最欣赏的学生颜渊去世了，颜渊的父亲承受着白发人送黑发人的痛苦，想把儿子的丧事办得风光体面，也想让儿子在九泉之下过得舒服一些，老父亲就想出了一个"不情之请"，对孔子说："你能不能把你的马车卖掉，给我儿子做一副椁？"孔子想一想，说："老颜啊，我自己的儿子孔鲤死了，也是单单薄薄的一层棺下葬的呀。"两位失去儿子的老父亲此时应该都是老泪纵横吧，一副椁真的是一户普通人家倾家荡产都负担不起的呢。但孔子不同意，并不是因为他抠门，而是颜渊也好，自己的儿子孔鲤也罢，他们的身份都是不能用椁的。悲痛彻骨的时候，不是板起脸讲道理的时候，孔子只能将心比心，给老颜讲一讲自己当年艰难的选择。

### 高考文本对应

**2011年湖北卷**：《易》曰：'古之葬者，厚衣之以薪，藏之中野，不封不树，后世圣人易之以棺椁。'棺椁之作，自黄帝始。

即便古人普遍对下葬所用的棺椁如此重视，但也少不了可怜人，比如实在贫穷，或者没有后人操办丧事，再者就是赶上兵荒马乱的乱世……这种草草下葬的情况就被称为槀葬。槀和藁同源，藁就是稻子秆，从槀葬这个词传递出的信息来看，这种草草了事的葬礼，可能连一口薄棺材都没有，用草席子一裹就下葬了。在《红楼梦》里，王熙凤的结局不就如此吗？"叹人世，终难定"，生前锦衣玉食、机关算尽，死后草席裹身，只落了个白茫茫大地真干净。

第三，把去世的人安放进棺椁当中，可不是随便放的。要先给他沐浴，一来是对死者的尊重，二来是有利于防腐。接下来是殓的仪式，给尸体裹上衾，就是要给死者裹上高级的衣服，而且需要一层又一层地裹。礼制规定，天子要裹十二层，诸侯七层，大夫五层，士三层。不过这种规定吧，施行起来一般就不这么严格了。只有天子能穿十二层衣服，你穿的衣服多了能明显看出来，出门招摇，立马就被发现了；这去世的人，很快就入殓下葬了，没有人确切地知道死者到底穿了多少层，而且又是出于孝亲之情，所以大家对此也就宽容多了。马王堆出土的汉代墓葬里的女尸，里里外外裹了十九层。这十九层，不仅仅是在丧礼上的僭越，也是沉甸甸的钱啊。一般来说，层层叠叠地把尸体包裹好，再在棺椁当中满满当当地塞进被褥一类，尽可能地把棺椁的空间塞满，内部不剩多少空气了。除此之外，人们还会在棺椁中塞进很多香料和石灰，用来驱虫和保持干燥。

> **高考文本对应**
>
> **2012 年重庆卷：**"后死之二十五日，子广始随木商往殓之，面如生，不以暑腐。"

第四，入殓工序结束，就可以停丧待葬了，这个过程叫作"殡"。与此同时，家里亲人去世的消息也需要通知亲朋好友。现在我们对于这件事情比较随意，特别重要、一定要通知到的亲友会专门打个电话，其余的，发个朋友圈，关心自己的人自然就看到了，不关心的人看到也会当成没看到。

但古人对此事是极其重视的。费孝通先生在《乡土中国》当中打过一个比方来描述传统的中国社会："我们社会中最重要的亲属关系就是这种丢石头形成同心圆波纹的性质……以'己'为中心，像石子一般投入水中，和别人所联系成的社会关系……像水的波纹一般，一圈圈推出去，愈推愈远，也愈推愈薄。"那丧事就是个体以及家庭在社会当中维系关系的关键时刻：在这个时刻，最能体现死者或死者的家庭成员是一块多大的"石头"，能看到这块石头扔进水中激起多大的涟漪。"重于泰山"的人物是大石头，激起的涟漪自然就大，丧事的波及面也广；普通人是小石子，扔进水可能连个响声都难听见。周恩来总理去世以后，京城的民众"十里长街送总理"；我们普通百姓的丧事涉及几十人，差不多就到头了。

去世的消息不会随随便便口耳相传，而是有专门的"讣闻"，或者叫"讣告"。讣闻的基本内容，除了通告死者去世，还要概述一下死者的基本生平和功绩（如果有的话），就相当于对一个人一生的总结。读书人和官宦人家对此特别讲究：这个讣闻由谁来写，写什么，都得字斟句酌。

### 高考文本对应
**2014 年辽宁卷：**"讣闻，辍朝，谥忠烈。"

接到讣闻的亲朋好友就会前来祭拜。在这个礼仪程序中，最值得提及的是我们传统的五服之说。五服，从文字的表面意思来理解其实已经特别生动了，就是指参加丧礼的人按照亲属关系的亲疏远近所穿的五种不同的服装。如此复杂的丧服系统，在丧礼当中也是有实际功效的：主持人能通过服装一眼判断这个人应该站在哪里，应该在什么时候行什么样的礼等。如果大家统一着装，人一多肯定就乱套。但更重要的是，这种丧服系统体

## 本宗九族五服正服图

凡嫡孙父卒为祖父母承重服斩衰三年若为曾高祖父母承重服亦同

| | | | 高祖父母<br>齐衰<br>三月 | | | |
|---|---|---|---|---|---|---|
| | | 曾祖姑<br>在室缌麻<br>出嫁无服 | 曾祖父母<br>齐衰<br>五月 | 曾伯叔祖父母<br>缌麻 | | |
| | 从祖姑<br>在室缌麻<br>出嫁无服 | 祖姑<br>在室小功<br>出嫁缌麻 | 祖父母<br>不杖期 | 伯叔祖父母<br>小功 | 从伯叔祖父母<br>缌麻 | |
| 族姑<br>在室缌麻<br>出嫁无服 | 从堂姑<br>在室小功<br>出嫁无服 | 堂姑<br>在室大功<br>出嫁小功 | 父母<br>斩衰<br>三年 | 伯叔父母<br>期年 | 堂伯叔<br>小功 | 从堂伯叔<br>缌麻 |
| 族姊妹<br>在室缌麻<br>出嫁无服 | 从堂姊妹<br>在室小功<br>出嫁无服 | 堂姊妹<br>在室大功<br>出嫁小功 | 姊妹<br>在室期年<br>出嫁大功 | 身己 | 兄弟<br>期年<br>兄弟妻<br>小功 | 堂兄弟<br>大功<br>堂兄弟妻<br>小功 | 从堂兄弟<br>小功<br>从堂兄弟妻<br>缌麻 | 族兄弟<br>缌麻<br>族兄弟妻<br>无服 |
| | | 族侄孙女<br>在室缌麻<br>出嫁无服 | 堂侄女<br>在室小功<br>出嫁缌麻 | 侄女<br>在室期年<br>出嫁大功 | 众子妇<br>大功<br>长子妇<br>期年 | 众子妇<br>大功<br>嫡孙妇<br>期年 | 侄妇<br>大功<br>侄孙妇<br>小功 | 堂侄妇<br>小功<br>堂侄孙妇<br>缌麻 | 从堂侄妇<br>缌麻<br>从堂侄孙妇<br>无服 |
| | | | 曾侄孙女<br>在室缌麻<br>出嫁无服 | 曾孙<br>缌麻<br>曾孙妇<br>无服 | 曾侄孙<br>缌麻<br>曾侄孙妇<br>无服 | |
| | | | | 玄孙<br>缌麻<br>玄孙妇<br>无服 | | |

凡故姊妹女及孙女在室或已嫁被出而归服并与男子同出嫁而无夫与子者为兄弟姊妹及妹侄皆不杖期

凡同五世祖亲属在缌麻无服之外皆为祖免亲遇丧葬则服素服尺布缠头

凡男为人后者本生亲属孝服皆降一等不杖期父母亦降服报服同

**本宗九族五服正服图**

| | |
|---|---|
| 斩衰（zhǎncuī） | 生麻布，不缝边，三年 |
| 齐衰（zīcuī） | 熟麻布，缝边，三月至三年不等 |
| 大功 | 精细熟麻布，缝边，九个月 |
| 小功 | 更精细熟麻布，缝边，五个月 |
| 缌麻（sīmá） | 最精细的熟麻布，缝边，三个月 |

丧服系统

现出费孝通先生说的"一圈圈推出去，愈推愈远，也愈推愈薄"。穿什么样的服装，根据亲属关系的亲疏远近就负担着不同的义务和责任。一篇经常入选高中语文课本的文言文——李密的《陈情表》里有一句"外无期功强近之亲"，这里"期"（jī）是齐衰的一种，守孝一年的人因为在丧礼上手中执杖，所以被称为杖期（jī）；功就是泛指大功、小功。所以"期功"两个字，是泛指五服之内的亲属。

这部分内容特别多，咱们讲得也繁杂，但是别忘了咱们最初讨论的话题。提醒你将这些内容融会贯通：这一套程序下来，开销又得几何？写一篇讣闻是去请文坛泰斗，还是街上的文书先生？虽然是丰俭由人、尽力即可，但是这些五花八门的丧服总得花钱请人制作；还有对于前来吊唁、祭拜的亲朋好友，为了表示自己的感激之情还要招待吃住，也不是免费的呢。

第五，还有一些特殊情形，就是逝者没能死在家乡的。中国人讲究落叶归根，那就又多了一道程序叫扶丧，就是护送灵柩回到家乡。如果是从隔壁镇子运送回来可能还好办，若是山迢水长，扶丧者辛苦跋涉尚不必说，这一路的盘缠，可比自己赶路贵得多呀。

---

**高考文本对应**

2018 年全国 2 卷："涣丧西归，道经弘农，民庶皆设盘案于路。"
2014 福建卷："行至吴桥卒，惟一子扶丧归。"

第六，出殡，就是把死者的灵柩送到埋葬的地方去。灵柩出门，一路运到葬处，这又是自家的丧事在公众面前的一次展示。就像结婚，有钱人家的小姐讲究十里红妆的气派，办丧事也是一样的道理，谁都想把自家的丧事办得轰轰烈烈，让老人走得风风光光，这左一项右一项的开销都不便宜。

> **高考文本对应**
>
> 2020 年全国新高考 2 卷："丧出江上，白衣冠送者夹岸，酹而哭者百里不绝。"
> 2014 年福建卷："殡毕，哭奠而去。"
> 2012 年北京卷："买棺殡于城南聚宝山。"

第七，不难想象，下葬其实也是一项浩大的工程：如此沉重的棺椁在没有起重机的古代，需要稳稳地停放在坑穴内。在春秋时期，贵族墓葬的坑穴是很大的，天子的灵柩可以使用"隧"，就是挖一条隧道，通过隧道把灵柩运进去，然后把隧道填埋好。而诸侯没有这种权力，他们的灵柩只能用绳索悬吊进去。不论使用哪一种方式，都是大型工程。百姓虽然没有这么大的坑穴和棺椁，但把一个普通的棺椁悬吊进坑位也不是容易的事，花费自然少不了。

把棺椁盖上之后，这就形成了一座新的坟墓。坟墓是咱们现代人的习惯说法，深究起来，坟与墓也是不一样的，区别依然体现在构字方法上：从坟的篆书上看，左边是土，右边既有草又有贝壳，看来这没少往上堆啊，坟从表面看是一个土堆的样子。当然，土包前面通常还会有墓碑。堆起土堆，立起墓碑，目的都是祭奠的时候好找。相对于坟的这个特点，墓就不一样了。它的上半部分是日暮的暮的上半边，字形也很形象，就是太阳落进草丛里看不见了。对，墓就是取"看不见了"这个意思，墓是要填平、隐藏起来的。这是为什么呢？因为墓里面埋的不是一般人，宝贝多呀！难不成咱们把一个诸侯王埋葬以后，上面也堆个大土包，立个碑，恨不得再插上个高高的旗子昭告天下：这里埋着宝贝，大家快来挖呀！于是乎，历朝历代都有"盗墓"之说，谁听过有"盗坟"的？

关于坟墓形式，还有其他称呼——冢，字形里有一个明显的盖子，《说文解字》解释为"冢，高坟也"。它的本义是高大的坟。据此可以想见，冢里埋葬的应该也不会是平民百姓。司马迁在《史记》里，干脆把冢作为皇帝的陵墓了，项羽"烧秦宫室，掘始皇帝冢"。从这个意思开始联想，"冢"这个字就具备了高、大的意思。我们在古籍中经常能见到"冢臣"，可不是指被埋起来的臣子，而是指大臣、重臣；冢司指的是宰相；冢祀是天子在宗庙里举行的大祭礼；冢卿是上卿的意思。换一个角度，我们刚刚提到一般的墓是隐藏起来的，因为里面埋着大人物，所以要防盗墓，但是这里高高的大坟里面怎么也埋葬着大人物呢？这些堆起高坟的大人物就不怕被人开坟了吗？一个原因可能是自己的子孙势力大，在可预见的未来，世世代代派专人看守没有问题，"冢人"就是指贵族中管理墓葬的官吏。另外一个常见的原因，就是古代贵族常用的障眼法了。这招人眼球的高大坟头是专门造出来的假墓，里面随便埋点儿什么不值钱的东西，作为吸引盗墓贼火力的稻草人靶子。

陵，专门指帝王陵墓。我们熟悉的北京十三陵，咸阳的汉武帝茂陵、唐太宗昭陵，南京的明孝陵等都用"陵"字。根据这个意思，我们可以感受到今人称孙中山的墓为中山陵，这是给了他多么至高无上的文化地位。有开创意义的革命者总是能赢得人们的超规格尊重，这就像司马迁在《史记》里把陈涉列进世家、把项羽纳入本纪一样。言归正传，我们的汉语在形成词汇的时候其实大有讲究，古人把陵和墓两个字放在一起组成一个双音节词，却没有把陵和坟放在一起，为什么呢？仔细琢磨其中的原因，就能增长不少知识。

> **高考文本对应**
>
> 2013年安徽卷："亲戚昆弟坟墓在真定。"
>
> 2011年湖北卷："发民坟墓，积以万数。"
>
> 2021年全国新高考2卷："后赵王勒患之，乃下幽州为浚修祖、父墓，置守冢二家。"
>
> 2013年安徽卷："汉诚闻之，掘烧君王先人冢墓。"
>
> 2012年天津卷："周公使冢宰领之，其道通于神圣。"
>
> 2018年全国3卷："永昭陵建，京西转运使配木石砖甓及工徒于一路。"
>
> 2018年全国3卷11题A选项："陵寝是帝王死后安葬的陵墓，陵墓建成后，还需设置守陵奉祀的官员以及禁卫。"此选项内容正确。
>
> 2014年全国大纲卷："开元初，欲建碑靖陵，凑以古园陵不立碑，又方旱不可兴工，谏而止。"
>
> 2011年湖北卷："陛下即位，躬亲节俭，始营初陵，其制约小，天下莫不称贤明。"

第八，现代有《盗墓笔记》之类的小说，还有不间断地开掘大墓的考古工作，我们都知道在古代墓葬里，陪葬也是非常丰厚的宝藏呢。普通百姓肯定不可能像秦始皇一样带着千军万马一起下葬，但是生前喜爱的宝贝物件，还有在这种陪葬文化影响之下子孙为表孝心的物件，真计较起来，虽说丰俭由人吧，也都是笔不小的花费。

我们如此梳理了一遍，难怪王力先生在他的《中国古代文化常识》一书当中介绍这一部分内容时也说"即使是最节俭的丧葬，对于'匹夫贱人'来说，已经是'殆竭家室'"。回过头来想一想，我们上文提到的那位卖身葬父的可怜女子，最初我还替她觉得不值，现在反而得替她担心能不能把自己卖出这么大一笔钱来。

## 丁忧

古代丧礼的结束，绝不意味着亲人正常生活的开始，他们还有一项长期的守丧仪式——丁忧。《尔雅·释诂》曰："丁，当也。"丁是遭逢、遇到的意思，忧就是忧虑。丁忧后来特指这个人遭逢了父亲或者母亲的丧事，内心很忧伤，他想静一静，不被打扰。所以，一看这两个字，就知道丁忧是一段清心寡欲的苦日子。

儿女在丁忧期间要吃、住、睡在父母坟前，一切生活标准降到最低，平时喝小酒、听小曲之类的享乐自然是不能再有，饮食也得降到杜绝荤腥和细粮的程度，就连洗澡、更衣这类让自己变得干净、舒服一点的事情也不能做。反正原则就是怎么难受怎么来吧。

丁忧的期限是三年，古人的儿女在这三年内都要遵守这些制度，也叫"守制""守孝"。想象一下，这样的苦日子要过这么久，古人估计也是难忍。其实当时有人就这么想。比如说孔子的学生宰我就因为这个而苦恼来请教老师了："三年之丧，期已久矣。"意思是老师啊，三年的守制太久了啊！不过他想了想，如果说自己挨不住这苦日子，可能显得不太体面，还是找一些冠冕堂皇的理由比较好："君子三年不为礼，礼必坏；三年不为乐，乐必崩。"意思是大家都不工作了，待在父母坟前空耗生命，革命工作不就耽误了吗？他说完这些，大概怕老师误解自己是一天孝都不愿意守，提出一个折中的设想："旧谷既没，新谷既升，钻燧改火，期可已矣。"意思是大自然在一年的时间里都有一个循环了，我觉得一年时间应该差不多了。孔子听他说完，并没有明确地回答行或者不行，而是转而提问："食夫稻，衣夫锦，于女安乎？"意思是你父母刚去世没多久，你就吃好的、穿好的，你自己觉得心安吗？这心大漏风的孩子想都没想，回答老师："安。"孔子说："女安则为之！夫君子之居丧，食旨不甘，闻乐不乐，居处不安，故不为也。今女安，则为之！"你看，孔子告诉学生，如果你自己心安，就这么做好了。因为丁忧这个制度原本就是出于人内心的情感需求——一想到我的父母不在了，我吃好的、穿好的，放纵取乐，也没有什么滋味了。宰我听老师这么说，大约心花怒放，像领了圣旨一样回去脱孝服了。老师看着这个没心没肺的孩子兴高采烈地出去，自言自语地感慨："予之不仁也！子生三年，然后免于父母之怀。夫三年之丧，天下之通丧也。予也有三年之爱于其父母乎！"意思是这孩子的心怎么这么硬呢？小孩子生下来，三年都离不开父母的怀抱，父母去世守丧三年，这是对父母之爱的缅怀。宰我这个孩子，是不是小时候没有被父母疼爱过呀？

我个人特别喜欢《论语》里的这一段，因为我们能从中看到礼教的初衷，也能看到孔子作为老师的人性光辉。对于一个在行为上"犯了错"的学生，他不是在表面谴责他违反了"校规校纪"，罚他回家抄写十遍孝道守则，而是从心灵的深处探究其中的原因，这就是教育里的人性关怀。

不过这种人性关怀一般只能在小班教学里实现，推广到国家层面的大众管理，可能就只能无奈地一刀切了。尤其是官员，守丧的制度显然与做官是冲突的，那么在守丧期间，官员就需要离任回家，专心尽孝。等守制期满，国家再重新给他们分配工作。当年苏轼、苏辙两兄弟同榜考中进士，而且苏轼是第二名的好成绩，一时间苏家风头无两，正是走上仕途的大好机会。但没过多久其母亲程氏在家乡去世，两兄弟只能回家守制，差不多就算是放弃了刚刚考中的国家公务员名额。对于苏家才华横溢的两兄弟来说，没有见到母亲最后一面的遗憾一定大过失去这个公务员名额的惋惜，但是对于国家来说，确实有国事紧要离不开个别核心官员的情况。反正自古忠孝不能两全，如果皇帝出面不许在职官员丁忧守制，命他坚守岗位，叫作夺情；或有的守制未满，国家需要他回来效力，称为起复。但如果有谁因贪恋官位而对父母丧事隐匿不报，这属于不孝之子，是人品有重大问题。就像咱们现在影视圈里，哪个演员一旦被爆出严重丑闻，就会因为人品问题而被影视圈封杀，这样的臣子也会被政坛封杀，受到严厉的处罚。

其实，这里的三年并不是三十六个月，通常是二十七个月。这个时长与祭祀有关。父母去世一年以后，在第十三个月举行小祥祭；去世两年以后，在第二十五个月举行大祥祭；然后间隔一个月，在第二十七个月举行禫祭。禫祭就是除服之祭，意味着守制结束。从数字的角度来看，二十七等于九乘以三，九在传统文化中是个非常吉利的数字。在中国的哲学里，万物皆分阴阳，数字也是，奇数为阳，偶数为阴。从男尊女卑的角度，咱们也能推断出阳数比阴数讨人喜欢，而九是阳数中最大的一个，三个九累加自然意味着吉祥和圆满，守过二十七个月就可以除丧了。除丧也叫"服阕"，服特指丧服，阕就是缺，服阕就是除下丧服的意思。

那至于说有些人在正常的守制期满后仍然苦苦地守在父母的坟旁，或者虽然离开坟地却依旧保持守丧期间的生活标准，那就纯粹是自愿的了。孔子既说安心就去做吧，那么如果守了三年依旧不安，那自然也可以不去做。子贡为孔子守制，不就守了六年吗？不过人家子贡完全是出于自愿，旁人没必要因为他给孝顺、尊师设定一个道德上的高标准。毕竟子贡是个大财主，他实现财富自由了，对那些上有老下有小的普通人来说，真的不能单纯以守制长短来论对死者有多尊敬呢。

## 高考文本对应

**2023 年全国甲卷**："执母丧，倚庐三年，席薪枕块，虽疾病不饮酒食肉。"

**2020 年全国 1 卷**："既除丧，还朝，以判官告院。"

**2017 年全国 1 卷 11 题 C 选项**："母忧是指母亲的丧事，古代官员遭逢父母去世时，按照规定需要离职居家守丧。"此选项内容正确。

**2014 年安徽卷**："及丁父忧，服阕，不肯出仕，欲为名山大川之游。"

**2012 年湖北卷**："昶丧，居墓次。"

**2011 年全国大纲卷**："母丧除，召至京师，授德清丞。"

第二部分　张三的苦难岁月

# 第六章
# 婚姻

于我们现代人来说，婚姻更多和爱情、房子、彩礼、婆媳关系、生娃等一系列话题相关。但在古代，婚姻两个字本身就说明这首先是两个家族的关系，而非个人选择。《说文解字》曰："妇家为婚，婿家为姻。"我们现在经常说"婚姻是两个人的事"，放到古代，所谓"约为婚姻"指的根本就不是小两口，而是双方的家长——通常是男方的父亲和女方的父亲——一拍即合，在酒桌上握手言欢说："好好好，咱两家结个亲家吧。"

> **语文教材链接**
> 高中语文必修下册《鸿门宴》："沛公奉卮酒为寿，约为婚姻"，这句话是沛公和项伯相约结为亲家。

> **高考文本对应**
> 2012 年广东卷："左宗棠、胡林翼皆识之未遇，结为婚姻，后俱为名臣。"这句话里，左宗棠、胡林翼"结为婚姻"不是指他俩结婚了，而是结了儿女亲家的意思。

## 年龄

现代人结婚，有法定的结婚年龄，男性不得早于二十二周岁，女性不得早于二十周岁。如果没有满足这个条件，民政局不颁发结婚证。古代没有什么成文的法规，也没有现在这样具有法律效力的红皮本本，古人结婚的年龄基本上是约定俗成的。

一般来讲，结婚的前提是男女青年已经成年，按照古人的成年礼，男性二十岁，女性十五岁，这就是古代约定俗成的最低结婚年龄。但是我们讲冠礼的时候也提到过，这种郑重对待孩子成年的，一般不是平凡百姓家，通常是读书人家、官宦子弟，所以这个成年再结婚的规矩，不可能约束每一个百姓。比方说，山那头王家庄的王老六老爷子为了自己在有生之年能够抱上重孙子，火急火燎地给自己十六岁的孙子说了一门亲事，娶进门的是邻村李铁牛家十四岁的女儿……这样的事情在民间其实多如牛毛。

那么贵族人家的子弟都结婚晚吗？也不一定，皇家子弟一般结婚早，尤其是年少登基的小皇帝。皇帝作为一个国家的最高统治者，自然是成熟稳重、老谋深算的那种类型最好，但没办法，继承皇位的偏偏就是小皇帝，那就让他尽早结婚。因为结了婚，虽然岁数没有增加，但给人的感觉就好像是成熟了一些，因为是已婚人士嘛。更重要的是，皇帝年纪小，自然需要更多的政治势力来辅助，此时缔结一门好亲事，想想就知道根本不是小皇帝看上了小皇后，而是此时在背后垂帘的太后看上了小皇后的家族。汉昭帝是汉武帝的幼子，登基时只有八岁，他十二岁就结婚了，皇后只有六岁。中国历史上同样八岁登基的皇帝还有大名鼎鼎的康熙，他结婚更早，在十一岁时，皇后赫舍里氏十一岁。

## 对象

我们都知道，古人结婚讲究门当户对。"门当"是门前的一对抱鼓石，古代文臣的家门口用方形的，武将的家门口用圆形的；"户对"是门楣上或门楣双侧的柱形凸起，三品以下官宦人家的门上有两个，三品官有四个，二品官有六个，一品官有八个，只有皇帝才能用九个，以显示九五至尊。家门口的门当和户对这两样东西，看一眼便知主人的身份高低。例如，

咱们主人公张三家门口是一对圆形的抱鼓石，门楣上有三个户对，那媒人在帮张三张罗婚事的时候，那种有六个以上户对的人家，基本就会被过滤掉。

这种婚姻的门第观念用现代社会的理论来阐释就是，夫妻双方从小的家庭环境、成长路径基本一致，两人婚后的生活习惯相似，共同语言也多。用这一套来推测古人的想法，这就真的是误会古人了，至少误会了一大半吧。古代传统婚姻对门当户对的考量类似于我们今天的商业合作，讲究势均力敌。就像如今的某个世界五百强大企业不会指定街边一个卖煎饼馃子的小摊给公司的员工提供午餐，在两个家族强强联合（或者只能弱弱互助）的婚姻目的驱使之下，毕竟需要权衡互相的利弊得失。在现代的商业合作里，甲方尚且被戏称为"爸爸"，但是在古代的姻亲关系里，不会因为男尊女卑使男方家长掌握更大的话语权，因为这种联姻在理论上完全是平等互惠的。

对方的性格、才情等自然在考量范围之内，但不是最主要的。"东床快婿"这个典故的来历就能说明问题：郗太傅看上了坦腹东床的王羲之，想让他做自己的女婿，这明明是老丈人欣赏这位年轻人卓尔不群的潇洒风范才把女儿许配给他的。但咱们也别忘了，郗太傅为了解决女儿的终身大事，最初是遣了一位使者直奔王家。哪个王家？"旧时王谢堂前燕"里的王家。在王家这个大范围内选出一位性格、品行让自己满意的，这还不足以说明问题吗？

另有一种联姻，也常被古人称颂，就是姑表亲。也就是说，张三的姑妈如果有女儿，年龄、性格等条件都合适，在古人眼里，张三和他的表姐妹就是一门好亲事。这种血缘关系，虽然在现代被认定为近亲而不被允许结婚，但是古人讲究的只是同姓不婚。张三姑妈的女儿、舅舅的女儿，都不与他同姓，这两家都是姑表亲，所以都是好亲事。

咱们算一下，所谓的姑表亲都是相互的。如果张三娶了姑妈家的女儿，丈母娘就是自己的亲姑妈，而对于女方来说，她的公公是自己的亲舅舅；如果张三娶了舅舅家的女儿，他的老丈人是自己的亲舅舅，而对于女方来说，她的婆婆就是自己的亲姑妈。这样颠过来倒过去的，一场婚姻亲上加亲，岂不美哉？尤其是后一种情况，张三的妻子是自己舅舅的女儿，那对于这个新成立的小家庭来说，妻子的婆婆是她的亲姑妈，这婆媳关系也更好相处，家庭矛盾也少，从现实的角度来考量，岂不美哉？

于是这种联姻在古代就变得非常普遍。例如《红楼梦》里贾宝玉和林黛玉的关系，林黛玉的母亲是贾宝玉的亲姑妈。这便产生了一个让人费解的文化常识：在古代，舅姑经常用来指公婆。唐代朱庆馀的著名作品《近试上张籍水部》里有一句："洞房昨夜停红烛，待晓堂前拜舅姑。"这里的舅姑就是公婆。当然这种姑表亲联姻并不至于普及到每个女人的公公都是亲舅舅或者婆婆都是亲姑妈的程度，但是因为大家普遍看好，即便不是这种情况的联姻，一家人为了表示亲近，慢慢也就统统这样称呼了。

那出现了一个问题，张三姨妈家的女儿是个好选择吗？自然也好，只是不如姑妈家的女儿或舅舅家的女儿好。这主要是因为古代男尊女卑的观念：姨妈嫁人了，姨妈自己都属于另外一个家族，那和姨父的家族通婚，和直接与另一个没有通过婚的家族联姻没什么太大差别。这种不像前两种互为姑表亲的关系，那是两个已经有过通婚关系的家族，通过小一辈的婚事重新巩固关系。理论如此，不过现实情况里当然也会掺杂进对更多要素的考量。还是举《红楼梦》中的例子，宝玉和黛玉是姑表亲，和宝钗是姨表亲，理论上来说宝玉和黛玉的关系更亲近，黛玉因为宝玉和宝钗的事情吃醋时，宝玉也用这理由辩解过，说他们是一家人，宝钗哪里比得上他们亲近。最终成为宝玉妻子的却是宝钗，这自然有宝钗的性格更加讨喜的原因，但另一个原因是宝钗背后的薛家家族势力更加给力，贾府行将没落，在自觉势力大不如前的窘境下会倾向于给宝玉寻一个更有实力的家族做靠山。反过来看，黛玉只是一个父母双亡、寄养在贾府的孤女。

> **高考文本对应**
> 2020 年江苏卷："然后乃知太夫人薔腹龟手适舅姑，心力竭矣。"

## 过程

古代女子出嫁叫"归"，意思是回家，那言外之意就是女人真正的家是夫家而非娘家，只是在亲父母那里"寄养"了十几年，最终通过婚嫁找到了自己真正的家。《诗经》里说"之子于归，宜其室家"，这里的归就是嫁给你的意思。《孔雀东南飞》里的刘兰芝被休回娘家以后处境就很尴尬，因为她出嫁以后就不属于这个家庭了，住在娘家吃穿用的一切都是兄长念在亲戚关系上的施舍。时间一长，兄长也会为了平白无故养着一个外人而"怅然心中烦"，于是兄长甩出一句"其往欲何云"，就是说"那你以后打算怎么办"，兰芝只好识趣地答应重新嫁人了。另外一个词，"归宁"却是指出嫁后的女子回到娘家问候自己的父母，这里也用了一个"归"字，看来女性对于娘家和夫家究竟哪个才是自己的家，在情感上和理智上自古以来一直是纠结的。在大城市打拼的现代年轻人总有一种"融不进城市，回不去故乡"的感慨，于古代女性而言又何尝不是"融不进夫家，回不去娘家"？

> **语文教材链接**
> 高中语文选择性必修《项脊轩志》："吾妻归宁，述诸小妹语曰：'闻姊家有阁子，且何谓阁子也？'"这里是作者归有光回忆自己的妻子回娘家之后，回来转述娘家小妹的话。

### 高考文本对应

**2020 年天津卷：**"姑嫁石氏，归宁，食有笼饼。"

古代男子娶亲为"娶"，"娶"这个字的上半部分是取，就形象地表现了婚姻中男性对女性的占有。在甲骨文里，取的右半部分是一只手，左半部分是一个耳朵，表意特别形象，就像用手拽着一个人的耳朵，而在下面加一个女字，就像拽着一个女人的耳朵把她据为己有，就是娶亲了。

我们一讲"娶"字的来源，很多女性便开始表示自己的情感受到了"一万点伤害"。其实也不必太敏感，因为这个字产生的时代是相对蛮荒的远古时期，后来礼乐制度大大改造了文明，结婚这件事情也逐渐变成了在形式上对女方非常尊重的"求娶"。

### 高考文本对应

**2013 年江西卷：**"古者三十而娶，近世唯农家或然，故壮而须也。"
**2011 年广东卷：**"改行后，始娶妻，忽患奇疾，百方不治。"

《周礼》规定，结婚娶妻要经过六道手续，称为"六礼"：纳采、问名、纳吉、纳征、请期、亲迎。这套礼法看上去烦琐复杂，让人提不起记忆的兴趣。这一套东西虽说没有必要背得滚瓜烂熟，但至少要做到在文献里见到任何一个能反应过来它和婚姻相关。

为了减轻死记硬背的负担，我教你一个好用的办法：把这几个步骤和现代小伙子追求姑娘的自由恋爱进行类比。你会发现，古人办事其实非常精简且有效率，他们把一个姑娘娶回家的过程比现代人分分合合、马拉松式长跑的恋爱过程简单多了。那暂且让我们的主人公张三以一个现代小伙

第二部分　张三的苦难岁月

子的身份出现一下。

**纳采。**张三听李四说起他有个同班的姑娘，肤白貌美性格好，张三心里生出了很多向往，想让李四帮忙撮合撮合。那李四就带着使命去见姑娘啦。自然，如果张三情商正常，肯定不会让李四空着手去聊，他得给姑娘准备点儿礼物，让李四带过去。张三准备的礼物是一盒精致的溏心巧克力，溏心是玫瑰蜜糖的味道，并且巧克力是一颗一颗桃心的形状。姑娘打开巧克力盒子，在李四手机里看了张三的照片，也听李四介绍了张三的基本情况，觉得还比较满意，她收下巧克力，羞涩地点点头说："那就交往试试看吧。"在这部分情节中，你把张三和姑娘替换成双方父母，把李四替换成媒人。当然，巧克力也得入乡随俗，替换成古人钟爱的忠贞之鸟——大雁。纳采这套流程就是这么一回事了。

**问名。**经过李四的努力撮合，张三和姑娘终于见面，一起吃了顿饭，看了场电影。自然，吃饭、看电影不是目的，张三提前准备了各种话术和问题，是要在席间更多地了解姑娘的情况——血型啊，属相啊，星座啊，职业和爱好啊，家庭情况和受教育经历之类。在这一部分，你还是得把张三和姑娘替换成双方父母，中间的交流过程可以塞进一个传话的媒人，把血型、星座之类替换成古人喜闻乐见的生辰八字，问名这一套流程也基本就完成了。

**纳吉。**张三和姑娘吃完第一顿饭，经过初步的接触，两人心花怒放，回家以后他和自己远在家乡的老妈通了电话，详细地汇报了最近的收获。经验丰富的老妈掐指一算，儿子和姑娘属相般配，且姑娘是金命，儿子是水命，五行当中金生水，这是夫妻和睦、大富大贵之兆，立刻往儿子卡里打了两千块钱，督促儿子多请姑娘出来约会，老妈很满意。张三又打电话给大学同宿舍的"星座大师"，大师说："你是四月一日出生的白羊男，和对方天蝎女的配对指数是四星半，非常推荐继续交往。"张三看着卡里多出来的两千块钱，喜滋滋地下了决心。这个过程就是纳吉，区别在于古人不信星座，纳吉是在祖庙进行占卜。若是得了吉兆，男方就兴高采烈地去女方家报信，准备确定婚姻了。我们熟悉的《诗经》里讲的"尔卜尔筮，体无咎言"，就是在讲这个。

**纳征**。如果想对这个过程记忆深刻一些，那就还是记它的另一个说法吧——纳币。对，就是送彩礼了。张三的父母这回得动点儿真格的，打给儿子的两千块钱只能算个前期的小铺垫。古代婚姻中，把女方"娶"回家，就成自己家人了，这个彩礼自然略带一些"买断"的性质，或者至少需要体现出男方家的十足诚意，在历朝历代，它的数目都还是比较可观的。至少在人们力所能及的范围里，彩礼都不是一笔小数目。在不同的时期和地域，男方纳征有时候送酒，有时候送粮食，有时候送其他物品。这聘礼送了，婚事就相当于定下来了，所以纳征在有些地方也叫"文定"或者"下定"。

**请期**。这个步骤就是张三的家人需要在全市范围内找到一个合适的酒店，确定举办婚礼的良辰吉日。古人虽不需要找什么办婚礼的酒店，也不需要请什么婚庆公司，但是一众锣鼓手、抬轿子的轿夫之类得提前预约好，其实和现代的婚礼也只是在形式上略有差别。在古代，男方确定了日期以后，需要正式地通知女方父母，女方的父母也要正式应允。

**亲迎**。这个习俗在现代依旧保留着，就是婚礼当天，新郎要亲自去新娘家里迎接新娘。千百年来，迎亲甚至被民间添加了各种戏码，比如把新娘的鞋藏起来，比如新娘的一众亲属姊妹要死活挡着门不让新郎轻易进来……这种游戏的形式似乎是在恢复最初的"取"这个字里抢亲的习俗。这里需要强调一下的是天子成亲。皇帝若是成亲，也需要亲自去皇后家里迎接皇后吗？理论上是这样，但也要考虑实际情况。先秦时期，天子或者诸侯也都是亲自迎亲的，毕竟是一国之后，要体现出对她重视和尊重才好。《三国演义》里，刘备不远万里跑去孙吴，不也是因为孙权许诺把妹妹嫁给他，他就需要以亲迎之礼来表示自己的诚心和对其妹的尊重吗？天子的婚姻肯定以政治联姻为主，他不可能看上隔壁小区的一个漂亮姑娘就娶来做皇后，一般要娶别国的公主来巩固国与国的关系。这在实践中就产生了困难：国不可一日无君，天子或者诸侯亲自迎亲，山迢水远的，路上万一出什么危险怎么办？实际上，在《三国演义》里，孙权就向吴国太讲出了这次许婚的真实目的："此是周瑜之计，因要取荆州，故将此为名，赚刘备来拘囚在此，要他把荆州来换；若其不从，先斩刘备。"所以即使是结婚的喜庆事，诸葛亮都得派赵云前往护着主公，同时施展连环锦囊妙计，才得以使刘备抱得美人归。慢慢地，天子便不再亲自迎亲了，而是派出迎亲的使者高举着天子御赐的节杖，代表自己把新娘迎娶回来。在讲述清朝光绪皇帝大婚的《大婚典礼全图册》里，我们还能很清楚地看到，前去迎接未来皇后的是举着节杖的使臣。

迎亲之后有一个重要的仪式——合卺。卺就是瓢，古人会把葫芦从中间剖开，作为盛放液体的器皿，大葫芦可以做成水瓢，小葫芦可以作为酒器。合卺就是把一个葫芦剖成两半，新郎、新娘各拿一半饮酒，表示夫妻本为一体。这个习俗后来渐渐演变成了喝交杯酒，而且最初简朴的葫芦在贵族人家慢慢地被一些豪华的玉器、金器替代。

我们这般梳理了一圈会发现，这古往今来，想要成就一段婚姻，不论是古代的父母之命、媒妁之言，还是现代的自由恋爱，经历的过程和步骤其实相差无多。大家别一看到一堆生疏的名词就在感情上也与它们生疏了，那就不好记忆，得硬碰硬地"损伤"脑细胞了。

最后，在古代结完婚还有一个重要的步骤，是与现代不同的：新娘成婚后第二天要去正式地拜见公婆。因为从理论上讲，之前的过程全都是父母、媒人在沟通，新娘和新郎也是在新婚之夜才见面，第二天一早拜见公婆算是双方第一次正式见面，诗中写的"待晓堂前拜舅姑"就是指这个礼仪。

## 数量

今天的部分男性常常羡慕古人可以有三妻四妾。这里的"三"和"四"可能是为了和皇帝的"三宫六院"对应着讲，比较顺口，认真推究起来，"三妻"的说法绝对是泛指，因为古人的婚姻制度很明确，叫作"一夫一妻多妾制"。至于三妻四妾这个成语则出自《庄子》："夫灵公有妻三人，同滥而浴。"后人考证过，"小妻、傍妻、下妻、少妻、庶妻，皆妾之称也"，意思就是她们其实都是妾，称作"某妻"无非是图个好听。

仿照皇帝的婚姻制度，上至贵族，下至平民，妻子只能有一个。在婚姻关系当中，虽然讲究男尊女卑，妻子需要"出嫁从夫"，但是在家庭内部，妻子的地位和丈夫是一样的，她也是这个家庭的主人，负责家庭内部的各项事务。我们在前文讲过，皇帝大婚（第一次结婚）娶皇后的时候，皇宫是中门洞开，皇后当天可以从正门的中间门洞进入皇宫。其实官宦、百姓人家娶妻时，只要家里除了正门还有其他的门，妻子也是享受与丈夫的同等待遇的。

与皇家一样，妻子所生的儿子为嫡子，在继承上依旧采用嫡长子继承制。当然，百姓人家总共一亩三分地，几个儿子根据情况分一分也是常态。关键是对于贵族人家来说，爵位只能有一个儿子继承，那就一定是嫡长子了。比如《红楼梦》里的荣国府，别看老二贾政住着"一条大甬路，直接出大门"的正房，继承爵位的还得是身为嫡长子的贾赦。一般来讲，即便是嫡长子早逝，也该轮到嫡长孙继承爵位；如果嫡长子、嫡长孙都没有，可以在嫡子当中选比较贤能的一个；只有没有嫡子或者嫡子因为各种原因全都无法继承的时候，庶子才有继承资格。

通常，历朝历代对于娶多妻的"重婚罪"都是严厉打击的，比如唐朝律法就规定："诸有妻更娶妻者，徒一年；女家，减一等。若欺妄而娶者，徒一年半；女家不坐。各离之。"意思是说，明明有正妻，却又娶了一个妻子，该男子要坐牢，服劳役一年；如果更加"渣男"一些，男子依靠欺瞒的手段在已婚状态下骗婚，将会被收监一年半，而且国家会强行判处他与后来娶的非法妻子离婚。但是到了清朝中期，民间渐渐开始承认一种所谓"平妻"的情况，俗称"两头大"或者"对房"。这是怎么回事呢？一些"重利轻别离"的商贾因为经商，常年奔波于两地，就在两地分别安置一位妻子，既然"两位妻子"互不见面，自然也谈不上谁大谁小的问题。但实质上这还是非法的，后娶的那一个，本质上还是妾。另有一种民间普遍认为可以理解的是比较极端的情形：比如张三，是张家老三，张三的叔父家一直没有儿子，张三的父亲就把他过继给叔父，给叔父这一脉传续香火。可是谁承想兵荒马乱的，张三原本的大哥在乱军中丧命，二哥又因操持丧事而忧劳成疾，最终一命呜呼，他俩去世前都没留下后人，那张三怎么办呢？虽说已经过继给叔父一脉，但是对生身父亲这边难道就一点感情都没有了吗？所以他一个人肩负了两家的香火传承重任。那么在这种情况下，张三可以娶两房妻子，一房是生身父亲这一支为他娶的，延续亲生父亲家的香火；另一房是继父家给他娶的，延续继父家的香火。既然在理论上属于两家的媳妇，当然也可以不分大小先后。不过这种情形也只在民间存在，贵族人家对于妻妾嫡庶之分还是非常严格的。

在皇帝的后宫里，除皇后之外，其余妃嫔尚有些等级的区分；然而在普通官宦人家，除妻以外都是妾。"妾"在的甲骨文字形，是头上悬了一把刀的女子，指那些被剥夺自由、被迫为他人服务的女子，所以最初的妾是为君王服务的女奴。在漫长的文化变迁里，"妾"字头上的刀看上去变得不至于那么锋利可怖了，妾也慢慢演变称男子在妻子以外娶的女子，仿佛体现出一派其乐融融的生活气息，但是这个群体的身份却一直是低下的。妾虽然也在官府里登记了妾书的正式身份，但是在家庭里的地位，至多算是半个主人。富贵人家经常通过买卖的方式把贫苦人家的女儿买来做妾，那既然可以买，自然可以卖，妾的全部人身处置权都是掌握在男女主人手中的。

相应地，妾生的孩子也是庶子，或者称为众子。有嫡子在时，他们没有继承的权利，他们从小养在嫡母处，需要称嫡母为母亲，嫡母去世要按照母亲的规制守孝，而自己亲生的妾室母亲去世时，守孝的等级是要降低一级的。

既然妻只有一个，那在多妾制度之下，男子就可以无休止地纳妾了吗？也不是。好色的、贪心的男子总得权衡一下自己银行卡里的"余额"，即便是比较富裕的小康之家也不可能养太多妾室。其实在大多数时候，朝廷对纳妾的条件和数量都有明文规定，即便是富可敌国的人在妾室的数量上也不能太放肆。《春秋公羊传》记载，春秋时期，即便贵为一国诸侯，最多只能拥有九个女子，也就是一位妻子与八个妾。到了汉朝，那些功名卓著的臣子，皇帝特批他们可以有八个妾，其余的官员最多拥有一妻二妾。《孟子》中有一篇记载了"齐人有一妻一妾"的故事，这样的配置对于一般百姓中的富裕人家来说，已经可以称为"齐人之福"了。

## 分手

现如今，如果夫妻双方不睦，可以选择离婚，大家普遍认为离婚自由是婚姻自由非常重要的保障。古人也有相应的结束婚姻的机制，在唐宋时期，与我们现在的离婚情形类似的是"和离"。和离，顾名思义，就是和平分离，相当于现代人在离婚协议上写离婚缘由是性格不合，签下一纸合同，从此一别两宽，各自欢喜。

宋代的法律规定，如遇以下几种情形，官府支持和离。

"若夫妻不相安谐而和离者，不坐。"这个意思就是说，如果小两口天天吵架，双方不愿意过了，要离婚的话，官府不干涉。

"不逞之民娶妻，给取其财而亡，妻不能自给者，自今即许改适。"这是说，男人要是太没正形，一天到晚为非作歹，还把妻子的陪嫁都骗了个底儿掉跑路了，在这种情况下，妻子活不下去了，从他跑路那一天开始，妻子愿意嫁给别人的话，官府支持。

"已成婚而夫离乡编管者，听离。"这是说，如果结了婚的男人因为犯罪被发配到别的地方，连户口都迁走了，妻子不想过了的话，可以离婚。李清照当年就是用这一条规定摆脱了第二任"渣男"丈夫。她先举报丈夫张汝舟当年科考舞弊，等他被判刑押送到柳州服役时，李清照再利用这一条和离。

"夫出外三年不归，听妻改嫁。"这个意思很简单，就是丈夫三年不回家，妻子想改嫁的话，官府支持。

"诸令妻及子孙妇若女使为娼，并媒合与人奸者，虽未成，并离之。"这个很过分了，意思是丈夫强迫妻子或者其他家庭女性成员为娼的，即便只是动了这个念头，双方也可以离婚。

"妻被夫同居亲强奸，虽未成，而其愿离者，亦听。"这是说，如果女性遭受了夫家亲属的强奸，哪怕是性骚扰，妻子想要离婚的话，官府支持。

宋代的这些法律条文，出现的深层次原因是整个社会风气的自由和开放。当时有不少女性是主动"求去"的，就是主动和丈夫谈一谈：你看咱们日子过得不开心，不如分手吧？求去的理由也是五花八门，甚至有因为丈夫追"爱豆"太痴迷了，因彻夜"刷剧"冷落了自己而要求分手的。当然，在宋代没有什么刷剧之说，这位被抛弃的丈夫叫章元弼，他彻夜狂刷的是苏东坡的《眉山集》。

然而和离这种制度，只可能在唐宋这样社会风气比较开放的时代存续，随着程朱理学"存天理，灭人欲""饿死事小，失节事大"之类的教化逐渐深入人心，女性一再被压制，和离也就渐渐不存在了。另一种分手方式在更长的历史时期内更加普遍，就是休妻。休，是个动词，表示终止、结束，白话小说里会出现"吾命休矣"的哀叹，就是这个意思。这是丈夫对妻子主动发出的动作，就是男人单方面对女人宣布：我抛弃了你。在明清以后，被休的女子在社会上会遭受非常严重的歧视，也就相当于被宣判了社会性死亡。但是正因为后果严重，所以男人也不是在婚姻生活中随随便便吵一架、闹点儿别扭就能休妻的，只有以下七种情形才可以，也被称为"七出"。

**无子。**正妻没有儿子，确实对整个家族影响很大，但是如果纳妾后，妾生下了儿子，也算有子。按照《唐律》，"妻年五十以上无子，听立庶以长"，就是妻子到五十岁没有儿子，才考虑休妻。其实古代人的平均寿命也就三十多岁，能活到五十岁的妻子已然是感情深厚的老来伴儿了，真正因此而休妻的情形并不多。

**淫佚。**这确实是一条理直气壮的休妻理由。当然我们现代的女权主义者会抗议说，男人可以三妻四妾，凭什么女性会因为这个被休？其实是因为在古代社会，人们多替这些男性考虑，如果妻子存在这样的行为，容易造成家族血缘的混乱，影响到继承权的分配。

**不事舅姑。**在古代，大家族是作为一个大的社会单位来生活的，女子出嫁以后，侍奉公婆就成了一项重要的工作。这项工作做不好，公婆是有权要求儿子休妻的。不过所谓侍奉得好与不好就全看个人的主观感受了，可能儿媳觉得自己已经倾尽全力而婆婆却经常心生不满。这古已有之的婆媳纷争造成的婚姻悲剧也不胜枚举，比如《孔雀东南飞》里的焦仲卿和刘兰芝，以及陆游和表妹唐婉，不都是被婆婆强行拆散的吗？

**口舌。**孔子曰："非礼勿视，非礼勿听，非礼勿言。"在儒家礼法中，什么能说，在什么场合说，都是需要遵从礼法的。女性出嫁后喜欢嚼舌（头）、搬弄是非，被视为容易影响家庭和睦。

**盗窃。**人品出现重大问题。

**妒忌。**这主要是指妻子凶悍，不许丈夫纳妾，因为这对家族开枝散叶有很大影响，所以这样的妻子不能留。

**恶疾。**这个看起来很残忍，女性身染重疾，本身就需要关怀，可这为什么是一条休妻的理由呢？冠冕堂皇的理由是妻子罹患恶疾就不能和丈夫一起参加祭祀，是对祖先不敬。反过来想一想，如果家族中的男性身染恶疾，可以把他抛弃荒野了事吗？他不是也不能一起参加祭祀了吗？这冠冕堂皇的理由背后，内心真正的自私和阴暗，可能确实不便明说吧。按照实际的情形，古代医疗条件远远不如现在发达，既然罹患恶疾，妻子又能有多少日子可挨呢？可能不必等到一纸休书，也就一命呜呼了。

另外也有"三不去"的条款，用于保护女性在婚姻中的权益。如果满足了以下三种情况的任意一种，即便符合"七出"，丈夫也不可以休妻。

**有所娶无所归**。就是妻子的家族已经亡散，此时休妻的话，她无家可归。

**与更三年丧**。就是妻子曾经和丈夫一起为公公或者婆婆守过三年丧期。

**前贫贱后富贵**。就是人家姑娘当初没有嫌弃丈夫是个穷小子，嫁给他后经历过穷苦的日子，现在丈夫发达了，不能抛弃贫穷时期的结发妻子。以此来看，陈世美真的是十恶不赦了。

# 第七章
# 亲族

在中国的各大人文景点走走看看，我们经常会惊叹于中国传统家族的庞大：北方的大院——乔家大院、渠家大院、王家大院——那是房子连着房子、院子套着院子的壮观；还有南方的祠堂，一进门映入眼帘的就是层层供桌上肃穆的祖先牌位……按照中国古代的管理制度，在中央，是高高在上的皇权；而到了地方，宗族就是非常行之有效的地方管理单位。现代的年轻人在大城市里单打独斗地生活习惯了，过年回到老家被七大姑八大姨轮番催婚会感到窒息，可从传统的宗族大家庭生活习惯来看待，你的婚事的确和大家有关系，自然人人都得过问。我们如今也没办法想象为什么古人说"修身，齐家，治国，平天下"，古人如果能治理好一个家，那他也的确算得上管理上的好手了。毕竟一个庞大的家族，就是一个错综复杂、利益和血缘彼此纠缠的小型社会。

## 亲属称谓

我租住过一个房子，附近生活便利，下楼走十几步就是一家小型超市。超市门口有两个喜羊羊模样的电动玩具，每当有小朋友投币，玩具就会驮着小朋友左摇右晃起来，同时开始播放清脆响亮的儿歌，吵得附近两栋楼的居民都不得安宁："爸爸的爸爸叫什么？爸爸的爸爸叫爷爷。爸爸的妈妈叫什么？爸爸的妈妈叫奶奶……"中国的亲属关系可算得上是世界顶尖级别的复杂了吧？不仅内外分明，而且长幼有序，甚至同是爸爸的兄弟还有叔伯之分，所以需要给生活在现代城市的孩子从小听这类洗脑儿歌，随着喜羊羊的欢乐情绪不知不觉地灌输进去，否则小朋友怎么可能背会这如九九乘法表一般复杂的人物关系呢？

在亲属关系上，极端的情况是从石头缝里蹦出来的孙悟空，他无父无母，自然也就没啥亲属。但他也免不了要学习这些内容，因为好歹认了牛魔王做结拜大哥，有了大哥就有了铁扇公主这个嫂子，有了嫂子就有了小侄子红孩儿。后来他认了唐僧做师父，八戒、沙僧、白龙马做师弟，即便唐僧、沙僧对女色没什么兴趣，但日后二师弟老猪回到高老庄，这不是眼瞅着又得多出来弟妹、侄儿侄女们吗？在中国的人际网中，牵牵扯扯的亲属关系是无论如何都躲不过的。

在牵牵扯扯的亲属关系里，核心的是父亲一系。中国文化当中对父亲的称呼，不仅有大家熟知的父亲、家尊、家君、家翁、家公一类，还有文绉绉、不被熟知的"考"，指去世的父亲。屈原讲"朕皇考曰伯庸"，就是指自己去世的父亲。《礼记》中记载："生曰父，死曰考。"在汉字学领域，考与老同源，它们俩的甲骨文字形都是一位长发老者拄着拐杖，后来慢慢分化成两个字，承担了近似的意义。

> **语文教材链接**
>
> **七年级上册《陈太丘与友期行》**："客问元方：'尊君在不？'"这句话里的"尊君"就是对对方父亲的尊称，尊表示敬意，君指父亲。"元方曰：'君与家君期日中。日中不至，则是无信。'"这句中的"家君"指自己的父亲。

正因为父亲一系的核心地位，所以现实中真实存在的极端情况"孤"特指幼年丧父。《说文解字》讲："孤，无父也。"这与母亲在世与否毫不相干。我们现在男女平等，女性也有出门赚钱、抚养孩子的能力，所以父母双亡才叫孤儿，但古代在这方面的说法自然是受了男尊女卑的影响。需要注意的是，文献当中出现"孤"这个字，你知道是指孤儿，其实其他孤孤单单的小动物也是孤儿的比喻，如孤驹、孤雏等，面对这些词，你一定不要死板地理解字面意思。在古代社会，大家族共同生活，即便是年幼丧父，整个家族也会负起养育责任：叔父、兄长、祖父母等。《陈情表》的作者李密不就说过"祖母刘愍臣孤弱，躬亲抚养"吗？除非是这个家族实在落魄，否则孩子不至于因为丧父而自生自灭。即便是孤儿，家族的亲眷关系也普遍存在，甚至因为自己孤苦无依的身世，这些亲属关系对他而言更加重要。

### 语文教材链接

**八年级下册《大道之行也》**："矜、寡、孤、独、废疾者皆有所养"，这里的"孤"就是指没有父亲的孩子。

**高中选择性必修下册《陈情表》**："祖母刘愍臣孤弱，躬亲抚养。臣少多疾病，九岁不行，零丁孤苦，至于成立。"在这句话里，作者李密一再表达自己的孤弱、孤苦，都是源于他"生孩六月，慈父见背"的身世。

### 高考文本对应

**2017年全国1卷**："弘微少孤，事兄如父，兄弟友穆之至，举世莫及也。"

**2015年全国2卷**："来护儿，字崇善，未识而孤，养于世母吴氏。"

**2013年天津卷**："近日应潜斋高弟有曰凌嘉印、沈文刚、姚敬恒，皆拔起孤露之中，能成儒者。"此句中，孤露是孤单暴露，也就是失去父亲的意思。

亲人分父族、母族、妻族，理论上来讲，亲近程度肯定是以父族为核心，其次才轮到母族。至于妻族嘛，虽然重要，但是毕竟"兄弟如手足，女人如衣服"，手足是血脉相通，打断骨头连着筋，衣服连带出的千丝万缕，一刀斩断也没什么感觉。这种亲疏对比体现在称呼上就是，父族为亲，母族为戚。我们分别用它俩组词，你就看出亲疏远近了：亲切、亲人，外戚、戚属。

> **语文教材链接**
>
> **八年级下册《大道之行也》：**"故人不独亲其亲，不独子其子"，这里表示很亲近关系的"亲"，严格来说，是父系的同姓亲人。
>
> **高中选择性必修下册《归去来兮辞（并序）》：**"亲故多劝余为长吏"，这句话中的"亲"，准确地来说是指父系的同姓亲人。

> **高考文本对应**
>
> **2019年全国3卷：**"故楚之贵戚尽欲害吴起。"
>
> **2014年全国2卷：**"稍益以内库及内府钱，并暂借勋戚赐庄田税。"
>
> **2012年山东卷：**"夫外戚家苦不知谦退，嫁女欲配侯王，取妇眄睨公主，愚心实不安也。"
>
> **2017年全国1卷11题B选项：**"姻亲，指由于婚姻关系结成的亲戚，它与血亲有同有异，只是血亲中的一部分。"此选项不正确。姻亲是姻亲，血亲是血缘之亲，两者没有同，只有异。
>
> **2014年江西卷：**"况在朋友乎哉？况在亲戚乎哉？况在乡党乎哉？况在朝廷乎哉？"
>
> **2013年安徽卷：**"足下中国人，亲戚昆弟坟墓在真定。"

到此，我们也讲了不少理论。在现实中，如果内亲都比外戚关系亲近，那么历史上哪来那么多所谓"外戚专权"？又哪来那么多颠儿颠儿地跑去给岳父、岳母挑水劈柴的好女婿？

这首先涉及一个现实中感情的亲近问题。你想想，张三小的时候由母亲抚育的时间多，那他在情感上通常会和母亲更亲近。那张三的母亲在情感上和谁更亲近呢？虽说嫁鸡随鸡，但人家住在"鸡窝"里，也不影响心理上和自己出生、长大的"鸭厂"更亲，有什么困难啦、好事啦，也会自然而然想地到"鸭厂"娘家的亲人们。一来二去，张三自然会从小和姨妈、舅舅培养出感情。《红楼梦》里的林黛玉，丧母以后由谁来抚养呢？照理来说，林家的孩子应该由林家来养，但是黛玉不还是被送去外祖母家，由母族亲人养育了吗？妻族就更不用说了，就算"女人如衣服"，那你脱掉衣服试试看？谁冷谁知道。妻子料理着整个家庭的内政，吃穿住行、儿女培养，哪一样不和自己的生活幸福指数高度相关？这衣服穿久了，脱下来也会撕皮扯肉。最好是能好好摆弄衣服，洗干净、熨平整，让它光鲜亮丽地发挥作用。

另外涉及的是一个非常现实的利益问题。利益相关者，往往容易产生争斗。父族的亲人们因为同属一个家族，谁多分了一些财产，谁多占了两间房子，难免感情上起纠葛。但是"戚"就不一样，张三的母亲嫁到张家，就不是娘家人了，她只参与张家的算计，那和母族的亲眷基本只剩亲情，没什么利益瓜葛了。历史上为什么会有那么多"外戚专权"的情形？你以为皇帝傻吗？自己的政权一旦不稳，同姓的兄弟个个虎视眈眈；政权即便安稳，皇帝在平时的政事中也不会重用皇家亲眷，他不至于糊涂到培养出几个功高盖主的皇室宗亲来给自己找麻烦。于是，举目四望，"亲"这边不敢放权，和自己情感上亲近且没有这方面危险的就是"戚"了。我们把常见的对亲戚关系的称呼方式绘制成一张图表。

## 高考文本对应

**2020年全国3卷：**"从伯导谓曰：'选官欲以汝为尚书郎，汝幸可作诸王佐邪！'"

**2017年全国1卷：**"从叔峻，司空琰第二子也，无后，以弘微为嗣。""唯

## 父族

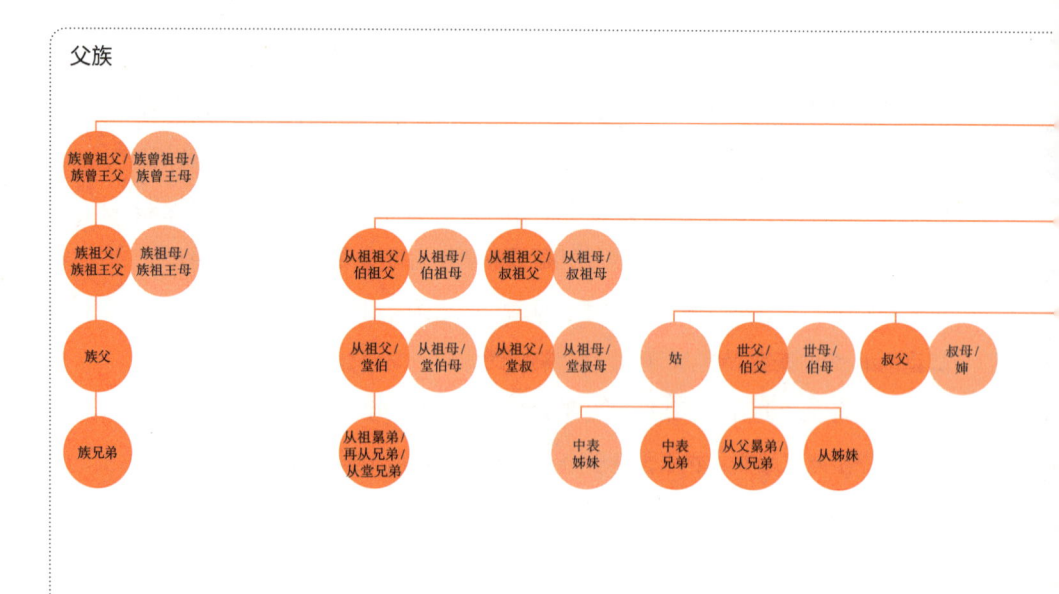

- 族曾祖父/族曾王父
- 族曾祖母/族曾王母
- 族祖父/族祖王父
- 族祖母/族祖王母
- 族父
- 族兄弟
- 从祖祖父/伯祖父
- 从祖母/伯祖母
- 从祖祖父/叔祖父
- 从祖母/叔祖母
- 从祖父/堂伯
- 从祖母/堂伯母
- 从祖父/堂叔
- 从祖母/堂叔母
- 姑
- 世父/伯父
- 世母/伯母
- 叔父
- 叔母/婶
- 从祖昆弟/再从兄弟/从堂兄弟
- 中表姊妹
- 中表兄弟
- 从父昆弟/从兄弟
- 从姊妹

中国古代亲属称谓图

## 母族

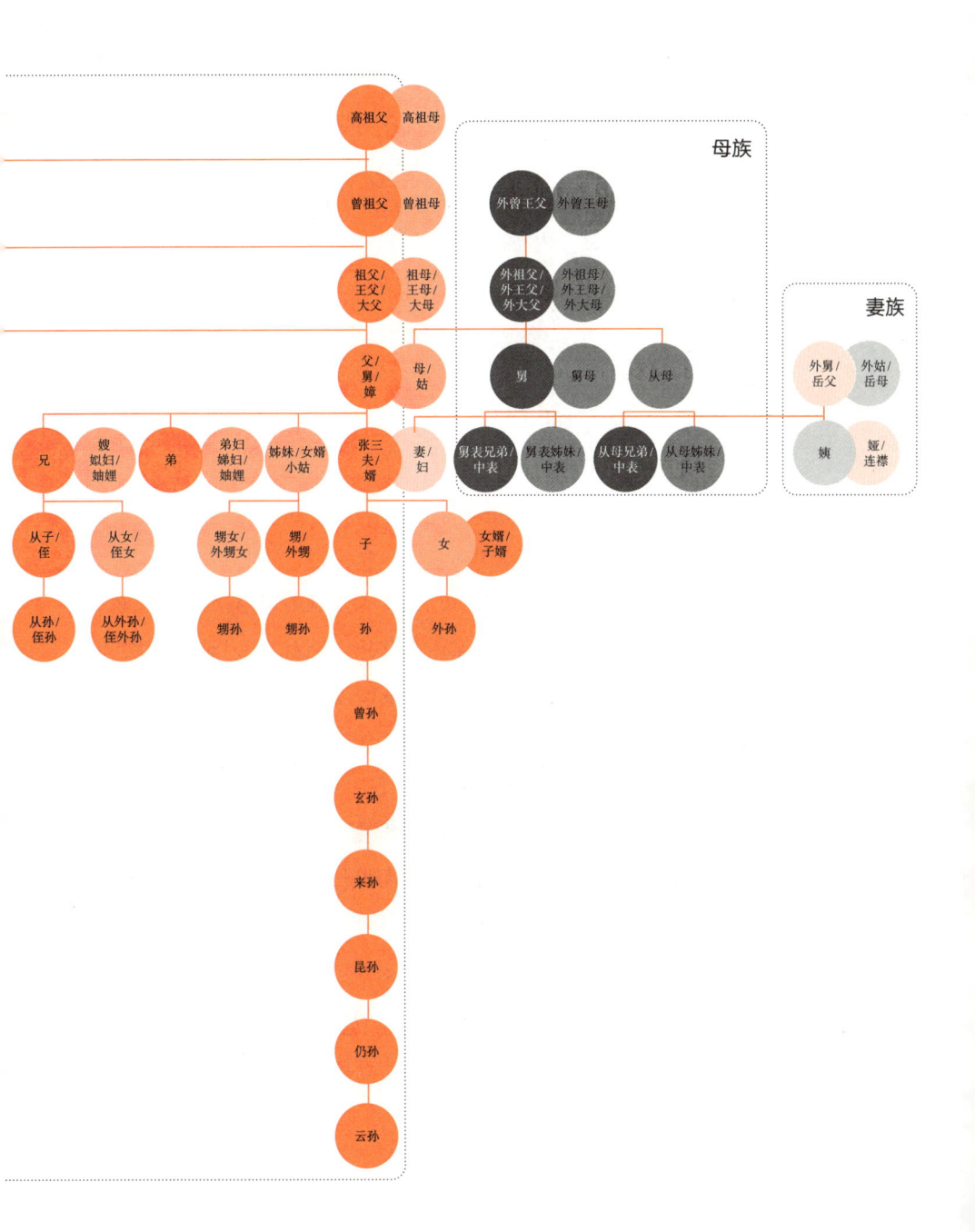

- 高祖父 / 高祖母
- 曾祖父 / 曾祖母
- 祖父/王父/大父 / 祖母/王母/大母
- 父/舅/嫜 / 母/姑
- 外曾王父 / 外曾王母
- 外祖父/外王父/外大父 / 外祖母/外王母/外大母
- 舅 / 舅母 / 从母

## 妻族

- 外舅/岳父 / 外姑/岳母
- 姨 / 娅/连襟

- 兄 / 嫂/姒妇/姁娌
- 弟 / 弟妇/娣妇/姁娌
- 姊妹/女婿/小姑
- 张三/夫/婿
- 妻/妇
- 舅表兄弟/中表 / 舅表姊妹/中表 / 从母兄弟/中表 / 从母姊妹/中表

- 从子/侄 / 从女/侄女
- 甥女/外甥女 / 甥/外甥
- 子
- 女 / 女婿/子婿

- 从孙/侄孙 / 从外孙/侄外孙
- 甥孙 / 甥孙
- 孙
- 外孙

- 曾孙
- 玄孙
- 来孙
- 昆孙
- 仍孙
- 云孙

第二部分　张三的苦难岁月

> 与族子灵运、瞻、曜、弘微并以文义赏会。"
> 2016年江苏卷："大父读书龙光楼，辍其梯，轴辕传食，不下楼者三年。"
> 2017年山东卷："从父洽，族兄曷乃共往华严寺，请长爪禅师为贞说法。"
> 2012年新课标全国卷："时宦官甘昇之客胡与可、都承旨王抃之族叔柜皆持节于外，有所依凭，无善状。"
> 2021年北京卷："齐有高节之士，曰狂谲、华士，二人昆弟也，义不降志。"
> 2013年安徽卷："足下中国人，亲戚昆弟坟墓在真定。"
> 2023年全国甲卷："其于昆弟，尤笃有爱。"
> 2020年江苏卷："何乃遽以吾外大母逝耶！"

## 排行

中国传统文化讲究夫妇有别、长幼有序，我们对于出生次序的重视，在世界文化之林也堪称一景了。在儒家传统当中，不仅讲孝，而且强调悌。这个"悌"字，在字形里就表现出"弟弟的心"，意思就是做弟弟的必须对兄长表现出遵从和尊敬。其实这一套兄弟之间的规则，根源也是嫡长子继承制，从小教育弟弟要遵从哥哥，怀抱着这样一颗孝悌之心，在继承的时候，两人应该就会少些矛盾。这话虽然讲得没错，但也的确显得无情。那我们换一个角度吧。如果能在一个集体里面明确长与幼，对于孩子的成长也有好处，年长者会生出扶助幼小的责任感并且从中获得成就感，而年幼者更加容易在生活中把年长的伙伴视作榜样来效仿。这是现代教育学发展多年的研究成果，近些年越来越多混龄幼儿园的出现，就是对这种理论的实践。不论从哪个角度，历史的经验和生活中养孩子的智慧，让一辈又一辈的中国人不断践行和巩固着这种排行的文化。

最常见的排行就是孟/伯、仲、叔、季的说法：老大称孟/伯，老二称仲，老幺（最小的）称季，老二到老幺之间，一律称叔。

这个次序也可以解释我们在亲戚关系中的称呼：在父亲的兄弟里面，年龄比父亲大的称为伯，而年龄比父亲小的称为叔。

排行还经常会在一个人的字里体现。我们最熟悉的孔子，字仲尼，一看就是排行老二。为什么排行通常体现在字而不是名呢？我们在名与字的内容里讲过，名是孩子一出生由长辈取的，老大、老二很容易确定，一出生就能排定次序，可是继续生的话，老三应该叫叔还是季呢？老四出生之前都不好确定。即便生到老五了，夫妻俩能笃定他就是季了吗？还真不好说。但是字不一样，它是男性二十岁冠礼的时候取，当排行相对靠后的儿子二十岁了，父母还会不会继续生育基本确定下来了。于是，无数古人的字是望一眼而知排行的：孙权，字仲谋；姜维，字伯约；孙翊，字叔弼；刘璋，字季玉……

这一套排行，不仅用于兄弟之间，而且适用于姐妹之间。我们熟悉的孟姜女——民间故事里哭倒长城的那一位——孟姜之称，代表她是姜家的大女儿。时间久远了，民间普遍不了解这个称呼的文化来源。

### 语文教材链接

**高中必修下册《鸿门宴》：**"楚左尹项伯者，项羽季父也"，此处的"季父"指项羽的小叔父。

### 高考文本对应

**2017 年全国 2 卷：**"赵憙字伯阳，南阳宛人也。"看得出此人在家排行老大。

**2017 年天津卷：**"王充者，会稽上虞人也，字仲任。"看得出此人在家排行第二。

**2020 年全国 3 卷：**"彪之字叔武，年二十，须鬓皓白。"

**2011 年安徽卷：**"贞文先生万斯同，字季野，鄞人也，户部郎泰第八子。"

第二部分　张三的苦难岁月

# 第八章
# 邻里

俗话说远亲不如近邻，我们倒不想讨论亲和邻究竟哪个更亲。因为对于生活在现代的张三来说，他离开家乡到城市打拼，和老家的亲戚自然会日益生疏。邻居呢，按照如今城市里商品房的流通情况，张三租住在欢乐颂小区的一套房子里，他又怎么知道住在对门那套房子里的那个漂亮小姐姐姓甚名谁呢？比邻亦可若天涯。

所以，对于生活在现代城市里的张三来说，亲和邻似乎都远在天边，更没有什么可比性。但是古人的生活方式就大不相同了，绝大多数人是一辈子都没有机会走出本乡本土的，不仅七大姑八大姨基本生活在方圆几十里，周围的邻里也是经常来往的。复杂的亲戚关系是上一章的内容，这一章涉及的是邻里关系，不仅是五柳先生笔下"过门更相呼，有酒斟酌之"的温情，而且会牵涉出古代社会行政区划和户籍制度的重要内容。

那这么复杂的内容，详细探究起来，得是历史学者的几本厚厚专著了。我们怎样来讲呢？有三个原则：第一，选取最古老、最原初的情形来讲，能讲春秋战国时期的情况，就不谈两汉的。因为后代无论如何变化，都是根据先前的情况演变的。咱们直捣根基，认祖归宗。第二，选取最著名、最常见的情况来讲，这也是出于实际的文献阅读需求。第三，既然这部分讲邻里，我们就选取比较基层的单位来讲。

## 闾、里

既然说到与张三相关的邻里人物，就需要了解古代社会基层行政单位的名称。我们现在这些熟悉的叫法，一个小区、一个村、一条街道，在文化诞生之初都是没有的。《周礼》记载："五家为比，使之相保；五比为闾，使之相爱；四闾为族，使之相葬；五族为党，使之相救；五党为州，使之相赒；五州为乡，使之相宾。"在城市，各级分别设比长、闾胥、族师、党正、州长、乡大夫，实行管理。在乡村，《周礼》记载："五家为邻，五邻为里，四里为酂，五酂为鄙，五鄙为县，五县为遂。"各级分别设邻长、里宰、酂长、鄙师、县正、遂大夫，实行管理。

把这些基础行政单位的名称抽出来组成词，我们熟悉的一些现代词语是不是就能找到来源了？比邻、邻里、乡里、乡党、州县……

说到这儿，你大约会感到头痛，这些应该怎么记忆呢？里面甚至还有不认识的字，怎么办？我没有仔细讲，不是没有耐心的缘故，而是没有详细展开的必要。即便后世将《周礼》奉为圭臬，但西周时期距今也的确太过久远，其中的一些概念在后世发生了翻天覆地的变化。比如族，按照《周礼》的记载，那么一族就应该指一百户人家。这一百户人家可能来自赵、钱、孙、李、周、吴、郑、王……但是在更长的历史时期内，我们通常用它来表示有亲属关系的群体，这些概念没有必要深究。但是它们和每个人的生活息息相关，经常出现在文献典籍当中，我们需要掌握以下三点来理解它们。

第一，拓展或者加深我们对熟悉的实词的理解。有些词，比如"比""党""族"，如果不是专门讲这方面的知识，我们可能并不了解它们竟然还有地理上的行政区划这一意思，那就在原有基础上扩充一下。再如"鄙"这个字，是汉语的谦称，大家经常称自己为"鄙人"。对于这个知识点，我们并不陌生，可它是怎么来的呢？这里知道了，"鄙"是上古乡村的行政区划概念，那鄙人的意思就是说"我这个没见过世面的乡巴佬"呗。这样，我们对熟悉的词汇的理解就加深了。

第二，对这些字以及它们大致的等级关系有个印象即可，至于说"鄁"和"族"究竟哪个是乡村的概念，或者说哪一个覆盖面大、管理的人多，在中学阶段，除非你有深入研究的兴趣，否则实在没有必要钻牛角尖。因为我们需要解决的问题是，在古籍中见到这个字，知道它指哪方面的意思就可以了。

第三，重点记忆在后世应用最广泛的两个字——"里""闾"。按照《周礼》的记载，里和闾应该是一样的意思，都是二十五户人家。从字形上看，"里"的上半部分是田地，下半部分是土地，中间画了个点作为标记，告诉我们就是住在这里的人们，指在田间居住的人家。到了后世，"里"的应用变得广泛起来，田间不田间的不要紧，反正它是个基层的居住单位。北京至今还保留着"平安里""和平里""永安里"等地名，如今这三个"里"，可都是在三环内寸土寸金的地界上呢。

闾和里的字音本就相近，字形更是形象：透过巷子口的门看进去，一户挨着一户。说到巷子口的大门，这个东西对于生活在城市里的人来说是很陌生的：街巷本来就是一条一条的嘛，巷子口怎么还会有大门？有的，"闾"这个字就是活证据。小喵老西在云南的和顺古镇见过这种建筑形式，很多街巷口都有这种门，并且有的是精雕细刻，想来它们在古代一定很是养眼。据当地人介绍，这些门都是从前街上做生意的大户人家建起来造福乡邻的。看来云南和顺这个地方还保留着这种古老的居住传统。不过，在现今的和顺古镇已经看不出来巷子左右两边充满民俗风情的小店有什么差别了。但是有一种说法，在古代，住在闾巷左边的是贫苦百姓，住在右边的通常是高门大户，因此有了"闾左""闾右"的说法。我们熟悉的《史记·陈涉世家》就记载："发闾左適戍渔阳，九百人屯大泽乡。"那这些被征发的陈涉、吴广之辈，自然都是贫苦百姓。

与之相对应，就是用"里""闾"这两个字组成的双音节词（都是高考文言文中出现过的），都有与基层生活单位相关的意思：里中、里人、里巷、其里、里胥、闾吏、闾陌、闾社、闾肆……

**语文教材链接**

高中选择性必修上册《人皆有不忍人之心》："非所以要誉于乡党朋友也"，"乡党"就是指同乡人。

**高考文本对应**

2017年天津卷："父未尝答，母未尝非，闾里未尝让。"

2012年北京卷："李疑者，居通济门外，闾巷子弟执业造其家，得粟以自给。"

2012年湖南卷："匹夫有行，保身、保家、保子孙，遗善为闾里传。"

2018年浙江卷："在其身与乡党无余，于其外则不光。"

2014年江西卷："况在朋友乎哉？况在亲戚乎哉？况在乡党乎哉？况在朝廷乎哉？""截冠雄鸡，客鸡也，予东里鄙夫曰陈氏之鸡焉。"

2019年江苏卷："干旄往往充斥巷左，而多不延接。"此句中的巷左与我们提到的闾左是一样的意思。

2020年天津卷："居肆成事，工之治生也。"

2017全国3卷："郓俗士子喜聚肆以谤官政。"

## 里坊

刚才讲到，因为中国古代历史太长，所以历朝历代对基层居住单位的称呼变化很大，有的范围扩大了，有的范围缩小了，有的消失不见了，有的是后世新增的说法……我们在这里补充一个新增的——里坊制度，它鼎盛于隋唐，渐渐没落于北宋。好巧不巧，这也是咱们文学圈里名人辈出，诗词、文章大量"出产"的时间段。你知道的那些文学巨星,很多都生活在这个居住制度之下,必须得将里坊作为最著名的一类制度,好好讲。

"里"原本是乡村的居住单位,在前文说过了。它源于商周时期的井田制。井田制是大体上把田地划分成方方正正的单位,所以"井"和"田"这两个字特别形象,很容易就能把它俩的字形描绘出来。"登高万井出,眺迥二流明。"(王维《晓行巴峡》)注意哦,这肯定不是说王维登高一望,眼前是一万口水井。这里的"万井"解释为井的本义——万里田地,或者还有一种说法,指百姓的房屋,这样句意就通顺了。如果你是统治者,基于这种方方正正的耕种单位,想想看怎样安排治下的耕田百姓能方便管理、一目了然?那就是把他们齐齐整整地分配在这些耕种单位里。因为这样就近方便耕种,划分开来也使单位明确,便于管理。所以,"里"这个居住单位天然有一种四四方方的形式感。日后不论是继续在乡间沿用,还是泛化扩展到城市,它这副方头方脑的样子,一直没有变过。

"坊"理解起来更简单,我们甚至都不需要往历史远处追寻什么字形来源,直接分析就可以:左半边的提土旁表示一片区域,右半边的方表示方方正正的样貌。

那么,"里""坊"两个字连在一起,表示的是隋唐到北宋时期怎样的居住生活方式呢?

唐朝长安城的整体规划与明清时期的北京城不同,皇城不是居于城市中心,而是居于城市正北。所谓坐北朝南嘛,也是个吉利的风水之地。笼统地说,除了西市和东市两个商业市场,其余的由棋盘一样的街道围起来的四方小格子,就是"坊"。"百千家似围棋局,十二街如种菜畦。"(白居易《登观音台望城》)这就是在描绘这种分坊居住的城市布局。我们经常说的"坊间谣传",意思也就是说在百姓生活的区域谣言四散。

为了方便理解,咱们可以简便地想象成长安城里设置了一百零八个整齐排布、方方正正的居民小区。小区只用于居民居住,里面不许摆摊卖鸡蛋灌饼,在小区门口也不行。如果想买个鸡蛋灌饼当早餐,你得颠儿颠儿地跑去东市或西市,那里应有尽有。什么?你觉得这样生活不方便?让这些推着鸡蛋灌饼的小吃摊贩在各个小区门口流窜,会影响市容市貌,你懂不懂?!他们是商人,当时算是贱民,四处做生意容易寻衅滋事,你懂不懂?!人家女英雄花木兰从军之前都得东市买骏马、西市买鞍鞯。

小区内部也有街道,连通不同的楼……但是小区和小区之间的街道显然更宽。每个小区都有高高的围墙,设置一个小区大门。这个大门很重要,可得记住自己小区的大门在哪里。每天夜幕时分,街上的闭门鼓咚咚咚地响六百声以后,大家都得赶紧回到家,否则小区大门关闭,想回也回不去了。张三如果没有按时回去,叫犯了宵禁,街上巡查的金吾卫会把他抓起来抽二十鞭子,抽得皮开肉绽、死去活来。有时候他想着自己在外面多逛逛,大不了被抓起来时塞给金吾卫两个鸡蛋灌饼贿赂一下,门儿都没有。他们执法不严的话会被抽三十鞭,更惨。这些金吾卫通常执法严明,让张三这种投机分子无机可乘,不过也有例外的情形。如果是替官府送信之类的公差,或是红白喜事、急病买药等紧急情况,都可以算是特殊情况,得到街道巡逻者的同意后可以行走,但还是不许出城。

怎么,张三你又嚷嚷这样生活不方便了?绝大多数普通民众的心态是,不让我去唱歌,我也得想办法回家开桌麻将。困难时期,难有温饱也就算了,在生活越富足的年月,百姓对便捷生活和娱乐的欲望就越强烈。政府不让商贩在小区门口摆摊,那我每天在自家厨房做好五十个鸡蛋灌饼,街坊邻居以串门的名义来我家,花两个铜板吃一个,然后走人……类似的事情屡禁不绝。后来宋仁宗就响应民意,彻底把市坊分开的制度废除了。紧接着,里坊的制度和居住形式在北宋末期也渐渐在全国各地土崩瓦解,取而代之的是我们现在熟悉的热闹街巷,沿街店铺林立,随风招展的字号幌子虽然遮蔽了天际线,但彰显了当时日渐发达的商业经济。

> **高考文本对应**
>
> 2020年全国1卷:"多作饘粥药剂,遣使挟医分坊治病,活者甚众。"

## 伙伴

"一声呼唤,儿时的伙伴",生活在古代张家庄的张三,与他紧密相关的人物里当然少不了这些伙伴。费孝通先生在《乡土中国》中讲:"乡土社会在地方性的限制下成了生于斯、死于斯的社会。常态的生活是终老是乡。……每个孩子都是在人家眼中看着长大的,在孩子眼里,周围的人也是从小就看惯的。这是一个'熟悉'的社会,没有陌生人的社会。"在古代社会里,其实张三自己也想不明白,他为啥从小就和一个叫张小胖的小孩儿一起尿尿和玩泥巴。似乎只是因为他俩都出生在一个叫张家庄的小村子里,张小胖和他年纪差不多,而且两家住斜对门,张三他爹和小胖他爹也天天一路去地里干活,张三他娘和小胖他娘天天一起缝被子、纳鞋底。

那对于张三而言,小胖这样的伙伴就是"齿同"。齿同就是说年龄相同。那么年龄大的叫"齿大"或者"齿多"吗?好好动动脑子,咱们讲一家人的兄弟关系时,弟弟称"悌",推演到没有血缘关系的伙伴当中,就能一律平等了吗?为了表示尊重,不能简单用一个"大"字,年龄大的得叫"齿尊"。

那么,还有什么说法来指称小胖这一类人物呢?有这么几个字——辈、侪、曹。

**辈**,原本是指家族中同一辈分的人。推而广之,彼此没有血缘关系,但辈分相同,也可称辈。继续推而广之,一类人也可称辈,比如"辈类""辈流""此辈"。张三和张小胖这一群孩子,以爱玩泥巴著称,就可称为"泥巴之辈"了。

**侪**，从字形上看是齐刷刷的人，显而易见就是指同类人，相关的词有"同侪""侪辈"。

**曹**，也是表示与自己差不多的一类人。这个字在具体使用时较难，因为一词多义，它不仅是个常见的姓，还是西周时期一个诸侯国的名字，更是一种官职的名称。那在文献里遇到这个字，究竟如何解释，就需要凭真功夫了。比如这样一句："周原伯绞虐其舆臣，使曹逃。"（《左传·昭公十二年》）前半句看起来，是指这个地方原有一位贵族，被称为周原伯，名字是绞，他虐待自己的臣子，接下来根据语意推断，逃跑的是一个姓曹的人，还是一个曹官，或是指其他的一群人？到底是哪种人，就要完全依赖上下文来理解了。或是如今高考文言文题目增加难度的套路，不仅考查这一句话你看懂没有，而且要让你不得不主动联系上下文才能解决问题。"曹"这个字，只是文言文中一词多义复杂现象带来的冰山一角。

转回正题。与曹相关的词，"尔曹"就是指你们，"儿曹"是指孩子们。不过这样泛泛地解释是不负责任的表现，因为单纯从解释来看，尔曹并没什么异样，但这个词常带一种蔑视的情绪。"尔曹身与名俱灭，不废江河万古流。"（杜甫《戏为六绝句·其二》）"朝违日下暮天涯，不学尔曹向隅泣。"（范仲淹《和葛闳寺丞接花歌》）按照这个意思，翻译成你们显然就不够味了，应该翻译成"你们这些家伙"才对劲。"曹"这个字还有一种意思，指古代诉讼的原告和被告，"两曹"的说法就是从这里来的。那就明白了，一场官司的双方，称对面那一曹的时候，心里自然是怀着怨恨和蔑视的。中国的语言往往是这样，具体的使用方式悄然演化着，牵牵扯扯，瓜瓜葛葛。就像大学新生宿舍里刚刚赶来报到的几位舍友，表面上看起来大家的学历、年纪、精气神都差不多，但毕竟来自五湖四海，在过去的十八年里，地域、家庭、学校等早就给各位打下了截然不同的烙印。

### 语文教材链接

**高中必修下册《与妻书》：** "吾辈处今日之中国"，"吾辈"是泛指我们这些人。

### 高考文本对应

**2017 年浙江卷：** "仆与足下齿同而道不同。"
**2012 年福建卷：** "时春霁既久，风日暄丽，耆英少俊，序齿而行，鼓吹前导。"
**2011 年天津卷：** "必推其乡先生之齿尊而有文者序之。"
**2014 年安徽卷：** "为学使时，遇教官诸生贤者，亲若同辈，劝人为学先识字。"
**2014 年天津卷：** "乡里人皆歔欷流涕曰：'斯人死，我辈无所恃矣。'"
**2017 年天津卷：** "为小儿，与侪伦遨戏，不好狎侮。侪伦好掩雀、捕蝉、戏钱、林熙，充独不肯，诵奇之。"
**2014 年重庆卷：** "吾侪愿尽力焉。"
**2011 年广东卷：** "投身军营，骁勇冠绝侪辈。"
**2020 年天津卷：** "若曹岂知耶？"
**2020 年江苏卷：** "然不尽与尔曹，而推以赡族。"
**2017 年全国 2 卷：** "顾谓仇曰：'尔曹若健，远相避也。'"

## 户籍

说到本乡本土、邻里邻居时，我们经常想到的是熟悉的乡音乡情，或者舌尖上的家乡。这些基层的民间居住单位的知识，你还得从古代行政管理的角度去思考，想到它是户籍制度的扎根所在。

古代中国有全世界最发达的户籍制度，发达到什么程度呢？魏晋年间有一位历史学家叫皇甫谧，光听这个名字，感觉并没有司马迁、司马光这般响亮。别急，他曾进行过一项数据统计工作，会惊掉你的下巴。他所著的《帝王世纪》（这本书本身已经失传了，但是依旧留存的其他史籍中还保留着援引自这部书的数据）中记载了以下数据：周朝开国之初，人口总数是 13 714 923；到了东周时期，公元前 684 年，全国人口总数是 11 847 000；进入汉朝，公元 2 年，全国人口总数是 59 594 978。吓人吗？两千多年前的人口统计，竟然精确到了个位数！那这些数字是不是皇甫谧自己胡编乱造的呢？还真不是，人家有数据来源，比如汉朝的人口数据是根据《汉书·地理志》中各个地区的人口数量相加而来的。当然了，我们不敢说皇甫谧统计的这些数据分毫不差，但是皇甫谧在魏晋时期有史料可查，这至少说明早在商周时期，我们的文明已经非常重视基层人口的统计和登记。

《周礼》记载："司民掌登万民之数。"说明周朝已经有了专门负责户籍登记和管理的官员，他负责掌握和登记人口数量。具体怎样登记呢？"自生齿以上，皆书于版。辨其国中，与其都鄙，及其郊野，异其男女，岁登下其死生。"意思是要登记每个人的出生地、性别，以及是否死亡。而且每三年还有一次大规模的统计和比对校正，然后把数据逐级向上汇报。到了战国时期，秦国的战斗力日益成为各国之首，这和它严格的户籍制度也是紧密相关的。秦国实行什伍的编制方式，登记户口时不仅要写周朝时期规定的那些基本内容，还要写清楚所有成员的年龄和健康状况。这显然是用于统计适宜参军的人数。后世的户籍制度越来越完善，比如汉朝在登记户籍的时候还需要描述一下这个人的身高和肤色，比如登记为"河南郡荥阳桃邮里公乘庄盼，年廿八，长七尺二寸，黑色"。真是难为登记官了，当时没有身份证照片，很难讲这个"黑色"究竟是指黑到什么程度，也不知道经过一个冬天的室内美白，这个变了色的家伙还能不能对上户籍登记。但至少说明，古人做户籍登记这件事，是认真的。

与此相关，古代文献中出现了大量与籍相关的内容。

某个人迁移到一个新地方，或者有新生儿出生，都需要先"占籍"，类似于我们今天去派出所上报户口。

编入户籍的平民被称为"编户之民"，简称"编民""编人""编氓"，以后见到这几个词，记得它们和"民""人""氓"是一个意思，泛指平民。

不同身份的人自然会有相应的籍，比如"兵籍""戎籍"，就类似于我们现在的部队户口。

"削籍"通常是指把官吏的官籍革去，是撤职的意思。

就连出家的和尚也有和尚籍，因为出家人通常是不需要纳税的，那任谁剃了光头都可以不纳税了？不是的，国家颁发给和尚的合法身份户籍证明叫"度僧牒"。

士兵有兵籍，学子自然也有学籍，在科举考试中冒名顶替叫科场"冒籍"。

户籍如此重要，那些出逃在外没有合法户籍的人，就是"逋民"。

### 语文教材链接

**高中必修下册《鸿门宴》**："吾入关，秋毫不敢有所近，籍吏民，封府库，而待将军"，这里的"籍"，就反映了中国古人对于户籍的重视程度：刘邦入关之后，立即做了两件事，一件是把咸阳的官吏和百姓登记在册，另一件是把仓库封起来。

### 高考文本对应

**2020年全国新高考1卷**："忠贤诇知，先二日假会推事与涟俱削籍。"

**2020年江苏卷**："其先江陵人，景泰间徙公安，遂占籍。"

**2016年全国2卷**："曩陛下重惩科场冒籍，承宪妻每扬言事由己发。"

**2014年重庆卷**："得出为某邑宰，循例省亲回籍。"

> 2014年福建卷:"逋民隐田者令以占籍输税,免其罪。"
> 2014年辽宁卷:"赵立,徐州张益村人。以敢勇隶兵籍。"
> 2013年湖南卷:"今荆州非少人也,而著籍者寡,平居发调,则人心不悦。"
> 2012年四川卷:"父孟员,以戎籍隶辽义州卫。"

我们现在的生活中也有针对户口的管理制度,大致类比、联想一下,也不难理解古代的户籍制度。笼统来讲,中国古代的户籍管理制度主要有以下几个目的。

第一,了解国家的人口情况。

我们现在也有几年一次的大规模人口普查,这项工作很重要,有助于国家制定重要的政策,有利于预测经济的走向。摸清家底是开展这些工作的第一步。比如说我们该不该放开三孩呢?至少需要知道国家最近几年的生育率是什么情形。古代也是一样,只不过,这些摸清家底的数据,通常是用于对外战争和大型工程的。对外战争和大型工程都是极其耗费民力的事情,那么多少壮丁可以调集,从哪里调集,这些都源于平时做得扎扎实实的户籍管理工作。

第二,控制人口流动。

既然人口在战争和大型工程中都是最重要的资源,那么想想看,在乱世当中,国家好不容易繁衍了这么多精壮的劳力和士兵,统治者怎么可能让他们轻易地离开?这时候,户籍制度就是非常好用的手段了。

只要想一想先秦时期的现实状况,小喵老西就替儒家感到悲凉。孟子多么善辩,给梁襄王讲不爱杀人的君主能得民心:"民归之,由水之就下,沛然谁能御之?"而现实情况是,即便梁襄王施行了仁政,各地的百姓心向往之,但在各自国家的户籍制度捆绑之下,他们也不可能如此自由地"水之就下"。其他国家的百姓甚至都不一定有机会知道天底下还有如此仁义的君主，比如当时的秦国就严格限制游士在国内的活动。因为秦国国内的政治导向是奖励耕战，政府下了很大的力气让老百姓觉得只有好好种地、玩命打仗才能出人头地。如果有个吊儿郎当、无所事事的江湖游士长驱直入，来到秦国百姓中间，在田间地头把各处的见闻添油加醋地讲了一番："那边儿有个魏国，哎呀，魏国的国君可是个真正仁义的人啊！……"一番话把秦国百姓煽动得群情激昂，继而对传说中的魏国心向往之，一传十，十传百，大家都打算背着铺盖卷儿带着一家老小"水之就下"，那非得把秦国国君的鼻子气歪了不可！所以，人家就从源头上杜绝了这种情况，在国门口就竖起"信息防火墙"，屏蔽信息是保证国内稳定的基本途径。

# 第九章
# 社会

之前讲到"曹"这个字的时候，在末尾的比喻里，我们提到了大学新生宿舍里前来报到的几位舍友，进入大学学习，开启了人生的新篇章，大家都为各自感到高兴。想一想离开本乡本土，可能很多人都是刚刚学着和地域、文化背景不一样的同伴交往的。其实古今人生的历程多是类似的，我们这位生活在古代的主人公张三不也如此吗？他小时候身边基本是父母亲族，长大以后的社交圈会多出一些邻里伙伴，成人以后难免会接触更大范围的社会，直面三教九流。

## 贵贱

在现代社会，人人平等的观念已经深入人心。但在古代，贵族、平民、奴隶之间等级森严，大到前途命运，小到日常生活，都不是能轻而易举实现阶层跃迁的。即便如此，与世界上的其他古老文明——比如印度的种姓制度，或者欧洲的贵族制度——横向对比来看，在中国古代漫长的文化发展历程中，贵族这个阶级的称谓其实是比较模糊的。

春秋战国时期，用儒家的说法叫"礼崩乐坏"，以法家的观点这是"与时俱进"，各国的社会制度多多少少发生了变化。比如在当时的秦国，一个叫张三的精神小伙儿参加过两次战斗，砍下了一个敌人的头颅，按照秦国的法律，他获得了一级爵位，分得了一些田地，国家还给他指定了一个兼职的仆人。所谓"兼职"，就是说这个仆人不是住在张三的家里二十四小时为他服务的，而是每个月来服务六天。如果张三想继续打仗，兼职仆人就成了他的跟班，给他扛着干粮和兵器，就类似于堂吉诃德身边的桑丘。那你觉得张三算是贵族吗？你说他算，可是兼职仆人不到岗的时候他得面朝黄土背朝天地参加劳动，沾满泥土的手抬起来抹一把汗继续干活，你见过这样"土得掉渣"的贵族吗？你说他不算，可人家明明是有国家授予的爵位呀。是不是挺模糊？

对，中国文化有自己的独特性。在欧洲，一个人身上若没有流淌着"蓝血"，就注定是平民。但是在中国，流传的是"王侯将相宁有种乎"的豪言壮志，以及"皇帝轮流做，明年到我家"的民间俏皮话。皇帝宝座尚且能轮流坐，一个家族的贵族身份在历史的长河里也几乎是瞬息万变的。魏晋时期还有旧时王谢，门阀士族传承一代又一代，随着科举取士的普及，能代代延续的家族只剩和皇家非常亲近的宗族了。对于那些普通官员来说，虽然也有所谓"荫庇"，但是距离世袭的贵族差得很远了。

可能正是因为本身边界的模糊，所以我们在古籍文献当中见到的区别贵族与平民的身份特征也相对笼统，并不是明确到从口袋里掏出一张"贵族证"来加以辨别的。

• 衣

在咱们现代社会，因为生产力的长足发展，在日常生活当中单凭外在衣饰已经不怎么能分辨得出一个人是否有钱、有地位。毕竟，有时有钱人身上的穿着元素，其实咱们普通百姓也唾手可得。从另一个方面说，即便是如今那些被大众公认的能够彰显身份的奢侈品，比如名牌包包，一个普通工薪阶层女孩儿，如果下定决心啃两年方便面，也不是买不起的。但是在古代，情形特别不同。如果生产力低到全国每年只能出产十双布鞋，太过稀缺，朝九晚五的"打工仔"啃几百年方便面都遥不可及的话，穿布鞋的人走进一百个穿草鞋的男人堆里，那就立马显得足下生辉、与众不同了。

古人是否有钱有势基本上从穿着打扮上能看出，而平民百姓的穿着有以下几个典型的特点。

**布**。这个字在《现代汉语词典》里，就是一些不怎么名贵的纺织品的总称，如棉布、麻布等，现代常见的化纤布料自然不在古人的生活范畴里。那你是不是觉得，因为这些纺织品便宜，所以穿这种便宜衣服的人，身份也不尊贵？那你的思路就绕偏了，其实从字形角度来考量，"布"这个字就包含了劳动者的本色。

布的金文字形的上半部分好像是一只拿着生产工具的手，随便什么工具吧，你可以想象成斧子、镐头，或者一根简单的木棍——这些不就是劳动工具吗？下半部分是"巾"，字形和现在的几乎一模一样。而这个"巾"的字形，是不是就像把"草"的字形倒过来了？我们想象一下原始人把草叶倒过来，绑在腰间用来遮羞。当然，遮羞嘛，起先是草，后来有了纺织品，自然会与时俱进。我们回过头来想象一下"布"这个字的金文，就成了一幅原始人劳作的画面：上身抬手举着工具劳作，下身还是原始状态的遮羞草裙打扮。这个字自带劳动人民的质朴气息。

需要强调一下的是，古代所说的布，大多是麻布，尤其是在唐宋时期。棉花种植在中国虽然源远流长，但早期毕竟产量少，棉纺织业也不发达，棉织物在汉朝还是很昂贵的。到了元朝，棉纺织业在南方才较大规模地推广开来。你还记得历史课本里提到过的黄道婆吗？她是南宋末年人，促进了长江流域棉纺织业的迅速发展。棉布产量到了明朝才渐渐增加，基本上实现全国普及。我们看到明清的文献提到布时，才可能往棉布这个方向考虑问题。

在文言文典籍当中，"布"字系列都是用于指代平民的，如布衣、布袜草屦……

### 语文教材链接

**九年级下册《唐雎不辱使命》**："大王尝闻布衣之怒乎？"这里的"布衣"，就是穿布这种材质为衣服的人，也就是平民百姓。

**九年级下册《出师表》**："臣本布衣，躬耕于南阳。"这里是诸葛亮说："我原本就是个平民百姓，没有任何官职，在南阳种田。"

### 高考文本对应

**2020 年全国新高考 2 卷**："布袍脱粟，令老仆艺蔬自给。"
**2015 年湖北卷**："布裯则寝乃安，纻裯则寝不安。"
**2014 年福建卷**："高皇帝起布衣，有天下，立法创制，规模远矣。"
**2013 年全国大纲卷**："慧度布衣蔬食，俭约质素。"
**2013 年湖北卷**："公之弟蓟国公希贡犹布衣，为通报。"
**2012 年上海卷**："式既为郎，布衣草履而牧羊。"
**2012 年天津卷**："布衣也，相公借布衣以自重，则名高；而布衣扶相公以自尊，则甚陋。"

葛。看到草字头的字，其植物属性一望便知。现在还有一种食物源于它——葛根粉，吃过吗？在古代，葛这种植物不是用来吃，而是用来穿的，它身体里的纤维就是葛布的来源。生活在现代城市的人对于从植物到纺织品的制作过程感到非常陌生，有的操作步骤比较复杂，比如棉布的制作过程是先采摘，然后把棉花里的籽择出来，再捻成捻子，还得用纺车纺成线缠绕在梭子上，最后在织布机上织成布料。我们现代人想一想这个过程都望而却步了。但是葛布不一样，现在热衷于DIY（自己动手制作）的朋友们其实都可以试一试。制作葛布的第一步就是漫山遍野地去采葛，这种野草在南方也很常见。采一大筐回来，支一口大锅，烧上水，把草扔进去咕嘟咕嘟地煮，水不够了添水，柴不够了添柴，煮久以后就能从锅里捞出葛草里面的白色纤维。这些纤维不管是编还是织，反正想办法弄成密网状的一大片，就大功告成啦。

不难吧？你都觉得不难，古人的动手能力比我们强很多，那对他们来说自然没什么技术壁垒，用这种葛来织布的历史很长很长。《诗经》里有首诗，就和采葛有关，即"彼采葛兮，一日不见，如三月兮"。这句话的意思是说：那个出门采葛的漂亮小姐姐啊，今天怎么没来呢？我看不见她呀，这一天过得简直比三个月都长。

当然，小喵老西在这里给你描绘的葛布制作过程肯定是最粗略的版本，在现实当中，即便是春秋战国时期，葛布的生产过程也比前文说的精细，所产葛布种类也更多。接下来给你引见几个历史文献里经常出现但是估计你连读音都不知道的字：粗布葛衣叫"绤"（xì），细布葛衣称"絺"（chī），还有一种特别细而且有皱纹的葛衣叫"绉"（zhòu）。葛布的特点是硬，但是轻薄透气，夏天穿就很合适，民间就称为"夏布"。那在葛布当中格外细的两种——绉和絺自然是在夏天里穿着的首选。

明白了葛布的来源和特性，再看古代文献里的这些语言，理解起来就没什么障碍了。葛衣、葛巾、葛屦，这些都是平民百姓的穿着打扮；葛屦履霜（仔细看，中间两个字不一样哦）这个成语的意思是穿着夏天的草鞋去踩霜，这实在是抠门抠到虐待自己的地步了呀。"一葛一裘经岁，一钵一瓶终日，老子旧家风。"（辛弃疾《水调歌头·题永丰杨少游提点一枝堂》）葛是夏衣，裘是冬衣，它俩经常成对出现在古人的文章里。

> **语文教材链接**
>
> 九年级下册《送东阳马生序》："父母岁有裘葛之遗，无冻馁之患矣。"这句话中的"裘葛之遗"，指朝廷送给太学生父母的冬夏衣装——冬天送裘皮，夏天送葛布。

> **高考文本对应**
>
> **2020 年全国新高考 2 卷**："卒时,佥都御史王用汲入视,葛帏敝簏,有寒士所不堪者。"
>
> **2017 年北京卷**："如冬裘夏葛,时之所宜。"

褐。这个字在《现代汉语词典》里多指一种颜色，但是刨根问底地想一想：表示一种颜色的字为什么是衣字旁？汉字的这些构字的组件，就像一整套积木，打开了脑洞，拆一拆再拼一拼，经常很有收获的。咱们一起拿这个字实践一下：右半边拆出来的"曷"，给它拼上一个草字头，不就成了刚刚讲过的葛了吗？对，讲清楚葛就讲明白褐了——褐就是葛布的颜色。

葛布为什么是褐色的呢？上文不是说葛草在大锅里咕嘟咕嘟变成白色的纤维了吗？其实白色只是种泛泛的描述，大自然里怎么会存在绝对的纯白？即便是白如棉花，天然的棉织品也一定泛黄。古人的工艺远不及现在，把发白的纤维捞出来再一步一步做成织物，可以想见最后一定是黄到偏褐的颜色。褐在葛布当中也算是最粗劣的了，加之穿在劳动人民身上，风吹日晒，混合了泥巴和汗水，那颜色只会越来越深。褐就变成了泛指百姓穿的粗布衣服，如褐巾、褐衣、褐衫。穿着褐，就成了平民百姓的代名词，如《史记·廉颇蔺相如列传》里大家熟悉的情节："相如度秦王虽斋，决负约不偿城，乃使其从者衣褐，怀其璧，从径道亡，归璧于赵。"蔺相如发现秦王打算出尔反尔，就派手下人穿着褐，带着和氏璧从小路回赵国。这个"褐"并不是保护珍宝的金钟罩、铁布衫，而是指换上百姓的衣服，混迹于百姓中间，低调点儿，不让别人发现。甚至有朝一日，百姓摆脱平民身份，摇身一变当官了，叫作"解褐"，解下这灰头土脸的破衣服，不必再过这贫苦的日子了。

> **高考文本对应**
>
> **2018 年浙江卷：**"举进士解褐近十年，卒不得脱判、司、簿、尉之列以终身。"
>
> **2015 年上海卷：**"解褐秘书郎，时年十七。"

**黔首**。古人的穿着讲究比今人复杂，现在的男士套件T恤，穿条裤子，踩上人字拖就可以出门溜一圈了。那头上呢？现在男士的发型过于简单，导致今人以己度人去想古人的生活时，经常忽略了头部配饰。之前讲冠礼的时候提到过，商周时期贵族戴冠，冠礼上的第一顶冠——缁布冠，就是用来表明贵族身份的；平民庶人因为没有这个身份，所以不配拥有这种配饰。

但是这些平民男性也留着长长的头发，不能因为不是贵族，就长发及腰，让它一出门就随风飘摇啊，穿过他们长发的就指不定是野兽的爪还是庄稼地边的枝杈了。古代平民的发型其实和贵族是一样的，束发于头顶，只不过不戴冠，用头巾代替罢了。而且这头巾和擦汗的汗巾是一样的布料、一样的材质，它的颜色也不可能是花花绿绿的。一来古人的染色工艺并不先进，二来平民对多姿多彩没有需求，头巾通常就是暗淡的深色，于是"黔首""苍头"的说法就诞生了。"黔"这个字的字形里就有个黑，理解起来简单；"苍"在这里不是指苍天的蓝色，而应该理解成青黑色，"苍头"指以青巾裹头的军队。

强调一下，到了汉代以后，头巾——或者称"帻"，这种配饰不再是平民专有，贵族也戴，只不过贵族是先用它固定一下头发，再在外面戴冠。关于贵族男性这顶象征身份的冠，咱们现在出门喜欢穿高跟鞋的女性想一想就知道，那玩意儿戴上肯定挺不舒服的。但是男性在正式场合必须穿戴周全、正襟危坐，"脱帽露顶王公前"（杜甫《饮中八仙歌》）绝对是浪荡失礼的表现。"露顶"不是露出中年脱发的秃顶，因难看而失礼，而是不戴冠直接露出头发便算。可是私下还是穿帆布鞋、运动衫来得轻松惬意，所以古代的贵族在休闲场合也是戴头巾出现的。在苏轼笔下，"羽扇纶巾"的周瑜，那是春风得意"高富帅"的典型休闲形象；汉代民歌《陌上桑》里记载，少年们看到绝世大美女秦罗敷小姐的表现是"脱帽著帩头"。帩头，就是当时小小少年们戴在冠里面的纱质头巾。清朝从发型上杜绝了戴冠和头巾的可能性，不过清朝人也有同样的心理需求，想在头顶上彰显自己的尊贵身份，镶嵌宝石、工艺考究的瓜皮帽就开始流行了。

### 语文教材链接

**高中必修下册《谏逐客书》**："今乃弃黔首以资敌国，却宾客以业诸侯。""黔首"，就是百姓。

**高中选择性必修中册《过秦论》**："焚百家之言，以愚黔首……""愚黔首"，就是愚民政策。

### 高考文本对应

**2013 年江西卷**："一苍头牵牛而行，重其女，不使自控也。"

那古代有钱有势者在衣装打扮上有什么特点呢？我们首先解决一个问题：所有的贵族都会衣装靓丽地闪亮登场吗？说都会，肯定是不可能的，毕竟历史那么长，林子大了，自然百鸟齐鸣。比如魏晋南北朝时期，穿素白的衣服就是一种时尚。正常来讲，没有华丽的颜色和配饰，白衣本是指平民百姓，说柳永是"白衣卿相"，就是因为他没有当官嘛。刘禹锡在《陋室铭》里说"谈笑有鸿儒，往来无白丁。"这"白丁"也是指身穿素白衣服的平民百姓，在这句话里指没有文化的人。可怎奈魏晋之际穿白衣素服是时尚，尤其是那些有文化、有品位的贵族也穿得相当朴素。因为古代的贵族并不仅仅是有钱才被称为"贵"，它是有礼法范畴上的身份属性的。礼仪制度对于贵族的着装穿戴有多方要求,他们即便在自己家里愿意朴素简单,但是在正式场合都少不了这套完整的程序。即便抠门如道光皇帝,请大臣们吃饭只舍得上几盘绿油油的菜叶子,可是出席祭祀典礼穿的龙袍也不能满是补丁吧?

> **高考文本对应**
> 2013 年江西卷:"始为白衣时,年十七八,在邺下名为清白。"

具体来说,古代贵族的穿着有什么特点呢?

**丝绸**。所谓"遍身罗绮者,不是养蚕人"(张俞《蚕妇》),丝绸作为中国特有的高级服装面料,就是贵族的衣装标配。著名的"丝绸之路"其实并不仅仅运送丝绸,但能以此命名,足见其重要。

养蚕取丝在中国的历史并不比制作麻质布料短,相传这个技术是黄帝的妻子嫘(léi)祖发明的。虽然有关发明的具体细节因太过久远已无法考证了,但至少能笼统地说明,养蚕取丝的历史非常悠久。

蚕丝制品出现的时间虽然悠久,但远不像麻布一般普及。原因也不难想见。先不论制作工艺与穿着保养难度,单单是原料的获取,这一条条小肉虫子按季节吐出的动物纤维,肯定比不上大自然漫山遍野生长的植物纤维。但是这种动物纤维带给皮肤的那种丝滑柔软的触感,还有蚕丝制品呈现出的温润柔和的光泽,让一代又一代古今中外的贵族欲罢不能。产量少,加上供求关系的反差,蚕丝制品在历朝历代都是贵族的专有物。

虽然这个原理容易理解,但丝绸这种奢侈品在不同的场合、文献中出现,你能保证一定认识它吗?它的名字可不仅仅是"丝"和"绸"这两个字呢。

人们耳熟能详的是"绫罗绸缎",这四个字是并列关系,它们都是名贵的丝织品,只是织法不同,呈现出的厚薄、光泽、触感等特性不同。我只强调一个:罗。罗的特殊之处在于,它织得非常轻透,甚至肉眼可见纱质网眼，特别适合在夏天穿着。

和罗类似的另一种织物叫"绡"，它也是织得很薄的纱质丝织品，自然也适合在夏天穿着。文献看多了，我们会发现这种叫作绡的布料，通常不是穿在身上的，而是作为头巾、飘带、帷帐使用，即便是做成衣物，最适合的款式莫过于飘飘洒洒的长裙了。你看，曹植的《洛神赋》里就有这么一句，"曳雾绡之轻裾"，意思就是朦胧薄雾一般的轻盈裙裾在摇曳着。细心一点儿呢，我们还会发现，绡这种布料在古代经常被染成红色。白居易的《卖炭翁》里有"半匹红绡（纱）一丈绫，系向牛头充炭直"；《琵琶行》里有"一曲红绡不知数"。了解了绡这种布料，想想看，就真的体会到神仙姐姐的红头巾随风飘扬的确好看，可对于卖炭的老汉来说当真没有任何用处；作为娱乐界当红"炸子鸡"的琵琶女，体现她志得意满之时的配饰，也必得是火红火红的在风中舞动的红绡。

说到罗，不得不提的就是"绮"。绮是织造的时候在平纹织物上偶尔织一些斜纹，就类似于织毛衣时大多数用的是平针，偶尔间杂一些上针，那远远一看，布料表面就会呈现出暗花，有一种低调的奢华感。

另一个广为大众熟知的是"锦绣"，学生们写作文都喜欢用"锦绣中华"的说法，这个词一用上，就有一种华丽和绚烂的美感。对了，这种华丽和绚烂就源于锦和绣这两种艺术品的华美特点。但是锦和绣的图案来源是不一样的，锦的颜色和图案是织布的时候织上去的，用彩色的经纬线一点一点织出图案，工艺异常繁复；而绣则是织物织好以后，穿针引线，把图案专门绣上去。

还有另一种，叫"绢"。搜索一下头脑里的文学库存，在哪儿见过呢？不要说没见过哦。《孔雀东南飞》里的女主刘兰芝不是说自己"三日断五匹，大人故嫌迟"吗？她织的就是绢。我怎么知道她断的这五匹一定是绢，而不是棉布、麻布之类呢？因为人家在另一处讲啦，"十三能织素"，这个素在古代就是指没有任何图案、平纹织就的白色生绢。根据这个情形，我们推断一下，刘兰芝虽然在普通的家庭妇女当中算是主妇中的"战斗妇"了，但她那毕竟是个家庭作坊，她织的这种绢应该是丝织品当中相对来说比较普通，没什么太大技术难度的一种。

另外还有"纨"。其实纨是一种比较细的生绢，通常也是白色的。先秦时期，大家公认齐国出产的纨和鲁国出产的缟是最好的，缟也是一种白色的丝织品，便诞生了"齐纨鲁缟"这个成语，泛指名贵的丝织品。唐朝张籍写的《酬朱庆馀》有一句"齐纨未足人间贵，一曲菱歌敌万金"，意思是说你看那些庸脂俗粉，即便穿上了齐纨这么名贵的衣服，也比不上你的一曲菱歌，让人心醉神往。纨这个字，另一个被大家熟知的是"纨绔子弟"。绔其实就是裤，纨绔说的是用名贵的细绢做成的裤子。古代男性穿的裤子类似于咱们现在的秋裤，它是被遮盖在长长的袍子里面的。可以想见，如果是家境贫寒的人，被遮盖在里面的秋裤即使磨破了，打个补丁也可以凑合，连裤子都穿这么高级的细绢，嗯，才是真的富啊！

最后，讲一讲"帛"。这个字的字形很简单，在丝织品家族的名字里，一般字形复杂的是某个专业的种类，而这种字形简约的，含义也不简单——它是丝织品的总称。一说"布帛"呢，就是棉麻制品和丝织品；一说"牺牲玉帛"呢，就是祭祀用的动物和玉器、丝织品。理论上是这样，但在古籍中出现的时候，帛大多数时候是用来写字画画的，叫帛书、帛画。帛书也叫缯书，这里又出现了一个麻烦的字：缯。缯和帛是一个意思，都是丝织品的总称，如果单独查缯这个字，《三苍》里记载："杂帛曰缯。"杂帛就是各种杂乱颜色的丝线织在一起的丝织品，可能因为颜色驳杂，所以品级相对较低。不过用浓黑的墨在上面书写，倒也没什么大的影响。现存最早的帛书来自战国时期，同时代的墓葬里也出土了竹简，说明当时的人是两种书写工具同时使用的。那么帛书较之竹简有什么不同呢？自然就是使用者的身份不同啦，想想看，使用丝绸制品，代表的是贵族身份。而且，即便是贵族，也不可能随便铺开一块丝绸在上面胡乱涂鸦。帛书记载的内容通常和祭祀、天象、神话等庄重的话题有关。结合咱们的课内知识想一想，《史记·陈涉世家》里说，当时陈胜起义，为了制造舆论声势，鬼鬼祟祟地"乃丹书帛曰'陈胜王'"。为什么贫苦农民起义还得费尽心思找一块帛来写这几个字？从自己衣服上扯下一块麻布来写不行吗？想要营造"高大上"的神秘氛围，要是没点儿文化，准备个道具都得穿帮。

> **语文教材链接**
>
> **九年级下册《送东阳马生序》：**"同舍生皆被绮绣，戴朱缨宝饰之帽，腰白玉之环，左佩刀，右备容臭，烨然若神人。"这句话是在强调自己和同宿舍的同学地位差距之大：他们都是贵族孩子，你看穿的衣服是锦绣织就的，戴的帽子上有珠宝点缀，腰间有白玉圆环，还配着刀……这几个元素都是贵族身份的象征。
>
> **高中必修下册《谏逐客书》：**"所以饰后宫、充下陈、娱心意、说耳目者，必出于秦然后可，则是宛珠之簪、傅玑之珥、阿缟之衣、锦绣之饰不进于前，而随俗雅化佳冶窈窕赵女不立于侧也。"这句话是李斯在劝谏秦王，一定要使用秦国出产的物件，如此一来，那些动摇人心智的奢侈之物就不会再出现在秦王身边了。由此观之，秦国武力虽盛，但在物产方面和贵族的生活品质上，的确比不上其余六国啊。
>
> **高中选择性必修中册《五代史伶官传序》：**"其后用兵，则遣从事以一少牢告庙，请其矢，盛以锦囊，负而前驱，及凯旋而纳之。"这句话是说庄宗从太庙中请出祖宗的箭，因其珍贵而用锦绣的包盛放它，可见锦的珍贵。
>
> **九年级下册《曹刿论战》：**"牺牲玉帛，弗敢加也，必以信。"这句话是鲁国国君说在祭祀的时候，自己敬奉神明的贡品都非常有诚意。其中的一项贡品是"帛"，可见其珍贵。
>
> **高中必修下册《阿房宫赋》：**"瓦缝参差，多于周身之帛缕。"这句是极言秦宫之奢靡，看来帛是秦王身上常见的穿着衣料。

> **高考文本对应**
>
> 2018 年全国 3 卷:"库吏盗丝多罪至死。"
>
> 2018 年浙江卷:"又况点墨濡翰、织制绮组之文以称儒,亦远矣。"
>
> 2015 年全国 2 卷:"衣锦昼游,古人所重,卿今是也。""陛下今幸江都,是臣衣锦之地。"
>
> 2011 年浙江卷:"帝善其言,赐缯锦百段。"
>
> 2021 年全国新高考 1 卷:"有司门令史受绢一匹,上欲杀之。"
>
> 2015 年安徽卷:"先生生世族,幼不喜纨绮之习,读书好古,视声利蔑如也。"
>
> 2021 年全国甲卷:"若欲货财,汉以玉帛赐单于,有故事,宜许之。"
>
> 2013 年上海卷:"明府摧折虐臣,选德报国,如其获罪,足以垂名竹帛,愿不忧不惧。"此句中的帛与竹并列,强调了帛的书写功能。

皮草。即便到了现在,也有一种说法是"有一种深情,叫东北女人和貂",可能皮草类制品在古代也是贵族的标配。貂这种神奇的小动物的皮毛,不仅东北女人喜欢,大文豪苏轼也喜欢:"锦帽貂裘,千骑卷平冈。"(《江城子·密州出猎》)

苏轼的这一句"锦帽貂裘"写得真好,不仅用锦呼应了我们刚刚讲过的丝织品,而且引出了古代另一个和皮草相关的字眼——裘。裘的字形采用衣字旁,说明它与衣物相关。它所指的范围比貂广泛,指所有的皮毛外衣。古人穿的裘和现在东北的貂皮大衣一样,是把带毛的一面露在外面穿的。但是这么一直露着可能会觉得难免有炫耀之嫌,所以他们行礼或者见宾客的时候,要在裘的外面加一件罩衣,把毛遮住,叫"裼(xī)衣"。在讲究一些的贵族人家,裼衣的颜色还要和裘的毛色相配。这里的"裼",是古人的一种中衣,类似现在的衬衣,天冷的时候在它里面穿保暖内衣,在它外面穿正装外套;天热的时候自然不需要穿保暖内衣了,那么就穿裼,再加上外面的正装外套。所谓"袒裼",就是把外衣脱掉,袒露身体,这是对别人非常不敬的行为。

自然,我们平时在一些演绎东北故事的影视作品里也见过,那些住在深山老林里的土匪,有时也是穿一身皮草呢,可他们并不是贵族。人家那叫靠山吃山,和是不是贵族没有关系。可是其他地方的人们呢?他们在冬天依靠什么来抵御寒冷?别忘了,我们之前讲过,到了明清,棉花种植才大规模普及。在一件棉袄都没有的年月里,有钱人家自然就穿狐裘、貂裘等高级的皮草大衣,一般的平民也会穿羊皮、狗皮之类。实在贫寒的人家,有往衣服里填充乱麻、柳絮、芦花的,防寒效果肯定很差,普遍流传的办法是睡觉前在铁锅里炒热一锅黄沙,把沙子铺在被褥下面,祈求能得一夜温暖。

> **高考文本对应**
>
> **2016年上海卷**:"在军常轻裘缓带,身不被甲,铃阁以下,侍卫者不过十数人。"
>
> **2011年全国大纲卷**:"帝遣使慰劳,赐裘帽,复遣中使赵成召鼎。"

**配饰**。我们现代人觉得那些珍贵的宝石、贵金属做成的配饰能彰显富贵身份,珠翠满头、手机镶钻的都是很富贵的人物。在这一点上,古代自然和现代也没什么差别。

但是古人不仅这样肤浅,还有许多现代人看似难以理解的"低成本"炫耀。《左传》里记载了这样一个匪夷所思的故事:春秋时期,齐国打败了卫国,一个叫仲叔于奚的大夫于卫国败军之际救出了他们的主帅。卫国国君自然很感动啊,说:"好同志,你想要点儿什么赏赐呢?寡人赏你一片土地怎么样?"土地啊,这是多实惠的赏赐,但是人家仲叔于奚推辞了。为啥呢?因为他要的是两件不起眼的东西:曲县和繁缨。

曲县,不要按照咱们现代汉语的语义,理解成某一个县。县的原意是悬，后来出现的郡县的县，是把人家这个字引申、联想过去用，用着用着鸠占了鹊巢，原本的悬挂之意慢慢消失了。曲县，其实就是曲悬，是悬挂的编钟。那曲是咋回事呢？当时，天子想要听个编钟演奏，编钟可以四面悬挂，前后左右，立体音效，被称为"宫县"；诸侯可以三面悬挂，看起来就像一个三面包围的曲线，被称为"曲县"（一称轩县）；大夫只能两面悬挂，被称为"判县"。我们现在有个词"判断"，判就是断的意思，因为是两面悬挂嘛，那中间肯定是断开的，所以叫判县。再低一个等级，士只能挂一面，被称为"特县"。"特"这个字其实就有单独的语义，比如我们说"特别""特殊"。因此特县就是一面悬挂，单声道，无混响。要曲县，就是要与卫国国君同等的诸侯专属娱乐待遇。

好吧，你要说编钟是古代挺名贵的乐器，摆在家里好歹还是个像样的物件，但是另一个东西——繁缨就让人大跌眼镜。缨就是穗子，你想想电影《小兵张嘎》里的红缨枪，缨不就是枪（中国古代的兵器枪，不是现代的兵器枪哦）上绑着的红穗子吗？不同点在于，仲叔于奚要的这个穗子是绑在马鬃毛上的，这也不值钱啊。但是当时的礼法规定，只有诸侯的马鬃毛才能绑上这种繁缨做装饰。与曲县一样，这也是在要求与诸侯同等的出行标准。故事讲得比较长，总的来说就是仲叔于奚同学虽然在全校运动会上拼搏进取，为班级立下汗马功劳，但是竟然要求把教学处发给老师们用的备课本作为自己的作业本。如果你是班主任，你能给他吗？孔子肯定第一个站出来反对，他曾经说过："唯器与名，不可以假人。"备课本属于典型的"名器"，就是标志着主人的身份，名与实必须相符，如果他一个学生今天用备课本写作业，那明天他是不是就得跳上讲台亲自"教书育人"了？虽然咱们现代社会越来越淡化身份问题，但他没有国家颁发的教师资格证，这也是不争的事实啊。这就是典型的名不正则言不顺，那后一步就应该是言不顺则事不成，否则就等同于天下大乱啦。

类似这些东西，古代特别多，天子的九鼎、冕旒就是。普通贵族也有

第二部分　张三的苦难岁月　　189

天子冕冠

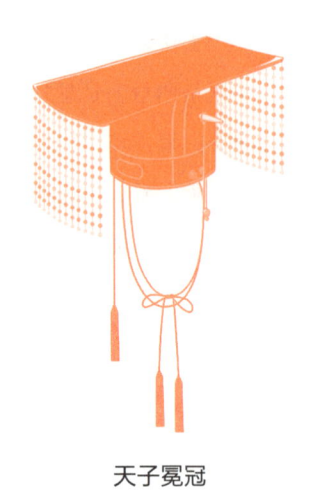

特权，比如他们头上的冠，百姓戴的就只能是头巾，贵族阶层也被称为"冠族"。

古代的冠种类挺多，质地、颜色和样式也各不相同。总的来说，冠是冕和弁的总称。最初天子和诸侯、士大夫在祭祀的时候都可以戴这种冕，但是等级不同，旒的数量也不一样。但后来冕和旒慢慢只限于帝王，所以冕旒也成了天子的代称，因此冕格外尊贵。它的特点是整体呈黑色，冠圈上面是一块平板，平板前后两边各垂吊数串玉珠，名"旒"。王维写的《和贾舍人早朝大明宫之作》就有这样一句"万国衣冠拜冕旒"，就是来朝拜皇帝的意思。

冠和现代人的帽子不一样，大多数冠是不覆盖整个头顶的，也就是一个冠圈套住束在头顶的发髻。后来有些冠覆盖面积大一些，比如官员的"乌纱帽"，那也不能与现代的帽子相比，还能暖暖和和地遮住耳朵。它怎么固定在头上呢？一个办法是用一根簪子，也就是笄，穿过头发固定；另一个加固办法是在冠的左右各绑一根带子，把带子在下巴下面打结，这样冠就稳固多了。这种带子叫缨。《史记》里记载："淳于髡仰天大笑，冠缨索绝。"就是说他笑得太放纵恣意，以至于下巴下面绑冠的带子都被撑断了。

## 语文教材链接

**八年级下册《核舟记》**："中峨冠而多髯者为东坡"，看来在古人眼中，苏东坡一直是戴着高高冠冕、又帅又仙的样子。

**九年级下册《邹忌讽齐王纳谏》**："朝服衣冠，窥镜"这个场景，是当时的贵族臣子早晨带好冠冕，穿戴整齐去上朝。戴冠，是必备的步骤。

> **高考文本对应**
> 2013年全国2卷："李揆字端卿，祖籍陇西成纪人，而家于郑州，代为冠族。"

古代贵族另一个身份配饰集中之处是腰间，不然怎么有个成语叫"腰缠万贯"呢？古代男性贵族的腰间，有这样几处细节来彰显身份。

第一，腰带。古代的服装没有松紧带，所有的下装要想不掉下来，都得用到腰带，那这东西自然是人人都有的。说起能够区分身份、地位的腰带，却不是这种穿在里面的私人用品，而是系在一体长衫之外的腰带。

所谓贵族，不就是在一切事物保证实用性的基础之上，玩出各种不实用的花样吗？先秦时期，贵族的腰带分成两个部分：革带和大带。革带，顾名思义，通常是皮质的，完全可以类比我们现代人的皮带。这种腰带质地硬，不仅起到束衣的作用，而且可以悬挂饰品，属于基本款。大带是纺织品，或布或丝，衬于革带之下，用作衬托、装饰。既然如此，大带的不同颜色、质地、纹样又能成为区分贵族身份的标志。东汉时期的郑玄在注释《诗经》的时候讲到先秦时期关于大带的习俗："大夫以上以素，皆广四寸；士以练，广二寸。"没有资格，也没有必要用大带，只系一条基础款皮带的平民百姓被称为"布衣韦带之士"。韦指皮革，成语"韦编三绝"说的不就是因为勤奋所以穿起竹简的皮绳断了很多次吗？

大带不仅包括腰间束腰的部分，还包括垂下来的一部分，这部分叫"绅"。这个字一看是绞丝旁，呼应了丝织品的属性。后来朝廷官员发现了它的妙用：他们把上朝用的笏板在闲时塞进绅和腰带的缝隙里，这样走起路来就可以解放双手，自由自在。"缙绅"这个词原本写作"搢绅"，其实提手旁的"搢"更容易理解，就是插的意思。日子久了，绅上插着笏板，缙绅就成了官员显贵的代称。不仅如此，那些配备了"绅"字的词，都是有钱有势的代表，比如乡绅、官绅。在他们当中，那些心狠手辣、欺压人民的，叫土豪劣绅；那些看上去文质彬彬，甚至曾经做过一官半职的有

**先秦时期的大带、革带、绅式样**

地位的人物,被称作绅士。因为士代表士人、士大夫,所以有读过书、做过官的语义。后来它被用作"gentleman"的汉语翻译,又带上了一股洋味儿。

随着时代的推进,服饰文化也有了不小的变化,古代男性腰间的大带文化也渐渐消弭,反而革带因其更容易装饰、垂挂渐渐成为主角。

革带上还可以镶嵌各种各样的配饰,有金、银、铜、铁、玉、犀角等,当然什么人用什么配饰,这也是根据等级来定的。革带上镶嵌的配饰,叫"銙"。看字形呢,金字旁表示金属居多,右边的"夸"字不仅是声旁,在表意上也是很生动的——这玩意儿就是为了夸耀嘛。

你可能觉得宋朝官员腰间挺宽的革带还得绕一圈半挺烦琐的,其实宋朝的革带已经是简化版。我们经常在古代的人物画上看到,很多人物在腰带上挂了不少东西。是的,这种挂东西的腰带,还有专门的名字——蹀躞(diéxiè)带。"蹀躞"两个字虽然乍一看不知道读音,也不明白意思,但大家能认出两个足字旁。这个和皮带有什么关系呢?蹀躞本是小步快跑的意思,至于它为什么和这种腰带有关,具体的来源已经不可考。我自己觉得腰上系着这么一大串东西,小步快跑的时候叮叮当当的,确实是个突出的特点。这是一种来自胡人的腰带,最初应该是用来携带物品的实用器具。

> **语文教材链接**
>
> 九年级下册《送东阳马生序》："同舍生皆被绮绣，戴朱缨宝饰之帽，腰白玉之环，左佩刀，右备容臭，烨然若神人。"这句话中，作者讲述当年求学之时同宿舍的同学们皆是贵族打扮，腰上装饰着白玉圆环，同时佩刀也是悬在腰间的。

> **高考文本对应**
>
> 2020 年天津卷："楚公少时尤苦贫，革带敝，以绳续绝处。"此句中可以看出楚公年少贫苦，他只有必需的革带。
>
> 2018 年浙江卷："高冠博带、广袂之衣，谓之儒邪？"此句中的"博带"，博为广博，是宽大的意思，博带指的是大带。
>
> 2013 年安徽卷："今足下弃反天性，捐冠带，欲以区区之越与天子抗衡为敌国，祸且及身矣！"此句中，捐是丢弃的意思。把冠和带都丢弃了，意味着丢弃了中华传统礼仪。
>
> 2011 年浙江卷："勔入朝，文瓘与属僚二人皆饯，勔赠二人以佩刀、玉带。""某放诞少检，故赠以带，俾其守约束。"
>
> 2016 年全国 2 卷："用以恐喝勔贵，簧鼓朝绅。"
>
> 2014 年湖南卷："缙绅大夫游于西山，必造其庐焉。"

第二，玉佩和香囊。中国文化讲究君子佩玉，很多男子会在身上佩戴玉。那佩戴在哪儿呢？也多是在腰间。佩玉不仅是为了好看，而且从整体上彰显了贵族的优雅仪态。

除了玉佩，常见的腰间配饰还有香囊。一般来说，这种散发着香气的精致小包裹，分明带着女性特点，古代男性为什么要佩戴呢？这个传统来自屈原，"佩缤纷其繁饰兮，芳菲菲其弥章"（《离骚》）。你看，屈夫子不是

第二部分 张三的苦难岁月

也把这些香囊佩戴在身上吗？《红楼梦》里，宝玉在大观园试才题对额中表现优秀，他的小厮们也知道主人今天心情大好，放肆地讨赏："一个上来解荷包，那一个就解扇囊，不容分说，将宝玉所佩之物尽行解去。"因为这些配饰除了扇囊是挂在扇子上的，其余是在腰间的，所以小厮们一见宝玉出来，第一个动作是"拦腰抱住"，这样才方便拆解这些宝贝嘛。

> **语文教材链接**
>
> 高中必修下册《鸿门宴》："范增数目项王，举所佩玉玦以示之者三"，这句话是说范增多次把自己腰间佩戴的一种叫作"玦"的玉器举起来，向项羽示意。

**纹饰**。在等级森严的古代社会，除去衣物、饰物本身，这些东西上面的花纹也不是随便使用的。说起这个话题，民间最熟悉的是皇帝专用的绣有龙纹的"龙袍"——龙嘛，真龙天子，龙袍肯定不是普通人可用的。对于我们这些学习过古代文化常识的文艺青年来说，还需要知道的一点是，龙袍也叫龙衮。衮也是指衣服，是对高贵衣服的一种有文化的说法。清朝有过一位权臣多尔衮，你觉不觉得他的名字一出口，就有一种莫名的霸气和贵气？"衮"这个字在金文中的构字方法和现代汉语一样，衣服的"衣"里包裹着一个王公的"公"。之前讲过，公、侯、伯、子、男是古代最初的五等爵位划分，公在其中居首。在春秋战国时期，各国诸侯在自己国家之内，无论本身是什么爵位，都会被尊称为"公"。那么"衮"这个字，顾名思义，就是这些高等级的贵族穿的衣服。贵族的等级之高，至少是诸侯级别。

我们为什么在"衮"这个字上停留这么久呢？因为它在古代文献里常

见啊。《和贾舍人早朝大明宫之作》里面有一句："日色才临仙掌动,香烟欲傍衮龙浮。"在《贺寿成皇后笺》里面有一句："衮龙兼彩服之纤,褕翟焕玉卮之奉。"这些"披上狼皮的羊"出现在眼皮底下时,咱不能发蒙不是?也容易想明白,古代文人写诗、作文,难免拍拍皇帝老儿的马屁,但是出于敬意,又不能指名道姓,龙袍不就成了最常用的借代吗?但是"袍"这个字太俗气,那些有文化的人非得想出个其他字让大家知道他们功底不俗。

　　深究起来,这种龙的图案多用于皇帝、皇后的衣服,尤其是到了清朝,只有皇帝和皇后穿的是龙袍。我们在一些熟悉的清宫戏里见过,贝子、贝勒们身上似乎也有龙的图案。我们仔细观察一下就发现,贝子、贝勒们身上的"龙"和皇帝身上的不一样:首先,爪子不同。贝子、贝勒身上"龙"的爪子只有四根指头,这是蟒,而不是龙。而皇帝龙袍上的"龙"的爪子有五根指头。其次,颜色不同。比贝勒、贝子等级更高的亲王、郡王穿的蟒袍上是五爪蟒,样子就很像龙了,但是衣服的颜色也不同。只有皇帝的龙袍是明黄色,其他人可以用杏黄色、金黄色、石青色。最后,总体数量不同。皇帝是"九五至尊",通身的龙会有九条或者更多,但是蟒袍上蟒的数量,按照等级的不同,从五条到八条不等。

　　进一步拓展,古代对于不同等级贵族的服饰纹样其实相当讲究,什么龙或者蟒的区别都算是小儿科。更为全面、正式的规定是所谓的"十二章纹"。它是什么意思呢?文言文功底好的人能看出来,这里的"章"和"纹"基本是一个意思,都是指花纹图案。初中学过的《捕蛇者说》里有一句"黑质而白章",这不就是说这条蛇是黑底色白花纹吗?所以十二章纹就是十二种图案:日、月、星辰、山、龙、华虫(有一种说法指雉鸟,就是那种特别漂亮的山鸡)、宗彝(yí,画着虎和蜼图案的酒杯)、藻(海藻)、火、粉米(白色米形的纹路,碎者为粉,整者为米)、黼(fǔ,像个斧头)、黻(fú)。仔细看看这几个字,对于初学者,没有必要会写,但是见到了得

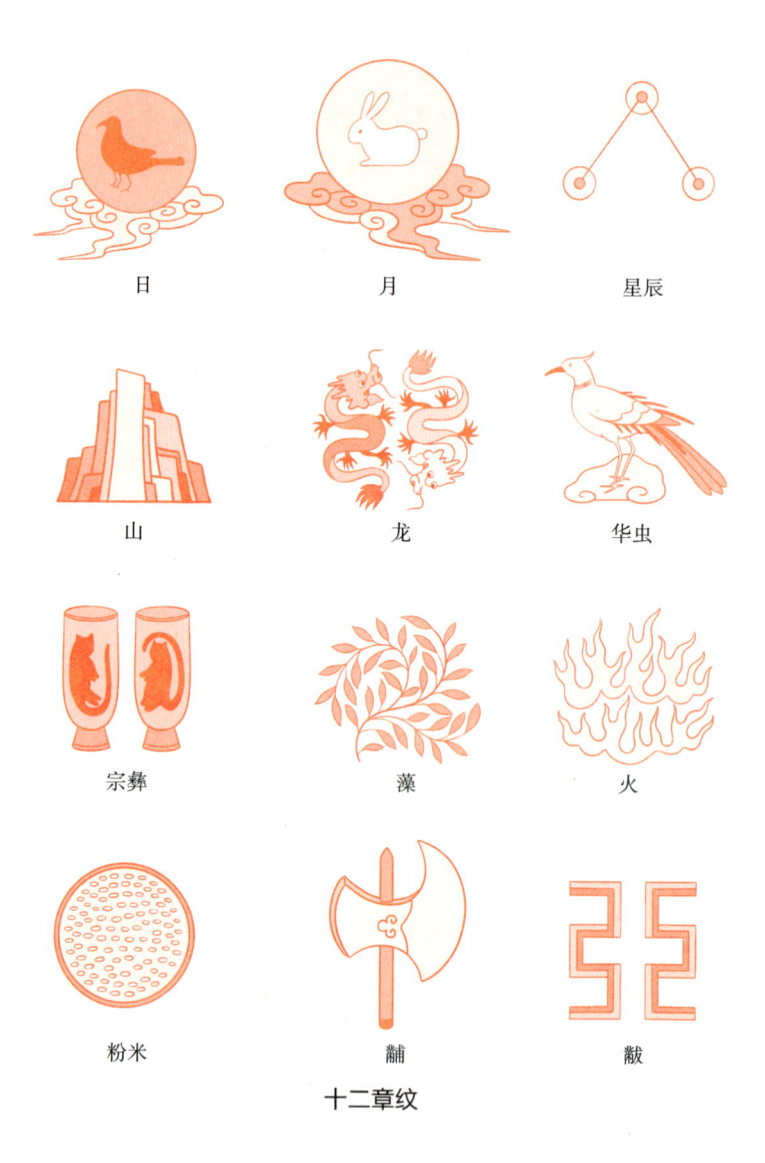

| | | |
|---|---|---|
| 日 | 月 | 星辰 |
| 山 | 龙 | 华虫 |
| 宗彝 | 藻 | 火 |
| 粉米 | 黼 | 黻 |

十二章纹

知道来处。自然，为了严谨，还得找补一下，因为历史太长，所以这十二章纹在不同朝代的具体纹样并不完全相同。

那这十二种纹样怎么用呢？原则是向下兼容。地位越尊贵的人可用的越多，地位越低的人可用的越少，天子自然都能用。宋、明皇帝的龙袍上就有很明显的十二章纹，清朝皇帝的龙袍上也有，只是藏于繁复的花纹中，不显眼。那其余身份的人究竟用哪种呢？除十二章，还有九章、七章、五章、二章之别，在不同场合，古代礼法有不同规定，比较繁复。我们对待它的原则就是：看见这些东西，知道这是古代贵族衣服上的纹样就够了。比如看《红楼梦》，贾政的正堂客厅里有一副对联："座上珠玑昭日月，堂前黼黻焕烟霞。""黼黻"是指来宾服装上华丽丽的花纹，那整副对联的意思就是说：我家在座的各位宾朋都是珠翠满身、富贵逼人！我们不能这么庸俗，重来：我家在座的各位宾朋都谈吐不凡、字字珠玑，他们身穿华丽的贵族纹样服装，让我家堂前升出朵朵五彩祥云。

> **高考文本对应**
>
> **2014 年上海卷：**"视衮龙之文，然后知被褐之陋；涉庠序之教，然后知不学之困。"
>
> **2013 年全国 2 卷：**"龙章凤姿之士不见用，獐头鼠目之子乃求官。"

- 食

有些事，说起来是个笑话，但故事的背景，越想越心酸。话说两个穷人坐在地头"开脑洞"，猜想皇帝的生活是什么样的，其中一个人说："皇帝肯定得用金锄头锄地。"另一个说："我要是当了皇帝，早上怎么也得做两碗豆浆，喝一碗，倒一碗。"你看，这种笑话的背后其实是古代社会的巨大阶层差异。另一个阶层的人过着什么样的生活，底层百姓无论怎样"开脑洞"，可能都想象不到。在食物这方面，也是一样的道理。《红楼梦》里的一道名菜——茄鲞（xiǎng），刘姥姥光是听听它的制作方法都要说一声阿弥陀佛了。

咱们现代社会的城市人，动不动就想找一些养生茶来喝，因为这些茶的重要功效是减肥刮油，俨然个个家里伙食了得。现代人这些口腹之欲的享受，依赖的是科技的飞速进步，以及全球一体化的便捷。我国现在最常见的肉猪——大白猪，是二十世纪六七十年代从英国引进的品种，在此之前，中国人吃的是传统的黑猪肉。通过圆明园十二生肖兽首中的猪首，我们还能看出来，这种猪在外貌上和野猪还是有一定的相似性的，长长的鼻子，远没有大白猪那般憨傻呆萌。这种引进的大白猪成年公猪的体重为300~450千克，母猪为200~350千克，而咱们传统的成年黑猪的体重不到100千克。不说山珍海味，就单单是猪肉，在古代也不是什么人都能吃得着的。

食物的话题从猪开始，大家比较熟悉，其实古人圈养的牲畜还有其他一些，主要包括马、牛、羊、鸡、犬，加上提到的猪，也就是豕，统称"六畜"。这个知识点不用太费劲普及，我们小时候背《三字经》就已经烂熟于心了："马牛羊，鸡犬豕。此六畜，人所饲。"

这里面唯一比较复杂的还是猪，因为它在文言文里出现时面目众多：豕（shǐ）、豚（tún）、彘（zhì）、豨（xī），这几个字指的都是猪。《三字经》和"六畜"里用的是豕；《孟子》里"鸡豚狗彘之畜"，用的是豚和彘；《鸿门宴》里"赐之彘肩"，用的是彘，彘肩就是大肘子；《墨子》里"言则称于汤文，行则譬于狗豨"，用的是豨……这种复杂的状况源于猪这种动物被养得太普遍，不同地域或者不同时代有不同叫法罢了，我们没有必要太仔细地区分，见到了，知道是什么就好。如果有特别较真的，也可以了解一下：豚指小猪，彘指大猪。

在那些吃不到荤腥的百姓人家眼里，所谓贵族，就是能吃上肉的人，"肉食者"就是典型的贵族代称。"膏粱"的字义也与肉有关，膏粱就是肥肉和细粮，也是富贵人家的代称。在中国文化里，哪怕是富贵人家，也讲究节俭之道，吃得好归吃得好，但也不能太贪，否则便称"饕餮"（tāo tiè）之徒了。饕餮是一种特别能吃的猛兽，不过它再凶残，也挡不住人们对美食的向往。从古至今，那些贪吃且会吃还能吃出情趣、吃出美感的吃货，会管自己叫"老饕"。最著名的例子就是人见人爱的大文豪苏轼写的："盖聚物之夭美，以养吾之老饕。"这句得意扬扬、美滋滋的话出自他的《老饕赋》。

### 语文教材链接

**九年级下册《曹刿论战》**："肉食者谋之，又何间焉？"这句话是乡人问曹刿："人家当官的人谋划打仗的事，你去掺和什么？""肉食者"就是当权者、贵族阶层。

### 高考文本对应

**2021年全国乙卷**："行刑之日，尚食勿进酒肉，内教坊及太常不举乐。"
**2020年天津卷**："厌藜藿，慕膏粱，往往更以上世之事为讳，使不闻。"
**2015年湖北卷**："而其后也，甚或出于饕餮之所不为。"
**2012年四川卷**："啖酒肉，肆为奢僭。"

虽然六畜需要百姓辛辛苦苦饲养，但是所谓"陶尽门前土，屋上无片瓦"，在生产力不发达的时代，古代劳动人民难得吃上肉，那他们吃什么呢？与六畜相对应的有"五谷"，顾名思义，就是五种不同的谷物，作为饱腹的主食。想想也知道，历史上五谷的概念很乱，因为不同的时代、不同的地域，人们耕种的主要农作物自然不同。比如黍（shǔ），在几十年前还是我国北方省份居民很重要的主食，现如今，小孩子已经不知道这是什么东西了，需求减少，种植范围自然急剧缩小。在古代漫长的岁月里，五谷一定经历过很多类似的变迁。咱们姑且以郑玄注释的《周礼》为准吧，也了解一下当时人们的主要食物："五谷，麻、黍、稷、麦、豆也。"

穷苦百姓在漫长的历史中也不是任何时候都吃得上五谷，填不饱肚子，实在没的可食，他们就只能挖野菜、扒树皮了。有一个词叫"藜藿"（líhuò），都是草字头，而且字形也复杂，好像一团乱麻。对，这就是指百姓饥饿难耐时拔野菜叶子煮汤喝的粗劣食物。《韩非子·五蠹》里有一句："粝粢之食，藜藿之羹。"前半句的"粝粢"（lìzī）是指粗粮。

除去入口的东西，烹饪、盛放饮食之物的器皿也会透露出贵族和庶民的区别。

鼎，就不是一般平民可用的。我们在历史课本里见过的著名鼎是"后母戊"青铜方鼎，器型硕大，这已经是鼎演变成庙堂礼器的产物。鼎最初是一种炊具，用来煮肉、盛肉。鼎一般有三足，在足支撑起来的下部分空间里可以烧火，从功用上来说，就是个自带灶台的锅。鼎看起来设计得挺好，真用它吃起肉来，吃相却是比较原始、野蛮的。等肉在鼎里煮熟，大家用匕首扎在肉上，把肉捞出来，然后放在俎（案板）上切来吃。"人为刀俎，我为鱼肉"的说法就是这样来的。当时的贵族吃肉，有几种不同的肉，就用几个鼎来煮。但是对不同身份等级的人也有要求：天子可以用九个鼎，诸侯可以用七个鼎，其他等级依次递减两个。"一言九鼎"就是这样来的，意思是说天子是用九个鼎吃饭的人，说话最有分量。"钟鸣鼎食之家"的说法，也是据此来的。在现代人眼中，用九个鼎吃饭真不是什么美事。用九个鼎吃饭并不像我们现在吃大餐一样，点九个菜，五荤四素，享八方美味，而是用白水煮不同的肉，一字排开：白水煮鸡、白水煮鸭、白水煮牛、白水煮羊、白水煮鹿……啧啧啧，其实先秦时期的天子过的也不是资深老饕的好日子，还不如我吃碗螺蛳粉香呢。鼎象征着身份和地位，慢慢地越铸越大，即使不用来煮肉，单单摆在那儿也是身份的象征。当年楚庄王仗着自己兵强马壮，只不过打听了一下周天子的鼎有多大多重，便被视作流露出觊觎天下的野心。

> **语文教材链接**
>
> **高中必修下册《阿房宫赋》:** "鼎铛玉石，金块珠砾，弃掷逦迤，秦人视之，亦不甚惜。"这句是说秦统一天下之后，把天下的珍宝据为己有，却暴殄天物，把珍贵的鼎当作普通的锅用，把玉看作平常的石头。

> **高考文本对应**
>
> **2020 年浙江卷:** "韩愈之文如先王之衣冠，郊庙之鼎俎，至其放逸超卓，不可收揽。"

有肉的场合，怎么少得了酒？古代的盛酒器也花样繁多，文献里常见的有尊、觥、觚、爵、觞等。

尊，也写作樽，是商周时期的一种大中型盛酒器，咱们熟悉的是四羊方尊。其实只看四羊方尊的个头就能猜到，这不是用来饮酒的器皿，而是个礼器，是在祭祀场合盛酒供奉用的。

尊

觥（gōng）字和觚（gū）的部首一样，但长相大不相同。觥长得像个威风凛凛的小动物，后面还有个方便端起的把手。它是实际饮酒过程当中使用的器皿，成语

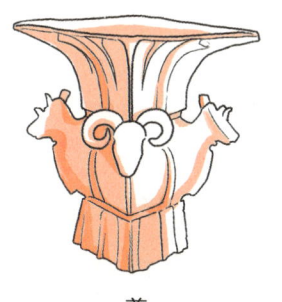

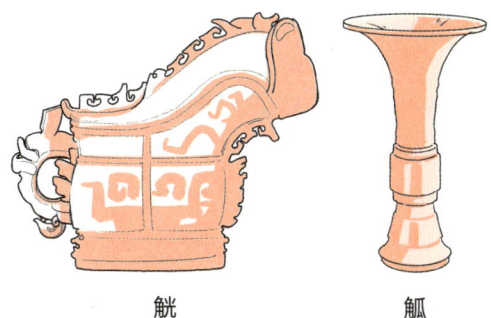

觥　　觚

第二部分　张三的苦难岁月　　201

"觥筹交错"说的不就是人们酒酣之时，这种小动物形状的酒杯和酒筹摆得满桌子都是吗？觚作为酒器，到西周中期已经十分罕见了，具体是怎么使用的，我们也只能推测一下。它的形状非常高挑舒展，看上去就不太像实际宴饮当中会用到的酒器，它上宽下窄，如果重心不稳，就不太容易立住。另外，我们在文献中见到它，印象比较深刻的是贾府里的陈设——"汝窑美人觚"的花瓶，里面插着时鲜花卉。根据这一串内容，我猜测它诞生之初可能也是礼器。

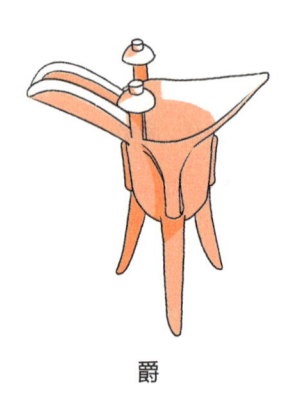

爵，是我们在古装剧里见得最多的古色古香的酒器，确实历史悠久、身份高贵。想象一下，古人举起这样的酒器，举头扬手，一饮而尽，确实潇洒。爵，不但可以用来喝酒，还可以用来温酒。它像鼎一样下面有三足，就可以在足下烧火，把里面的酒烧热。衡量地位高低的"爵位"一词，也是从它的高贵用途引申而来的。

爵

关于觞（shāng），人们最熟悉的莫过于王羲之在《兰亭集序》里记载的流觞曲水。从现代人喝酒的器具来看，很难想明白酒杯是怎样浮在河上顺流而下还能不倾倒的，看到觞的样子就恍然大悟了：它就像个敞口的扁碗，两边各有一个"耳朵"，作为举觞的把手，此酒器也被称为"耳

觞

杯"。与前几种酒器相比，觞就亲民多啦，即便是大贵族家的王羲之，他玩流觞曲水的游戏时所用的觞也得是木质的，才好漂浮起来。综上，它的应用范围比前几种大很多。不过，如果不是用在水里玩游戏的话，用别的材质，比如玉、瓷来制作，这样的觞也有不少。

### 语文教材链接

**高中选择性必修下册《归去来兮辞（并序）》**："携幼入室，有酒盈樽。"这是说陶渊明返回田园的家中时，酒杯里已经倒满了酒。细细想来，在田园生活的场景中，原本不应该出现"樽"这种高贵的酒器，出现了两种可能：一是，在陶渊明生活的东晋时期，"樽"已经泛指酒器；二是，陶渊明出身于贵族之家，并且受到过良好的教育，所以"樽"对于他来说并不陌生，即便眼前的酒器不是真正的樽，但是在他眼里，也与那用于庆祝和典礼的尊贵酒器"樽"没有二致。"引壶觞以自酌，眄庭柯以怡颜"这句中提到的"觞"同为酒器，但相对而言，尊贵程度就比不上之前的"樽"，更接近日常所用了。

**九年级上册《醉翁亭记》**："觥筹交错，起坐而喧哗者，众宾欢也。""觥"是太守欧阳修宴请众位宾客时用的酒器。

### 高考文本对应

**2018 年天津卷**："舟棹徐动，觞咏半酣，飘然恍然。"

**2013 年山东卷**："令人爱玩忘死，兼之可琴可奕，可挈尊罍而饮，无不宜者，君复为构环中亭。"

**2012 年福建卷**："觥筹无算，谈笑甚欢。"

上面说到的这些饮食器物，多是贵族专享，平民的一餐一饮相比而言就简陋多了，一般用的是陶制的鬲、盆、盂、罐。

### 语文教材链接

**三年级上册《司马光》**："群儿戏于庭，一儿登瓮，足跌没水中。众皆弃去。光持石击瓮破之，水迸，儿得活。"司马光砸缸这个故事里提到的瓮，就是在北宋时期百姓生活中常见的陶制水缸。瓮是一种口小腹大的器皿，而缸的口通常更大一些，但两者都是陶制的储水器皿。因为陶制品的质地较脆，所以机智的司马光才能用石块打破瓮体，救出小朋友。司马光虽然出身于官宦家庭，但几个孩童日常玩闹的庭院里摆放着的水瓮，却是民间常见之物。古人习惯用造价低廉的水瓮储水，用于日常生活的饮用、清洁，或者在庭院放置常年储水的水瓮，以防木质建筑起火时，临时从别处取水灭火不便。当时司马光的那位童年小友，就是不慎跌入了这种储水的水瓮中。

- 住

之前我们讲过，不同等级的古代贵族吃个饭都有属于自己等级可用的器皿，那房子这么大的物件当然少不了相应的区分。

看不同人家住的地方叫什么名字，就能大概了解他的社会地位。比如张三家住的是某某府，李四家住的是某某宅，通常说明张三家的社会地位高于李四家。

宫，比较大，是皇家的专属居处，这是第一梯队。这个在讲宫殿的部分详述过，这里不再重复。

府、第、邸（dǐ），基本属于第二梯队，都是高等级的住宅。《宋史·舆服志》记载："执政、亲王曰府。"在宋代，"执政"指的是宰执这一掌管国家行政大权的重要官员，他们的住处可以称为府。亲王是王爵当中最高的级别，一般得是皇帝的亲兄弟、亲叔伯，他们的住处也可以称为府。府的等级虽高，产权却一般是归于皇家的。也就是说，这个房子不是归居住者私人所有，而是皇帝划了这片地方给他们居住而已。尤其是皇亲们住的府，通常是由皇家的内务府统一管理，按照皇帝的旨意安排。

**语文教材链接**

**九年级下册《出师表》**:"宫中府中,俱为一体,陟罚臧否,不宜异同。"

**高中必修下册《鸿门宴》**:"籍吏民,封府库,而待将军。"这上下两处的"府",根据上下文可以看出来,都不是居住用的,而是有很强的"官府"属性,是政府的办公部门。所以在实际语境中,需要严格区分。

**高考文本对应**

**2014年山东卷**:"元末,方国珍起海上,不能制,以重位授之。国珍开府庆元,求士为己用。"

**2012年江苏卷**:"已而中贵人至府,传上旨,以宗为书手,公据法不奉诏。"

第的等级也很高,文言中就经常把"府第"放在一起组词。在南方一些保存得比较完好的古建筑中,我们还能看到"将军第"的字样。与府不同的是,这里第是指将军的私家宅院,就是将军的私产。

**高考文本对应**

**2014年全国1卷**:"遣谒者内常侍吴承倩就私第宣慰。"

邸也是高等级的住宅,文言文里除了"府第","府邸"也是常见的。让人感到诧异的是,我们小时候学过一首诗——《题临安邸》,就是"暖风熏得游人醉,直把杭州作汴州"那一首,作者是林升。还记得小时候学这首诗时,老师要求背会文下注释,有一条说邸是客栈的意思。这首诗就是作者在小旅馆里写的,所以诗名才叫"题临安邸"。那多年没见,平凡小旅馆咋还摇身一变成了高级住宅呢?这就是咱们不厌其烦地讲汉字源流的原因,你不明白根源,可不就容易在这些八竿子打不着的不同字义上犯迷糊吗?"邸"这个字的左半边,其实是抵达的"抵"的缩略写,这个字的本义是人抵达了要落脚的地方，那可不就能演化出旅店、临时住所的意思吗？还有一个细节，咱们之前讲分封制的时候，不是讲周天子分封出去的那些诸侯每年都得回来朝见一下周天子吗？如果这些诸侯身体不好来不了便派出高级使臣，他们在国都也得有个地方住啊。对了，邸就是指这些人的临时住处。既然是为了迎接这些贵客的，即便是临时住，那也不能含糊，这个字就演化出了高级住宅的意思。

> **高考文本对应**
>
> 2015 年安徽卷："每过其居邸，绳床药灶外，唯经纶数卷而已。"
>
> 2012 年北京卷："恐不复生，无以报厚德，囊有黄白金四十余两，在故逆旅邸，愿自取之。"

接下来的第三梯队是宅。《宋史·舆服志》记载："余官曰宅。"这就是说除了执政、亲王，其余普通官员的住所叫作宅。宅比不上府气派，但在普通百姓眼中，那也算得上是豪门大户了。组起词来，住"宅门""宅院"的一听就不是普通人家。还有"府宅""宅邸""宅第"，也是经常和第二梯队并称的。

> **高考文本对应**
>
> 2018 年全国 1 卷："帝以芝清忠履正，素无居宅。"
>
> 2017 年全国 1 卷："九年，东乡君薨，资财钜万，园宅十余所。"
>
> 2015 年全国 2 卷："仍令三品已上并集其宅，酣饮尽日。"
>
> 2013 年湖北卷："此是我私宅，汝欲有所言，明日当诣政事堂。"

第四梯队是家。《宋史·舆服志》记载："庶民曰家。""家"这个字的甲骨文字形，上面的宝盖头是一个房子的轮廓，下面是一头猪。这是典型农耕社会里家的样子：外面种了几亩田地，家里养着鸡豚狗彘，夕阳西下的时候，房顶上升起袅袅炊烟，这样舒舒服服、有老婆孩子热炕头的日子，就能过起来了。

> **语文教材链接**
>
> **四年级下册《囊萤夜读》**："家贫不常得油"，车胤的家中连油都是稀缺物品，这样的情况称为普通百姓的"家"是再合适不过了。
>
> **八年级下册《桃花源记》**："见渔人，乃大惊，问所从来。具答之。便要还家，设酒杀鸡作食。"这是桃花源中的村民见到渔人之后邀请他去自己家中。普通村民的住所用"家"，也是合情合理的。

> **高考文本对应**
>
> 2020 年全国 3 卷："疾疫之年，家无不染。"
>
> 2019 年全国 2 卷："秦民大说，道不拾遗，山无盗贼，家给人足。"
>
> 2019 年全国 3 卷："坐射起而夷宗死者七十余家。"

第五梯队的成员有舍、庐、寓。上一个梯队里的家已经是庶民的住所了，怎么还有比这个更低的呢？当然有，想想看，人家家里还养着猪，说明日子过得挺不错的呢，虽然不豪华，但也是殷实稳定的。这一梯队的几个成员可没这么殷实，处处透着走风漏气的漂泊感。

"舍"这个字的金文字形呢，上面是一个特别简单的房顶，下面由一根柱子支着。这一看就不是啥好住处，怪不得好几个人挤一间屋的那种叫宿舍呢。

庐这种建筑，你印象最深的是谁在里面住过？"南阳诸葛庐"，诸葛亮住过，就是当时刘备"三顾茅庐"的那个地方。你看，茅庐，就是茅草房子。"庐"的金文字形如图所示，和"家"比起来，这墙都

第二部分　张三的苦难岁月

塌了一边。里面的内容比较复杂，不多解释了，那是个小炉子，能烧火做点儿饭，因此庐的发音是 lú。庐原本指山野供猎人短暂停留、田地里供种瓜大爷看守庄稼、服丧期间守护坟墓而临时搭建用来居住的小屋。

"寓"这个字，咱们先用它组个熟悉的词——寄寓。说到寄，我们又会想到寄托、寄居、寄人篱下……寓既然能和它凑在一起，说明它们在字义上是有共同点的。寓原本也指寄居，后来字义经过演化，不再和寄居相关，就是表示一种住所。可想而知，这肯定不是什么能使人安稳生活的好房子。

## 语文教材链接

**九年级下册《送东阳马生序》**："至舍，四支僵劲不能动，媵人持汤沃灌，以衾拥覆，久而乃和。寓逆旅，主人日再食，无鲜肥滋味之享。"这句话中的"舍"，是学生居住的宿舍，看情形，居住条件比不上正式的房屋。"寓逆旅"是说寄宿在旅店之中，"寓"就是临时居住的意思。

**七年级上册《诫子书》**："悲守穷庐，将复何及！"这句话是诸葛亮在训诫自己的儿子，他说如果不努力，成了无所作为的人，到那时困守在自家狭小的穷家破舍里，就算是悲伤叹息，也来不及了。这一方面是谦称自家条件有限，另一方面也是在讲道理：不好好努力，就没有好房子住啊。

## 高考文本对应

**2017 年全国 3 卷**："辟公舍以待来诉者，士无留难。"
**2016 年浙江卷**："忽有门入，途径甚宽，至一精舍，藏书万卷。"
**2011 年安徽卷**："户部思寄之僧舍，已而以其顽，闭之空室中。"
**2020 年天津卷**："晚归鲁墟，旧庐一椽不可加也。"
**2020 年江苏卷**："尔父累俸，稍拓田庐。"

> **2018 年全国 3 卷：**"民图像于庐，而奉之如神。"
>
> **2014 年湖南卷：**"孟祥尝结庐数椽，覆以白茅，不事华饰，惟粉垩其中，宛然雪屋也。"

• 行

　　行是指出行。平民百姓的话，那就没什么可说的，古代没有自行车，也没有"小电驴"，出门就用腿。但是贵族有车作为代步工具。说起古代的车，其实是泛指，除了有轮子，有个轿厢（古称舆），前面得有马拉着走才行。不同等级的贵族，对车的轿厢部分和马这一部分都有不同的规定。

　　先说马，先秦时期拉车的马的数量根据身份等级有所区分。周王乘坐的车由六匹马拉，诸侯是四匹马，大夫是三匹马，士是一匹马（此处有争议，另一种说法是从天子到大夫都是四匹马，士是两匹马）。两匹马驾车叫作"骈"，就是成双、一对的意思，后来的"骈文"一词就源于此。我们熟悉的成语"驷马难追"，意思就是四匹马拉的车都追不上。那如果是六匹马拉的车呢，岂不是要上天了？不至于，六匹马是出行工具的最高等级，是天子专用的，而天子如此出行也不是为了跑得快，偏向礼仪性质的隆重。

　　马一旦是三匹或者四匹，就分为中间的马和两边的马。中间的马叫服，两边的马叫骖[cān，另有一种说法，服左边的叫骖，服右边的叫騑（fēi）。王勃的"俨骖騑于上路"就是源于此]。中间的马比较辛苦，因为它们负责引辕，而且被固定在车上很不舒服，它们为车的前进提供主要动力。两边的马，除了给马车提供次要动力，还负责引着整个马队拐弯。

　　有个比较冷门的成语，叫"服牛骖骥"。说的就是牛在中间拉车，作为服，马在两边，作为骖，两者速度不同，节奏各异，显然没办法配合。这事儿说起来既不能怪牛，也不能怪马，因为它们各自拉得十分卖力。想

第二部分　张三的苦难岁月

要把车拉好呢，主要得后面的主人想想办法，换成清一色的牛或者清一色的马。

> **语文教材链接**
>
> **高中必修上册《劝学》**："假舆马者，非利足也，而致千里。"这里的"舆马"，就是马车和拉车的马。
>
> **高中选择性必修中册《苏武传（节选）》**："武气绝，半日复息。惠等哭，舆归营。"这是苏武拒绝招降而拔剑自尽，受到了大家的尊敬，所以能有用马车载着运回营地的待遇。

> **高考文本对应**
>
> **2013 年安徽卷**："居天下之膏腴，人众车舆，万物殷富。"
>
> **2013 年江西卷**："此农家所嫁女也，不能具肩舆，以牛代行也。"此句中的"肩舆"，顾名思义，肩上的车厢，就是轿子。
>
> **2017 年江苏卷**："事母以孝闻，贫无菽水，则卖文以养，左右服劳，不辞烦辱。"服可以解释成在母亲左右侍奉。这种"贫无菽水，则卖文以养"的辛苦，就颇合"服"这个字的艰苦含义了。

古代也有牛拉的车，不过牛车一般是用来拉货的，在两汉以前贵族肯定是不肯坐的。

还有些奇葩的流行风潮，比如用羊拉车。也有一些臣子是坐着羊车上朝的。不论如何，羊车这种东西，不是皇帝裘马轻狂的纵欲，就是臣子们标榜个性的闹剧。

在皇宫里，皇帝、皇后还有另一种专用的代步工具——辇。辇是车字底，最初它和车一样是有轮子的，后来改成人工肩扛，也叫步辇。在偌大的皇宫，皇帝坐着轻便的步辇穿梭于各宫各殿，很方便。

> **语文教材链接**
> 
> **高中必修下册《阿房宫赋》：**"妃嫔媵嫱，王子皇孙，辞楼下殿，辇来于秦。朝歌夜弦，为秦宫人。"这句话中的"辇"，就是当时六国贵族所用的交通工具。
> 
> **高中选择性必修中册《苏武传（节选）》：**"前长君为奉车，从至雍棫阳宫，扶辇下除……""扶辇下除"就是手扶着皇帝的车辇下台阶的意思。

• 数量

有句话叫"物以稀为贵"，换到人的角度来看呢，我们也不太能解释清楚内在的因果关系：是因为贵所以稀少呢，还是因为稀少所以贵重？这类似鸡生蛋还是蛋生鸡的话题，讨论起来既无必要也没意义。从常识来判断，贵族在人数上一定是稀少的，而普通百姓肯定是数量众多的。这种情况在历朝历代、古今中外别无二致。因此，文言文中区分贵族和百姓的另一个系列，是从数量的角度来说的。

在百姓这一边，以下几个字很重要——黎、庶、草。

"黎"在金文里的字形如右图，左边是一颗长满了谷粒的黍米，右边是一把刀，两者合一，就是收割了满满当当的黍米之意。想想看，抖一抖这个米穗，成熟的谷粒哗啦啦掉得满坑满谷，自然而然会引申出众多的意思。拓展一下，有人会好奇我们现在说的"黎明"不也是这个黎吗？这个意思和收割谷粒有什么关系？此意来自刚刚收割的谷物的颜色——黑中泛黄。想想看，黎明时分，太阳还没升起，往东方地平线看一看，是不是就是暗黑的天色中隐隐透出一点点黄色光晕？《墨子·备梯》里面描绘了一个叫禽滑釐的人，还说他"面目黎（黧）黑"呢。很精准，黑中带黄，还真的就是咱们黄种人里偏黑肤色的样子。你还记得之前讲过的"黔首"吗？另一种

说法在这里:"黎首"照样是黑脑袋的意思,指代平民百姓。这又是一个生动的例子。中国文字的发展历史太长了,同样一个字会有很多表面看上去莫名其妙、毫不相关的意思,看起来很难理解和记忆,但深究起来,其实都源于文字诞生之初的本义在各个角度的引申。

"庶"这个字在甲骨文中的字形(如左图),比较好认的是左半部分,像一团火,现代汉语中的"庶"字有四个点,就是由这一团火演变而来的;右上边的这个直角三角形是一个石头垒砌的灶,在甲骨文里,这个构字组件是用来表示岩石的,将它旋转一下,是不是和现代汉语中的"石"字形也挺像?为了方便记忆,我们把这两个字组合在一起,一股浓浓的日常生活气息扑面而来:石头垒起灶台,烧火做饭,下一个场景就应该是"又见炊烟升起,暮色罩大地"了吧?这不是我们心目中最平常的有烟火气的生活方式吗?实际上,这个字是"煮"的初文,因为古音相同或相近,"庶"就借走了"煮"的字形。

接下来的事,就是调动语言库存,尽情地用这两个字组词。首先不用你说,它俩放一起——"黎庶"或者"庶黎"——本身就是表示平民百姓的词,还有庶民、庶人、庶萌(百姓,"萌"通"氓")、黎氓、黎甿(黎民)、黎首。

还剩最后一个"草"字,这个字表示平民,特别容易理解。一来是说漫山遍野、数量众多,二来是"没有花香,没有树高",指代平民再合适不过。典型的例子是"草民",草民居住之处叫"草莽"。

> **语文教材链接**
>
> 高中必修下册《谏逐客书》:"王者不却众庶,故能明其德。""众庶"就是百姓。
>
> 高中选择性必修上册《大学之道》:"自天子以至于庶人,壹是皆以修身为

本。"此处的"庶人"是指百姓。

**九年级下册《出师表》**："先帝不以臣卑鄙,猥自枉屈,三顾臣于草庐之中,咨臣以当世之事。"庐本就是很简易的房屋,加上一个草字,一方面凸显诸葛亮的自谦,另一方面强调了他当时的平民身份。

**高考文本对应**

**2018 年天津卷**："忧黎庶,有善政,不闻胜概。"
**2018 年全国 2 卷**："涣丧西归,道经弘农,民庶皆设盘案于路。"
**2015 年四川卷**："今四海一统,万里同轨,熙熙兆庶,咸休息乎太和之中。"
**2011 年湖北卷**："宜从公卿大臣之议,以息众庶。"

相应地,表示贵族人数稀少的字眼,并不是简单的"稀"或者"少",这两个字看起来势单力孤,好似要断子绝孙。文言文里表达此种意思常用的是"豪",有点出乎意料吧?"豪"这个字不是和"豪情""土豪"之类的事物相关吗?我们还是先来追根溯源,看看它的本义。"豪"这个字的甲骨文字形特别逗,大家通常会聚焦在其下半部分这个如幼儿园小朋友简笔画一样的图案上——这是一头猪。上半部分看着是不是特别像现代汉语里的"高"?对,它就是高。两者组合在一起,意思和一种特殊的、能竖起又高又尖又硬的毛发的猪——箭猪——相关,要么指这种猪,箭猪也叫豪猪,要么指这种猪身上尖尖的毛发。从前一个角度引申,那字义就明显和这种猪的性格相关:嚣张豪横,然后引申出与此相关的一系列字义。从后一个角度引申呢,就和另一个字——"毫"是一样的意思。其实不单单是一样的意思,字也原本就是一个字。《庄子·齐物论》里

有"天下莫大于秋豪之末",这里的"秋豪之末"不就和现在的毫毛是一样的吗?"豪"和"毫"两个字在很多文献里是相通的。毫本身就是从豪演化而来的。秦始皇统一文字之前,各地文字的使用相当随意,有些人为了强调"豪"字"动物长而尖端细的毛"这方面意思,就专门把下半部分写成毛。

好,理解了"豪"这个字的本义,我们再想想看将两个角度的意思结合一下:像毫毛的尖端一样小,引申为数量稀少;性格、脾气又像豪猪一样嚣张豪横。这不就是百姓眼中贵族的模样吗?

于是,诞生了我们熟悉的豪门、豪族、豪姓、豪家的说法。还有几个我们不太熟悉的词:豪门之子,叫豪子;古时候的部落首领,叫豪大;武装反抗队伍首领或者部落酋长,叫豪帅、豪酋。

### 语文教材链接

**高中选择性必修中册《过秦论》**:"隳名城,杀豪杰;收天下之兵,聚之咸阳。"这句话中,"豪"是各地豪强,"杰"是杰出人物。"山东豪俊遂并起而亡秦族矣",这句话中的"豪"不仅是豪气冲天,更是有各地能够起到带头作用的豪强人家之意。

**高中选择性必修下册《种树郭橐驼传》**:"驼业种树,凡长安豪富人为观游及卖果者,皆争迎取养。"此句中,"豪"是豪强,"富"是富裕,可见当时普通的富裕人家都不见得称豪。

### 高考文本对应

**2018年全国1卷**:"鲁芝字世英,扶风郿人也。世有名德,为西州豪族。"

**2018年全国2卷11题A选项**:"豪右,指旧时的富豪家族、世家大户;汉代以右为尊,所以习惯上称为'豪右'。"此选项内容正确。

**2017年天津卷**:"未复与豪家丁伯等结怨,举家徙处上虞。"

- 世袭

在现代社会普遍深入人心的自由平等、公平正义这些概念，是人类社会发展到非常晚近的时期才有的。在我们国家的文化发展历程中，大致的历史趋势是越早期越重视血统和家族身份。

先秦时期，即便是那些我们特别熟悉的靠才华征服人心的正例，也基本是贵族。比如楚国的三闾大夫屈原，别光看人家在文学上有辉煌的《楚辞》，和《诗经》并称，在政治上游说各国合纵抗秦，屈原自己说得很明白，"帝高阳之苗裔兮"，他是地地道道的楚国"蓝血"。秦国的大良造商鞅在秦孝公的支持下开展变法，移风易俗，为秦国日后的统一大业奠定了坚实的基础，他看上去是靠实力取胜的实干家了吧？《资治通鉴》记载："公孙鞅者，卫之庶孙也。"他为什么能从小接受良好的教育，喜欢钻研刑名之学？虽然是庶出，但人家爷爷好歹是一国之君。古代贵族身份的世代相传，并不仅仅是土地田产的继承，更是文化教育权的垄断。这就形成了一种循环，越是富有的权贵，越有文化和见识，就拥有了更多的权和利……我们看到的古代贵族是世袭传家的，这是一个重要的特点，"世族""世家"由此而来。

"世族"这个词不仅泛指世代显贵之家，而且经常用来指魏晋南北朝，以及延续至唐朝的门阀贵族。这些世家大族不仅拥有大量田地和土地上依附的人口，还封山占水、相互通婚，制定了一套非常严格的士庶差别制度，形成封闭性集团。大家比较熟悉的是东晋时期的琅琊王氏、陈郡谢氏，这两户人家在当时有多煊赫，单单列出这两家人的一些人名，就能惊到你：东晋宰相王导、东晋大将军王敦、"竹林七贤"之一王戎、书法家王羲之与王献之、淝水之战以少胜多的名将谢安、谢石、谢玄，以及诗人谢灵运、女诗人谢道韫……这样的两户大家，留下了多少故事，留下了多少历史的感慨。很难说"旧时王谢堂前燕，飞入寻常百姓家"的时候，是不是也格外挑食、分外高冷呢？

> **高考文本对应**
>
> 2020年天津卷:"陆氏乃与时俱兴,百余年间文儒继出,有公有卿,子孙宦学相承,复为宋世家,亦可谓盛矣!"
> 2013年江西卷:"有华生者,世家江北,备谙村落者也。工丹青。"
> 2015年安徽卷:"先生生世族,幼不喜纨绔之习,读书好古,视声利蔑如也。"

- 左右

在中国古代,左与右这样的方位名词往往暗含着贵贱。令人难过的是,究竟是左尊贵,还是右尊贵,一直无定论。这方面内容,我们会在"位次礼仪"部分详细讲解,这里只涉及有关家族身份的内容。

在闾巷里居住的时候,貌似是右更尊贵。因为在保留下来的词汇里,"闾左"指贫民,"豪右"指那些高门大户。最简单、容易理解的解释是,在闾、里,贫民居左而豪富居右。古代以闾、里为基本居住单位,但里的内部是不是一分为二、划分左右,一是缺乏权威文献的支撑,二是没有考古发现的佐证。所以我们只能根据这两个词对此有个大致的理解。

> **高考文本对应**
>
> 2018年全国2卷:"为太守陈宠功曹,当职割断,不避豪右。"
> 2013年天津卷:"姚氏故杭之右姓。"

## 九流

古代的职业行当远没有现在这般五花八门,所谓各色人等,无非士、农、工、商几个大类。但是从这标题"九流"的本义来看,至少也有不同学派、不同等级的差别。关于这些常见的人物阶层、职业之类的表述,一且出现在古代文献当中,我们不仅需要明白意思,而且需要懂得它们背后的一些文化内容。

简单一些的职业,比如"优",从古到今都可以用来指混迹娱乐圈的演员。虽然古代的演员得学会唱、念、做、打,脸上还涂着厚厚的油彩,但是性质和现代的演员差不多,都是自己扮演另外一个人物嘛。在现代社会,演员这个职业受到无数人追捧,从几个戏剧学院每年招生的火爆情形可见一斑。在古代,这个职业可通常是父母不到万不得已不会送孩子去从事的。不仅因为练功太苦,而且有所谓"戏子无义"的说法,全社会对于这个职业是有偏见的。

### 高考文本对应

**2018 年全国 3 卷:**"此民入戏场观优,归途见匠者作桶。"
**2015 年安徽卷:**"子孙不肖而居厚实,三蠹将至,曰盗贼,曰博徒,曰倡优。"

对传统文化了解得多一些,我们还会知道古代的"妓"和现代的"妓"大相径庭。从"妓"的字形来看,女字旁表示性别,右边的"支"其实是记录读音的部件,技术的技也有这个部件,为了方便记忆,我们不妨把"妓"记为有技术的女子。女子能有什么技术?一般不会干电焊,也不会开挖掘机,而是唱歌、跳舞一类的文艺特长,甚至可能是精通诗词歌赋。在很长一段时间,妓是文人风流倜傥的标配,绝不是纯粹的纵情声色。在书写时,如果不愿意强调女性的性别,也可以写作"伎",意思都是一样的。日本人学习唐宋时期的许多文化后,在名称表达上显得更准确一些,他们称这类女子为"歌舞伎"。当时的名妓是什么样呢?相貌可比肩现在的一线明星,不仅会演戏,而且拥有声乐演唱、乐器演奏、民族舞蹈三个专业学位,又在大学文学院辅修了古代文学课程。在唐朝,这些"娱乐圈"的女星在科举考试之后都会和文人一起狂欢，中榜的庆祝解渴，落榜的宣泄苦闷。一起如何庆祝？怎样共同宣泄？首先得和这些文人学子说得上话吧，当时很多妓的文学素养都不低呢。你看看歌女的一支曲、一番话能让"江州司马青衫湿"。孟郊写"春风得意马蹄疾，一日看尽长安花"（《登科后》），你以为这美丽盛开的"长安花"指的是谁？就是那些妓。李白写诗说："安石东山三十春，傲然携妓出风尘。"（《出妓金陵子呈卢六四首》）在宋朝，文人士大夫更是普遍养妓，随时陪自己唱唱曲、喝喝酒，自己创作的新词也好有人及时抚琴，一起欣赏。人人仰慕的苏轼便有位侍妾叫王朝云，能歌善舞，西湖名妓，是苏东坡的红颜知己。她陪在苏轼身边很多年，就是他养在家中的妓。养妓之事在当时确实普遍，晏殊这样的一代帝师都养，绝不伤风败俗。总之，古代的妓不同于现代的妓，对古代养妓之风的分析不能脱离时代背景。

> **高考文本对应**
>
> 2013 年江西卷："道旁二驴，次第行，骑之者，村妓也。尾其驴以挟筝琶者，村妓之二仆也。"

《射雕英雄传》里有一段让人难忘的情节：郭靖背着受伤的黄蓉来到湘西桃源山找一灯大师疗伤，路遇一灯大师的四位弟子——渔、樵、耕、读。第一位出现时，金庸写："只见柳树下那人身披蓑衣，坐在一块石上，正自垂钓。"这不分明就是普通渔人的样子吗？可继续读下去，又发现了异常："这瀑布水势湍急异常，一泻如注，水中哪里有鱼？纵然有鱼，又哪有余暇吞饵？"要么说金庸先生的小说受欢迎呢，他很擅长利用中国历史、中国文化中既有的素材来设计情节，让人既有亲切感又获得了武侠的体验。这个渔夫的形象让你想起中国历史上什么著名钓鱼人物了吗？——姜子牙嘛。那位显然钓不上鱼来但等待愿者上钩的姜子牙，不也是这样一位个性十足的渔人？然而他真的只是渔人吗？辅佐武王灭商之前的七十多年，他一直是一位身怀绝技却闲居在家的隐士。

这类隐士在唐代通常被称为"高士"，再早一点叫"处士"。对这些专有名词的掌握很重要，比如看到一首诗，题目叫"赠王处士"，明白了处士是什么意思就大致猜到这首诗要说什么了。

### 语文教材链接

**六年级上册《书戴嵩画牛》**："蜀中有杜处士，好书画，所宝以百数。"这篇短文里喜爱书画的"处士"，应该是一位隐居的高人。牧童指出他珍爱画作的漏洞，难怪人家也能欣然接受，还感慨古语的正确。若是一个寻常俗夫，没准儿要气得跳脚，吹胡子瞪眼训斥一通牧童吧。

### 高考文本对应

**2020 年江苏卷**："四传为处士文深。赠中宪东谷公与处士同里闬，雅相欢也。"

**2015 年重庆卷**："伯高名尧，自号常静处士。"

**2011 年上海卷**："孙叔敖者，楚之处士也。"

**2011 年四川卷**："我农家，安知吕处士为何如人？"

在中国文学里"以打鱼为业"的世外高人实在太多了。《庄子》当中记载，六十九岁的孔子听到弟子子贡转述的和一位渔人的对话，便"推琴而起，曰：'其圣人与？'"，然后一路追到河边，虚心求教。孔圣人在这位渔夫面前的谦卑，可能连后世参拜孔子圣像的徒子徒孙也自愧不如——"孔子再拜而起，曰：'丘少而修学，以至于今，六十九岁矣，无所得闻至教，敢不虚心！'"孔子的意思是说："我六十九岁了，自小好学，但是到现在都没有听到过真理，拜托您一定教教我。"这个时间点也掐得刚好，六十九岁，孔夫子自己说"七十而从心所欲，不逾矩"，看来在庄子眼中，孔子之所以能在七十岁时在学术与人生境界上飞升，一定和这位渔夫的教诲是分不开的。

战国时期，在沅江之畔，另一位渔夫和文化名人屈原展开了辩论。渔夫说："你看看你多不值，既然举世混浊，那就不妨拿根大棍儿一起搅和；既然众人皆醉，那就最好大家一起浑浑噩噩的。你都把自己流放了，屈原呐，你可长点儿心吧。"屈原以一个处女座般的道德上的强迫症患者以及精神上的洁癖重度患者的态度怼了他："我刚吹好头，怎么能跑去吃火锅？我刚刷完牙，你为何就劝我去地摊撸几串大腰子？我得用医用酒精把卧室消消毒，被褥熨平整。流放我又如何？我打算洗洗睡了。"在凡夫俗子的眼中，吵架嘛，基本上最后一句话落在谁口中，就意味着对方词穷，此方战胜了。事实上，根据几千年来主流意识形态的道德判断，我们也认为屈原赢得了辩论，毕竟"洁身自好"一直是个褒义词，而"随波逐流"就显得不坚贞。但是《楚辞》中的这段记载有点儿意味深长的感觉，辩论的最后结局是"渔父莞尔而笑，鼓枻（yì）而去。"人家没有羞惭脸红、无地自容，而是自己唱着歌道道逍遥遥地走了，一副既然对方不开窍就不必再对牛弹琴的飘逸绝尘之态。"乃歌曰：'沧浪之水清兮，可以濯吾缨；沧浪之水浊兮，可以濯吾足。'遂去，不复与言。"是人家不搭理屈原了。人家一个打鱼的老头儿，把我们的道德模范扔在沅江边。屈原可能还一脸意犹未尽地想要辩论，但是人家走了，懒得接话，扬长而去。究竟谁赢了呢？我不好做这个判断，但是这位渔夫无论是风度上还是气韵上，在屈原面前丝毫没有跌份儿。

总结一下，这两处出现的打鱼人形象，其实他们的真正身份是世外高人、隐士。他们在文学作品中出现，基本被称为渔夫、渔人，还有一个更重要的称呼——渔父。"父"在这里并不指父亲，而是念三声，是老人的意思。我个人觉得渔父最有味道：渔是与自然一体的清贫和隐逸，而父字描绘出的老翁总有一种精神上的教导和引领之感。我们从小就背过柳宗元的《江雪》："千山鸟飞绝，万径人踪灭。孤舟蓑笠翁，独钓寒江雪。"原本千山万径因为寒冷变得凄清寂寥，但就是因为这个"独钓寒江雪"的渔翁的存在，给懂得中国文化的读者带去的感觉不是孤单寂寞冷，而是一股挥之不去的仙气。毕竟这种世外高人，通常既有阅历也不乏智慧，他们"白发渔樵江渚上，惯看秋月春风"，就是中国文化史上一种飘然的存在。

## 语文教材链接

**八年级上册《三峡》**："故渔者歌曰：'巴东三峡巫峡长，猿鸣三声泪沾裳。'"这篇介绍三峡的小短文，以渔人的歌声为结尾，更有一种飘然欲仙、意犹未尽的感觉。

**八年级下册《桃花源记》**："晋太元中，武陵人捕鱼为业。缘溪行，忘路之远近。忽逢桃花林，夹岸数百步，中无杂树，芳草鲜美，落英缤纷。"发现中国历史上最神秘的世外桃源的人，也是一个渔人。想来，若是一屠夫，必不可能有这样美妙的偶遇吧。

**九年级上册《岳阳楼记》**："而或长烟一空，皓月千里，浮光跃金，静影沉璧，渔歌互答，此乐何极！"这一段是范仲淹描写岳阳楼上看到的壮美之景，其中渔人的歌声带来一种隐逸的悠然。而且此处的渔人不止一位，歌声也在相互应和，这就不仅仅是孤独渔人的飘逸，而是隐逸中也有知音的人生乐事。于是作者说："登斯楼也，则有心旷神怡，宠辱偕忘，把酒临风，其喜洋洋者矣。"

## 高考文本对应

**2011年四川卷**："吾乡吕徽之先生，家仙居万山中，博学能诗文，问无不知者，而安贫乐道，常逃其名，耕渔以自给。"

另一种是樵夫。割草砍柴这件事在文言文中也叫"刍荛"（chúráo），割草称"刍"，打柴称"荛"。虽然表面意义类似，但深层意味相隔千里。"刍荛"这个词在文言文中出现，就是指劳动人民，大山里面没见过世面的人。它经常用做自谦，给别人一个建议之前首先说："那个，我这个人吧，没见过啥世面，是刍荛之人，你不要见怪。"紧接着进入正题："但我还是想把我的想法分享一下啊……""樵夫"就不一样了。在《终南山》里，王维一整天漫步在大山之中，看尽了山中美景："白云回望合，青霭入看无。分野中峰变，阴晴众壑殊。"最后一日将尽，夕阳在山，"欲投人处宿，隔水问樵夫"。这个对话，虽然是一天行程的结束，却也是另一番隐逸感的升起——樵夫这个形象在中国文学作品中出现，通常是高人隐士的代表。何以见得？还记得《西游记》里孙悟空最初是怎样找到须菩提祖师拜师学艺的吗？就是经过一位樵夫的指点，根据这位樵夫自述"那神仙与我舍下相邻"。神仙太高不可攀，烟涛微茫信难求，但是神仙的凡人邻居是不是容易成为沟通神仙和凡人两界的使者？樵夫作为神仙的邻居，自然也容易近朱者赤，身上带着一股仙气。

说起来，这种代表高人隐士的樵夫形象在真实的历史当中也是有原型的，即西汉时期汉武帝的能臣朱买臣。他到四十岁仍然是个落魄儒生，靠砍柴卖柴维持生计。但朱买臣就是那种典型的"别人家的孩子"，他的表现就如同你妈经常期望你做到的那样，总是一边挑着柴火一边背诵诗文。在这样的处境下，如果换作你，你肯定会和你妈抱怨："我背着柴火在大山里跋涉，分心看书岂不是要跌进万丈深渊？"不过人家就这样坚持下来，最终光耀门楣了。

## 高考文本对应

**2016 年上海卷**："先民有言，询于刍荛。"

耕和读，指的是农人和书生。这两类形象在文学语境里，隐士的色彩确实远远比不上渔父和樵夫。在文献中出现时，我们得好好分辨一番，看看他到底是真农夫还是假隐士。在古代农业社会，农人实在太多，他们主要是以朴实勤劳为性格特点的；书生嘛，一般都会想着科举考试、进阶人生，自然离隐逸越来越远了。不过古代人仕途不顺或者隐居退休以后的生活方式是躬耕于南阳或者著书立说，就刚好对应了耕与读。

说到文学作品里常常出现的世外高人，除了"渔、樵、耕、读"，就该轮到僧人、道士了。出家人嘛，看破红尘，遁入空门，日日读经，参悟其中奥妙，市井中都盛传不息的禅宗慧能和尚的诗："菩提本无树，明镜亦非台。本来无一物，何处惹尘埃。"《三国演义》里最神乎其神的人物诸葛亮，穿戴鹤氅八卦衣，披头散发，手持羽扇，简直就是个不折不扣的道人。

典型的例子是《红楼梦》，开篇不就是以一僧一道的视角展开故事的吗？女娲补天的顽石，是由这一僧一道携入红尘；对林黛玉说想要病好，"除父母之外，凡有外姓亲友一概不见"的，是个癞头和尚；为"生有胎毒"的薛宝钗开出奇异药方，并在金器上刻下"不离不弃，芳龄永继"的，是个秃头僧；贾瑞病入膏肓的时候送来风月宝鉴的，是位跛足道人……这僧与道在《红楼梦》的故事里面目不清，却神乎其来，幻乎其去，贯穿始终，牵动着很多重要人物和情节，就更不用说宝玉、惜春等人最终皈依佛门的结局。这部书和僧、道的关系如此紧密，可以反推当时的社会里僧道文化对作者曹雪芹的影响。这就类似于在现代社会，孩子们都是看童话故事长大的，一说起美好的爱情就会想到城堡里的王子和公主最终过上了幸福的生活。

需要我们补充一些文化知识的，是佛教相关的内容。道教毕竟是咱们自己的文化，在文献里看到个玉皇大帝、元始天尊，或者某某道观之类，虽然不明白元始天尊究竟是管哪一摊事儿的，但看过《西游记》的人多少也猜得出来这是位神仙人物，不至于彻底蒙圈。但是佛教不同，它是外来的，涉及一些专有名词，不解释的话，大家看到肯定还是一脸问号。

首先是"浮屠"（浮图），这个词之所以令人费解，是因为它是梵语音译而来的，它不仅能音译成"浮屠"，还能译成"佛陀"，这不就是佛的意思吗？既然可以指佛，那再引申就可以指代佛教，继续引申可以泛指和尚。另外，咱们老百姓常说的"救人一命胜造七级浮屠"，推断一下，这里的"浮屠"应该是指佛塔。因为塔是典型的佛教建筑，用来供奉或收藏佛骨、佛像、佛经，所以浮屠也可以表示塔。

另外一个广为人知的名词是"儒释道"。比如我们经常赞叹苏轼是儒释道的集大成者，什么是儒释道呢？儒是儒家，道为道家，这两个都容易猜到，释是指什么？释就是佛教。因为佛教是释迦牟尼创立的，所以以他的名字命名，产生了这种说法。

另一个比较冷门的名词，我们也需要了解。古代文人写到佛教的时候，经常会嫌弃浮屠、释家等说法太大众化了，不想用，就时不时地用一下——象教。杜甫写诗说："方知象教力，足可追冥搜。"（《同诸公登慈恩寺塔》）你不要把这个"象"理解为印度大象，它是指佛像。传说释迦牟尼离世，诸大弟子思慕不已，便刻木为佛，以佛的形象教人，故称佛教为象教。仔细想想的确如此，佛教当中佛像的文化确实源远流长，我们去佛寺里许个宏誓大愿，通常也会跟佛祖发愿说："事成之后，我一定为您重修庙宇，再造金身……"

### 语文教材链接

**九年级上册《醉翁亭记》：**"作亭者谁？山之僧智仙也。名之者谁？太守自谓也。"大才子欧阳修被贬官至滁州做个知州，又怀隐逸心态，就像出世隐居起来了。山里的僧人造一个亭子，他给亭子起一个名字，这一僧一隐，配合得真妙呢。僧人的法号曰"智仙"，而欧阳修不为贬谪所扰，而是沉醉于与民同乐的隐居生活，何尝不是另一个智慧的仙人呢？

**高考文本对应**

2015 年安徽卷："晏坐终日，如退院僧。""淄川高侍郎念东赠诗云：'燕台襆被亲相送，一个嵩丘行脚僧。'盖纪实云。"
2020 年全国 2 卷："安中疏请自今招延山林道术之士，当责所属保任。"
2011 年广东卷："忽患奇疾，百方不治，一道人过门曰：'有方可救，但得钱三十千乃能配药。'"

继续介绍古代文献中常见的一类神奇人物——方士、术士、方术士。所谓术士，就是具备一些特殊技能的人，捣鼓一些神乎其神的东西：看星占卜，炼丹修仙，巫术治病，考察风水……令人大有"高手在民间"的感觉。他们或隐藏深山，或没于市井，有的因成果显著被皇帝奉为座上宾，有的不显山露水、穿破衣烂衫形同乞丐。中国历史上的术士是一个特别复杂的群体，身份也说不清楚，有的像修仙道士，有的其实是江湖骗子，有的是学识渊博的知识分子，有的更像独辟蹊径的武林高手……

从正向、积极的角度看，术士群体里不乏真本领的高人，比如我们熟悉的扁鹊、葛洪、张三丰等，说他们是术士，并无不可。有些正史——比如《后汉书》——还专门为一些术士立过传。你记不记得鲁迅的小说《祝福》里，四叔的房间壁上挂着的朱拓的大"寿"字，"陈抟老祖写的"。这位陈抟老祖就是一位著名的、成功的术士，皇帝赐号"希夷先生"，他对中国的道教文化、哲学都有过贡献。

从负面、消极的角度来看，不难想见，在这类占卜、巫术、风水、炼丹之类的事情中，滥竽充数的骗子肯定也多。皇帝老儿，连带着一众达官显贵有长生不老的"刚需",而江湖术士想混口饭吃,这本来就是一面干柴一面烈火的供求关系。再加上这些巫术、丹药是否当真有效,必不能立马见成果,行与不行通常只靠术士本人的演讲与口才。其实即便这些术士不炼丹,或者炼的丹不要命,但他们鼓捣的这些炼丹炉里的化学实验,毕竟不是正统的治国之道,史书当中一旦出现皇帝宠幸这些术士的情节,术士都是以负面的形象出现的:不靠谱的术士招摇撞骗,皇帝被他们蒙蔽,天下就难免大乱。

### 高考文本对应

**2020年全国2卷11题A选项**:"方士,又称方术士,指中国古代好讲神仙方术、从事巫祝术数活动的人。"此选项内容正确。

**2016年全国2卷**:"承宪怀祸藏奸,窥觊储贰,且广结术士之流。"

## 第十章
# 礼节

前一章絮絮叨叨地讲了生活在古代社会的张三可能接触到的各色人等，如亲族邻里、三教九流。实际生活中，人们并不仅仅是认识就好。生活在礼仪之邦，面对人与人的交往，我们的主人公张三还需要学会周到的礼仪。

说起一些常见的古代礼仪，比如作揖、跪拜、行万福礼，还有清宫戏里的娘娘们日常行的"招财猫"礼，我们只要看过一些古装电视剧、电影，都不会感到陌生。制作考究的古装电视剧自然有其价值，而我们不仅要专业地梳理一下这些礼仪，而且要更注重知识的准确性和体系性。这样做的目的，一来不是给一些不靠谱的古装电视剧纠错，二来也不是想要成为一个老学究，做专门的研讨，我们主要还是为了应对在古籍文献当中遇到的问题。比如在文献中的"拱"字，说的究竟是作揖还是鞠躬？你可能知道磕头，那在文献中遇到"稽首"时，你能搞清楚是什么状况吗？你瞧，影视作品无非让观众看个开心，但你能从中吸取的点滴影响是没办法支撑你面对实际文本的。

## 行为礼仪

说到行为上的礼仪，先别想着什么作揖、磕头，日常的一些动作细节，也是古人讲究的行为礼仪。比如说眼睛往哪里看这件简单的事情，古今的处理方式就不一样。现代的老师上课，自己在讲台上讲得口干舌燥，学生却闷声低头赶自己的作业，老师总会很憋气，觉得自己讲了个寂寞，就会经常敲黑板、敲讲桌，说："你们抬头看看我呀，听懂了没有？你们倒是给我个眼神好不好？"张三同学，如果你穿越回古代，上课这样低着头闷声记笔记反而是对的，即便抬头，看看黑板也就罢了，一定不要和老师产生眼神上的接触。小时候和家里的长辈、老师相处时培养好这样的习惯，将来做了大臣，在朝堂之上也就不至于作死，直勾勾地盯着皇帝瞅。皇帝不会像东北大汉一样质问"你瞅啥"，但他暴躁一点儿的话，可能会直接要了你的小命。在长辈或是地位比自己尊贵的人面前，不能直视对方，这是基本礼仪。

　　日常礼仪的另一个重要内容是坐姿。现代人习惯坐在椅子上、凳子上、沙发上……总之是要坐在具备一定高度的坐具上，专业术语叫"垂足而坐"。这种坐姿其实是唐以后才逐渐形成的，到了宋代才普及。在这之前，中国人是跪坐，即双膝并拢跪下以后坐在自己的脚后跟上，这是"席地而坐"，顾名思义，就是在地上铺个席子，人跪坐在上面。有个成语叫"割席断交"，说的是古代两位形影不离的好哥们儿，他们上学都要坐在一起，一起用一个长条的席子，我坐席子这一头，你坐席子那一头。但是其中一个"学霸"同学观察到，这位和自己形影不离的同学是个"财迷"，一天到晚不是想去捡金子，就是跑去教室门口看人家隔壁班的"富二代"同学，"学霸"同学愤而决定断交。如何断呢？就把俩人共同坐着的席子割开了，这就如同现在的同桌在课桌上画"三八线"。不明白古人的生活细节，就很难想明白割断席子是怎么和断交扯上关系的，毕竟现代人的席子通常是铺在床上使用的。另外，还有些现代的词语，比如席位、出席等，都来源于古人"坐"的生活习惯。

> **高考文本对应**
> 
> **2019 年全国 1 卷**："至夜半，文帝前席。""前席"指往前挪席子，就是要靠近一点谈话的意思。
> 
> **2016 年全国 1 卷**："使者即就席。"
> 
> **2014 年浙江卷**："游娱燕飨，必召同席。"
> 
> **2012 年福建卷**："众以兴未尽，席地坐，分韵赋诗者久之，诗成而归。"

古人为何如此？跪坐这种姿势明明很不舒服，坐久一点还容易脚发麻。难道是因为缺乏木材做家具吗？普通的百姓人家即便没有木材，搬块石头坐上去总没问题吧？至于说皇家、贵族，巍峨的宫殿都盖得起，难道独独缺少几根椅子腿吗？这还是来源于古人的衣着习惯。古人穿一种类似裤子的服装，叫"胫衣"，胫就是小腿，成语"不胫而走"的意思不就是没有长腿却跑了吗？胫衣的构造很简单，就两根裤管，穿着时套在腿上，拴上绳子系在腰间，保证裤管别掉下来。这难道是因为古代的裁缝技术太差劲吗？想想也不该，裁剪时在裆部多留一些布料缝上，难度似乎也并不比缝一个裤管高。有人猜测，这种构造是为了解决透气问题：外面还有几层长长的裳遮盖着，双腿间空气本就流通不畅，容易滋生细菌，引发疾病。

席地而坐也不是随便一跪，一屁股坐在脚后跟上就好，流程也很重要，既要整理好下裳，也得注意先后次序。首先要掀起下裳前摆，方便跪好以后自然放下，显得工整有序；下跪时，右足向后一步，先跪左腿，再跪右腿，然后放下衣摆；起立时，先起右腿，再起左腿。一定要保证这样的次序，这是因为先秦时期士人皆佩剑，且佩在左侧。左足先跪，右足先起，身体左侧始终留有空间，便于紧急时刻拔剑自卫。至今，日本剑道还保留着这种礼仪。

坐时如果图一时痛快，叉开双腿并且伸直，就极其不雅，很容易走光。

这种辣眼睛的坐姿，专有名词叫"箕踞"，就是像簸箕一样叉着腿坐。这种坐姿是非常不恭敬的行为，严重的甚至可能导致离婚。有一次孟子回家，他一推门发现妻子单独在屋里，正自由自在地箕踞着，放飞自己的双腿，孟子一时气愤就要休妻。若不是母亲好言相劝，一个不怎么"慎独"的动作，就可能毁了圣人的一段婚姻呢。

### 高考文本对应

2013 年安徽卷："陆生至，尉佗椎结箕踞见陆生。"

另一个与之相关的动作叫"跽"。中学课本里的跽，是指跪坐到起身的中间过渡状态。《鸿门宴》里有一句"项王按剑而跽曰"。宴席当中，大家坐着吃肉喝酒挺欢乐，突然进来一位不速之客，此时项羽"挥剑而跽"。跽显然是项羽紧张戒备的体现：身体离开脚跟且挺直，但没有站起来。如果事态有变，顺势就能起身了；如果看了看没什么危险，再落身坐下即可。这固然没有问题，但似乎这个具体情境让跽这个动作显得比较临时，导致其重要性被忽略了。跽是指双膝着地，上身挺直且没有坐在脚后跟上，同时双脚脚背着地，脚心朝天。如果你细心地去查阅一些文献，会查到《说文解字》讲"跽，长跪也"，你会误以为跽就是长时间地跪，这是现代汉语给理解文言文带来的干扰。我刚才讲跽这个动作的要领时，根本看不出来它和时间长短有什么关系。人家本来也和时间长短没关系，"长跪"的长应该理解为高度：挺直身体，不坐在脚后跟上，确实比坐下去要更高。《孔雀东南飞》里有这样一句："新妇初来时，小姑始扶床；今日被驱遣，小姑如我长。"这里的长就是身长、身量的意思。

既然说到了跽，很多人就会感到困惑，挺直身体、双膝着地，这不是我们熟悉的跪吗？它们是一样的吗？在细节上，不一样。跪这个动作是前脚掌还着地，也就是说脚背没有在地面放平，是窝着的。

讲到这里，我替你喊一句公道话吧："我的苍天……这点儿区别也算区别吗?!"但是怎么办呢？我们就生活在这样一个拥有悠久历史的文明礼仪之邦。笼统地说，跽和跪，都是弯折身体，自然都表示敬重，甚至是臣服。因为人在这种姿势下，既降低了高度，又牺牲了移动能力和战斗能力。不过细想想，一个放平脚背，一个没有放平，哪一个动作的移动能力和战斗能力牺牲得更多呢？自然是跽。只要脚背不放平，哪怕是跪着，脚掌一使劲，人立马就站起来了。所以，跽是加强版的跪，是深化版的跪，是更加恭敬的。

从实用性的角度来说，在宴会、学习之类的日常场景之中，需要长时间保持一个动作，用跽。大家先跽，致辞、寒暄之后坐下，这是常规的做法。如果是短时间的叩拜，那用跪比较方便。因为拜完了很快就需要起身，跪更加灵便。你也看出来了，一来在现实情境之下有实际的需求，并没有哪个更加恭敬的一定之规；二来在古人长长的下裳之下，脚背放没放平，外人实在难以看到。久而久之，图个方便，大家都统称跪了。

> **语文教材链接**
>
> **九年级下册《唐雎不辱使命》**："秦王色挠，长跪而谢之曰……"这里的"长跪"，很多现代人理解错了，以为是秦王害怕了，以一国国君之尊"扑通"一声给唐雎跪下了，而且很长时间没有起来。谬矣谬矣，肯定不至于嘛。原本大家都跪坐在自己的席子上谈话，唐雎发表了一段慷慨激昂的演说，并且"挺剑而起"。秦王见情势紧张，把身体挺直，不坐在脚背上了。而且从"跪"的动作来看，秦王把原本放平的脚背也收回来了，这是一种很警戒的姿态。如果情势进一步恶化，他随时可以站起身来。这篇文章选自《战国策》，它是一篇很古老的文章，说明在战国时期，文献当中对于"跪"这个动作的描述，还是相当准确的。

说完了坐姿，这回轮到说站起来行走了。为了表示礼貌，咱们中国文化里关于行走的规矩也是一大堆。首先说一个关于走路的原则，那就是不能迈大步。我小时候听说过成语"邯郸学步"，说赵国都城邯郸的人走路姿势格外好看，浮现在我脑海中的画面就是邯郸城满街都是"国际超模"，人人走路都是走秀那种范儿的。二十几年以后，知识渐渐积累起来，我才意识到这个想法是大错特错了。优雅端庄的"邯郸步伐"，应该是足下小碎步，但是上身平稳端正，走得稳重而有节奏。

其实这并不是什么独特、奇葩的审美，而是有确切的现实来源。先秦两汉时期，有种服装叫"曲裾深衣"。如下图所示，当时的服装形式和我们熟悉的宽袍大裙不一样。这种衣着的特点是，不论男女，下身都是包裹得相对紧的。首先是当时的衣服式样决定了人没法迈开腿大步流星地向前走。那我们可以"因衣制宜"，帮古人设想一下，这样的衣服怎样行走最优雅好看？那就是小步走，上身保持平稳，重心不要上下起伏太大。衣物很长，正好遮盖了脚面。这样一来，下身衣裙扑簌簌、有节奏地小幅摆动着，上身平稳向前移，远远看去像仙人飘过。

如果有事情着急怎么办呢？比如长辈呼唤时，咱们的张三同学还是这样像仙人一样慢悠悠地飘着挪着，的确显得不够恭敬，怎么办呢？那只能把小碎步的频率加快，这个动作就叫作"趋"。我们在文言文里经常看到带有这个字的词语，它们通常和这种礼仪有关：趋庭、趋出、趋走、趋进……当然啦，就是因为这个字带有很强的权贵意味，所以颠颠地奔向一些达官显贵，追求功名利禄也叫趋炎附势、趋之若鹜……

曲裾深衣

> **语文教材链接**
>
> 九年级下册《送东阳马生序》:"又患无硕师名人与游,尝趋百里外,从乡之先达执经叩问。"这句当中的"趋"字,表达了作者宋濂对老师的态度,用得恰切。

> **高考文本对应**
>
> 2021 年天津卷:"方其危疑之间,卷甲而趋之。"
> 2020 年北京卷:"臣见其视臣端而趋疾,知臣得其情故也。"

我们说到的曲裾深衣、小步礼仪,都与劳苦大众的日常生活无关。穿这样的衣服,农人如何耕种?猎户怎样打猎呢?真正的庄户人家,若在骄阳之下大汗淋漓,赤膊上阵也是有的,不会讲究这么多。受这些礼法约束的,至少是士以上的贵族。

想想看,贵族们走起路来需要稳重、平缓,而且不能时快时慢,《礼记》里明确记载了:"君与尸行接武,大夫继武,士中武。"这里的武说的不是打架,而是规定贵族的步伐,"武"在甲骨文中的字形,下半部分就是走出一步的脚印形状。这句话的意思是说,君主走"接武"的步伐,这个"接武"是一步只能走出半只脚这么大,迈一步出去,前脚脚跟与后脚脚心的位置是对齐的,再走出半只脚……你没有看错,的确就是半只脚的距离。自然,这并不是说君主日常只能如此"龟速"前进,这是说君主在典礼仪式上需要表现出端庄稳重的风范。大夫能走得快一点,他们的"继武"步伐是一步能走一只脚的距离,也就是迈一步出去,前脚脚跟能与后脚脚尖对齐;普通的士人走得最痛快,他们的"中武"步伐是走一步,前脚脚跟和后脚脚尖之间有一只脚的距离。为配合着这种让我们现代人瞠目结舌的"龟速"

步伐，古代贵族腰间一串玉佩有节奏地叮当作响。在重要的典礼仪式上，一旦谁心浮气躁、步伐错乱，玉佩的响声自然也就乱了。

再往深了谈，中国人最熟悉的表示礼貌、尊敬的礼节，莫过于"作揖"，也就是揖礼。这个礼节在每一个中国人心里都有个大致轮廓：先立正站好，双手合抱于胸前，上身适当前倾，脸上还得挂着谦卑且热情的笑容。

大致轮廓若此，可具体实施起来，就很难做得标准。试想，在没有传统礼仪老师教授的前提下，突然间喊你向长辈作个揖行个礼，这个礼可怎么行呢？比如最简单的，"双手合抱于胸前"究竟是怎么个抱法？

若是说到哪家媒体的传播行为更加权威，那非中央电视台莫属。有一次中央电视台的主持人给观众作揖拜年，手势如下图所示。

**主持人手势示意图**

要是觉得中央电视台的主持人都不足够权威的话，我们就得搬出中华文明的泰斗——孔子。仔细观察全国各地的孔子像，我们发现，孔老夫子表示恭敬和谦卑的姿势是下页图这样的。

究竟哪一个姿势正确呢？关于中国传统文化的内容，我们讲了这么多，如果你还习惯于在类似的问题里渴望唯一正确的答案，那你可能是单项选择题做得太多了。比起标准答案，我们更好奇背后的原理。

从根源上说，《说文解字》中讲："揖，攘也。"攘就是向外推的意思，例如成语"尊王攘夷"。揖这个礼节最初诞生，唯一的要领就是两只手合在一起，呈现一种往外推的趋向，表示尊敬。既然是往外推，身体自然也就跟着略向前倾了。郑玄注《仪礼》时详细解释过："推手曰揖，引手曰厌。"就是说如果两只手抱拢往自己身体的方向收回，就是表示讨厌对方的意思。虽然这个对人不友好的厌礼消失了，但是这个动作本身似乎颇为符合现代心理学的研究：通常来说，双臂在胸前环抱，就是人下意识地和对方有隔阂、有抗拒，同时对自我进行保护。揖礼诞生之初，只是强调了向外推手的动作，至于说向前推手之时手是如何摆弄的——握成拳头，还是左右相叠，或者是一只手捧着另一只手，以及双手握起来以后是否需要前后摇一摇——其实并不重要。

**孔子手势**

我们也可以猜测一下，电视剧《琅琊榜》中左右手交叠的作揖手势，可能更接近古老的作揖礼，因为向前推手显然更加方便。另外，像大侠那样一手握拳一手伸掌的手势，叫"抱拳"，一般为习武之人所用；孔子像中孔老夫子的手势是"捧手"，随着时间推移使用不普遍了，慢慢成了孔老夫子的专属；像春晚主持人那样，双手握拳拱抱的手势是"拱手"，如今为大多数人所熟知。这几个手势都是在不同的时代、不同的文化习惯当中演变形成的，本质上没什么差别。如果自己作揖，随便选一个学便好，只是要注意，在作揖礼里，原则上以左为尊，左手在上（或者在外）；女子行礼是要反过来的，右手在上（或者在外）。男左女右，这个还是很容易记的。在丧礼上行礼时，也是男左女右。

讲了这些细节，相信在文献中遇到"揖"这个字，以及它的各种延伸，比如长揖、揖客、揖让等，你都不会有阅读障碍了。补充一个文化知识点，《周礼》里记载，揖礼还有针对不同的人表现出不同恭敬程度的情况："土揖庶姓，时揖异姓，天揖同姓。"这些区别太细枝末节，无非关涉作揖时间长短、身体前倾角度、抬手高度等，而且时间太过久远，对于不打算做专业传统礼仪老师的人来说就完全没有必要增加记忆负担，只要在古籍中见到这几个词的时候知道它们表达什么意思就够了。

另外，因为拱手在长期的历史演进过程中成了揖礼里最广为人知的动作，所以拱手就代表了揖礼，甚至"拱"单独出现也经常是拱手行礼的意思。比如《论语》中"子路拱而立"，就是说子路恭恭敬敬地拱手站在一边。

### 语文教材链接

**八年级上册《周亚夫军细柳》**："至营，将军亚夫持兵揖曰……""揖"就是拱手作揖。

### 高考文本对应

**2016 年天津卷**："坐顷之，一丐媪至前，揖曰：'官人与我一文两文。'"
**2013 年山东卷**："退坐庵庐，回睇髯松，如元夫巨人拱揖左右。"
**2014 年广东卷**："敞进读《史记》，至尧授舜以天下，拱而言曰……"
**2011 年山东卷**："桓公变躬迁席，拱手而问曰……"

比揖礼更能表现出尊敬、谦卑态度的行为，就是"拜"。我们现代人说起拜这个礼仪，其实脑中也是很模糊的。比如同是烧香拜佛，张三的奶奶虔诚无比，跪在佛像前叩头无数，口中还念念有词，这肯定算是认真地拜了。可是张三作为新时代的青年，不怎么信这些，只是随着奶奶来到佛像前，双手合十，低头鞠了个躬，表示一下尊敬，那这样算得上拜过佛祖了吗？似乎很难讲清楚。

咱们中国的很多文字，给人的感觉就是表意不那么精确，其实是因为它们最初诞生的时候就留下了很大的想象空间。比如这个"拜"字在金文里的字形，左边像两只手叠在一起，右边像一棵谷物。我们可以想象古人的祈祷仪式：双手捧着谷穗，祭告天地神灵，感谢上天恩赐或者祈祷好收成。你瞧，这个字除了能让我们想象到古人的心理状态，其余的具体动作如下跪之类究竟有没有，就没有明确指出。

面对这样的字，我们作为后人，自然需要秉持相对开放的心态。我们如今拜年会给长辈鞠躬作揖，说一声恭喜发财，或者拜见个什么人，这里所说的拜，也不一定是必须下跪叩头。

但"拜"字既然表现出古人对天地神灵的恭敬和虔诚，那么这种心态推及中国古人的具体生活当中，最好的动作表达就是下跪叩头，因此拜通常与下跪有关。很多郑重其事的"拜"，都是要下跪叩头的，比如拜堂、拜师、拜把子……文献中明确地说到"跪拜"，那肯定是指下跪叩头了。或者"拜"字前面有次数、方式这一类的修饰，也是在说下跪叩头的动作，比如"再拜"是拜了两次，"膜拜"是非常虔诚和崇敬地跪拜。有时只提到一个"拜"字，具体情形如何，就需要聪明的你根据上下文判断了。

值得一提的还有"九拜"，不是拜九次，而是《周礼》中记载的九种礼拜的方式，在不同的场合，面对不同的人物，有这样一些拜法："一曰稽（qǐ）首，二曰顿首，三曰空首，四曰振动，五曰吉拜，六曰凶拜，七曰奇（jī）拜，八曰褒拜，九曰肃拜。"因为我们已经讲过"拜"字的本义，所以也容易理解。这九种礼拜的动作，要领各不相同，有的需要下跪，有的不需要；有的需要叩头，有的不需要。

在九拜当中，"稽首"很常见，因为它是最隆重的跪拜之礼。比如我们的主人公张三见到君主、父亲、老师，以及在祭拜天地之类的仪式上，就得用稽首。动作要领是下跪以后双手交叠着放在身前，叩头的时候要一头叩在手掌前面的地上，且要多叩一会儿，不能急着起来。

第二部分　张三的苦难岁月

"顿首"也叫"稽颡（sǎng）""叩颡"，颡是额头的意思。这个礼仪在文献中也常见，不仅指磕头，而且头得磕在地上。不过不用一直叩着，碰一下起来即可。它的隆重程度比不上稽首，可以把它用在与自己地位平等的人或平辈之间。有人觉得很奇怪，平辈之间也需要磕头吗？古人礼仪多，不能用现代人的眼光来类推。一个很有力的证据是，古代平辈人之间写信，末尾总会加顿首二字以表示恭敬，这就是从日常礼仪扩展到书信中。

"空首"又称"拜手"，隆重程度又次之。它的动作特点是叩头时头不需要叩在地上，叩在自己手背上即可。这就解释了为什么叫"空首"，因为头不碰地嘛。咱们的主人公平头百姓张三是用不上这个动作的，因为在他的生活里，需要以头叩地表达无上敬意的场合太多了。空首，君主可用，也适用于尊长者对卑幼者。君王本是人间至尊，但是也需要祭祀祖先、神明，既表达敬意又不失尊严，就用这个空首礼。

剩余的几种礼拜动作，试卷中出现得少，我简单介绍一下。

"振动""吉拜""凶拜"，这三种都属于凶事之拜，就是和丧礼有关。振动，又写作"振董"，顾名思义，就是不仅要顿首，还要双手相击，浑身颤动，以表悲痛万分，因此振动是丧礼中最隆重的跪拜礼。吉拜，是守丧结束之后和丧家相见时行的礼，先空首，后顿首。相对应地，凶拜就是守丧期间或丧礼上用这个礼节来答谢宾客，先顿首，后空首。

"奇拜"，奇是单数，就是拜一次。

"褒拜"，也叫"报拜"，报是回报的意思，是为回报他人行礼的再拜，拜两次或两次以上。

"肃拜"是古代女子的跪拜礼。女子跪地之后，两只手先触地，然后拱手，同时低下头去，头至手为止，所以也称为手拜。

**语文教材链接**

**七年级下册《孙权劝学》**："肃遂拜蒙母，结友而别。"这里的"拜"，应该是叩拜。

**八年级上册《周亚夫军细柳》**："至营，将军亚夫持兵揖曰：'介胄之士不拜，请以军礼见。'"这里讲述了周亚夫在军中由于手持兵器而不跪拜皇帝的情景。

**高中必修下册《鸿门宴》**："则与斗卮酒。哙拜谢，起，立而饮之。"这里是樊哙受到赏赐之后需要跪拜接受的礼仪。"沛公已去，间至军中。张良入谢，曰：'沛公不胜杯杓，不能辞。谨使臣良奉白璧一双，再拜献大王足下，玉斗一双，再拜奉大将军足下。'""再拜"是跪拜叩头两次，这时刘邦已经逃回自己的地盘，张良回到宴会上把谦卑的礼仪做足。

**高考文本对应**

**2020年全国2卷**："其子攸日夕侍禁中，泣拜恳祈。"
**2018年全国2卷11题B选项**："顿首，即以头叩地而拜，是古代交际礼仪；又常常用于书信、表奏中作为敬辞。"此选项内容正确。
**2015年福建卷**："苞顿首：自斋中交手，未得再见。"
**2016年浙江卷**："茂先痴然伫视，望石再拜而去。"
**2013年湖北卷**："整展拜起，侧立，不予之一言。"

## 称呼礼仪

每每讲到这里，人们就会感动于英语的简单，称自己就是"I"（我），称对方皆是"you"（你），甚至连你和你们都不需要区分，称呼乞丐和总统也不需要区分，一个"you"走遍天下。但是中国的古人，却真真是在称呼上下足了功夫。

按照古人的习惯，名和字灵活使用本身就可以表现尊敬和谦虚。名既然是长辈可用的，那自称的时候用名就表现得很谦卑，就好像自居晚辈一样。张三给领导写信时自称"三近日努力上进"，就好比李白给荆州刺史韩朝宗写信的时候说"白闻天下谈士相聚而言曰"。

　　在这一部分，需要花时间掌握的，是称呼体系中的敬称和谦称。如何称呼别人，怎样提及自己，咱们的古人都能翻出百八十种花样来。一旦花样多起来，聪明的学习者就别急着各个攻破，先找到其中的规律，条分缕析地梳理一下才是正途。这些称呼背后的原则说起来也不复杂，一句话总结就是："高富帅的别人，矮穷老的自己。"总之便是夸别人，不遗余力；损自己，竭尽所能。

## "高富帅"的别人

- **"高"系列**

**父/甫：** 父，本是大家熟知的称呼父亲的用字，但仔细想想，在古代历史中，这个字也并不全是用在亲生父亲身上的。从管仲被齐桓公称作"仲父"以来，不少臣子竟然被君主称为父了：范雎被秦昭襄王称为"叔父"，范增被项羽称为"亚父"，董卓被汉献帝尊为"尚父"……不仅他们如此，我们百姓常说的"家乡父老"里面的父，也不单单指亲生父亲。对，它可以用作对人的尊称，比如"尼父"是仲尼，就是孔子。

　　另一个字"甫"，在文言中经常与父通假，所以尊称里的"父"字多可以换成甫，比如刚才提到的"尼父"，也可以写作"尼甫"。虽然是通假，但"甫"这个字用作对男子的美称，使用的场合也不像"仲父""尚父"这么庄重，不然唐代的"诗圣"杜甫起这么个名字，不是明摆着占大伙儿的便宜吗？

　　"父"和"甫"这两个字，在古代因为含义甚好，经常被大家放进自己的字里，用以表德，如杜甫这般放进名里，反倒并不多见。例如王安石记录同游褒禅山的一众亲友："庐陵萧君圭君玉，长乐王回深父，余弟安国平父、安上纯父。"王回，字深父；王安石的弟弟王安国，字平父；他的另一个弟弟王安上，字纯父；包括作者王安石自己，字介甫（前文介绍过，甫和父是通假字）。这一登山小队，字中带"父"的，倒有十之七八。到了清代，问别人的字时常用的敬语是"敢问台甫"。"台甫"，就是别人的字。

### 高考文本对应

**2019 年北京卷**："伯阳父曰：'周将亡矣！夫天地之气，不失其序……'"此句中的伯阳父，又称伯阳甫，用父/甫表尊敬。

**公**：春秋时期，只有君主或者很尊贵的贵族才可以称公，比如"周公""召公""晋文公""秦穆公"；到了战国时期，公就可以作为对一般人的尊称了。刘邦被称为沛公的时候，既没有夺位成事，也并非年老。由此引出的一些表示尊敬的称呼，我们一并总结：太公（尊称男性老者）、明公（尊称上级长官）、相公（原本是拜相者必封公，所以是对高级文官的称呼，隋唐以后，其使用越来越普遍）。我们在古装剧中经常见到女子称呼丈夫为相公，这倒没错，但要知道这其实是个普遍的称呼，不是专用于丈夫，街上随便一个小娘子称呼你家老公一声"相公"，也是可以的。

### 语文教材链接

**七年级上册《咏雪》**："俄而雪骤，公欣然曰……"这里的"公"，是对谢太傅的尊称。

**八年级上册《愚公移山》**："北山愚公者，年且九十，面山而居。"愚公是个普通人，但是因为他"子子孙孙无穷匮也"的坚持不懈，大家尊敬他。虽然"愚"，却能被尊称一声"公"。相反地，那个看上去聪明的智叟，却只能称"叟"，就是一个普通的老头儿，没有"公"的待遇，也就说明没有获得大家相应的尊敬。

**九年级上册《湖心亭看雪》**："及下船，舟子喃喃曰：'莫说相公痴，更有痴似相公者。'""相公"是舟子对作者张岱的尊称，张岱并没有身居宰相之位，说明"相公"这个尊称早已在民间普及。

**九年级下册《邹忌讽齐王纳谏》**："城北徐公，齐国之美丽者也。"徐公姓徐，在这篇文章里，我们不知道他具体叫什么名字，徐公是对他的尊称。

### 高考文本对应

**2021年全国乙卷**："君臣如此，何得不亡？公等宜戒之。"
**2021年天津卷**："观曹公明锐权略，神变不穷，兵折而意不衰。"
**2020年浙江卷**："而庐陵欧阳公始为古文，近揆两汉，远追三代。"

**卿**：卿原本是官职、爵位的名称，比如"卿大夫""九卿"等，这个称呼也一直保留到明清时期。在战国时期，这个高高在上的"卿"字竟然也用来尊称没有爵位的人，比如刺秦王的荆轲，就被燕太子丹尊称为荆卿。到了秦汉，卿反而成为普通官员的尊称，或者平辈之间比较亲密的称呼，甚至是男女通用。《孔雀东南飞》里焦仲卿对刘兰芝说"贺卿得高迁"，由此可以看出卿在当时还成为夫妻之间的称呼。这不单单是汉魏时期的现象，到了晚清，黄花岗七十二烈士之一林觉民给妻子留下的绝笔《与妻书》，第一句就是"意映卿卿如晤"。

### 语文教材链接

**七年级下册《孙权劝学》**："初，权谓吕蒙曰：'卿今当涂掌事，不可不学！'"此处的"卿"是国君对臣子的尊称。

> **高中必修下册《六国论》**："至丹以荆卿为计，始速祸焉。""荆卿"就是荆轲，是被燕太子丹派去刺杀秦王的那个杀手。这里的"卿"，是对荆轲的尊称。从这句话里我们看得出中国古人的习惯。苏洵其实对派杀手刺杀秦王这件事情是不赞同的，因为这件事情加速了秦灭六国嘛。但是就荆轲个人而言，他的勇猛无畏，他的故事，以及身上那股"风萧萧兮易水寒，壮士一去兮不复还"的孤胆悲壮，是让作者心存敬意的。所以，事归事，人归人，事不对，但是人是可敬的，这不矛盾。

> **高考文本对应**
> **2021 年全国甲卷**："帝曰：'卿姑断其可否，勿问其人也。'"
> **2014 年全国大纲卷**："近时职轻，故用卿以重此官，其毋辞！"

**子**：要说起来，这汉语也真是绝了，父能作为人的尊称，其实子也可以。若不知道这一点，在文言文中见到人家称呼一句"吾子"，还以为是骂人呢。其实这是在表示尊敬，就好像"孔子""孟子""墨子"这一类。甚至后生晚学想表达的尊敬之意越来越多的时候，"子"这个字也就累加得越来越多，就有了"子墨子""子程子"这样的说法。

明白这一点以后，我们在文献中看到"韩献子""魏桓子""陈仲子"这一类时，也需分辨此人究竟叫什么。

"子"这个字的使用的确比较割裂，一方面作为敬称使用，另一方面有儿子的意思，"竖子""小子"在古代就是骂人的。所幸华夏是礼仪之邦，这个类别的词并不多，单独记一下就能解决问题。

> **语文教材链接**
> **高中必修上册《师说》**："孔子师郯子、苌弘、师襄、老聃。"此句中"郯

子"明显是尊称，因为他是春秋时期的郯国君主，所以尊称郯子。

**高中必修下册《谏逐客书》**："昔缪公求士，西取由余于戎，东得百里奚于宛，迎蹇叔于宋，来丕豹、公孙支于晋。此五子者，不产于秦，而缪公用之，并国二十，遂霸西戎。""五子"指前文提到的五位人才，是对他们的尊称。

## 高考文本对应

**2021 年北京卷**："韩子非儒，谓之无益有损。"

**2020 年北京卷**："魏桓子御，韩康子为参乘。""絺疵入曰：'主何以臣之言告二子也？'"

**郎**："郎"这个字，是双耳旁。我在前文讲过，双耳旁的字多与山崖、台阶相关。郎是廊的本字，本义是指宫殿里精美的玉砌庭廊，战国时设立的郎官这个职位，就是守卫在庭廊中君王的侍卫官。单独看这个职位的名称，感觉干巴巴的，没什么趣味，凡事得具体想一想，才有意思。设立这样一个职位来护卫君王，那会选什么人来担任呢？自然是意气风发的精神小伙儿。不单如此，这些小伙儿肯定不会是从乡间山里随便抓的几个壮丁，一定是皇帝非常信任的公卿、官员家的高门子弟，得知根知底才行。再者，君王身边的护卫，日常出入君王近旁，是君王的脸面，也是国家的脸面，总不能长得太"潦草"。对，明白了这个道理，再看看后世对于青年男子的尊称——郎，其中隐含着怎样的赞美，就一目了然了。历史上有什么著名的人物被称为郎呢？周郎——当年青春年少的水军大都督周瑜，羽扇纶巾，谈笑间，樯橹灰飞烟灭，又迎娶了"白富美"，走上人生巅峰。

> **语文教材链接**
>
> 高中选择性必修中册《苏武传(节选)》："武,字子卿,少以父任,兄弟并为郎。"此句是说,苏武和他的哥哥在年轻的时候都做过皇帝身边的侍从。

**君**：先秦文献当中,君主要指代君王,这个字的甲骨文字形上半部分是持权柄的手,下半部分是发布号令的口,这呈现的自然是领导人的角色。但是这个字的独特性很难维持,国家有一国之君,那小家也会有一个手持权柄、发号施令的人,这个人不也是一家之君吗？战国时期,《邹忌讽齐王纳谏》里,邹忌的妻子、小妾、客人都管邹忌叫君。再往后,君的应用便更加普遍,不仅是官吏书生,就连田间地头的贩夫走卒,任谁都能称一声君。上级对下级可以称君,甚至这个字用起来是男女不限的,这个字组成的词有主君、君侯、使君、府君、尊君(特指父亲)。

> **语文教材链接**
>
> 八年级上册《愚公移山》："其妻献疑曰：'以君之力,曾不能损魁父之丘,如太行、王屋何？且焉置土石？'"这里的"君"是愚公的妻子对自己丈夫的尊称。
>
> 高中必修下册《鸿门宴》："沛公曰：'君安与项伯有故？'"此处的"君"是刘邦对张良的尊称。
>
> 高中选择性必修中册《苏武传(节选)》："苏君今日降,明日复然。"这句话中的"君",是卫律对苏武的尊称。

第二部分　张三的苦难岁月

**高考文本对应**

2019年天津卷:"提点刑狱王君彦洪、提举常平郑君丙、知州事张君松,皆以乾道乙酉至官下,于是方有兵事,三君任不同而责均。"

**高**:原理太简单,不解释,如高见、高朋、高邻、高足、高寿、高就。

**高考文本对应**

2018年天津卷:"是以余力济高情,成胜概,三者旋相为用,岂偶然哉?"

**台**:原本是古代高高的建筑,台上之人必然是高高在上的,原理其实与高相同,如台鉴、兄台、台甫。

**贤**:这是在称赞对方有德才,习惯上是称呼辈分较低的人,如贤弟、贤侄、贤婿。

**仁**:这也是在称赞对方的品行,如仁兄、仁弟。

**贵**:如贵体、贵姓、贵庚、贵校。

**老**:家有一老,如有一宝。中国人对于年龄、资历的尊重,自古至今是一脉相承的,所以老通常意味着德高望重。在称谓系统里,用老表示尊敬时,有时和年岁有关,有时无关,如老板、老先生、老相公、老太(尊称老年妇女)、老官(尊称年长的人)、老郎(尊称前辈艺人)、老师。

**语文教材链接**

高中必修上册《师说》:"孔子师郯子、苌弘、师襄、老聃。"这句话中的"老聃"是指老子,其姓李名耳,字聃,因此"老"在这里是尊称。

- "富"系列

**华**：华就是华丽，就是荣光显耀，就是闪闪发光。尊称体系当中的华，就是从这个角度来抬高对方的：华府/厦（别人"五星级"的豪宅）、华翰（别人闪耀着文采和智慧的书信）、华诞（别人的生日）、华秩/序（别人显耀的官阶）、华使/要/重（别人的显贵官职）、华省（别人的工作单位，职务显贵且能亲近君主的官署）、华近（显贵而亲近君主的官职）。

- "帅"系列

**令**：令是美、善的意思，用于称对方的家人，非常合适，例如令尊（尊称对方的父亲）、令堂/母/慈（尊称对方的母亲）、令岳、令郎、令爱。

**玉**：玉表示冰清玉洁，且玉的表面泛着温润的光泽，用来尊称美好的女性再恰当不过，既温婉动人，又不娇邪魅惑，例如玉体/躬（一般用于尊称女性的身体，注意是一般，而非绝对）、玉女（仙女小姐姐）、玉照（仙女小姐姐的照片）、玉颜、玉笋（美女的手指，注意下文还有一个"玉笋"）。另外，除了用于女性尊称，"玉"字也不是与男性彻底无关。在中国古代，一直有君子佩玉的传统，所以玉也是男女通用的尊称，例如玉文（别人写的好文章）、玉面（别人的容颜，男女都能用）、玉声（别人的言语）、玉札（别人写的书信）、玉笋（丰神俊逸、才高八斗）。

## "矮穷老"的自己

- "矮"系列

**晚**：这是自己在辈分或资历上所用的谦虚之词，如晚辈、晚生。同样，"学生"也可以作为自谦之词在长辈、前辈甚至是平辈面前使用，孔老夫子有言："三人行，必有我师焉。"（《论语》）那么在平辈面前充个学生，也算是自己在学问和资历上表现谦虚了。

**某**：这个字本是个应用广泛的代词，指代一个人、一件事、一个地方，就连蔡琴在《恰似你的温柔》里也这么唱："某年某月的某一天，就像一张破碎的脸……"也是因为这个字可以指代的事物太宽泛了，宽泛到没有特点，恰好应了中国人表示自谦的需求。卑微普通，不值一提。古人在提及自己时经常把名隐去，用某字代替。刘邦做皇帝以后就问过他老爹："今某之业所就孰与仲多？"他就是向老爹炫耀一下，原先您老人家总是骂我不如二哥有出息，但是您看看，现在我的产业和二哥的比起来，谁更多呀？虽是扬扬得意之词，但自称时还是得用"某"字来表示克制。在《仪礼》中有这么个令人啼笑皆非的表述——"某有子某"，把自己和儿子的名都用"某"字谦虚指代了，就相当于现在的"老谁家那小谁"。当时的人自然明白其中的含义，只是苦了后人，还要费一番周折去考证。

> **语文教材链接**
> 高中必修下册《答司马谏议书》："某启：昨日蒙教""某则以谓受命于人主""上乃欲变此，而某不量敌之众寡""则某知罪矣""则非某之所敢知"，这几处"某"便是作者王安石在书信中表示谦虚的自称。

> **高考文本对应**
> 2020年浙江卷："某之初为文，最喜读左氏、《离骚》之书。"

**小/下/末/卑/贱/微**：这几个字都是在地位上对自己的贬低，用来表示谦卑，如小人、小可、小儿（自己的儿子）、小女（自己的女儿）、小生（年轻书生的谦称）、在下、下走、下官、末将、末官、卑职、卑末、贱人（自称自己）、贱内（谦称自己的妻子）、贱妾（已婚女子的谦称）、贱子（注意这里不是指儿子，而是自称）、贱躯、贱臣、微臣、微仪（自己送给别人的微不足道的礼物）、微力（微小的力量）、微功（微小的功劳）、微门

（卑微的门第）。

> **语文教材链接**
> 高中选择性必修下册《陈情表》："猥以微贱，当侍东宫""今臣亡国贱俘，至微至陋"，这两句中的"微贱""贱俘""至微至陋"，都是对自己的谦称。

**臣/仆/奴/妾**：这几个字最初的字义都和奴隶有关。"臣"字为人所熟知的用法是臣子在君王面前的自称，这个字在古代的用法不止如此。它的甲骨文形象是一只立着的眼睛。眼睛为何会立起来？这本是仆人一面弯下腰表示尊敬，一面得把头转过来紧盯着主人一言一行的写照。因此"臣"最初就是普通奴仆的自称。比如在《史记》当中，我们就经常看到两个什么官职都没有的人在对话，两个人都自称臣。《史记·魏公子列传》里有个"市井鼓刀屠者"，就是屠夫朱亥一口一个"臣"自称。汉以后，普通人自称臣的情况越来越少见，这个字渐渐变成臣子的专用字。

仆与奴用作自称的谦虚之意非常明显，不多解释。补充一点，奴用作自称的时候，我们经常见到其出于女性之口，比如《水浒传》里的潘金莲就自称"奴家"。在少数情况下，男性也用过。

最后一个"妾"字，毫无疑问，是女性的谦称。

> **语文教材链接**
> 九年级下册《唐雎不辱使命》："唐雎对曰：'臣未尝闻也。'"在这句话中，唐雎其实并不是秦王的臣下，"臣"就是面对高位者时的普通自称而已。
> 高中必修下册《庖丁解牛》："庖丁释刀对曰：'臣之所好者道也，进乎技矣。始臣之解牛之时，所见无非牛者。'"庖丁在古代是非常卑微的职业，地位不高，也不是什么政府官职。他自称臣，也印证了臣最初就是男性奴

> 隶自称，后来臣慢慢演变为普通人面对高位者的自称。
>
> **高中必修下册《烛之武退秦师》**："臣之壮也，犹不如人。"说这话时，烛之武就是一个平民，没有任何官职在身。平民自称臣，在春秋时期是很正常的现象。
>
> **高中必修下册《鸿门宴》**："哙曰：'此迫矣！臣请入，与之同命。'"在这一句中，"臣"是臣子的自称。
>
> **高中必修下册《与妻书》**："汝泣告我：'望今后有远行，必以告妾，妾愿随君行。'吾亦既许汝矣。"这一处是作者林觉民引用了妻子当时说的话，这里的"妾"，只是妻子谦虚的自称罢了。

**走**：这个字用以表自谦，在古代文献当中使用得不算太多，如果我们对它一点印象都没有，胡乱猜解，也是一笔糊涂账。走的本义是跑，想来需要经常这样甩着臂膀费力狂奔的，也不是什么富贵高人，便有了"贩夫走卒"这样的说法。其中的走卒，不就是说替别人跑腿的人吗？因此"走"作为谦称，表达的意思就是：我就是为您效命、替您跑腿的人。比如张衡在《东京赋》里说："走虽不敏，庶斯达矣。"走，就是指自己。

**犬**：古人在自称时，都把自己贬称为他人之仆了，那比自己的辈分还低的儿子，就只能和小动物平起平坐了，例如称自己的儿子为犬子。犬子这一称呼源于一种民间习俗，最初是司马相如的父母为了这个儿子好养活，选一个低贱的词为之命名。他的小名"犬子"除了表示低贱，也带着父母对孩子的疼爱，日后司马相如才名满天下，这一称呼便渐渐流传开了。

**愚/拙**：这两个字是从智商上对自己的贬损，如愚兄、愚见、拙笔、拙作/著/恶、拙见、拙室/荆/妇、拙子、拙分。

> **语文教材链接**
>
> 九年级下册《出师表》:"愚以为营中之事,悉以咨之。"此处的"愚"是诸葛亮的自称。

**鄙/山**:关于谦称鄙人,常见的错误理解是卑鄙之人。古人即便喜欢贬损自己,但要在人品上自黑,也确实说不出口,且完全没有必要。

那怎么理解呢?鄙在文言文中本是郊野边境之意。在现代的日常生活中,有些人也有所谓"城里人"的优越感,他们经常瞧不起所谓的"乡下人"。为什么呢?其实不仅因为乡下人通常处于贫穷的境况,更多的是因为乡下人久居一处,见过的人和事都十分有限。古人也一样,所以古人会从这个角度来自谦,如鄙人(我这个乡巴佬)、鄙夫、鄙老、鄙事(我干的这些没见过世面的烂事儿)、山妻/荆(我那个村里的老婆)。

**不贤/不肖/不佞/不文**:这几个自称构成了一个"不"字的小系列,都是在说自己没有才华。其中不贤很好理解,我们重点解释后面几个。不肖这个词虽然常见,但很多人错误地把"不肖子"理解成"不孝子",这是不准确的。肖的本义是像,现在有"肖像"这个词,肖和像是一个意思。准确地说,"不肖子"就是指不像父亲的孩子,不是说样貌,而是品行、习惯。孔子说:"三年无改于父之道,可谓孝矣。"(《论语》)延续父亲的"道",就是像父亲。古人是很重视家风传承的,不像父亲,就是"不肖",按照孔子的定义,也就是"不孝"了。

这样说起来,其实不肖的含义很虚啊,因为每一个父亲都是不一样的,那每家每户的"不肖"就应该有不一样的含义。话虽如此,但咱们结合实际想一想:父亲要是抽大烟,儿子和父亲不一样,还会被斥责为"不肖"吗?肯定不会。之所以被谴责,是因为儿子缺乏父亲具备的美好品质,比如节俭、勤奋、好学、谦虚……那这其实还是兜兜转转地绕回不贤的范畴了。

第二部分 张三的苦难岁月

不佞这个词难绕弯子，因为"佞"在我们的印象当中是贬义，如奸佞、"佞臣"一听就不是好人呀。那不佞不就应该是个好词了吗？怎么用作自谦了呢？佞为什么和奸放在一起呢？放在一起组成了贬义词，就说明"佞"这个字本身的意义也一定不好吗？不一定吧。你看浮华这个词也是贬义词，可华本身的意义是非常美好的呀。真正不好的是"浮"，它连累了"华"。其实佞的意思是有才智，佞和奸放在一起，是批评某人太有才智了，巧言谄媚、德行有亏。大家认为近墨者黑，才对它有了误会。佞臣的说法也来源于中国古代长期以来更欣赏忠诚耿直臣子，善辩巧言的佞臣当然就不好了。于是，不佞就是谦虚地表示自己没有才智。

对"不文"的理解，还是搬出孔老夫子更轻松便捷。孔子说："质胜文则野，文胜质则史。文质彬彬，然后君子。"（《论语》）这里的文就是文采装饰，质就是朴质的内在，夫子说二者调和得好，才是君子之风。说"不文"，就是自谦了。

- "穷"系列

**敝/寒**：谦称体系当中常用的两个词——"敝人"和"鄙人"，读音非常相近，选用哪个在自谦的本质上也无大差别，但这两个词并不是从一个角度出发的。"鄙人"的来源刚刚讲过，自谦的角度是乡下人的愚鲁。而"敝"的意思是破烂，成语"敝帚自珍"说的不就是一把破笤帚，自己还当个宝一样吗？"敝"这一系列，是从穷的角度来自谦的，比如敝人、敝姓、敝处、敝校、敝国。同样从穷的角度自谦的还有"寒"，例如寒舍、寒第/门、寒族。

**舍/家**：谦称这个事儿吧，对自己是怎么贬低怎么来，可对于自己无辜的家人难免有些下不去嘴。在向别人提及自家亲人的时候，古人一般用的是"舍""家"这样的字眼，虽算不上贬低，但其实已经很谦虚了。毕竟古代这样讲究的人，不仅有住在茅棚草屋的穷书生，还有住在高堂瓦舍里的王公贵族，家正常应该叫宅，甚至叫府才对。此类谦称有舍弟、舍妹、舍侄、家父/尊/严/君、家母/慈、家兄、家姐、家叔。

- "老"系列

老：这个字很有趣，既可以用于敬称，也可以用于谦称。道理也很明显，老资历在年轻人眼中是值得尊重和敬仰的，但是老年人自己感慨一句"我老了"，却未必是由于资深年久而骄傲，比如老朽、老脸、老身。

> **语文教材链接**
>
> 七年级上册《陈太丘与友期行》："君与家君期日中。日中不至，则是无信。"在这句话里，"家君"这个称呼有点儿拧巴，既谦又尊。称父亲为"君"是尊称，但称"家"是谦称。想来也合情合理，因为是自己的父亲，所以尊；因为是对一个外人提及，所以谦。
>
> 高中选择性必修下册《归去来兮辞（并序）》："家叔以余贫苦，遂见用于小邑。""家叔"是对自己叔叔的谦称。

## 自己对别人

在谦称和敬称体系里，既然别人高高在上，而自己卑微如尘，那涉及自己对别人的动作，自然就是自下而上、毕恭毕敬。

窃/敢/伏：这几个动作是描述自己战战兢兢、诚惶诚恐的心态。"窃"是私下里、偷偷的意思，也就是我想了些什么都不敢光明正大地说出来，只能偷偷地琢磨，比如窃念。"敢"，其实意思是"不敢"，表示自己壮着胆子，冒昧地、哆哆嗦嗦地说出来，比如敢问、敢请、敢烦。"伏"是趴着，这个身姿够卑微了。其实"伏"的造字源流从现代汉语中也能看出来——狗狗匍匐在主人脚下，用"伏"这个字来说自己的事儿，表意就格外谦卑，比如伏望、伏死（甘愿舍弃生命）、伏低（我趴在你脚下，你是老大）、伏礼（我趴着认错）、伏从、伏辜（认罪伏法）。

> **语文教材链接**
>
> **高中必修下册《鸿门宴》**："窃为大王不取也！"这句话是樊哙对项羽说的。樊哙是个粗人，这番话整体的语气亦不柔缓，但毕竟身份悬殊，加上一个"窃"字作为自己发表观点时的谦称，还是有必要的。
>
> **高中必修下册《谏逐客书》**："臣闻吏议逐客，窃以为过矣。"此句中的"窃"，是李斯在发表观点时的谦词，一开篇就表达出谦虚。
>
> **高中必修下册《答司马谏议书》**："某启：昨日蒙教，窃以为……"观点可以不同，但是开篇先把"窃"字摆好，把谦虚的姿态摆好，这实在是王安石这种文官再擅长不过的了。
>
> **高中必修下册《烛之武退秦师》**："若亡郑而有益于君，敢以烦执事。"这里的"敢"是斗胆，就是吓得我哆哆嗦嗦地和您说。烛之武在这里摆事实、讲道理，从容不迫，"敢"在这里，也就是烛之武在秦君面前表示谦卑而已。
>
> **高中选择性必修下册《陈情表》**："伏惟圣朝以孝治天下。"这句话直译就是："我趴在地上想啊，咱们圣朝……"谦卑之态太明显了吧。

**请/奉/劳：**这几个动作是表示自己对别人恭恭敬敬的态度。"请"字自不必说，一看便知尊敬之意，比如请和、请托、请教、请示。"奉"的本义是捧，所以当奉用在表示尊敬的词语当中，我们就可以把它理解成双手捧，比如奉送、奉还、奉劝。"劳"的意思就是使你劳苦，比如劳驾、劳步。

> **语文教材链接**
>
> **八年级上册《周亚夫军细柳》**："将军亚夫持兵揖曰：'介胄之士不拜，请以军礼见。'"周亚夫见到皇帝之后，虽然没有下跪行叩拜礼，但是"请

字表达了尊重之意。

**八年级下册《庄子与惠子游于濠梁之上》**："请循其本。"庄子和惠子虽然在激烈地辩论，但是"请"字表达了自己对辩友的基本尊重，表现得不是那么针锋相对。

**九年级下册《出师表》**："受任于败军之际，奉命于危难之间。"命令出自主公，所以自己接过来的时候得双手捧起，"奉命"就是用于表达这种尊敬的。

## 别人对自己

高高在上的别人，但凡对自己有些什么动作，都是自上而下的赏赐，有以下几个字来表达。

**惠**：惠是别人对自己的恩惠，比如惠赠/赐、惠临、惠顾、惠存、惠允、惠邮/书（别人邮寄来的信件）。

**垂**：垂就是别人低着头。人家高高在上，对自己做什么，自然是低下头来的，比如垂爱、垂怜、垂询、垂音（您给我们的一些音信）、垂法/则（您给我们的一些法则）、垂训、垂佑、垂青、垂顾。

**赐**：恩赐之意，比如赐教、赐函、赐光。

**赏**：赏赐之意，比如赏脸、赏光。

### 语文教材链接

**高中选择性必修下册《归去来兮辞（并序）》**："会有四方之事，诸侯以惠爱为德。"这句话中的"惠爱"是诸侯赐予臣民的爱，自然是一种令人尊敬的恩惠。

**高中必修下册《烛之武退秦师》**："且君尝为晋君赐矣。"烛之武当面游说秦君，自然得对秦君毕恭毕敬；他也想要挑拨秦君和晋君的关系，就得暗

第二部分　张三的苦难岁月

暗地贬低晋君。这句话就体现得淋漓尽致：您曾经给予过晋君恩赐。原本两国国君的地位是平等的，即便是有所帮助，也谈不上恩赐，但是您秦君在我眼中就是至高无上的！这让爵位还低晋君一等的秦君听了，心里是无限受用啊。

### 称呼官名或地望

　　称呼官名这件事情，我们如今也很熟悉，比如"曹校长""李主任"，但是古代用官名来称呼某人的情况要比现在复杂不少。因为现在的官名经过现代人简化，一般不是叫什么长，就是叫什么主任。如果古代的官名全都像"太守""知县"这样简单，自然是好，但是咱们随便列举几个古代官名，你这一看能看出应该怎么称呼吗？比如尚书右仆射、开府仪同三司、同中书门下平章事、都察院左都御史……这些官名这么长，但是我们对一个人的称呼最多也就三个字，除去一个字留给姓，这些官名用作称呼，都得缩减到两个字才行。但是选用哪两个字呢？这没有定数。比如杜甫在《春日忆李白》里说"清新庾开府，俊逸鲍参军"，庾开府是庾信，曾任西魏的车骑将军、仪同三司和北周的骠骑大将军、开府仪同三司，那杜甫就选取了开府仪同三司的前两个字；鲍参军是鲍照，曾任南朝宋的临海王前军参军，杜甫这是选取了临海王前军参军的后两个字。所以这部分内容，难就难在约定俗成，没有定数。

　　这里汇总了一些对著名文人的称呼，以及称呼来源的官职。

　　与之类似，那些有爵位的贵族，也可以用爵位名称来称呼。例如谢灵运从祖上继承的爵位是康乐公，所以世称谢康乐；郭子仪被封为汾阳郡王，所以世称郭汾阳。

### 部分著名文人的官职与称呼表

| 姓名 | 官职 | 称呼 | 姓名 | 官职 | 称呼 |
| --- | --- | --- | --- | --- | --- |
| 阮籍 | 步兵校尉 | 阮步兵 | 杜甫 | 左拾遗 | 杜拾遗 |
| 嵇康 | 中散大夫 | 嵇中散 | 张籍 | 国子司业 | 张司业 |
| 王羲之 | 右军将军 | 王右军 | 刘禹锡 | 太子宾客 | 刘宾客 |
| 王维 | 尚书右丞 | 王右丞 | 柳永 | 屯田员外郎 | 柳屯田 |
| 高适 | 散骑常侍 | 高常侍 | 苏轼 | 端明殿学士、翰林学士 | 苏学士 |

还有一点也给我们的阅读带来障碍，古代运用这一套称呼的都是些有官职的文人士大夫，这帮人时不时地创造出一阵阵复古的风潮。民国时期的人管老师叫"先生"，我们现代人对这种风潮也不陌生，有些人很怀念，觉得这个称呼很风雅、庄重。古代文人的矫情也是如出一辙的。我们读清代的《儒林外史》就看到里面有"王观察""王太守"一类的称呼，如果咱们对"观察"这个官职不熟悉，总应该知道"太守"是古代州郡长官的官职名称。虽然在清代，"观察""太守"已不再作为正式官名，但当时的文人崇古，仍用旧时官名称呼仕子，类似今人称老师为"先生"。

称呼地望，貌似有些奇怪。比如在北京的某个单位里，张三的祖籍是山西，大家就管他叫"张山西"，可能另一个来自山西的张姓员工会感觉很尴尬。现代社会的流动性大，尤其是在"北上广深"一线大城市，大家来自五湖四海，就容易出现这样的问题。但在古代，一则用得上这些复杂称呼体系的场合，基本上是在官场或是在读书人之间，范围本就小得可怜。二则古代的流动性远远比不上现在，在一个特定的范围之内，每个人的地望、籍贯，还是相当有辨识度的。毕竟一个地方能出人头地的人，也确实稀有。即便偶有巧合，有一个特别著名的人已经深入人心地"抢注了这个IP"，那大家给另一个人换个称呼避开即可。三则古代的生活远远不比现今，你爱喝内蒙古产的牛奶，我爱喝新疆产的牛奶，本质上也没多大差别，但是古代人员和物资的流通性太差，各地之间人们的生活习惯、方言口音等地域差异远远比现在明显，这也是大家习惯用籍贯作为称呼的重要原因。

我们熟悉的有孟襄阳（孟浩然）、柳河东（柳宗元）、张曲江（张九龄）、王临川（王安石）、梅宛陵（梅尧臣，宛陵即今安徽宣城）。

有时候，一个官员在某地当官日久，此地变成其第二故乡，别人也会用为官之地的地名来称呼他。例如刘备曾经做过豫州刺史，他就被称为刘豫州。或者某人在某地做官的事迹太出名，那大家也会用这个地方的地名来称呼他，例如陶渊明做过彭泽县令，他就被称为陶彭泽；贾谊做过长沙王太傅，他就被称作贾长沙；柳宗元做过柳州刺史，他就被称作柳柳州……

说到这里，可能会有人念叨了："小喵老西真无聊，喜欢'掉书袋'，这说来说去不就是用籍贯来称呼吗？还非得整出个'地望'，显摆。"冤枉人不是吗？咱们一本科普性的书，肯定是尽量避免生僻词，但是此处"地望"这个词，的确是想避也避不开的。地是指地理上的籍贯，望指的是名望和声望，比如名门望族。

魏晋南北朝以来，门阀士族兴盛，"郡望"就是某一个地区最有名望的豪门大族。有一些是诗词和电视剧里耳熟能详的家族，比如琅琊王氏、陈郡谢氏、颍川荀氏、平原华氏、河东裴氏、扶风苏氏……咱们熟知的"诗圣"杜甫，出身于赫赫有名的京兆杜氏，他在注自己的诗《赠韦七赞美》时讲："城南韦杜，去天尺五。"就是说当时京城的韦氏和杜氏豪门显赫。当时经常是以当地望族的姓氏来讨论某地某姓的。

另外一个不可忽视的因素，就是古代教育严重不公平。古代不像我们现在，人人都有受教育的权利，贫寒人家的孩子接受教育的机会少之又少，不像这些豪门世族人家，可以"批量产出"读书郎。因此在我们看到的文献里，这些门阀士族的印记自然比比皆是。

而且这些豪门望族，不论是为官、习武，还是写书法、做学问，都是有家族传承的，家族子弟也会有强烈的使命感和归属感。杜甫就写诗教育儿子说："诗是吾家事。"听听，多大的口气！人家杜甫的爷爷杜审言是唐朝初期的重要诗人、近体诗的奠基人，也怪不得杜甫口出如此"狂言"。好了，如此说来，也就不难理解古人为什么习惯用郡望来称呼他人了。杜甫在诗里经常自称"杜陵布衣""杜陵野老""杜陵野客"等，别人也称他"杜陵"，例如陆游就写过"我思杜陵叟"（《感旧》）。杜甫是杜预的后人，杜陵是杜预的郡望。杜甫也自称"襄阳杜甫"，其实他出生在巩县（今河南省巩义市），称襄阳也是因为他的先祖杜预曾经在襄阳带兵。同样，韩愈称为韩昌黎，不是出生在昌黎，也是按郡望来称呼的。苏轼的籍贯是眉州（今四川省眉山市），可是他经常自称"赵郡苏轼"或者"苏赵郡"，这里用的也是郡望。

这还没完，古人在一些比较郑重的场合下介绍某人时，通常是要把这些信息综合在一起来称呼的，这就诞生了一长串对人物的称呼——兼称。不像我们现在介绍某位斜杠青年的时候，把人家每一个斜杠之间的内容罗列一下就行，不需要讲究顺序，古人的兼称是讲究顺序的：官职+籍贯+姓名字号（或者尊称、谥号）。直观一些，就是如下结构：

| 铲屎官 | 山西太原 | 韩 | 健 |  | 小喵老西 |
|---|---|---|---|---|---|
| 官职 | 籍贯 | 姓 | 名 | 字 | 号　尊称、谥号等 |

文言文实战当中的语言现象看上去复杂一些，但抽丝剥茧后你会发现都大同小异，一一对应即可。

| 翰林 | 天台 |  |  |  | 陶先生 |
|---|---|---|---|---|---|
|  | 庐陵 | 萧 | 君圭 | 君玉 |  |
| 囧卿 |  |  | 因之 |  | 吴公 |
| 铲屎官 | 山西太原 | 韩 | 健 |  | 小喵老西 |
| 官职 | 籍贯 | 姓 | 名 | 字 | 号　尊称、谥号等 |

## 位次礼仪

小时候唱儿歌"排排坐,吃果果",只是想着乖乖坐好了等着大人分果果,谁前谁后不要紧,重要的是不争抢,反正迟早都会分到。孩子的世界,果然简单,没承想长大以后"排排坐"的讲究,竟是一整套文化礼仪。在成人世界的交往当中,一群人凑在一起,总是会分出主次,不论是宴席、队列,还是会议,主次关系都会在位次当中体现出来,成人也不会像小时候那样按大小个站队了。

讲到这里,大家也不用过分解读,说:"哎呀,古人的尊卑等级这么严格吗?"其实位次讲究的不仅仅是尊卑。李四是张三的好哥们儿,小长假时去张三家串个门,这本没有什么尊卑之分。但是按照我们中国人好客的文化传统,此时李四是客人,张三全家就应该把人家奉为上宾,以礼相待,这不也涉及了位次吗?下次换张三去李四家做客,位置关系就反过来了。

这位次是件令人头疼的事,我们看古代的几处文献记载。

"今括一旦为将,东向而朝,军吏无敢仰视之者。"(《史记·廉颇蔺相如列传》)从这句话可以看出来,"东向"也就是朝向东面,那应该是站在西朝向东,是一件很牛的事情。

"既罢归国,以相如功大,拜为上卿,位在廉颇之右。廉颇曰:'我为赵将,有攻城野战之大功,而蔺相如徒以口舌为劳,而位居我上,且相如素贱人,吾羞,不忍为之下。'"(《史记·廉颇蔺相如列传》)从这句话可以看出来,蔺相如在廉颇之右,因为蔺相如比廉颇的官大,所以廉颇心里很不爽快。

"尝奉命至金陵,是时朝中皆畏宁南,闻其使人来,莫不倾动加礼,宰执以下,俱使之南面上坐,称柳将军,敬亭亦无所不安也。"(《柳敬亭传》)从这句话可以看出来,"南面"就是面向南,站在北朝向南,是上座,是尊贵的。

这就让人很烦恼,一会儿工夫有了三种说法,都是白纸黑字的古籍,也没法判定哪个对哪个错啊。你先不要着急，咱们的文化几千年发展下来，包含那么多人和事，很多规矩看上去是繁杂的。话说回来，规矩虽然繁杂，但古人也不是精神有什么问题，喜欢一拍脑门凭空想象，随机编造各种规范条例。每一种规范的背后，是有他们的生活实践作为根源的。我们致力于挖掘这些现实的根源，那具体的位次应该是怎样的情形，就迎刃而解了。

关于古人的位次文化，有两套体系，一是东、南、西、北，二是左和右。

在这两套体系里判断位次的尊卑，先要了解两个原则：一是位置上以北为尊、以东为尊，二是以舒适、安全为尊。

所谓东、南、西、北，总得有一个具体存在的场景，有一个空间承载，才有依托，才有意义，毕竟人们不是坐在大草原上。以天为盖，以地为庐，那就不需要分什么主次，大家一起拉着手围着篝火跳舞最开心。我们先来说一说古代房屋的基本结构。

下图是坐北朝南的正房，正中是堂，最传统的建筑样式是堂前没有门，只有两根楹柱。这是个半敞开式的空间，并不用于居住，只用于行吉凶大礼，它也是整个建筑中最正式、最庄严的所在。不仅民宅如此，朝堂也类

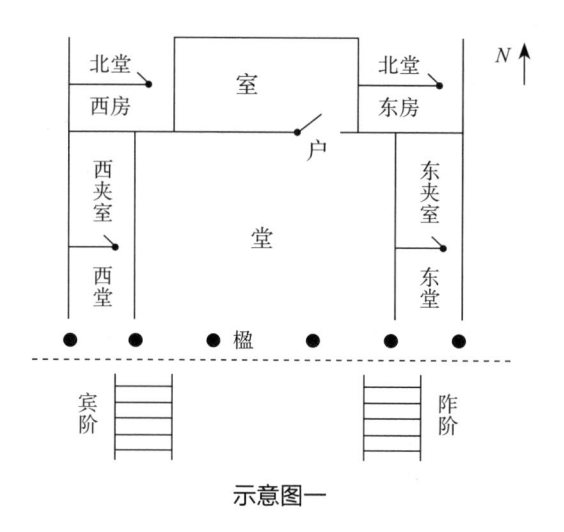

示意图一

似。后来的建筑有不少给堂加上门，使之成为一个密闭的室内空间，这只是建筑的具体形式发生了变化，对我们讨论位次没有影响。

> **高考文本对应**
> 2015 年上海卷："有勤学异等、聪令有闻者，升堂设馔。"
> 2014 年重庆卷："群丐登堂醵，醵饷既良。"

试想一下，如果在大堂举行吉凶大礼、隆重朝会，位置应该如何安排呢？根据以北为尊的原则，肯定是由最尊贵的人占据坐北朝南的位置，其余的人分列在下。

在朝廷的朝会中，最尊贵的人自然没有疑问，就只有一位——皇帝本人，但如果是以家庭为单位的典礼仪式呢？那在主要位置的应该不止一位，得是男女主人才对，应该如何安排？这里就用到了以东为尊的原则，即男主人坐在坐北朝南的两个座位中靠近东边的那一个。《红楼梦》中，林黛玉第一次去二舅舅贾政处拜见，她见到一张炕上由中间的炕桌隔成两个座位，"王夫人却坐在西边下首……见黛玉来了，便往东让"。以黛玉的文化素养，她看出来连王夫人都坐在西边下首，那东边这个位置，自己肯定是不能坐的呀。学过这部分内容以后，你便知道这个位置为什么不能坐了。你也会如林黛玉一般，"心中料定这是贾政之位"。对，人家让你坐只是表示自己热情，客气一下，你若真的傻乎乎一屁股坐下了，可能连府里的下人都会偷偷笑你不懂规矩呢。

问题又来了：那如果坐在主要位置的是三个人呢？如下图，比如皇家正式宴会上，皇帝、太后、皇后都出席，他们三位都应该坐在坐北朝南的主要位置上，如何安排呢？那就是皇帝作为男主人坐在中间，太后坐在皇帝东侧，皇后坐在皇帝西侧。因为太后是长辈，身份比皇后尊贵。

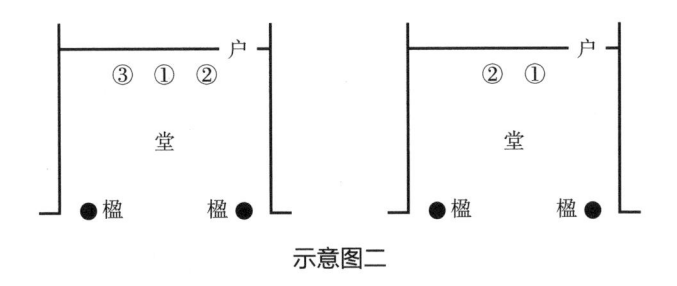

```
          户                    户
   ③ ① ②                  ② ①
      堂                       堂

 ● 楹    楹 ●           ● 楹    楹 ●
```
示意图二

  主要人物交代完以后，我们再来看一下次要人物的位置。拿《红楼梦》里贾府最庄重的荣禧堂举例，原文说"地下两溜十六张楠木交椅"，这两溜椅子是东西朝向排开的。根据以东为尊的原则，尊贵的一方就应该坐在东边的椅子上。不过也不是一味地往东排，东边排完了才轮到西边，并且距离主位更近的位置更尊贵，那就应该是二号人物坐在西边的第一把椅子上。接下来，三号人物坐在东二，四号人物坐在西二，以此类推。如果在皇帝的朝堂，臣子们没有椅子坐，需要站成队列，也是一样的道理。朝会上毕竟人多，那么站队还有另一个原则：文东武西。这是因为古代一般重文轻武，文官比武官尊贵，所以站在东侧。

  以东为尊的原则，在非堂的场景下依旧适用。比如庭院堂前的台阶分东西两侧，东侧的台阶就更加尊贵，被称为"阼阶"。"阼"这个字看起来是不是很眼熟？没错，前文出现过"践阼"。这个字与继承大统有关，为什么用它来命名台阶呢？因为按照古礼，宾客来，要由西面的台阶登堂，主人则立于东阶。东阶象征着对这个房屋、家族的所有权，因此叫阼阶；西阶也被称为宾阶。当这个家庭举办一些盛大的仪式之时，比如男孩子的冠礼，仪式的主角就要从台阶登堂。只有在嫡长子的冠礼上，嫡长子可以由阼阶登堂，而其他儿子哪怕在自己的冠礼上，也只能走宾阶。有一种情况例外，就是君主去他家了。这时候君主是尊贵的宾客，该走西阶吗？不该。普天之下，莫非王土，对于这里，君主是比家主更加拥有权力的人，自然也走东阶。

荣禧堂简易图

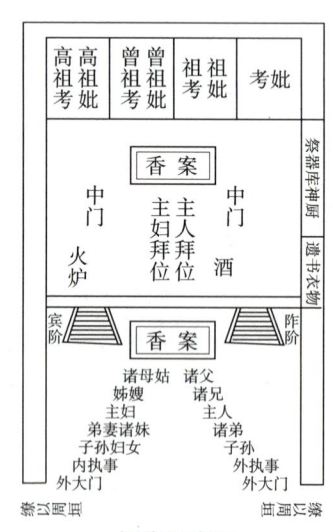

祠堂示意图

刚才说的都是东、南、西、北，左右这一套体系该如何描述呢？其实说到左右，往往是笔糊涂账，因为左和右的位置关系，只要调换视角，关系就反过来了。笼统地讲古人的位次是以左为尊还是以右为尊，都是不负责任的——你说的究竟是什么视角？在前文描述的朝堂位次关系里，从臣子们的角度来看，东在右，那就是站在自己右边的人更尊贵、官职更高。因此，升官被称为右迁，贬官被称为左迁。但是，从皇帝的角度来看，东在左，他就会看到左边臣子的职位普遍更高。为什么升职、降职不以皇帝的视角来论左右呢？因为不管臣子如何变动，皇帝还是岿然不动，所以这升职、贬官的事终究是臣子们亲身经历、感触最深，自然以他们的视角为准。换一种场景，李四去张三家做客，主人张三拉着李四的手，热情地把他往左边座位上带，那这显然就是以主人的视角为标准了。

转换一下空间，位次就会发生变化。前文说到，在最传统的建筑结构中，堂是半开放的，是行吉凶大礼的地方，那有些日常宴请也不会在堂上进行，就转移到了堂后面的室。

### 语文教材链接

**高中选择性必修上册《老子四章》**："凿户牖以为室，当其无，有室之用。"这句话记录了古人在堂后建造室的过程。

**高中选择性必修下册《兰亭集序》**："夫人之相与，俯仰一世。或取诸怀抱，悟言一室之内。""悟言一室之内"就是和相知相交的好友，在室这个相对私密的空间内交心谈话。

**高中选择性必修下册《归去来兮辞（并序）》**："携幼入室，有酒盈樽。"拉起孩子的手，喝点舒心的小酒，这个场景自然与庄重的堂无关，的确应该在日常生活起居的室内。

第二部分　张三的苦难岁月

### 高考文本对应

**2016 年山东卷**："晏子对曰：'法其节俭则可，法其服，居其室，无益也。'"

**2016 年上海卷**："姻亲多告绝，祜独安其室，恩礼有加焉。"

堂和室有墙相隔，在靠东的位置开户，就是开扇门，使二者相通。室的形状通常是偏扁的，东西长，南北窄。那么在这样的室内空间里应该怎样安排位次呢？这里便用到了之前提到的以舒适、安全为尊的原则。

### 语文教材链接

**八年级上册《记承天寺夜游》**："解衣欲睡，月色入户，欣然起行。""解衣欲睡"这个动作一定发生在内室，所以月色透过堂与室之间的门，洒到床边，让作者心向往之，欣然起行。另外还可以继续想一想，月光能穿过堂而进入室，直射角度肯定不高，说明这时月亮刚刚升起，入夜并不深，所以作者去寻找友人的时候，"怀民亦未寝"。一切就都顺理成章地串起来了。

**八年级下册《大道之行也》**："是故谋闭而不兴，盗窃乱贼而不作，故外户而不闭。是谓大同。""夜不闭户，道不拾遗"是儒家追求的大同世界。仔细想来，门与户不同，门是院落大门，不闭门的话，路人能进入院子；户是内室的房门，连户都没有必要闭上，那可真是非常安宁的社会呀！

### 高考文本对应

**2014 年湖北卷**："慎毋出户，绝世吏，勿与交。"

**2012 年四川卷**："如是者十余年，虽不出户庭，而官贵人闻风仰德者，莫不躬拜床下。"

在这样一个空间里，坐北朝南的②号位显然就不是最舒服的了，因为南北向窄，所以坐在北边会觉得空间逼仄，有压迫感。另外在这种长条的空间里，想象一下我们现代人熟悉的长条会议桌，东西长，那坐南朝北的位置，在理论上能坐下的人更多，但是董事长往往是坐在窄边的，对吧？那么，图中的②号位就不是主位了。

室示意图

那哪个位子最舒服、最尊贵呢？①号位。想想看，一来是这个位置在狭长的室内空间里，是典型的"董事长位"；二来是一眼能看到从门口进来什么人，若是从门口突然闯入一个危险分子，他距离最远，是最安全的。如果没有危险的情形，也方便掌握整个空间里每个人的一举一动。其实现代人对这个原则也不陌生，我们在饭店的一个包间里请客吃饭，也是正对着门的位置是最尊贵的。这个坐西朝东的席位，在古人的宴席当中，除官员、领导外，通常是留给老师的，所以"西席"渐渐成了古人家塾老师的代称。

那哪个位子最不舒服、地位最低呢？④号位。因为它离门最近，来个人上个菜吧，它这里是"菜市口"，万一闯入个危险分子，在这里又不能及时看到，而且首当其冲。

如此分析一圈，从最尊贵的位置往下排，应该是①＞②＞③＞④。我们把这四个位置说得书面一点：①坐西朝东，在古文中为"东向"；②坐北朝南，在古文中为"南向"；③坐南朝北，在古文中为"北向"；④坐东朝西，在古文中为"西向"。有关这个位置关系的经典案例就是《鸿门宴》里的一段："项王、项伯东向坐，亚父南向坐。亚父者，范增也。沛公北向坐，张良西向侍。"搞清楚原理，座次中人物的心态就很明了。原本是项羽主动请客，刘邦是客，而且刘邦刚刚攻破了咸阳，有功在身，本该坐在①号位。但是项羽这个人刚愎自用，觉得自己兵强马壮，不把刘邦放在眼里，而且摆明了不想遵守当初先入咸阳者为王的约定，憋着劲要扫扫刘邦的颜面和锐气，所以自己坐了①号位，连②号位都没给刘邦，让自己人范增坐了。几位赴宴人员里，张良是刘邦带来的小跟班儿，自然地位最低，该坐在最卑微的④号位，即"西向侍"。刘邦坐在了排位第三的北向位。

在讨论这些内容的时候以东、南、西、北为主，尽量避免说左右，因为一旦扯到左右，就说不明白了。还有一个场景，在其中东、南、西、北一概失灵，非得谈左右不可：古代的战车。因为车子驶起来方向不定，和东、南、西、北的关系随时变化，所幸车上的人始终面朝一个方向，讨论他们的位置关系，反而是使用左右更加方便、明确，所有的左和右都是以车上御者为标准来讲的。

先秦时期的兵车上一般有三个人，中间是御者，负责驾驶兵车；御者左面的是车左，手持弓箭进行长距离攻击；御者右面的是车右，持戈负责短距离攻击。当时的车战可不是马车乱跑、一通乱打，人家作战很有规矩：两方的兵车正面相遇，都要从右边交错，这样一来，双方持戈的车右就会相遇，趁着战车交错的时机展开搏杀。这就是屈原在《楚辞·九歌·国殇》里提到的"车错毂兮短兵接"。如果车上有主帅，主帅就会居中，举着旗鼓指挥，御者在左，右边照样会有一个车右，持戈保护主帅。

有人会感到疑惑：瞅着这个戈有一个挺长的杆啊，怎么还说是短兵相接呢？因为长短的概念也是相对的。戈相对于匕首来说自然是长，但是在战场上相对于车左的弓箭射程来说，又是短的。在这种车战的模式下，可以想到容易负伤甚至牺牲的那一个，往往是持短兵直接和敌军血肉相搏的车右。车的左面是相对安全的。

明白了战场上的道理,之前提过的原则就又发挥作用了——以舒适、安全为尊。

先秦时期,在贵族们日常乘坐的车上,御者照样得坐在中间驾驭马匹,如果左右各坐一位,哪一个是尊位呢?战场上战车的经验延伸到这里,就是以御者左为尊,于是有了这个经典的场景:"公子从车骑,虚左,自迎夷门侯生。"(《史记·魏公子列传》)这就是将尊贵的位置留给客人。

不过在现实的情境中,如信陵君这般专门驾车去接一位监门小吏,还把尊位让给他,实在是个例。更普遍的情形还是两位贵族同乘,严格按照礼法,御者左面坐更尊贵的一位。这个情境——马车上的一左一右——看上去地位均衡,实则有细微的高下之别,特别像一个部门有两位主事的官吏。比如学校有校长和书记,都是大领导,但是家有千口,主事还得靠一人,需要分出个正副来。心领神会了吗?这种情况下带"左"的一般是正职,带"右"的通常类似于副职。唐太宗手下有两位名臣,即"房谋杜断"

先秦御车示意图

的房玄龄和杜如晦，房玄龄是尚书左仆射，杜如晦是尚书右仆射，你判断一下，谁的官略大一点儿？"二般"状况也不是没有，比如战国时期秦武王设立了两位丞相——左丞相、右丞相，以右丞相居首。又比如汉朝，也尚右。

　　需要注意的一点是，中国古代有一个朝代是右相国比左相国官位大。哪个朝代这么奇葩呢？元朝。元朝是少数民族入主中原，可能草原英雄们临朝称制以后，如我们今人一般，瞅见汉人以前的这一套左左右右的玩意儿也头痛不已：为啥升官是右迁，可是右相国竟然还比左相国小？如今老子说了算，统统给我改成右边大！不过这块内容，等明朝建立以后又迅速被纠正。清朝的统治者也是草原英雄，他们很虚心地学习汉文化，清朝的很多皇帝，比如康熙、雍正、乾隆等都精通汉人的典章制度，自己就是个高水平的汉学家，所以这一套左右制度在清朝得到了延续和保留。

# 第十一章
# 营生

　　这一章，其实原打算叫"经济"，可是我转念想了想，这么宏大的一个词，离我们的主人公张三的具体生活似乎太远了些，那就从个人谋生的角度来普及一下一个普通人会面对的经济生活。一滴水总是在历史的洪流中被裹挟着前进，张三一家人的谋生之道，其实和国家整体的经济模式密不可分。

## 耕种

　　中国古代社会延续千年的基础经济模式是农业经济，那大多数普通人家获取基础生活物资的方式就是耕种。"农业社会""小农经济"这些词，无论在历史课还是政治课当中，我们都非常熟悉。既然生活物资来源于耕种，那就种田好喽，日出而作，日落而息，不就是这样简单重复地生活吗？还有什么文化常识可了解呢？

　　其实，种田这事儿很复杂。比如张三一家面朝黄土背朝天地耕种，可是这土地是谁所有的？这是张三家自有的土地，还是同村地主张老财家的土地，或是田庄领主的土地，甚至是国家的土地？耕种所需的各种物资——耕牛、农具、种子、肥料等——由谁来出？是张三自己准备，还是地主张老财提供，或是政府支持？产出的农作物归谁？张三自己肯定清楚，即便是自家的土地、农具、物资且自己耕种，也是需要向国家纳税的。那赋税的比例如何呢？是按照田地的大小还是最终产出农作物的多少来交税？作为农民，张三一家如果特别勤劳肯干，村东头有一块沼泽地荒芜很多年了，张三想着动员家人多吃点儿苦，挖条沟把里面的水排干，整理一番，那自己家以后不就多出一块可以耕种的土地吗？这么整到底行不行？国家法律承不承认？……这里面的问题很多很多。在不同的时代，生产力、人口数量等基本条件不一样，社会面临的基本问题也不一样。如果这些有关全社会最基础的生产关系出现了大矛盾，会动摇整个国家稳固的根基。文言文里经常会有文人士大夫为这些事情吵来吵去，没完没了的。当时的官员调动、政策部署等也都围绕这些基本的问题，层层展开。想想看，如果你对这些基本问题毫无概念，突然间有一篇陌生的文言文出现在你面前，它是北宋神宗年间一位改革派文人写的一篇反驳保守派成员、痛斥传统政策与民争利的文章，即便你文言文的文字功底再好，是不是也会感到一头雾水、不知所云？

我们关注一下老朋友——农夫张三整日面朝黄土的琐碎生活。张三从事的这项工作，在现代叫耕种，在古代的说法文绉绉，叫稼穑。《诗经》曰："不稼不穑，胡取禾三百廛兮？"其中稼是种，穑是收，合起来刚好概括了农事活动。但是聪明的你，一定猜到光了解这个是不够的。在具体的文献当中，随便出来一个稼穑工具，也是指代干农活这件事的。就好比读古诗，作者写个"长安"，你自然知道意图是什么——长安是都城，里面有皇帝。但是换成长安城里一个地标性建筑或者有代表性的地方，比如宫阙、章台等，你就不认识了吗？它们要表达的其实是一个意思，这无疑是在考验功底。那这里就不得不科普一番张三的好工具了。

> **高考文本对应**
>
> 2013 年全国 1 卷："新天子当使知稼穑艰难，此何为者？"
> 2011 年辽宁卷："稼穑为艰，又能实于军廪。"

耒（lěi），是一种古老的农具这种工具非常原始，从形状来看，耒很像一根树杈，随处可得。以耒作为偏旁的字基本和农具、农业生产有关，例如耜（sì，长得像铁锹，用于翻整土地）、耔（zǐ，给庄稼苗的根部培土）、耕、耘、耙、耛（chí，除草）、耧（lóu，古人发明的一种播种工具）……其余的锄头、镰刀、犁等现代也常见的农具就不再赘述。

> **语文教材链接**
>
> **三年级下册《守株待兔》**："因释其耒而守株，冀复得兔。"这里的"耒"就是下部带齿的耕地耙子。这篇小短文选自《韩非子·五蠹》，韩非子是战国时期的思想家，我们通过这篇小短文可以看出来，"耒"是非常早期的农具。
>
> **高中选择性必修下册《归去来兮辞（并序）》**："怀良辰以孤往，或植杖而耘耔。"此句中，"耘"是在田里除草，"耔"是给庄稼苗的根部培土。这两个字组合在一起，泛指耕种活动。

## 仓廪

辛苦耕种了大半年，秋天终于收获了。像张三一样的农人有一项重要的工作，就是把粮食妥善地存放在仓里。仓对于他们来说很重要，因为古人不像今人，吃商品粮，吃完了再买，他们要把一家人接下来一年的口粮存放好。在文言文里，这种存放粮食的地方，不论是北方的谷仓、麦仓，还是南方的米仓，都叫"仓廪"。"窦窖""邸阁"，都是指粮仓。窦窖指藏谷物的地窖，椭圆形的地窖叫"窦"，方形的地窖叫"窖"。

仓廪不仅对于张三的小家庭十分重要，对于国家的安定也至关重要，历朝历代都会设置由国家支配的粮仓。比如唐代，由国家支配的仓廪系统包括六种：正仓、转运仓、太仓、军仓、常平仓、义仓。其中，正仓是受纳正租的粮仓；军仓用于供应军饷；太仓是设立在京城的粮仓，保障着京城官员的粮食供给；常平仓用来调节粮食价格，丰年收粮时市面上粮价不至于太低，灾年放粮时市面上粮价不至于疯涨，原理颇像我们现在的宏观调控；义仓负责赈灾救济；转运仓用于粮食和其他物资的运输。隋朝的时候，由于义仓设在闾巷，由社司管理，所以也叫社仓。

  国家有这样的制度，尤其是这些国家仓廪负责官员工资的发放，并且给我们留下文章、史书的也刚好就是这群文人士大夫，"廪"这个字慢慢具备了其他含义：公家发的粮食，比如廪食/粟（公家供给粮食）、廪稍（旧指公家按时供给的粮食）、廪饩（旧指由公家供给的粮食之类的生活物资）。这些政府物资不仅用于官员俸禄的发放，还养活着其他一些人——廪生，这是明清两代时政府发给考试成绩好的科举生员的生活补助。因为名额有限，不是人人可得，所以不论补助多少，廪生都是个人人羡慕的荣誉头衔。

### 语文教材链接

**九年级下册《送东阳马生序》**："今诸生学于太学，县官日有廪稍之供。"这句中的"廪""稍"都是当时政府免费供给的俸粮。

**高中选择性必修中册《苏武传（节选）》**："武既至海上，廪食不至，掘野鼠去草实而食之。"这句中的"廪食"是本应该供给苏武的官方俸粮，但是苏武到了北海荒蛮之地，官方的俸粮没有到达，他只能抓野鼠、采野果来果腹。

### 高考文本对应

**2017年全国1卷**："自混亡，至是九载，而室宇修整，仓廪充盈，门徒业使，不异平日。"

**2014年上海卷**："渭船达太仓，其间缘水置仓，转相受给。"

**2012年新课标全国卷**："为请诸朝，发太仓米振之。"

> **2012 年广东卷**："各县设丰备仓于乡村……岁歉备赈，乐岁再捐，略如社仓法而去其弊。"

## 度量

  古代国有仓廪里的粮食，来自千千万万个张三上缴的赋税。在漫长的历史进程中，中国货币税的雏形出现在秦汉时期，汉政府对于成年男女，每年征收一百二十钱，称为"口钱"。唐代中后期实施两税法，普通百姓才可以用铜钱联合实物交税。在此之前，张三和他的小伙伴都得挑着粮食、布匹等实物去交税。那国家收税的单位是什么呢？交多交少以什么标准来衡量呢？中国古代在很长时间里都习惯以粮食容器的容量为单位来衡量粮食的多少。西周时期有过一些特别古老的单位，比如豆、釜等，后来基本废止不用了。战国时期七国争雄，各诸侯国都有自己的度量单位，彼此之间进行交易还得换算。秦统一六国以后就把秦国的度量衡强行推广到了各地，逐渐产生了这么几个单位：龠（yuè）、合（gě）、升、斗、桶、斛（2 龠=1 合，10 合=1 升，10 升=1 斗，10 斗=1 斛，宋末年改为 5 斗=1 斛，6 升=1 桶）。从南宋开始渐渐地把斛改成石（这个字作为容量单位在现代汉语中读 dàn，在古书中读 shí）。

  这几个度量单位分别是多少呢？在各个朝代不尽相同。因为这些单位来自日常生活，所以很难做到精确。估摸来看，1 升在古代差不多相当于现在的 200 毫升，那 1 斗差不多就是现在的 2 升。古人会做一个下窄上宽、像小提盒一样的敞口容器，作为斗的标准计量器。

  这么看上去 1 斗米、1 升米都不多，将古代的 1 升米做熟，如果没有菜，一个上中学的男生可能一顿都吃不饱。计算起来，在古代，即便是 1 斗米，也吃不了几天呀。因此，有个说法叫"升斗小民"，就是指家中仓里就剩那么点儿口粮的贫苦百姓。

贫苦百姓如此，那有钱的官僚如何呢？汉景帝时期有一个著名的"万石君"石奋。他和他的四个儿子都官至 2 000 石年薪，那他们家一年的收入就是 10 000 石，在当时几乎是富贵得无人能及。那我们就算一算石奋的家庭年收入。按照当时的容积来算，1 石大约能装 60 公斤米，那石奋全家的年收入就是大约 600 吨米。

> **语文教材链接**
>
> **高中必修下册《鸿门宴》**："则与斗卮酒。哙拜谢，起，立而饮之。"这是项羽赐给樊哙酒，给樊哙用了一个斗大的酒杯来盛酒，樊哙毫不含糊，举起后一饮而尽。后来，刘邦逃回自己的营地，张良回到宴会上谢罪，"玉斗一双，再拜奉大将军足下"，这是张良代表刘邦一方，送给亚父一双玉做的斗，这两件东西是珍贵的玉石材质，更加偏向礼器了。
>
> **八年级下册《马说》**："马之千里者，一食或尽粟一石。"这句话是说千里马因为体力好、跑得快，所以食量往往惊人，一顿饭可能会吃掉 1 石粮食。在汉朝，1 石大约能装 60 公斤米；到了唐朝，这个数值有一些变化，但大致来算，这个食量也的确比较惊人了。
>
> **高中选择性必修上册《五石之瓠》**："魏王贻我大瓠之种，我树之成而实五石。"这是惠子在向庄子显摆（或者说吹牛）说："魏王送给我大葫芦的种子，我把它种出来以后，一个葫芦的容量有 5 石这么大。"

> **高考文本对应**
>
> **2014 年上海卷**："先是，运关东谷入长安者，以河流湍悍，率一斛得八斗至者，则为成劳，受优赏。""自是每岁运谷或至百余万斛，无斗升沉覆者。"
>
> **2012 年重庆卷**："翌日，呕血数升死。"
>
> **2017 年天津卷**："贱无斗石之秩，意若食万钟。"

> 2014 年福建卷："室中空虚，至系马槛牛，毁斗桶为薪。"
> 2013 年山东卷："松根茯苓，其大如斗，杂以黄精、前胡及牡鞠之苗，采之可茹。"
> 2017 年山东卷："谢贞在王处，未有禄秩，可赐米百石。"

其实古人不以重量而以容量测量粮食的多寡，也是为了方便。同一种粮食堆在一起，密度一般没什么差别，古人测量的时候就把粮食倒进固定的标准容器，用一块板子把口刮平，测量出的就是固定体积的粮食。但是这个所谓的固定、标准的容器，看起来也并不十分精密：李木匠量着尺寸做了一个新的，张木匠又量着李木匠的容器做了一个……再加上这木制的容器口天天被人刮来刮去，时间一久，器皿本身被磨了，这种情况肯定是无法避免的。长此以往，其中的误差必然越来越大。怎么办呢？好比我们现在为了统一和精确的时间成立国家授时中心一样，古代最标准的计量容器干系到千千万万百姓交多少赋税这种切身利益，在皇宫里是国之重器。北京故宫博物院太和殿门前摆放的嘉量，就是古代标准计量容器。和它摆放在一处的日晷，就是当时的国家授时中心。自然，太和殿前嘉量的象征意义多于实际功用，就是为了昭告天下：是多还是少，最终由皇帝说了算。

## 货币

除了要交实物的赋税，使用货币也是张三日常经济生活的一个重要部分。在各个朝代都是有货币流通的。

与价值、金钱相关的字大都带"贝"，可见贝是我国最早通用的货币。随着交易量的增加，海里捞出的天然贝壳无法满足需求，人们开始用金属来替代天然贝壳，随后天然贝壳逐渐退出了历史舞台。

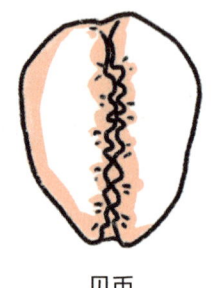

贝币

布币

环钱

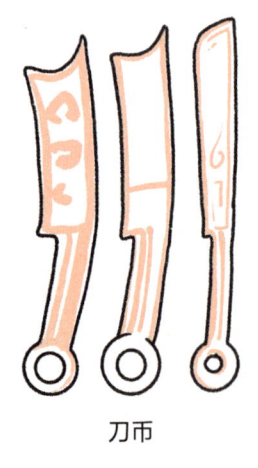

刀币

除了贝币，在秦统一六国之前，不同的时代、不同的地域还出现过形形色色的古老货币，有布币、环钱、刀币、斧币……文言文中很多表示钱财的词看上去奇怪，其实都是这些古老钱币的遗留。2019年高考江苏卷文言文中出现了"钱刀"一词，这个词是什么意思？其实就是钱，刀指的是刀币。2014年高考重庆卷文言文中出现了"资斧"这个词，"资"是贝字底，这个字的意思和钱有关，组个词有"资金"。那"斧"呢？如果你想不起来有种古老的货币叫斧币，长得像把斧头，那你是不是挠破脑袋也无法把"资"和"斧"这两个字凑在一起理解？"资斧"这个词是旅费、盘缠的意思。

秦统一六国之后开启了长期的铜钱模式，秦朝在全国统一货币，铸造圆形方孔的铜钱，后来一枚铜钱称为一文，这种形制一直沿用到了民国初期。正是因为它延续的时间太久，在百姓生活融合得太深，所以由这小小铜钱引出好几种不同的说法。一枚铜钱毕竟面值小，怎样把很多枚铜钱收纳在一起方便携带、储藏，以及进行大宗消费呢？这很简单，用绳子从铜钱中间穿进去把铜钱连成一串呗。古人习惯把一千枚铜钱串在一起，这在汉朝叫一"缗"钱，缗是绞丝旁，与丝线有关；到了宋朝，人们把七百七十枚铜钱串起来，这叫一"贯"钱，现在还有个词叫"贯穿"，贯就是穿，其实还是连成串的钱；到了清朝，又恢复了把一千枚铜钱串在一起的做法，这叫一"吊"钱，也很好理解。"镪"也是指成串的铜钱，只是一"镪"究竟是多少，并没有定数。

最后做道数学题吧。《水浒传》里林冲出门偶然在集市上看中一把宝刀，花1 000贯钱买下了，请问林冲花了多少文钱？就是77万文嘛。算到这里，你是不是也替林冲倒吸了一口凉气？这77万枚小铜钱得驾几辆马车去交易啊？别着急，古代虽然没有线上支付，但人家也没有蠢到只有一种货币。来，再了解一个换算公式：1贯钱≈1两银子。这样就轻松多了，那这把刀的价格就折算成1 000两银子，当时是1斤=16两，那林冲抱着60多斤银子去交易就行了。对林冲来说，这是小菜一碟吧？其实历史知识丰富一点的人应该早就反应过来了。林冲生活在北宋末年，当时是徽宗时期，已经有银票，也有世界上最早的纸币交子啦。林冲买刀的话，也不需要搬60多斤银子。

等到了明清时期，白银和铜钱成为两种并存的主流通行货币，大额消费用白银，小额交易用铜钱。

### 语文教材链接

**七年级下册《卖油翁》**："乃取一葫芦置于地，以钱覆其口，徐以杓酌油沥之，自钱孔入，而钱不湿。"这里的"钱"显然是铜钱。卖油翁把一枚铜钱放在葫芦口上，让油穿过铜钱中间的方孔进入葫芦，铜钱却丝毫没有沾到油。

**高中选择性必修中册《苏武传（节选）》**："伏剑自刎，赐钱二百万以葬。"这是皇帝赐了两百万枚铜钱（或等价的其他物资）来办丧事。两百万是个巨大的数额，就是因为单枚铜钱的价值并不高。

### 高考文本对应

2020 年全国 3 卷："疾笃，帝遣黄门侍郎问所苦，赐钱三十万以营医药。"

2019 年江苏卷："吾不能以面皮口舌博钱刀，为所不知后人计。"

2016 年北京卷："令中大夫王邑载钱二千万，求生鹿于楚。"

2014 年上海卷："其初，财赋岁入不过四百万缗，季年乃千余万缗。"

2014 年重庆卷："意欲赴礼部试，而绌于资斧。"

2012 年全国大纲卷："他军以匮急仰给朝廷，浩独积赢钱十万缗以助户部，朝廷嘉之。"

2012 年江西卷："家资不满二百缗，人服其廉。"

# 第十二章
# 服役

俗话说："人在江湖飘，哪有不挨刀？"生活在古代的张三虽然不会遇见什么金融海啸、次贷危机，但身为一介平民、成年男丁，张三几乎是难以避免受些皮肉之苦的。若是触犯刑律，受刑自不必说，即便是一生奉公守法，徭役之苦也极有可能让他丢了性命。这一章，我们来了解一下古人张三需要面对的这些苦难。

## 徭役

现代人看见徭和役放在一起组成词，眼前可能会模模糊糊地浮现出"抓壮丁"的场面。虽然是抓壮丁，可这些壮丁的用处，在徭和役两个字表达的语义里是不一样的。

徭，是去做苦力。在中国古代，一直到宋朝，商品经济有了长足的发展，百姓给国家服苦力的制度才有了比较明显的变化。大致来讲，朝廷规定平民阶层的每一个成年男丁每年必须有一定的时间为统治者无偿劳动。成年的标准也不尽相同，比如秦朝规定17岁开始服役，而汉景帝改为20岁开始服役，汉昭帝改为23岁开始服役，唐代规定："凡丁，岁役二旬。"这就是说成年男性每年要有20天的时间为国家无偿劳动。

给谁做苦力呢？这就要看官府的安排。有时候是为地方政府做苦力，比如某个州郡需要挖水渠，修建水利工程；有时候是直接为皇帝效命，比如开凿运河和修建宫殿、陵墓等。举一个极端的例子，秦始皇统治时期，百姓被强制做苦力大搞工程建设，当时全国人口总数在 2 000 万左右，除去一半女性，再除去年龄太小和太大的男性，再除去一些先天残疾或者在统一六国战斗当中造成身体残疾的男性，秦始皇征调了两百多万民夫修建各种工程，再加上常备军队，整个国家当时应该是四海无闲人，甚至很多年轻力壮的女性也加入了苦力队伍，做一些相对较轻松的保障和配合工作。

役，是从军，准确地讲是兵役。"役"这个字的甲骨文字形中，右边是一个人，左边是一只手举着一个大锤。当然，这个大锤的形象是很虚的，只是用来指代一种武器，我们可以把它想成各种兵器。后来篆文用双人旁替代了右边的人。注意，汉字里的双人旁经常和行走的意义有关，比如行、征、徘、徊、往……讲到这儿，役的字义已经很明显了：一个扛着武器要远行的人。这就是去戍边、去征战的。

中国古代的兵役制度几经变迁，具体征召多少人，什么时候征召，还是要根据战争形势随时调整的。毕竟兵事不像修宫殿、陵墓之类的建设事宜，皇上想过得舒服点儿，下面的大臣就会一通嚷嚷："啊，不行啊，万岁，要轻徭薄赋啊，要与民休息啊……"皇帝可能会听听劝。如果兵祸兴起，大敌当前，皇帝是有充足的理由拼上民力的。杜甫的诗被称为"诗史"，他所写的《石壕吏》记录了一位老妪被迫上前线的情形："老妪力虽衰，请从吏夜归。急应河阳役，犹得备晨炊。"

其实不论是徭还是役，都是很危险的。戍边从军自然是"古来征战几人回"，干活、做苦力也不是卖卖力气这么简单。秦始皇修阿房宫，"蜀山兀，阿房出"，单单是运送伐木出蜀，你知道有多少艰难险阻，有多少民夫因此丧命山林？可想而知，百姓对于这些徭役，自然是能躲就躲。

历朝历代的法律也规定了一些可以合法免除徭役的情况，花样百出，各不相同。比如周朝规定："八十者，一子不从政。九十者，其家不从政。"

(《礼记》)意思是说,家里有八十岁以上的老人,可以有一个儿子不服徭役;家里有九十岁以上的老人,全家都不需要服徭役。再比如春秋时期也有规定,收养一个孤儿,可以有一个儿子免除徭役等。我们不可能把情况一一列举,但可以梳理一下比较常见和通用的情形。补充一点,文言文里"免除徭役"这个意思常常用"复"字表示,例如以下这些词,都与免除徭役相关:复除(免除徭役)、复免(免除徭役)。晁错的《论贵粟疏》里有一句话:"今令民有车骑马一匹者,复卒三人。"这里的车骑马,指的是战马。"有"也不是指百姓私人拥有,而是养活的意思。这句话就是讲,养活一匹战马的可以免除三个人的徭役。"复"这个字在此处是熟词的生僻用法,需要多加留意。言归正传,古代可以合法避免徭役的通常有以下几种情况。

宗亲、贵族不用服徭役。这个道理很简单,徭役本身就是统治者强迫百姓出力效命的,但统治者并不只有皇帝一人,其余的贵族集团自然也在统治者之列。如果从广义的角度来看贵族一词,那么官员也不需要服徭役。这也是顺理成章的,即便不提阶层差异,官员也有职务在身。

古代的服役政策里通常有"代输"的情况,指花钱请别人替自己服徭役。从代输这个词可以看出来,"输"在文言文里有服徭役的意思,例如输作(因犯罪而罚服劳役)、输徒(罚服劳役)、输役(因犯罪而罚服劳役),这也是典型的熟词僻义,要注意哦。反正朝廷要的是人力,至于具体是张三去还是李四去,对统治者来说并没有什么区别。这通常给地主家、官宦子弟开了一个"市场化"的口子,让他们可以花钱消灾。但是因为徭役苦累,甚至有搭上性命的危险,所以一般招人代输的费用都不菲,古代经常有小地主自己上阵服徭役的情况。

残疾人不需要服徭役。我们从小就听过塞翁失马的典故,后一半故事说老人的儿子骑马摔断了腿,邻居们都赶来安慰,唯独老人说:"此何遽不为福乎?"后来胡人来犯,周围健壮的男丁都被抓去从军,只有他的儿子因为腿瘸免于征战而保住了性命。但凡听过这个故事的人,对于残疾人免兵役的规定肯定非常熟悉了。很多古代成年壮丁也认为：身体的一时之痛、部分残疾不要紧，保住性命最重要。有不少人故意把自己弄出一些比较轻的残疾，比如弄断一根手指头之类，用来逃避徭役。不过统治者也不傻，一旦事发，这可是重罪。

有功名在身的读书人不需要服徭役。这体现了古代社会对读书人的尊敬，不光是举人、进士这样有高级功名的士人不服徭役，即便是个秀才，不服徭役的特权也是有的。

僧人不服徭役。可能是因为从理论上来说，僧人遁入空门以后就不再是红尘中人，也就不归世俗世界的皇帝管辖；也可能是因为常有皇帝笃信佛教，所以希望用一些政策上的偏袒来表示对宗教的虔诚。反正，僧人在古代是不用服徭役的，而且赋税都是减免的。这对于众多苦于徭役的成年壮丁来说是条好门路啊！既不用自残身体，也不用冒东窗事发被重罚的风险，只需要剃个光头、念几句经文就可以不用去辛苦卖命，岂不妙哉？中国历史上时有大量人口为躲避徭役而涌入寺庙的情况，这些僧人照样可以从事耕种、生产，还不用像普通百姓一样面对沉重的赋税，也有信众的捐赠，所以很多寺庙都富得流油。这就大大削减了国家的税收，占据了本该为国家效力的人口。历史上，隔一段时间就会进行一次大规模的灭佛运动，而且政府平时也会通过"编制"（名为度牒）的方法来控制僧人的数量，很难说这与徭役制度没有关系。

### 高考文本对应

**2021年全国新高考1卷：**"民之所以为盗者，由赋繁役重，官吏贪求，饥寒切身，故不暇顾廉耻耳。"

**2021年全国乙卷：**"俞令裴仁轨私役门夫，上怒，欲斩之。"此句中的"私役门夫"就是让为官府服劳役的人为自己干活。

> 2014年天津卷:"一切徭役皆身经理之,不以科兄弟。"
> 2014年福建卷:"惮应役者邀祖斩右大指以自黜。"
> 2011年江苏卷:"转运使调里胥米而蠲其役,凡十三万石,谓之折役米。"

## 连坐

做了错事,就要受罚,这本是天经地义,可问题在于什么样的过错受什么样的惩罚才是合适、公正的?咱们现代文明国家的惩罚是把这个人关进拘留所或者监狱里,限制人身自由加上劳动改造,甚至有一些国家废除了死刑。但是在惩罚罪人方面,古人就血腥很多,犯罪之人经常被折磨得皮开肉绽,甚至直接丢了性命。这并不是对错的问题,而是在不同的时代里形成的不同文化。我们了解古代众多刑罚之余,也不妨结合着时代,思考一下刑罚背后涵盖的历史学、社会学、哲学的复杂问题,很开脑洞,很长知识。

除了血腥的酷刑,中国古代还有一种让现代人看起来完全不合理的现象——连坐。连坐,又叫从坐、相坐、随坐、坐累。"坐"在文言文里有定罪、获罪的意思,常见的说法"坐事",就相当于咱们口语中说的犯事;"坐赃"指官员因为赃款赃物而犯事儿了,其实也就是官员贪污受贿;"坐免"就是官员因为犯事被免官了。那"连坐"顾名思义,就是一人犯罪要株连他人,古代很多被惩罚的人本是清白无辜的。

第一种情形是株连族人。灭了全家叫"夷宗"。"夷"在文言文里有消灭的意思,现在还保留着成语"夷为平地"。从原始社会开始就有株连亲人的情况,后世陆陆续续也有株连三族的规定,具体是株连哪三族,历史太长,具体规定也不一,有时候是父族、母族、子族,有时候是父族、兄族、子族。至于说后来出现的株连五族、七族,牵连范围扩大,但具体是牵连哪些人,也都因为时间太长而没有一致的说法。最极端、残酷的是大家熟悉的株连九族。"株连"的说法很生动，一株植物，地下有根，上面有权，拔出根带出泥，一拽一大串。关于九族，一种说法是以罪犯自身为起点，向上追四代，向下追四代，加起来一共就是九代人。不过个人认为这种说法不太靠谱，因为古人经常挂在嘴边的是"四世同堂"，即便是名义上向上向下各追四代，可实际上考虑到去世的和没出生的，这个惩罚也就没那么大力度了。另一种说法是"父族四，母族三，妻族二"，不光是自己的父兄子侄即同姓的亲属受牵连，就连姥姥家以及岳父岳母家都陷进去了，这得是犯了谋逆大罪才会被判处的极刑。不过这种极端的刑罚一般也不会把九族杀光，而是首犯的男性同姓近亲，比如父亲、叔伯、兄弟、子侄、孙辈有性命之忧，其余亲属会被流放或者沦为奴隶被变卖。

第二种情形是株连邻居。这一邪恶制度其实也称得上"源远流长"。商鞅变法的时候，在秦国设置了什伍制度，但这并不是商鞅本人的原创，《周礼》当中就记载："五家为比，十家为联；五人为伍，十人为联；四闾为族，八闾为联。使之相保相受，刑罚庆赏，相及相共。"这说明西周时期就已经在推行这种邻里之间连坐的制度。说到商鞅的什伍制度，什就是十户人家，伍是五户人家，这套制度就相当于在学校里，班主任把学生分成十人一大组、五人一小组。某一次随堂测验时，学生张三抄了个小纸条作弊，校长远在办公室肯定不知道，班主任没有来上课也不知道，任课老师正在写板书更没看见，但是坐在张三身边的李四却瞧得一清二楚。此时李四若能铁面无私地举报，不仅扭转了张三不端正的学习态度，也大大降低了校长、老师的管理成本。另外，同在一个小组的王五某次跑去打篮球逃了值日，赵六早早来学校抄了张三的作业等，这些细枝末节的乱纪行为，身边人得地利之便自然最容易知道，如果样样都举报，然后学生们"人人自危"，班主任就能在办公室高枕无忧了。

道理的确是这样，但是深入想一想，如果李四举报张三考试作弊是出于对自己同桌不求上进的痛心疾首，那他自然是个高风亮节的好伙伴；可如果李四是被逼无奈的呢？比如学校有规定，李四此时如果不主动举报张三的作弊行为，张三被开除学籍的同时，作为隐瞒不报的同桌，李四也得记过处分——那这个制度是不是缺了些人情味呢？商鞅的制度便是如此："令民为什伍，而相牧司连坐。不告奸者腰斩，告奸者与斩敌首同赏。"就是说，不主动告发违法犯罪行为的百姓，会被腰斩。这后来发展成保甲制度，虽然历朝历代保甲的数量、规则有变化，但本质上是换汤不换药，一直延续到1938年2月国民政府行政院颁布《非常时期各地举办联保连坐注意要点》："在城市地方邻居多不相识，或其地客民多于土著，良莠难分，彼此不愿联保者，得令就保内各觅五户签具联保，或由县市内殷实商号或富户，或现任公务员二人，出具保证书，其责任与联保同。"

这项严峻的制度不仅和现代社会"一人做事一人当"的法律精神严重背离，而且和古人提倡的亲仁爱民的儒家理念背道而驰，可它为什么能延续这么久呢？因为它确实行之有效，能大大减少统治者的治理成本，连坐这种制度也就成了皇帝的必然选择了。

第三种情形是军中也会有连坐的制度，牵连自己的战友。想要取得战斗胜利，自然需要战士们殊死搏斗、同仇敌忾，就像《诗经》里唱的那样："岂曰无衣，与子同袍。"然而人性的本能又很容易让他们畏惧死亡。如何调动他们的积极性呢？比较高级的做法是做好战士们的思想工作，让大家同仇敌忾，多多煽动大家共同的仇恨；或者像项羽那样，破釜沉舟，让战士们自己觉得没了后路，自然会拼命求生；或者平日里赏罚严明，让战士们对自己的将领无限崇拜、信赖……这些都有效，但是很难做到，最简单粗暴但有效的办法还是连坐制度。商鞅将五个秦国军人组成一个小组，规定在战场上五个人要抱团作战，如果死了一个人，其余活着的四个人回来就得受刑。如此一来，大家在战场上不仅要拼命搏杀，还得想尽办法配合保护队友。可是将军都难免阵前死亡，更何况一个普通的士兵？如果小组成员真的逃走一个，也有补救的办法，那就是带回一个敌人的首级，可以免于惩处。秦国军队为什么渐渐被训练成虎狼之师？因为人的兽性在这种管理制度下被充分激发了。

> **语文教材链接**
>
> **高中选择性必修中册《苏武传（节选）》：**"律谓武曰：'副有罪，当相坐。'武曰：'本无谋，又非亲属，何谓相坐？'"这句中的"相坐"，就是连带有罪的意思。

> **高考文本对应**
>
> **2020年全国新高考1卷：**"光斗既死，赃犹未竟。忠贤令抚按严追，系其群从十四人。长兄光霁坐累死，母以哭子死。"
>
> **2019年全国3卷：**"坐射起而夷宗死者七十余家。"
>
> **2018年全国1卷：**"爽懦惑不能用，遂委身受戮。芝坐爽下狱，当死，而口不讼直，志不苟免。"
>
> **2018全国3卷11题B选项：**"'株'，本义树根，根与根间紧密相连，因而'株连'又指一人有罪而牵连他人。"此选项内容正确。
>
> **2017年全国2卷：**"时平原多盗贼，熹与诸郡讨捕，斩其渠帅，余党当坐者数千人。"

## 牢狱

牢狱没什么新鲜的，古今中外都有，用来关押、拷问违法乱纪的社会不良分子。它虽然不陌生，但是在文言文阅读里，却并不一定是以"牢""狱"这般你熟悉的字眼出现。

首先介绍一些特征显著的字词，这些字词都带有"囗"这个大框。根据汉字学习的经验，以"囗"为部首的字通常指被某个东西环绕一圈，你看刚才这句话里的"圈""围"不就是典型的例子吗？还有"困""圆""园"

等也是一样。牢狱的一个显著特点就是高高的围墙，囚犯的"囚"就是用一圈墙把一个人围在里面，不让他出来了。

文言文里常见的"囹圄"（líng yǔ），特征就很明显，都是表示监狱的，但具体的意思有细微偏差。囹从令，令既是声旁又意味着这个字侧重监狱的命令、强制意味；圄从吾，侧重此处让犯人坦白、反省。东汉的《风俗通义》里记载："囹，令；圄，举也。言令人幽闭思愆，改恶为善，因原之也。"

"圄"（yǔ）这个字的现代汉语字形让人费解：里面是一个幸字。被关起来了，怎么还"幸"呢？这又是个汉字演化的历史遗留问题。它最初的甲骨文字形就如右图，被圈起来的是一个跪坐的人，手还在前面伸着，像是被什么捆着、铐着。里面的这个字形，是"执"字的甲骨文。"执手相看泪眼"的拉手动作和"战败被执"的捉拿动作，都是从构字基本意思衍生的。慢慢地，"圄"的字形"丢掉"跪坐的人，只剩下囚牢和枷锁，这个枷锁的样子最终被写成"幸"。这里再补充一点古人对于幸福的理解吧。幸不是自己中了五百万元彩票，也不是在人民公园和"白富美"一见倾心，而是临死获救，即帝王没有处死自己，只是被枷锁捆着坐上囚车。我们在文言文里还能看到这个原初的意义，例如《史记·廉颇蔺相如列传》里，缪贤说："大王亦幸赦臣。""幸"如果以现代汉语的语义理解就显得特别别扭，翻译成"王也幸运地赦免了我"也不对，即使幸运也应该是我幸运，不是王。其实这句话直接翻译成"大王也赦免了我"就行了，幸和赦本来就是一个意思。言归正传，"囗"加上枷锁组成的"圄"表示牢狱，它有时也表示养马的地方，这个也不难理解，反正有个圈围着，锁链锁着人还是马都是可以灵活安排的。或者可以这样推测，古代可能就是经常把犯罪的人关在马棚里，

第二部分 张三的苦难岁月

所以这个字有两方面的意思。毕竟表示监狱的还有另外一个"牢"字，从现代汉语的字形看得出来它是一个关牛的棚子，它和"圂"的马棚之意可以相互印证。反正不论是牛棚还是马棚，人关进去都不会好受，腌臜不堪、臭气熏天不说，冬冷夏热、走风漏雨，也的确是虐待人的地方。

还有"圜"，这个字有两个读音，即 huán 和 yuán。读 huán 的时候和"环"的意思一样，读 yuán 的时候和"圆"的意思一样。两个意思综合一下，就是用一圈圆形的墙把罪人环绕起来，解释成牢狱也顺理成章。当它被解释成牢狱的时候读 yuán，因为作为动词时读 huán。文言文里经常出现与之有关的词：圜土（夏、商、周时期的圆形土牢，在后世泛指牢狱自然也并非不可）、圜扉（听过"心扉"这个词就知道扉是门，圜扉就是牢门）、圜墙（不是指牢狱的墙，圜本身也是牢狱的圆形围墙，这两个字是并列关系，都是指监牢）。

### 高考文本对应

2020 年全国新高考 1 卷："缓其狱，而光斗与涟已同日为狱卒所毙。"
2015 年湖南卷："若囹圄，若沟洫，若桥障，凡所司者甚众也。"

其次是绳索和木头系列的字。监狱的显著特点是外面有一圈高墙，还有里面的囚徒基本被一些工具捆绑起来，无法自由行动。那咱们想想看，这些工具可能是什么质地的呢？绳子或者木头居多。可能有人会说，还有金属啊，比如大铁链子。后世囚禁犯人确实经常用到金属工具，但是在讨论造字的年代，金属器具用于禁锢犯人的情况可能比较少吧。表示牢狱的字里，哪怕像"狱"这个字，放两只恶犬看门放哨，也没有出现什么金属元素。手铐的"铐"字最早出现在隶书中，之前只出现"拷"，表示纯人力的拷打审问，可能比"铐"更古老。没有提手旁的"考"也是同样的意思——考竟、考杀，这些词也时常出现。因此"拷"或者"考"也能作为牢狱的代称，比如某某人被"收考"，不是指被抓起来考试，而是被抓进监狱里受拷打去了。

我说说绳子或者木头的材质。绳子就是绞丝旁，比如缧绁（léi xiè），两个字都是指捆绑罪犯的绳索，可以引申为监狱。我们在很多电视剧里都见过木头材质的束缚工具，比如电视剧《水浒传》里林冲被刺配沧州的时候戴的枷不就是木质的吗？还有常见的"桎梏"（zhì gù），在脚上是桎，在手上是梏。不过桎梏不能引申为牢狱，而应该更直观地理解为束缚、压迫。那么哪一种木质工具可以引申为牢狱呢？这便是丛棘，这个词没有带木字旁。丛是很多，棘是荆棘，据《易经》记载："系用徽纆（mò），寘（zhì）于丛棘。"这里的荆棘应该起着现代监狱里铁丝网的作用。

> **高考文本对应**
>
> **2021 年全国乙卷：**"少涉疑似，皆拷讯取服。"
>
> **2020 年全国 2 卷：**"民讼诸府，不胜考掠之惨，遂诬服。"
>
> **2017 年全国 2 卷：**"憙下车，闻其二孙杀人事未发觉，即穷诘其奸，收考子春，二孙自杀。"
>
> **2013 年天津卷：**"晚年以非罪陷缧绁。"
>
> **2011 北京卷：**"束缚桎梏，不讳其耻，不可谓贞。"

再次，还有动物系列。"狱"这个字里有两只恶狗，前文提到过，这个思路比较亲民、接地气。看门狗可能看管一些地痞混混还算管用，但是面对那些更厉害的江洋大盗、豪强恶霸、乱臣贼子，门口放两只藏獒都未必镇得住。为了让国家刑狱之事有一种天理昭昭、法网难逃的神秘威慑力，古人创造了一种神灵动物形象：狴犴（bì àn）。这个狴犴是龙的第七子，传说长得像老虎，威风凛凛，而且急公好义、疾恶如仇，喜欢帮人打官司，所以古代牢狱的大门上会有它的形象。另外，仔细观察后会注意到，电视

第二部分　张三的苦难岁月

剧里每次升堂审案，公堂两侧立的那个"回避"（迴避）牌子上面像老虎的图案，也是狴犴。既然出现在这些醒目之处，那么它的名字自然可以作为监狱的代称。

公堂上的狴犴

　　另外是地名系列。古代的著名牢狱设在哪里，哪里的地名自然也有相同的效果。只不过时代太过久远，我们需要补一补古代地名的功课。据说夏朝在都城阳翟（dí）的"均台"设置了中央监狱，因为是夏朝，所以均台也称夏台。这个地方出名是因为夏桀曾经把商朝的首领商汤囚在这里，后来商汤灭了夏，这是个颇为励志的大反转剧情，"均台""夏台"也就成了监狱的代称。商朝的监狱叫羑（yǒu）里，无独有偶，也是因为那个昏庸无度的商纣王曾经将后来的周文王囚禁在这儿，再后来周文王的儿子武王伐纣又是一个完美的反转，羑里便也有资格成为监狱的代称了。

## 刑罚

古人犯罪，会遭遇哪些刑罚呢？现代人讨论这个话题的时候特别容易猎奇，好奇是否五马分尸、千刀万剐、请君入瓮等。我们不应该故意描绘一些诡异、血腥的场面来吸引眼球，也不能稀里糊涂地随着一些民间流传的无稽之谈去将错就错。在这一部分里，我希望注重质量的学习者不仅要了解古代一些刑罚的种类，而且要把眼光放在历史和文化的角度，以刑罚作为切入点，观察我们整个民族文化的变迁。

若说刑罚，首先应该从不受刑罚的情形说起，有一句让后世的平民百姓一听就气不打一处来的古语："刑不上大夫。"这是周朝的礼仪传统。大夫，准确地说是周朝的一个贵族等级，这里泛指所有贵族。那这句话的意思就是说刑罚是不能加之于贵族的，凭什么？贵族犯罪就可以免惩罚，这显然太不公平了。

我们现代人发出这样的诘问，很是自然。我说自然，不是说当时的文化中没有公平、正义，而是说现代人在不了解当时的肉刑传统和贵族精神的情况下产生误解是自然的。

"刑不上大夫"这句中刑特指先秦时期的"五刑"——墨、劓（yì）、刖（fèi）、宫、大辟（pì）。它们分别是什么意思呢？下面一一解释。

墨刑也叫黥（qíng）刑，是在犯人脸上刺字，刺破皮肤以后用墨水浸染，哪怕是伤口长好，字迹也不会消退。

> **高考文本对应**
> 2019年全国2卷11题D选项："黥是古代的一种刑罚，在犯人脸上刺上记号或文字并涂上墨，在刑罚之中较轻。"此选项内容正确。

劓的意思从字形上也容易猜出来，立刀旁是刀，左边是鼻子，就是用刀把鼻子割掉。

"刖"字也有个立刀旁，这种刑要割掉脚。

宫是损害生殖器官。古代皇宫里的太监，还有史学家司马迁遭受的就是宫刑。其实从损害生殖器官的角度来看，这种刑罚对男女罪犯都通用。

"辟"这个字的甲骨文字形是一个跪坐的人、一张口，还有一个像大斧头一样的刑具，把这几个要素组合在一起意会一下，那就是宣读对这个人的判决。那下一个动作就该将犯人押赴法场明正典刑了。所以"大辟"，毫无疑问，就是指死刑了。

看完解释以后你会不会有些疑惑呢？这些刑罚除了最后的大辟，其余的看上去也不是特别残酷吧？虽然割鼻子、剁脚也挺血腥，可是对比后来的凌迟、炮烙，痛苦算是小得多啦。还有墨刑，这听起来不就是现在的文身吗？确实是疼，可是既然现代社会还有不少人对文身乐此不疲，可想而知它也算不上什么特别恐怖的惩罚嘛。另外咱们再补充一种吧，当时还有髡（kūn）刑。"髡"这个字的上半部分和"鬓""髮"相同，显然是表示头发的；下半部分是"蜀山兀，阿房出"的"兀"，意义不言而喻——剃光头，这分明就不疼，怎么也算一种刑罚呢？

知识点来了，这五种肉刑，除了最后的大辟，特点都是给受刑人留下不能去除的印记：刺青在脸上洗不掉，鼻子和脚没有了一望可见，受了宫刑的男性不长胡子而且声音也变得轻柔，剃完光头以后的三年五载，头发长度肯定是追不上正常人了——它们的目的不完全在于对身体的惩罚，而是随着这些印记而来的社会性死亡。这就相当于昭告身边的所有人：看啊，这家伙是个混蛋。就好像班主任把那个调皮捣蛋的同学的座位调到讲桌旁边，这就是告诉每一位来上课的任课老师、同学，以及教室门口来来往往的其他师生：盯紧他，这孩子不规矩——杀伤力不大，但侮辱性极强。这些受过肉刑的人通常只能从事一些低贱的、没有人愿意去做的工作，因为没有人看得起他们，没有人愿意给他们正常的工作。这一类惩罚给受刑人带来了永远的伤痛。在当时的社会环境下，人们普遍有强烈的荣誉感。相反，如果大家普遍厚脸皮，那么这些刑罚的作用就大打折扣了。

每一种刑罚制度都有自己的社会环境作为土壤。先秦时期，尤其在春秋时期，贵族阶层普遍把荣誉看得比生命更重，也就是孟子所说的"舍生而取义者也"。先秦史书中经常出现一个让人瞠目结舌的情节：似乎也没被人逼入绝境，怎么一个人突然就自杀了？历史上有一位著名的刺客豫让，为了给自己死去的主公报仇，谋划刺杀仇敌赵襄子。有一次他躲在一座桥底下，等着赵襄子的马队经过，自己想要突然冲出去展开刺杀行动。可是天不助他，赵襄子的马队走到桥头时，马突然受惊了，赵襄子神奇的第六感告诉他桥下肯定有问题，就派身边的家臣青荓（píng）到桥洞底下察看。青荓下到桥洞，惊呆了："妈呀，这不是我的好朋友豫让大哥吗?! 大哥呀，你这可真是为难兄弟我了，我要是放了你，对不住我主人，是不忠；我要是抓了你，对不住咱哥们儿的情义，是不义。"然后这位青春正好、一身武艺的精神小伙儿迅速地在两难当中做出了决定：他就自杀了。

赵襄子的家臣青荓只是普通贵族，但是依旧不能允许自己的道德有任何污点。这是个典型的例子，体现了所谓的"士可杀不可辱"。归根结底，"刑不上大夫"并不是说贵族犯了罪就可以免于惩罚，而是免于肉刑这种侮辱性极强的惩罚。但是你放心，很多时候，这些追求理想人格的贵族会给自己一个了断。

当社会环境之中这种普遍强烈的荣誉感逐渐消失的时候，也就是孔子所谓的"礼崩乐坏"，这一套基于社会性死亡的五刑制度就不再适用，之前的"刑不上大夫"准则自然也就渐渐崩坏了。

贵族也开始受这些侮辱性的刑罚了。你记不记得商鞅变法里的著名桥段？我既然是专门讲文化常识，那就需要严谨一些。插一句，商鞅此人本不是商氏，是因为他在秦国变法图强而受封商地，才得名商鞅。那我们讲到他变法成功之前的事情，应该称呼他本来的名字——公孙鞅或者卫鞅。

当时初展变法之志的外来户公孙鞅是如何在秦国建立威信的呢？一个举动是立木于南门，另一个举动是割掉了太子老师的鼻子。注意，现在回头来看看割鼻子这个刑罚，不就是五刑当中的劓刑吗？这位太子的老师可不是一般人，他是公子虔，是当时秦国国君的大哥，是秦国上一位国君秦献公的庶长子——这可不是普通贵族呢。可见，"刑不上大夫"的准则在战国时期已经渐渐崩坏了。

其实公子虔的事情也给我们深入探讨刑罚制度的演变带来了一定的启示：我们在看待历史当中很多事件的时候，不能只是简单地做道德判断，痛心疾首地说人心不古、礼崩乐坏之类，没有任何难度。我们需要挑战一下自己的是，想想看古老的五刑制度在社会变迁之下不能继续适用的深层次矛盾是什么。当然，进入战国时期以后，各国争相征伐，赤裸裸地争夺利益，早先那种普遍看重荣誉感的社会基石已经塌陷，支撑不住了，这确实是个不容忽视的因素。但是往深了想一想，公子虔真的是因为失了荣誉感而被公孙鞅割了鼻子？那人家受刑之后八年时间闭门不出又做何解释？五刑制度逐渐不再适用的深层次原因，是君王要开始攥紧自己手中的权力了。把过去分封建制形成的诸侯国比作公司，类似公子虔这样的贵族相当于股东，秦王这样的国君是董事长。董事长虽然占有更多的股权，但真正做决定的时候，也不能忽视其余股东的权益。事实上，当时不少能力出众的"股东"在"公司"担任要职，比如平原君赵胜，在赵国为相，相当于CEO（首席执行官）；田忌，是齐国名将，手握军权；屈原，担任楚国的左徒、三闾大夫，兼管内政外交……他们本来就在参与各项重大决策。但是战国烽烟四起之时，历史的大势变成了君王需要乾纲独断，在打胜仗这个大目标之下，越来越多的决定容不下这些股东在董事长旁边叨叨了，该闭嘴就得闭嘴，该牺牲也要牺牲。公子虔被割掉的不仅仅是鼻子，还有王权威慑之下"股东"们的话语权。

随着时间推移，五刑从墨、劓、剕、宫、大辟，演变成笞、杖、徒、流、死，许多学者认为这实际上减少了对人肢体的伤害。这个道理也不难理解：如果动不动就刖足、割鼻子，那么能劳动的人就减少了，因此能服徭役的人也就减少了。五刑的演变，客观上让老百姓得以休养生息。因此，在许多学者看来，这种转变是一种进步。

笞刑和杖刑既然单独被记载下来，说明可能最初二者之间的差异还是比较清楚的：从最直观的字形来看，"笞"是竹字头，所以笞刑的刑具应该是以竹板、荆条一类为主；"杖"是木字旁，那么刑具应该就是以木棒、木板一类为主。但是你也看得出来，这本质上有什么明显的区别呢？反正都是拿个板子、棒子，对着受刑的人一顿拍打。那至于究竟是用棒子还是板子，这个根据时代或罪行不同而有区分，我在这里没有必要详细梳理。

在古代文献或者古典小说里，比较值得留意的是杖刑的类型：脊杖还是臀杖。顾名思义，脊杖就是打后背，这是相当可怕的，一来因为背部有脊柱，万一把某一节脊椎打坏了，极容易造成犯人瘫痪；二来后背对面就是人体的胸腔，啪啪啪打下去，不光是后背皮开肉绽，而且容易造成内部脏器损伤。所以脊杖比普通的杖刑更可怕。《水浒传》里说高俅最初给一些富家子弟做帮闲，因为帮着一个员外的儿子花天酒地、不务正业，被员外一纸诉状告到开封府，"府尹把高俅断了二十脊杖，迭配出界发放"。这说明当时的法律对社会上这种不务正业的二流子处罚起来还是挺严厉的。另外注意一下，二十脊杖也没把高俅打死。另外一部小说《三国演义》里也出现过脊杖，在周瑜打黄盖的苦肉计中，黄盖被打了五十脊杖。黄盖是老将，虽然身体硬朗，但是年纪毕竟不小了，黄盖被打得"皮开肉绽，鲜血迸流，扶归本寨，昏绝几次"。估计这个惩罚力度是周瑜反复掂量过的，既能迷惑曹操又不至于把老将军打死。

一般来说，杖刑的部位是臀部和大腿。从部位来看，这两处确实安全了不少，不至于打坏重要的脏器。但是打多了，人也是难逃一死的，因此会有"杖毙""杖杀"的刑罚，就是打板子直到打死。在《水浒传》的故事里，林冲、武松、宋江都遇到刺配牢城营受一百杀威棒的情况，三个人都想尽各种办法，花钱或者托关系，说自己生病还没完全恢复，把这一百杀威棒"寄打"了。咱们不能埋怨他们英雄气短，助长社会歪风邪气，这实在是保命之举。宋江这样本身没什么武功的就不必说了，就连武松、林冲这样武艺高强的精壮汉子，一百杀威棒打下去，也极有可能性命难保。这也是高俅陷害林冲不得转而将他刺配的原因。如果他不是运气好路上遇见柴进慷慨解囊，他就躲不过这杀威棒，这和直接判处极刑也没有差别了。这种杖刑除了让人受皮肉之苦，还需要脱了裤子行刑。这原本是出于对受刑人的保护，因为既然是杖责而不是直接处死，目的就不是要他性命。然而古代没有抗生素之类的药物来对抗感染，不脱裤子的话，噼里啪啦一顿板子打下去，受刑人当场皮开肉绽，把裤子也打烂了，布料渗进皮肤，用不了几天，人就被微生物"收走"了。但是大庭广众之下光着屁股挨板子，很多脸皮薄的人，尤其是女性，抬回家就羞愤自杀了。

  因此，真要追究起来，新的五刑制度除了切肤之痛，也包含对受刑人的羞辱。这种当众裸露隐私部位的羞辱，在某种程度上比古老的五刑还要残忍。杖刑之中把这种羞辱发挥到极致的，是廷杖。廷，顾名思义，就是朝廷。对，你没猜错，这不是牢狱里牢头在惩罚犯人，而是朝堂之上皇帝打大臣板子，是这个国家最体面的那个人，噼噼啪啪地打一群人。这种事情在明朝发生得很多，上朝讨论什么大政方针时，一言不合皇帝就把臣子推出午门打板子，臣子脱了裤子被按在地上，由太监监刑、锦衣卫执刑，其余大臣在周围看着自己的同事是如何被打得皮开肉绽，如何带着满头满脸的泥土、眼泪和口水，惨叫、呻吟。说到这里，建议你回顾上文，即刑罚制度为什么会发生变化，同时联系中学历史课本里讲过的古代中央集权制度到明清两朝走到巅峰。

> **语文教材链接**
> 高中选择性必修中册《过秦论》："执敲扑而鞭笞天下，威振四海。"这句是说秦始皇统一六国之后，用严刑峻法治理国家。

> **高考文本对应**
> 2017 年天津卷："父未尝笞，母未尝非，闾里未尝让。"
> 2014 年湖北卷："一民逸去，命卒笞之。"
> 2013 年广东卷："张永德为并代都部署，有小校犯法，笞之至死。"
> 2020 全国新高考 2 卷："有御史偶陈戏乐，欲遵太祖法予之杖。"
> 2014 年全国大纲卷："州人孟神爽罢仁寿令，豪纵，数犯法，交通贵戚，吏莫敢绳，凑按治，杖杀之，远近称伏。"

徒刑的"徒"字在现代汉语中组个词，常见的有徒步、徒劳、家徒四壁、徒弟、歹徒……看上去字义很混杂，都不知道两个字是怎么联系在一起的，更别说再添加一种刑罚的意思了。那就借着刑罚的内容来掰扯这个字吧。

"徒"在甲骨文中是个会意字，下面的部分字形在之前的内容里出现过好几次，是个脚板的样貌。上面的部分是尘土飞扬的土路，上面和下面组合在一起，就是光着脚板在尘土飞扬的土路上行走，所以行走是徒的本义。接下来如果从光脚的角度引申，那就是没有的意思，于是有了徒劳、家徒四壁这些词。如果结合光脚在尘土飞扬的泥土路上行走的意思，往深了想一想，什么人这样赶路呢？什么人连双鞋都穿不起，也不能走路况好一点的路？应该是最普通的平民百姓，甚至是更加低贱的奴隶之类，所以有徒弟、歹徒等词语。这些人一看就地位不高，甚至是作奸犯科的坏人。你看，这意

思不就全有了吗?

那言归正传,你觉得徒刑的徒是选用了哪个意思呢?就是徒的本义——行走。在行走这件事情上给他上刑,是什么意思?就是控制他的人身自由呗。徒刑就是把人关进监狱控制起来,这个意思到现在还保留着。

补充一点,古代的徒刑可没有现在这般人道。即便是在现在的监狱,犯人也要从事合理的生产劳动,但古代的徒刑罪犯往往就是去服最苦的劳役了。

流,就是流放,把犯人押解到边远地方服劳役或戍边。古代往往是越到边疆发展程度越低,流放不仅要承受背井离乡之苦,而且一路跋涉周折,边疆地区的自然环境几乎能断送犯人的性命。流放就相当于间接的死刑,不是用政府的公权力把犯人处死,而是把他丢给险恶的自然,任其自生自灭。想想看,一个长期生活在中原地区的人突然流放到岭南一带,他这辈子都没见过那么大个儿的蟑螂和蚊子,再加上劳役戍边涉及的苦力,这条命当真不容易保全。一般来说,流放得越远越危险,根据罪行的轻重,有流放一千里、两千里、三千里之分。

当然有人会想,这个刑罚有漏洞:犯人到了流放地以后,反正天高皇帝远,自己找个机会跑掉不就完了吗?你能想到的事情古人当然也能想到,肯定是有防范措施的。比如在罪犯脸上刺字,这就结合了古老的五刑,它不仅是一种羞辱,而且是一种罪犯的标记,反正他不论跑到哪里,都能引起百姓、官府的注意,这就大大降低了罪犯逃跑的概率。《水浒传》里,林冲、宋江等不少人都刺配过,就是先在脸上刺字再发配,其实就是将他们流放到某个地方去充军戍守。他们到了发配地做的工作都是和军事有关的,比如林冲后来刺配到沧州的工作就是看守大军草料场。其他防止罪犯逃跑的办法还有出发之前打板子、戴枷锁和脚镣之类,任是什么武艺高强的人物,都能被控制住。另外,高手在民间,当时押送林冲去沧州的两位解差——董超、薛霸,自知林教头武艺了得,即便戴上枷锁都不好对付，便使出了换新草鞋、开水烫脚之类的损招，反正林冲想要逃走是难于登天了。

> **语文教材链接**
>
> 高中选择性必修中册《屈原列传》："屈平既嫉之，虽放流，眷顾楚国，系心怀王，不忘欲反。"此句中的"流"就是指屈原被流放。

> **高考文本对应**
>
> 2021年全国乙卷："上欲杀之，胄奏：'据法应流。'"

死，自然就是死刑，不过死的方法可以不同。

古代最常见的死刑有两种——绞和斩。"绞"这个字，观察一下偏旁部首，就知道这种刑罚对应白绫。绞刑就是用绳索勒在脖子上把人吊死。"斩"的字义，大家非常熟悉，就是把头砍下来嘛。两相比较，在古人眼里，绞是更好的死刑，因为反正是一死，吊死好歹能保个全尸，斩就得身首异处了。如果实在不能保留全尸，就最好别被"弃市"。弃市，顾名思义，就是被人民群众遗弃在闹市当中处死，这种最后时刻的"公开亮相"实在是太不光彩，且压力巨大。若是能像谭嗣同那样，写下"我自横刀向天笑，去留肝胆两昆仑"，凛然、慷慨赴死，也能做一个千古美名扬的仁人志士。但是这般英雄人物毕竟是少数，普通人看着刽子手磨刀霍霍，只会腿软发抖，甚至痛哭流涕。痛苦之余，还被围观群众看笑话，这不就是给自己糟心的人生画上一个更丢人的句号吗？

难度陡然升高的这个"斩"字的字形，应该怎么理解呢？右边的"斤"从甲骨文的字形来看，是个锋利的东西，原本就是表示一种刀斧类的工具。咱们初中就在《寡人之于国也》里学过"斧斤以时入山林"，对其并不陌

生。可是"斩"字左半边的"车"是怎么回事？砍头和车有什么关系吗？读音也明明离得八丈远呢。

这是汉字演变过程中一个挺常见的现象，是一种讹变。这个字原本是这样写的——軎，很像车的繁体字，后人误写成"车"，渐渐也就以讹传讹地流传下来了。这个字表示的是"切断牲畜的头，悬挂起来祭祀"，这样说来它和斩的意思就高度相关了。

### 语文教材链接

**高中选择性必修中册《屈原列传》**："秦发兵击之，大破楚师于丹、淅，斩首八万。"此句中的"斩"不是平日的斩首刑罚，而是战争当中的杀戮行动。

### 高考文本对应

**2021年全国甲卷**："臣欲得献策之人，斩以衅鼓，然后北伐耳！"
**2021年全国乙卷**："凡二千余人，帝悉令斩之。大理丞张元济怪其多，试寻其状。"
**2012年江西卷**："复奉旨往江南，籍桑哥姻党江浙省臣乌马儿、蔑列、忻都、王济，湖广省臣要束木等，皆弃市，天下大快之。"

你读到这里可能会觉得小喵老西太啰唆，斩首不就是砍头嘛，至于"斩"这个字为什么是车字旁，根本不重要。不，你没有了解到核心，斩为什么是车字旁？其实是项庄舞剑、意在沛公，我们要考证一桩历史上有关死刑的公案——车裂的真相。

一说到车裂，大家就会想到商鞅当年被五马分尸的悲惨场景：五匹马分别用绳索拉住商鞅的头和四肢，然后向着五个不同的方向使劲，直到把商鞅活活拽死。那这应该叫"马裂"，用牛的话叫"牛裂"就好啦，怎么马的后面还要拉个车呢？马拉着车，再把绑着商鞅四肢和头的绳索固定在车上，这不是多此一举，平白给马增加负担吗？

联系刚才讲过的"斩"为什么是车字旁，你醒悟过来没有？所谓的车裂，根本就不是用五匹马把人撕烂，甚至和马、牛都没有关系，这里的车依旧是多年来"軎"的误传。"軎"是切断的意思，裂是分开的意思，这两个字组合起来，表达的意思是商鞅被处死以后尸体被切开。你可以理解为"大卸八块"或者"碎尸万段"。

其实商鞅的结局是"杀之，车裂以徇"（《资治通鉴》）。这段记载的确和我们刚才对车裂的翻案文章对上了，即先杀掉，然后大卸八块示众游街。刚才我们讲过，古人希望自己死后得以保留全尸，那根据车裂这种刑罚的实施方法，在战国时期，贵族阶层对于商鞅这样的罪犯还不至于对尸体进行侮辱。这种在人被处死之后把尸体游街示众进行辱蔑的刑罚，在古代被称为"大戮"。大戮，顾名思义，就是杀戮之大者了。

> **高考文本对应**
>
> 2023年全国乙卷："重耳即位三年，举兵而伐曹矣，因令人告曹君曰：'悬叔瞻而出之，我且杀而以为大戮。'"在这句话当中，得势以后的晋文公要狠狠地报复当年企图杀死自己的曹国臣子叔瞻，杀死他还不算，要把他的尸体扔在外面让大家围观。

类似车裂这样对尸体加以侮辱、惩罚来解恨的残酷刑罚，还有枭首和僇尸。枭首就是把头颅砍下挂起来示众，一来是对罪犯的极大侮辱，二来还是对百姓的威慑。从字形上看"枭"与鸟有关，至于为什么一只鸟会和一种残忍的刑罚产生关联，有两种说法：第一种，枭是一种"不孝鸟"，鸟妈妈在感觉到自己的体力、能力即将哺育不了日渐长大的小鸟时，会把自己悬挂在树枝上，任由小鸟啄食自己的身体，鸟妈妈用自己的血肉之躯完成生命最后的接力,最终只剩一颗头颅悬挂于树枝,让人望之而心寒;第二种,枭是一种恶鸟,人类捕捉到它们以后就会将其肢解,把其头颅挂在树枝上以泄恨。不论如何,枭都是遭到人类痛恨的鸟,在汉语当中与之有关的词语,都带着神秘、狠辣且血腥的味道:毒枭、枭雄。就连读音相同的"枭勇"和"骁勇",由于一种是恶鸟而另一种是骏马,不同也一望可知。至于僇尸,僇是侮辱的意思,如果觉得犯人死了但是满腔愤恨依然无处发泄,怎么办呢?把罪犯的坟挖开,将尸体拎出来,抽几鞭子,让他死了都不得安宁。在现代人看起来,这纯粹是无意义的事情,人死如灯灭,即使尸体被挖出来受刑,人也感觉不到。但是在古代,这就是极其严重的侮辱性惩罚了。咱们这么想,当事人确实是死了,没有感觉了,可是他的后人呢?自家先祖的坟被挖开,这是什么样的羞辱和惩罚?因此可以想见,古人一般也不会轻易下令挖坟掘墓去僇尸,除非所葬之人真的是罪恶滔天。司马光就曾经被奏请开坟僇尸,这是由于北宋朝廷的变法斗争。司马光是保守派的代表人物,后来改革派掌权之时,宰相章惇(dūn)就写过奏章给宋哲宗,请求"发司马光墓"。幸亏宋朝君主基本上是有文化、有素养的体面人,哲宗身边的一位臣子劝了劝,说:"发人之墓,非盛德事。"(《宋史》)哲宗想了想有道理,还是保护了司马光的身后安宁。

> **高考文本对应**
>
> 2012 年江西卷:"未几,欧狗为其党缚致于军,枭首以徇。"
> 2020 年全国新高考 1 卷:"'移宫'一案以涟、光斗为罪魁,议开棺僇尸。"
> 2017 年全国 3 卷:"章惇为相,与蔡卞同肆罗织,贬谪元祐诸臣,奏发司马光墓。"

最后补充几种令人极端痛苦的刑罚。

腰斩是从腰部斩断,这种死刑不仅不能让人保留全尸,而且让人不会很快死亡，痛苦万分。历史名人里，李斯、晁错都是被腰斩的。

汤镬（huò）和炮烙（páoluò）可以放在一起记忆。"汤"在文言文中是热水的意思，汤镬就是用开水把人煮死；"炮"和"烙"都是火字旁，这种刑罚与火有关，是在铜柱上抹油，下面用炭烧，铜柱必然又烫又滑，然后让人在铜柱上面走，人不是被铜柱烫死，就是掉入炭火中被烧死。这两种酷刑都令人发指，如果单是为了惩治罪犯，完全没必要如此。想看着人被这样折磨死，简直就是一种极端阴暗的心理，所以古代提及它们俩的时候往往是和无道暴君相联系。炮烙，传说是纣王为博取妲己一笑而设计的死亡游戏，正常人没办法理解历史上这位著名大美女为什么会有这样畸形的趣味。其实这两种无比残忍的刑罚究竟是不是真实存在，也没办法考证了。但几千年来就这样流传，人们一说到汤镬、炮烙之刑，就联想到纣王一般的变态暴君。另外《史记·廉颇蔺相如列传》里，蔺相如也利用了这一点，他欺骗秦王悄悄把和氏璧送回赵国以后对秦王说："臣知欺大王之罪当诛，臣请就汤镬。"聪明人看到这里都难免会心一笑：蔺相如既然自己求死，为什么专门提到"就汤镬"，而不是说"臣请就绞架"或者"臣请就断头台"呢？如果秦王真的支起一口大锅来把他活活煮了，秦王岂不就成了令世人侧目的暴君？"就汤镬"三个字巧妙地提醒秦王想一想，恨归恨，名声还是更重要的。这事儿本来就是一桩一个愿买一个愿卖的买卖，人家卖家不愿意卖了，如果自己因此杀了人，传出去江湖名声确实不好听。于是以此保全了自己的性命，蔺相如真是高明。

凌迟，也叫凌持、陵迟，或者说原本叫陵迟。陵是山陵，迟是缓慢，这个说法很形象，来源于荀子语录："三尺之岸而虚车不能登也，百仞之山任负车登焉，何则？陵迟故也。"（《荀子·宥坐》）意思是说，三尺高的山峰，即便是空车都拉不上去；但是百仞高的山，负重载物的车却能登上去。这是为什么呢？因为后者很平缓。不知道达成"百仞之山任负车登焉"成就之时，拉车的马负重走了这么长一段上坡路，会不会已经累得生不如死。但毫无疑问的是，这种死亡的刑罚放到人的身上，必然是痛不欲生的——俗称"千刀万剐"。目的是处死罪犯，却不一刀毙命，而是慢慢地折磨他，看着他求死不能，痛苦万分，这就分明有了虐待、凌辱的意思，于是凌辱的凌慢慢代替了山陵的陵。至于究竟在人身上不急不慢地割多少刀才能结束人的痛苦，不是我们讨论的重点。

> **语文教材链接**
>
> 高中选择性必修中册《苏武传（节选）》："今得杀身自效，虽蒙斧钺汤镬，诚甘乐之。"此句中，"虽蒙斧钺汤镬"的意思就是即便遭受最残忍的刑罚。

## 赦免

古代的刑罚制度和现代大不相同，在现代法治社会，只要判了无期徒刑，罪犯就得乖乖把牢底坐穿。想要减刑也可以，他得在牢里洗心革面，加倍努力改造，但这些都在法律条款当中明确规定了。古人不然，在电视剧《甄嬛传》里，皇帝说百官给敦亲王总结了多条罪状，"条条都是恕无可恕的死罪"。可当他被问及，真的要处死自己的亲弟弟吗？皇帝却说："恕无可恕，也要恕。"因为自己不能背上个屠杀手足的罪名。电视剧虽是杜撰，但这个情节真实反映了古代法律的"弹性"，既然江山都是皇帝的私人财产，那律法在实施过程中的松或紧自然也掌握在皇帝手里。其实，古代被判死刑，本身就有很大的随机性：远亲或者近邻犯罪被连坐，皇帝突然哪天看自己不顺眼，上级长官在政治斗争当中需要杀鸡给猴看，而自己恰巧成为长官眼中那只"鸡"……不过从另一个角度看，古代的罪犯哪怕没有认真改造，甚至在牢狱里还是个经常打架斗殴的刺头，也有可能突然哪一天就被赦免了。

赦免制度由来已久，传说上古时代就存在，历经春秋战国，之后历代王朝施行不废，一直沿用。为什么要赦免罪犯呢？理由通常看上去比较随机，往往是根据皇家的突发事件和皇帝的心情而定，比如皇帝登基，皇帝的哪个妃子生了儿子，什么地方粮食大丰收，什么地方发了大水或遭了虫灾，甚至天上掉下块据说能反映天象的石头等。其实，法律固然需要具备稳定性和连续性，但现实中的政治情况瞬息万变。政治需求和法律条款之间产生矛盾时，统治者既不想有损法律的威严，又不能舍弃现实中的政治利益，那找个说得过去的理由赦免犯人就是现实政治中的变通之道，是社会治理中屡试不爽的"润滑剂"。

> **高考文本对应**
> 2020 年全国 1 卷："更三大赦，遂提举玉局观，复朝奉郎。"
> 2014 年福建卷："会天变肆赦，乃归。"

假设你家的众多猫咪里有个把聪明到快成精的，知道小主人一贯成绩优异，一考试准能考出个带给全家好心情的成绩，那它就会瞅准你考试的前两天，使劲挠沙发、咬电线，反正它知道就算被关进笼子，也用不了两天就能被赦免，出来继续吃罐头。若说猫咪没有这样的智商，但人群中总会有一些极其善于投机钻营的吧？有人打听到消息，说老皇帝快不行了，那就开了杀戒，有怨的报怨，有仇的报仇，反正用不了多久老皇帝一咽气，新皇帝登基了就会大赦天下，自己又能大摇大摆、全须全尾地回来。这种人真可恨，为了防止类似的情况发生，大赦制度里便有了"十恶不赦"的规定。这个词在现代汉语里是经常做形容词的，比如说某个拐卖儿童的罪犯真是罪大恶极、十恶不赦。但它其实原本是个主谓短语，是说这十种罪行不包含在天下大赦的范围里：谋反、大逆、谋叛、恶逆、不道、大不敬、不孝、不睦、不义、内乱。

除大范围的大赦天下，还有特赦的情形。所谓特赦，就是特别破例，有针对性、有目的性地赦免一些罪犯。比如《水浒传》里，一百零八位好汉被逼上梁山，举起"替天行道"的大旗，这本质上就是造反了，更别提他们还用实际行动劫下生辰纲，攻打祝家庄、曾头市、青州……这哪一样不是直接威胁到朝廷统治的？照理来说，这绝对属于十恶不赦的罪行。但结果是他们后来被招安了，活下来的宋江还在朝廷当了官。招安就是一种特赦，是一种有条件的赦免。能赦免宋江他们，也并不是因为皇帝哪天瞅着自己的三宫六院都是沉鱼落雁，心情不错就放过这帮造反分子，而是利用一伙造反势力去消灭另一伙造反势力，减少朝廷征讨的开支和军队的伤亡，这是一种利益交换。

**高考文本对应**

2020年全国3卷："中兴以来，郊祀往往有赦，愚意尝谓非宜。何者？黎庶不达其意，将谓效祀必赦，至此时，凶愚之辈复生心于侥幸矣。"这句话就是说百姓会算准大赦天下的时间而故意为非作歹的情况。

## 第三部分

# 张三的科举之路

这一部分来聊一聊有关古代科举考试的那些文化常识。

古代读书人的数量远远比不上现在，一个普通的劳动人民家庭能供养一个男孩子读书就很不容易了，且不说拜师以及考试的费用问题，这个年轻力壮的男丁不参加劳动给家庭造成的损失，也是不容忽视的成本。因此古代的读书人大都出在贵族阶层、官宦人家，那些所谓的"寒门贵子"，通常也不是生于赤贫寒门。咱们算笔账，就算教书先生好心，给孩子免费教书，课本也都是借来的，夜里用功靠凿壁借光，可是上省城、京城赶考的交通和住宿以及报名的费用，总是免不了的。所以，家庭至少够得上小康水平，才有支持孩子读书的可能性。

话虽如此，但有关科举考试的内容在古代文献当中出现的频率，远远高于读书人所占的比例。道理也显而易见：这些文章都是读书人写的。他们的经历和生活，也自然被记载在历史文献当中。

那就再一次请出我们的主人公张三吧。在这一部分里，他被设定为一个清代的书生。我们陪着张三走一遭他的求学历程，就能勾勒出古代科举考试的体系。为什么一定要设定在清代，而不是秦、汉、唐、宋、元、明，甚至魏晋、五代呢？众所周知，科举制度"肇于汉，兴于隋，著于唐而备于宋朝"（《群书考索·续集》）。科举制度在魏晋南北朝时期萌芽，真正成形是在唐代，然后经过宋、明的发展（元代废除了科举，按下不表），不断地完善，到了清代，发展到高峰。如果把张三的时代背景放在清以前的朝代，有很多知识点就覆盖不到了。在重要内容方面，如果清代的情况和唐、宋、明不一致，我就做一个补充说明。

正式开始讲解内容之前，我不得不补充的是，没有科举的时候，优秀的人才想要做官的话有什么途径。这里主要涉及汉与魏晋南北朝时期。

往前数，秦代太短，忽略不计，而在体制层面，先秦时期并不需要国家出面选拔什么高级人才。《周礼·地官·乡大夫》记载，乡大夫每"三年则大比，考其德行、道艺，而兴贤者、能者"。这句话的意思是说，每三年进行一次选拔，考察一下民间有没有道德、技艺方面的能人，然后提拔他们。这里的提拔，多指地方的基层官员或士以上的阶层，靠的还是世袭。先秦时期主要是分封制，周天子把地盘分封给亲戚、功臣，这些人都不是从民间选拔来的。其余的官吏也基本来自贵族集团，靠血缘就可以继承政治权力。当时的贵族等级——卿、大夫后来都慢慢演变成官职名称了。这是传统的世官制。到了战国时期，各国杀红了眼，对人才的需求日益强烈。即便如此，国家也不会用考试的办法选拔人才，而是人们靠自己的主观能动性想办法接近权力核心。

比如吴起，当年去楚国做了令尹，相当于宰相，那靠的是人家在魏国南征北战的赫赫军功。再往前推，魏国国君为什么重用从鲁国来的吴起呢？因为吴起曾经在鲁国做过军事将领，打败过齐国。再继续往前推，他在鲁国凭什么能做将领呢？嗯，因为人家本来就是贵族出身。你看，没有任何公务员考试的影子。还有些人求职靠的是上下通吃的人脉。比如商鞅当时来到秦国，靠着秦孝公的宠臣景监私下引荐，通过几次面试便被录用了，他之前没有经历过任何基础行政能力的测验。如果实在没有特别像样的出身，也没有直达天庭的门路，那也可以像冯谖（xuān）那样，倚着柱子拨弄拨弄自己的剑，唱几首"没有肉吃啊，没有别墅"的小歌曲，表现出一种遗世独立、众人皆醉的颓废，看看有没有像孟尝君这样的有钱人注意到自己，愿意收留自己作为私人门客……做一手好营销，也不至于饿肚子。

到了汉代，这种依靠血缘继承政治权力的习惯自然还顽固地保留着，但毕竟全国范围内推行了郡县制，需要大量的基层官吏，同时皇帝为了集中皇权，也需要利用从民间拣选的没有政治背景的官员，取代部分贵族豪强的势力，因此西汉诞生了察举制。察举，顾名思义，察是考察，就是官员考察当地百姓的能力情况；举是推举，就是地方官员把考察到的优秀人才推举给皇帝，补充官僚队伍。

但是察举在西汉还没有形成制度，只是皇帝心血来潮或者有需要时，不定期地下个诏书来进行。到了东汉，这种官吏选拔制度才渐渐被律法明确。当时朝廷规定，人口在二十万左右的郡每年推举孝廉一人，四十万人口左右的郡每年推举孝廉两人……以此类推，人口越多的郡，推荐名额越多。

察举制推举的主要是孝廉这一科，显然是更注重思想品德和个人修养。不过高中课本里《陈情表》一文，作者是西晋时期的李密，文中有这么一句："前太守臣逵察臣孝廉，后刺史臣荣举臣秀才。"看得出来，当时察举制推荐的不仅仅有孝廉这一个名目，秀才（或者称茂才）也是被推举的名目，还有明经、有道两个科目，不过后来孝廉科一枝独秀，大家渐渐也就忘却了其余几个科目，仿佛说起察举制，就是举孝廉。

**高考文本对应**

2018 年全国 1 卷："举孝廉，除郎中。"
2018 年全国 2 卷："州举茂才，除温令。"
2015 年四川卷："郡察孝廉，除郎中，补尚书都令史。"

如此看来，当时的察举制也没有考试这一说，就是某个人平时在家、在家乡父老面前，表现优秀，有口皆碑，就有可能被地方官举荐。其实事情并没这么理想化啦。一方面，举荐谁，不举荐谁，这个权力看似全在地方官员，可是地方官员手中的权力是哪里来的呢？来自朝廷的任命，那就一定没办法摆脱中央权贵的干涉和请托；另一方面，地方豪强之家就好惹了吗？人在一方做官，没有当地这些"地头蛇"的配合，工作也无法开展。于是每到一年察举季，张大人写张条子，李大人送盒茶叶，茶叶桶里也塞了张条子……地方官掂量来掂量去，谁都得罪不起，那最终推举的还得是这些权贵子弟。

若严格地考证，察举制里也不是完全没有考试。这些被举荐到中央的人才，要参加一项考试来决定他们是否被录用。不过这项考试的难度并不大，它的设立是因为皇帝最初对这些举荐上来的人完全不了解，也不好分配工作。那就简单聊一聊，让他们谈谈自己对国家大政方针有什么认识和领悟，皇帝看看其水平怎么样，如此而已。慢慢面试演变成了笔试，但核心的过程还是在推举，而不在考试。

后来在魏晋南北朝时期盛行的九品中正制，又称九品官人法，在察举制的基础上进行了改良，比如给官吏选拔制定了一些客观标准，人才品级也从"上上""上中""上下"一直到"下下"，分为九级，但是家世对人才选拔的影响依旧是第一位的。

值得一提的是，即便到了后世，这种家世传承做官的习惯也有不同程度的保留。长期存在于古代社会的一种做官方法叫恩荫制，就是一些国家高级官员可以自选一个兄弟或者儿子到朝廷来做官。因此我们经常能在文献中见到"以父荫""诏荫其子"这种说法，成语"封妻荫子"也是这样来的。

> **语文教材链接**
>
> 高中选择性必修中册《苏武传（节选）》："武，字子卿。少以父任，兄弟并为郎。"这句话正体现了古代的荫封制度。苏武年少的时候和兄弟一起

第三部分　张三的科举之路

做皇帝身边的郎官,并不是因为他在武术学校成绩优异,而是因为他父亲在朝为官。

**高考文本对应**

2018 年全国 3 卷:"纯礼字彝叟,以父仲淹荫……知陵台令兼永安县。"
2016 年天津卷:"宗质以父荫。"

# 第十三章
# 进私塾

本部分的主人公还是张三,他于清咸丰三年(1853年)出生在江苏省海门直隶厅长乐镇(今江苏省南通市海门区常乐镇)的一个小村庄。父母务农,耕种家里的几十亩田地,虽然劳作辛苦,但家境还算殷实。父母很是盼着孩子中能出个读书人,将来走仕途做官,也好光宗耀祖。张三的两个哥哥都淘气得很,成天舞刀弄枪、和泥巴,没有一刻消停,看上去指望不上。张三却从小与众不同,他一岁的时候抓周,机灵的小眼睛看见一支毛笔就放光,照直爬过去一把抓起来。祖父和父亲大喜过望,暗下决心要好好培养这个小男孩。

才刚四虚岁的小张三就在祖父的教导下一字不错地背下《千字文》。转眼张三已经六岁,到了开蒙的年纪。邻居邱先生是举人老爷,学富五车,德高望重,家里设立了书塾,教族中子弟读书。张三的父亲就去拜访了邱先生,送了厚礼,把小张三送进了邱家的书塾。

小张三从小天分超常,再加上日夜用功,到十一二岁的时候,《三字经》《百家姓》《神童诗》《孝经》《大学》《中庸》《论语》《孟子》《诗经》都在邱家学完了,而且能写出像样、工整的七言。有一天祖父在书房里和邱先生闲谈,看见一个武官骑着一匹白马从大门外经过,邱先生随口来了一句"人骑白马门前去",小张三不假思索地就对上一句"我踏金鳌海上来"。这个下联对得不仅工整准确,而且气象不凡、志存高远。等到十四五岁的时候,更加复杂一些的经典,比如《尔雅》《礼记》《春秋》《左传》《仪礼》,

小张三都已经学完。

在学堂里,不仅仅要读书、背书,写作方面的训练也是必不可少的。张三在书塾里坚持不懈地努力十年,已经能很熟练地写出当时科举考试要求的"八韵诗",它又叫"试帖诗"。这种诗很不容易写,可不像王熙凤那样,大家逼她作诗,她扔出一句"一夜北风紧"就完事儿了。

首先,这种诗歌创作属于命题作文。这种要求从唐代开始就有,比如出题人规定以"古原草送别"为诗题,学生在写作的时候就得在自己的题目上加"赋得"两个字,变成"赋得古原草送别",然后就像我们如今的高考作文一般,开篇就需要扣题、点题,结尾也要照应、升华。考试的题目是容不下什么诗情画意的,通常会从经、史、子、集里抠出几个词来,可想而知,写这种诗就必须板着一副脸孔,正襟危坐,容不下少年贪玩的纯真。

其次,这种诗体对音韵也是变着花样地提苛刻要求。科举考试是竞赛表演场,在音韵方面早就脱离了自然、顺畅这种最朴素的诉求,而是带着超高难度系数的炫技。起初要求作五言六韵诗,后来增加难度,要求变成了五言八韵,韵脚在平声各韵中出一字,所以应试者得背诵平声各韵之字,诗内还不许重字。

不过即便是这样的难度,对于立志成才且刻苦训练的年轻张三来说,也是驾轻就熟,不在话下。

最后,写文章方面,就是八股文了,也叫"制艺""制义""时文""八比文"。八股文这个名称是我们所熟知的,但是怎样理解"制艺"和"制义"这两个别称呢?其实这两个名称也体现了八股文这种文体的精髓。从制作这个词能体会出来,制就是作,写八股文就好像制作一个水桶,每一个步骤、工艺流程都规定好了:一篇文章由破题、承题、起讲、入手、起股、中股、后股、束股八部分组成,后四个部分都有两股排比对偶的文字,合起来共八股。连写诗的题目都出自经、史、子、集,写文章便更庄重一些，总归要引经据典。

而这样的文章技巧，已近束发之年的张三也掌握得相当牢固。

至此，张三完成了读书过程中开蒙的任务，即将迎来他人生中第一个里程碑式的挑战——童子试。

### 语文教材链接

高中必修上册《师说》："爱其子，择师而教之。"这句话也说明了在韩愈生活的唐朝，达官贵人家庭给自己的孩子选择优秀的先生来专门教授的情况。

九年级下册《送东阳马生序》："先达德隆望尊，门人弟子填其室。"这句话反映了当时乡间德高望重的老师有许多弟子追随的盛况。

# 第十四章
# 中秀才

所谓童子试，也叫童试，并不是单纯地描述参加考试的大都是低龄男子，而是指科举考试的第一个阶段。换句话说，这么多开了蒙、读了书的人需要通过初级的测试，获得生员，也就是秀才的身份，通过了便是有功名在身的人了。这一步认证合格以后才能被登记在册，方可参加后续的考试。如果有个人一辈子也没有通过童子试，一辈子没有考取秀才，那七老八十了也还是个童生，操童子业。鲁迅先生笔下的孔乙己，虽然熟练掌握茴香豆的"茴"字的四种写法，"但终于没有进学"，他就一直是童生的身份。

一说到要去考试，张家一家就犯难了。龚自珍有句著名的诗："我劝天公重抖擞，不拘一格降人材。"（《己亥杂诗》）他既然这样劝，从侧面说明当时录取人才是拘了很多格的。张家此时面临的这一格，就是孩子怎么能报上名去参加考试。

原来，当时科举对考生的身份是有很严格的要求的，一些"贱业"家庭出身的孩子，在身份上就没有参加科举的可能。即便后代不再从事贱业，但一个人的贱业身份，也会向下影响三代人——子、孙、曾孙，一直到他的玄孙才能恢复清白身份。

奴仆。既然已经卖身为奴，自身以及后代就会归为贱籍，想当官，那是去做"人上人"，第一步得脱离贱籍，回归正常、自由的"人"的身份，之后才有参加考试这个可能。

倡优。倡是娼妓，优是优伶，这些职业在古代都是为人所不齿的，所以他们以及他们的后代也不能参加科举考试。

隶卒。这是指隶属于各个衙门的贱役，从事的都是比较辛苦的工作，比如看守牢房、追捕盗贼和供人使唤等。贱役包括这样一些名称：皂隶、马快、步快、小马、禁卒、门子、弓兵、仵作、粮差、番役……这些职业里面，大家比较熟悉的是追捕盗贼的捕快，古代的捕快和现代的刑警可完全不是一种性质，捕快在古代并没有公务员编制，而是官员们雇来的办案人员。

还有一些地方特有的贱业，比如山西和陕西一带的"乐户"、江南的"丐户"、浙江的"堕民"、广东的"疍（dàn）户"、浙江的"九姓渔户"等。乐户、丐户、堕民大致指的就是在别人家有红事、白事的时候吹拉弹唱的帮手，他们在古代的地位比较低。疍户是没有房产，漂泊在水上以船为家的人。

罪犯的后代、因罪被革职的官员自不必多说。另外，在父亲或者祖父的丧期也是不可以参加科举考试的。

这里提到的只是大致情况，具体的规则有时候会因为时代或者纯粹是皇帝的心情做一些微调。各个朝代对于不许参加科举考试的身份也各有细节上的差别，比如唐代，因为士农工商的排序，商人的孩子也不能参加科举考试。《琵琶行》里一个年老色衰的歌女嫁给一个富商尚且觉得悲凉，可见商人身份在当时是多不招人待见。与此相关的还有一桩公案：李白这个人，这么有才，诗写得纵横飞扬，为什么一心一意想着求仙问道，通过玉真公主的门路把自己直接推荐给唐玄宗，而不是踏踏实实地去参加科举考试？这一方面，自然是因为李白这个人的性格，人家喜欢"不飞则已，一飞冲天"，科举考试长路漫漫，即便考上了也得从副科级开始熬，慢慢往上，这条路当然入不了李白的法眼；另一方面，很可能是因为李白的家里是做生意的，他是商人家庭出身，本身就没有资格参加科举考试。不过关于李白的家世，在学术界尚没有定论，"富商家庭说"只是越来越多人愿意认可的推断。

但是张家世代务农，是正头的良民百姓，在身份上并不与这些贱业相关，怎么还发愁孩子报名参加考试的事情呢？这是因为法令规定，像他家这样的务农人家三代之内没有做过官，没有取得过功名，也没有讲过学，那就属于"冷籍"，不是不让去考，而是在身份认证上得多费周折。

张家需要找到同族当中有应考资格的人，或者是廪生去作保，叫作"认保"。明清时期，一部分生员是由公家给以膳食的，叫廪膳生，又叫廪生。公家为什么要给这些人发补助呢？这是为了表示对优秀生员的鼓励和资助，就好比现在的大学也会给学习成绩优秀的学生发奖学金。考中秀才之后，在评定考试中成绩名列前茅的生员才能获得廪生身份。这些人自然是国家寄予厚望的"宰相根苗"，他们这些人在"科举圈"自然是信任度高一些的。

此时的张家要为张三找寻族中的廪生作保，可家里世代务农没有出过像样的读书人，哪儿有这么容易找？俗话说上有政策，下有对策，寒门出了贵子想要参加考试的情况，张家又不是开天辟地头一户，一般的做法是"伪造"学籍。所谓家族，有大有小，只要是同姓，改个名，伪造个学籍，把父亲、祖父写作别人，充作别人族中的孩子去考试就行。张三这孩子一贯成绩优异，这是远近闻名的事情，不论他是冒充谁家孩子，将来考中了，也必能光宗耀祖，作保的家族又可以赚一笔钱。于是家中有廪生的几户前来撺掇祖父。其中有一户，最是舌灿莲花，说先让孩子登记去考，给他家一些钱财就行，考完以后愿意改回来，就还配合张三家去改。邱先生认为可行，张三的祖父也动了心，便答应了。

这一回，在小张三的学籍档案上，父亲改成了一个叫张驷（dòng）的素昧平生的人，张三以他家孩子的身份去考试了。不论怎样憋屈，费了一番周折，也是为了全家人的前途命运，张三终于可以去参加考试了。想要取得生员资格，他需要先后通过以下三项考试：县试、府试、院试。

县试就是在本县考试，考官往往是本县的知县。一般来讲，正规的知县是进士或者至少是举人出身，考一考这些人也算是降维打击。但是也有些知县是军人出身，因为知县品级不高，还有不少就是通过"捐官"上位的不学无术之辈。负些责任的，知道自己不行，会私下雇几位有文化的师爷代劳，但是他们可不能保证如高考阅卷一般的标准和公平。

考试的过程挺漫长，分五场，第一天考第一场，第一场成绩揭晓后，合格者才能参加第二场。以后的场次以此类推。这几场考试如果全部参加，会考到这些内容：四书，五经，作诗、赋、策、论，以及默写《圣谕广训》。四书、五经题，是从四书五经当中抠一段原文出来，要求考生解释，相当于经典文言文段落翻译。这种相对基础的题目，会分成A卷、B卷，按考生年龄加以区分，未冠的考生做比较简单的A卷，已冠的考生做比较难的B卷。这倒也十分合理，想想看，让现在的高中生和初中生一起翻译《爱莲说》，显然不公平。作诗，自然就是作之前提到的八韵诗，五言六韵或者五言八韵都可以。

几天以后捷报传来，张三通过了县试，而且名列前茅。县试的第一名叫"县案首"，前十名叫"前拔"，都是很光荣的呢。每年县试前十名的考生要去集体拜见一下知县表示感谢。张三年纪轻轻，就已经是被县太爷亲切接见过的人物了。

下一关是府试。府试的考官是知府大人，考试的规模此县试大一些，也更加正规，但是考试的内容和流程与县试基本一致。此时的张三已经积累了考试经验，加上县试成功带来的信心，府试也没什么悬念地通过了。

院试是童试的第三关，是由各省的学政亲自前往各府主持的。学政，全称"提督学政"，亦称"督学使者"，俗称"学台"。张三所在的江苏省，学政官职全名叫"提督江苏学政"。学政旧称"提学道"，所以院试有个俗称叫"提学试"。这位学政老爷可不一般了，一省的学政必须是进士出身，从侍郎、京堂、翰林、科道等文化水平高的官员中选取，与总督、巡抚一样，他们也由皇帝直接派遣。尤其像直隶、安徽、浙江、江苏这般才子云集的重要省份，学政的人选更是得再三斟酌，要在人品、资历、学问上都能压服人心才行。学政的任期是三年，在这三年内，他会两次到各府和直隶州主持院试。一位学政到达一个省，作为这个省院试的命题人和阅卷人，这个省的文章风气、学问倾向自然会随着这位学政的个人喜好为之一变，因此，学政也被称为"司文衡""秉文柄"。

> **高考文本对应**
>
> 2019年江苏卷："十三岁，就督学公试，补邑弟子员。"
> 2014年安徽卷："其督学安徽，旌表婺源故士江永、汪绂等。"

院试结束几天后，捷报传来，十六岁的张三高分通过院试，喜提新生员身份，俗称"秀才"。这是个历史性的时刻，张三从此是个有功名在身的人物了。合格者名单发布以后，知府大人亲自出面主持了这场庄严的仪式。三声礼炮响后，知府身着朝服、带领仪仗队走出衙门，一路奏乐来到文庙，展示合格者的名单。为什么要去文庙呢？文庙就是孔庙，是祭祀孔子的殿堂。理论上讲，院试算是入学考试，通过以后才可以成为府学、州学、县学的生员，成为孔子门生。既然成为孔子的学徒，那自然要将新弟子的姓名向先师汇报才行。

经历了这大大小小的十几场考试，张三获得了很多实际的好处，比如他以后就可以穿长衫、冠方巾、踏长靴，随时随地彰显一下自己与众不同的身份，生员虽然不是官员，但他们的服饰已经相当于九品官级别的服饰；他以后见到官员也不需要下跪，行个礼就好，而且其他百姓见到他就需要向他行礼了；他的徭役也全部免除，虽说该交的赋税还是得交，但是实在贫困的话，适当缓一缓也可以，毕竟文化人有体面，国家也不会逼得太狠；

就算是犯了什么罪行，官府也不能随便抓他，需要县官先向省级学政汇报，等上级领导将他秀才的功名革去之后，才能动刑。每一样听起来都挺爽。更重要的是，秀才这个身份是张三继续上升的阶梯，以后他可以参加考试继续提升身份等级。

然后，各地的生员们会被分配，进入相应的学校。理论上讲，生员都需要在名义上归属于某一所地方学校。学校统称"庠序"，这个是我们所熟悉的，高中语文课本里的选文《寡人之于国也》里有"谨庠序之教"这么一句。具体来说，清代的地方学校有府学、州学和县学，它们之间没有地位高下的区别，完全是平等的，就好像北京的一所高中、河北省省会石家庄市的一所高中，还有山西省某县城的一所高中，只是地处不同位置而已，规模大小也可能不一样，但它们都是高中，没什么地位差别。

### 高考文本对应

2015 年四川卷："大修庠序，广招学徒。"
2015 年上海卷："彦光弗之罪，将至州学，令观于孔子庙。"

名义上归属，是指他们并不需要像现在的高中生一样，天天背着书包去学校。学校里自然是有老师的，但是具体情形千差万别，就好比现在，北京市的一所重点高中是高中，山西省某县城的高中也是高中，大家一样可以报考大学，没有地位上的差别。但因为所在地域不同，经济文化发展水平不一样，北京的重点高中在教学资源上，可能就会相对好一些。按照清代的行政划分，通常府比州（除直隶州）和县大，所以府学里的老师是"教授"，正七品；州学里的老师称为"学正"，正八品；县学里的老师称为"教谕"，正八品。我们不能断言正七品的教授就一定比正八品的学正和教谕教学水平高，但是从国家认证的等级来说，府学的教学质量相对高一些是大概率事件。教育资源好、教学质量高的学校自然容易吸引更多的生员前来。当时的学校按照规模来划分，就有"大学"之意。看清楚哦，是大学，不是太学，也不是现在的university（大学），只是表示规模很大的学校。在当时这种学校设置情况下，张三可以自由选择，如果觉得自己所在的县学教学质量好，学习效率高，就可以去；但如果愿意回家自学也没有问题；还有些人也没什么出将入相的大志向，考个功名图个好听、不用服徭役就行，没什么继续读书上进的动力，也可以不去学校。

不过，即便生员可以不用按时去学校读书，学校也会按时考试，不然谁知道生员在家是不是天天通宵玩"王者荣耀"呢？这种检测努力程度的考试，是由学政巡回到当地举行的。之前讲院试的时候提到过，学政三年会在一个地方巡回两次，任务除了主持院试录取新生员，就是考察老生员。针对老生员，第一次巡回举行的叫"岁试"，生员必须参加，成绩分成五等，有赏也有罚；第二次巡回举行的叫"科试"，生员自愿参加。

在当时，秀才其实也是分三六九等的，这等级的区分就基于岁试的成绩。

顶尖的是廪生，就是最初为张三考试作保的那家人有的廪生，既有国家发的奖学金，还能为别人作保，在县里也是人见人敬的，这是秀才里的第一等身份，相应地，岁试成绩也得是第一等才行。

如果考不中廪生呢，次一等的还能做个增广生。所谓"增""广"都是扩充的意思，就是在廪生原有名额的基础上扩充录取的一部分人，国家也会发奖学金，但是既然不够格成为廪生，也就不能为旁人作保，不过奖学金到手也是可喜可贺的。增广生的岁试成绩需要达到二等以上。

刚刚成为生员的"新兵"，以及岁试成绩第三、第四等的生员，就是普通的"附学生"，简称"附生"，顾名思义，就是隶属于县学、州学、府学的普通生员。

如果岁试成绩太差，属于第五等，就会被褫夺衣帽，不允许穿秀才的服饰，称为"青衣"。青衣继续考五等，学校等级就会被降，称为"发社"，就是从县学被发配进社学,虽然在学册上还没有被完全除名,但是咱们之前也讲过,进入县学是象征生员身份的。被县学开除了,就是警告你,你这生员身份岌岌可危了。如果发社以后还不发奋,成绩继续是五等生员的水平,就会被彻底除名,成为平民百姓。

如果说岁试是为了考察现有生员,督促他们一直保持较高的学术水准的话,学政举行的另一个巡回考试——科试,则是为进一步谋求发展的生员举办的。科试是进一步考取举人的预备考试,是让学政评判一下生员是否具备了充足的学力,给一个认证,之后才能进一步参加乡试考取举人。

上述补充念叨一番,张三同学在清代经历的进入科举的过程,如此多番周折,若是放在明代,也是基本一致的;但如果放在更早的唐宋时期,却大不相同,这些烦琐的县试、府试、院试在那时都没有。这并不是说在更早的时期就没有秀才的概念,而是在更早期的科举考试当中,秀才的等级和明清时期是大不相同的。

要解释清楚类似这种历史发展带来的烦琐、纠结的概念,最好的办法不是一头扎进河流下游的各个支流里死记硬背,而是追根溯源,从头开始顺着捋,看清楚每一个分支开叉出去的话是怎么开始的,就清晰多了。那么请循其本,我们这一部分的题目是"张三的科举之路",何谓科举呢?科举,顾名思义,就是分科举士的意思。这个思路其实有些类似于我们现在的高考录取。国家建设需要各方面的人才,大学招生也区分计算机专业、金融专业、数学专业、资源与环境专业、汉语言文学专业、考古专业……唐代的科举就是这样的,朝廷直接招考,没有地方的资格测试,主要有秀才、明经、俊士、进士、明法、明字、明算等科目,让学有所长的人才分门别类地参考。虽然我在这里也没有解释每一个科目的具体含义,但是大家都能看出来。明法这一科就类似于法律系,明字这一科可能偏重于文字和书籍编写的方向,明算就类似于数学系了。注意看,在这些科目里,秀才、进士是并列的,在身份上是平起平坐的。

区分了各个科目，开始招贤测试，这是理论上的构想，现实情况往往是另一番光景。虽然这些学科是并列开设的，人心却各有所向。比如改革开放早期，我国急缺理工科建设人才，民间的口号是"学好数理化，走遍天下都不怕"，那相关的专业自然大受欢迎，考古专业就几乎无人问津……那么你觉得，古人面对这些专业的思路会和现代人有什么本质的区别吗？当时儒家经学才是受统治者欢迎的正道，明法、明算一类的专业肯定不会吃香，渐渐也就荒废了。

唐代比较重要且史籍上常见的是明经、秀才、进士这三科。

明经科说白了就是重点考背诵默写，就是高考语文全国卷里的第16小题的扩大版，考查范围是儒家经典，有好多本书。大家都能看出来这项考查是比较简单的，不用动什么脑筋，下苦功夫背书就好啦。所以唐代的明经科也是相对容易考的，录取人数比较多，竞争比例大约是10∶1。

秀才科的重点是策，策就是写论文，写与经学相关的学术论文或者与时事相关的时局评论。能有这样水准的考生，一看就很高大上啊，所以被命名为"优秀的人才"。唐代初年的时候，秀才这一科极受重视，非常荣耀，甚至每年只有一两个人被录取，比现如今的院士都难当啊。可能是高处不胜寒吧，秀才科后来被废止了。

---

**高考文本对应**

**2015年上海卷：**"常以季月召集之，亲临策试，有勤学异等，聪令有闻者，升堂设馔。"

**2013年全国2卷：**"揆尝以主司取士，多不考实，徒峻其堤防，索其书策……深昧求贤之意也。"

---

秀才科之后逐渐兴盛的是进士科。进士考试的内容有帖经（类似高考语文全国卷里的第16小题）、杂文（后来改成诗、赋各一篇）和时务策。

随着唐代诗歌的兴盛,进士科考试的重点是诗赋,最能体现文士风流的才能,自然热门。进士科竞争相当激烈,可以说是百里挑一,考中的学子自然更受皇帝的重视。于是,有"三十老明经,五十少进士"一说。

宋代科举考试有明经、进士两科,这个容易理解,因为秀才一科后来被废止了嘛。然而宋朝却没有把"秀才"这个概念扔进历史的垃圾桶,而是换个身份,重新利用,就变成各个州府向中央推荐前来参加中央进士考试的"优秀人才"的意思。看上去,"秀才"的地位比"进士"低了,但宋朝还没有后来的那些县试、府试、院试,所以当时的"秀才"也不是个功名,就是借用了唐代曾经存在的一个大家都熟悉的、好听的词,用的是这个词的字面意思而已。宋承唐制,科举里最受重视的自然也是进士科,考试内容有帖经、策论和经义。

# 第十五章
# 考举人

上一章说到十六岁的张三同学喜提秀才身份，但是之后的一些年里，他却一直蹉跎不顺，转眼二十多岁了。摆在他眼前的，有两条路。

第一条，是走学术之路。一直留在校园当中，从事学术研究，精研学问，当自己成为某一个领域的研究专家时，皇帝有事自然会想着来征询一下专家的意见，一来二去，也极有可能混个官职。

走学术道路，是利用国家的出贡制度。出是献出，贡是上贡，出贡就是地方学校把优秀的生员选拔出来举荐给中央国学，这样的生员，就成为"贡生"，或者叫"拔贡生"。明清时期的中央国学是国子监（jiàn），是"皇家学院"，能在这里继续从事学术研究的生员自然身份格外不同，所以国子监的生员简称"监（jiàn）生"。监生们通过国子监的考试后也会有出仕的途径。

> **高考文本对应**
>
> 2017 年江苏卷："其后谢侍郎墉提学江左，特取先生为拔贡生。"

中国人向来尊师重教，古代的最高学府在地位上自然也是极高的。明清两朝的国子监和孔庙是邻居，国子监门前有下马石，意思就是告诉大家，从这里经过，文官须下轿，武官要下马。国子监的"校长"叫祭酒。从"祭"这个字看得出来，这是个非常古老的名称，可以一直追溯到非常注重祭祀活动的先秦时期。所谓祭酒，就是在祭祀活动当中代表众人用酒向天地表达诚意的职位，显然需要最尊贵的人来担任。战国时期，齐国闻名天下的稷下学宫，荀子曾担任祭酒。后来有了最高学府国子监，那么其负责人也遵循稷下学宫的做法，称作祭酒。副职的名称听起来就没这么神圣了，称为"司业"，其余还有博士、助教、提学、学正、教授和教习、教谕等。

> **高考文本对应**
>
> 2014年全国1卷："奏为国子祭酒，权留史馆修撰以下之。"
> 2013年全国2卷："除揆睦州刺史，入拜国子祭酒、礼部尚书，为卢杞所恶。"

如果去国子监游览，大家会看到里面核心的建筑是辟雍大殿，这是天子的学堂，当时皇帝即位后必须在此讲学一次，来表示自己对教育工作和人才选拔的重视。关于这个怪怪的名字"辟雍"，它源于西周，是那种四面环水的地形的名称。班固在《白虎通·辟雍》中讲："辟者，璧也，象璧圆，以法天也。"不难想见，四面环水，中间陆地，如果找到这样的地形自然是有利于人类生存的风水宝地，野兽进不来，取水生活也方便。周文王当时就规定，这样的地方要让出来兴办学校，给子孙后代用。所以国子监里辟雍大殿的修建也遵循了古礼，是四面环水的形制。

辟雍大殿

中央国学，还有另一个称呼，叫作"太学"。"太"字从字形上看，就是在"大"的下面加一个指示符号表示强调，表示"大"的最高程度，如极大、无限大。这就很容易理解了，太学自诞生以来，就是国家的最高学府。

> **语文教材链接**
>
> 九年级下册《送东阳马生序》:"东阳马生君则,在太学已二年,流辈甚称其贤。"此处的"太学",就是国家设立在京城的最高学府。

> **高考文本对应**
>
> 2016 年江苏卷:"遂输粟入太学,淹蹇二十年。"
> 2015 年江苏卷:"安定胡瑗掌太学,号大儒,以法度检束士,其徒少能从之。"
> 2015 年上海卷:"入太学,略涉经史,有规检,造次必以礼。"
> 2014 年安徽卷:"奏请仿汉熹平、唐开成故事,择儒臣校正,立石太学,奉谕缓办。"

太学和国子监这两个概念经常是互通的,说哪个都可以。不过如要认真追究,太学强调学,它是个学术机构,就类似于清华大学、北京大学、中国科学院大学,就是学校。国子监强调监,它是国家的最高教育管理机构,除了搞学问,还统筹管理着全国各地的教育事宜。打个不恰当的比方,国子监承担了现在教育部的一部分职能。

不过,这种通过学术来求取功名的道路一般都会相当漫长,而且授予的官职一般也不高。通常来说,一些反复考举人都考不中的生员,会退而求其次选择这样一条路。我们才高八斗的主人公张三同学,本来就心气儿高,再加上这几年的奔波,虽然受了不少委屈,却也着实开阔了眼界,更觉得自己必须尽快出人头地、做一番事业才对。所以他坚定地选择了继续参加科举考试之路。

第二条,是走正规的科举之路。张三下一步就该参加乡试了。乡试通过后可以刷新身份成为举人,古代文献当中提到的"举乡试""举于乡""乡举",都是乡试中举的意思。

"乡"这个字一看就觉得有偏远、规模很小之意，按照我们现行的行政区划来看，县比乡大。可怎么到了古代的科举考试里，先考的、等级低的反而是县试、府试，乡试反倒等级更高的呢？这可以这样理解：首先，我们之前提到张三参加的县试、府试、院试，只是童试，就是为了获取生员身份的考试，准确地说，它们都不算在科举考试的范围之内，是科举考试之前的预备。但是因为每个人都需要走这一步，所以需要放在科举之路里面来讲。正式的科举考试其实是从乡试开始的，它是相对于之后的会试而言的，"乡"表示地方性的选拔，"会"表示集中在一起的中央级别的考试。和中央比起来，那地方各省可不就成了乡吗？唐宋时期，由地方官员推荐应试进士的人被称为"乡荐"，明清时期也沿袭了这一叫法。其次，在我们比较熟悉的历史里，乡确实不是个大的行政区划，唐宋以后，乡都比县要小，但具体管辖多大范围，其实历代都不一样。有时翻一翻更古老的文献，就能感觉到乡其实并不是我们现在想象的这么小。《周礼·大司徒》里记载："五州为乡。"是不是被吓了一跳？看来乡还比州大。另外，《广雅》里记载："十邑为乡。"你看，这个乡其实并不一定是特别小的。

---

**高考文本对应**

2020年全国新高考2卷11题A选项："乡试是中国古代科举考试之一，由各地州、府主持，考生来自全国各地。"此选项内容错误，乡试是省一级的考试，考生来自本省。

2019年江苏卷："庚午举于乡，年犹弱冠耳。"

2015年安徽卷："举顺治三年乡试，又十年成进士。"

2014年重庆卷："乡试后，捷举。意欲赴礼部试，而绌于资斧。"

2012年江苏卷："少而好学笃行，公礼之甚厚，以备乡举。"

光绪元年（1875年），张三二十三岁，朝廷加开了一场恩科乡试。疑问来了，乡试便是乡试，什么叫"恩科"，还是"加开"？一般来讲，乡试是三年举行一次，比奥运会举办的频率略高一点，所以每次机会都很珍贵。在干支纪年法里，地支每逢子、卯、午、酉，会举办乡试。如果宫中有重大的喜事，乡试会根据皇帝的心情增加一次。张三二十三岁这一年，就是因为光绪皇帝登基而增开恩科——相当于额外举办一场全运会，可不就是给运动员们多提供了一次争金夺银的机会嘛，是一种恩典，所以叫"恩科"。

乡试的考期定在农历八月，差不多是现在公历的九月，正是金秋时节，所以乡试也叫"秋闱""秋试"。考试分三场，八月初九是第一场，八月十二是第二场，八月十五是第三场，全国统一，次次如是。宇宙不重启，考试不改期（除非出现洪灾等特殊灾害）。

> **高考文本对应**
>
> **2012 新课标全国卷**："时秦桧当国，其亲党密告燧，秋试必主文漕台，燧诘其故。"

乡试的考官要由皇帝亲派，正、副各一人，考官必须是进士出身，在侍郎以下的京堂官（在京办公高级部门的高级官员，比如通政使司、大理寺、太仆寺、太常寺、光禄寺、詹事府、鸿胪寺等，皆称京堂）中选拔。不同地区的考官任命时间不一样，去云南、贵州的考官，四月就任命了，一经任命立即出发，路上颠簸小半年才能到任主持考试，着实辛苦；直隶、山东、山西等省，和京城离得近就没有必要这么着急，自然任命得晚一些。皇帝在钦定这些考官所去省份的时候，也会有很多考量，比如山西籍的官员一般不会回山西担任主考官，因为亲朋故旧一多，官员也难保公正清廉。

作为江苏省的生员，张三参加这一次恩科乡试需要赶往首府应天府

（现南京），信心满满的张三提前一个月就赶到了，找了间清净的客栈住下，全心备考。

八月初八是考生入场的日子。零点鸣响第一声号炮，三声号炮之后，凌晨三点在贡院门口点名。为什么这么早就开始点名呢？你若是瞧见当时那阵势啊，你可能都会嫌鸣炮太晚，担心点不完名。当天晚上，人山人海、摩肩接踵，昏暗的灯笼照明之下，远远望去是黑压压的上万人头，看不到边际，无人敢大声喧哗，都肃静、规矩，在贡院门前列队等待。张三前来应考的这座位于南京秦淮河北岸的考场——江南贡院，是当时中国贡院之首。江南贡院占地数万平方米，能同时容纳两万多名考生考试。没办法，江南才子，不仅才名甲天下，数量之巨也是其余省份难以望其项背的。那些耳熟能详的名字，如唐伯虎、郑板桥、吴敬梓、施耐庵等，都曾经同张三一样，忐忑而焦虑地在这座贡院门前摸黑排着队，期待能用笔杆子敲开自己的命运之门。如有时间可以去南京江南贡院的旧址参观感受一番，不过它已经改名叫中国科举博物馆。

这么多考生，进入考场的时候是需要一一检查的。每场考试三天，考生在这三天与世隔绝，而且考场里面国家管的饭通常是牢饭级别的，难吃且量少，但也允许考生自己带一些餐食。所以考生允许携带的东西，包括文具、寝具、食物和一些简单的炊具，其余一律不许带进考场，尤其严查的是有文字的物品。搜查之严格，甚至连考生带的包子都要掰开了翻一翻里面的馅。

进入考场之后，这动辄上万的考生如何编排管理呢？方式很先进，当时采取的是"数字化"管理。先有"字"，是按照《千字文》的顺序：天地玄黄，宇宙洪荒。日月盈昃，辰宿列张……每个字命名一个号筒，也就是一条通道，对应通道两边的几十个马厩一般的小房间——"舍"，所以这样的小房间又称为"号舍""号坐""号房""号间"。舍是按数来排列的：一、二、三、四、五……于是这般有了数，也有字，就凑成了贡院内的"数字化"管理。有一些传统的说法就源于考场的"数字化"管理习惯，比如"天字第一号"。老舍先生的《四世同堂》就有这样一句："我是天字第一号的老实人，怕什么呢？"天字第一号，就是贡院考场上以《千字文》第一个字"天"命名的号里，排在第一的舍，这一考号在上万考生里排第一，确实珍贵。

  号舍里几天的生活虽然短暂，却是异常辛苦难熬的。我们现在去南京的江南贡院旧址参观，还能看到当时的号舍长什么样子。首先，号舍的面积很小，大概也就一平方米出头，将将够一个成年男子伸开两肘写字。其次，号舍设施简陋，里面只有两块木板，墙上有两个搭放木板的搭槽：白天写字，下面的木板当座位，上面的木板当桌子；晚上睡觉，两块木板都搭在下面当床铺。这点空间，腿都伸不开，仅够蜷缩着身子凑合睡。乡试三年一次，考场自然也是三年才启用一回，考试前虽然经过了一些检修，但难免荒废破败，木板也极有可能是不平不整、虫吃鼠咬的……而且号舍没有门，秋天虽然不算严寒，但是夜里在这种半露天环境下睡觉，也得带床厚实的被子才行呢。

  最痛苦的是人有三急，上厕所的事情解决起来很麻烦。小便还好，号舍里准备一个恭桶，就地解决。大便需要汇报给工作人员，为了防止考生趁机作弊，需要由专人带领去公共茅房，看着考生解决完，再带回来。而且每次申请去茅房，自己的考卷上就会被加盖一个黑色的印章，俗称"屎戳子"。据说戳子盖得太多，考官阅卷的时候就会觉得晦气，仿佛卷子上也带了味道，不愿多看，非常影响成绩，所以考生在考试的时候是能忍则忍。

  不仅去茅房这件事要尽量忍，公共茅房旁边的号舍也是大家避之唯恐不及的。因为这是"臭号"，不仅气味难闻，而且大家如厕都从身边经过，脚步声随时响起，对考试也有很大的影响。张三前天晚上很早就来贡院门前排队了，就是为了早些进考场，能选一个位置相对理想的号舍。当时的考号不是现在高考这般考试前就排定了的，而是如饭店靠窗的座位一般，进去之后先到先得。那些"臭号"，自然留给最后进考场没有挑选余地的考生。

就这样折腾了一夜，最早在八月初八的早晨，最迟在当天傍晚，考生陆陆续续进入号舍坐定，鸣炮之后，关闭所有考场入口。从此刻开始，原则上就算是着火，考场大门都不能开启，考生要在考场内完成第一场考试了。第一场考试的内容是四书和作诗。

八月十一、八月十四分别是第二场、第三场考试的入场日期，那夜半三更黑压压排队的情形再次上演。第二场考试的内容是五经，第三场考试的内容是策论。

乡试的阅卷工作要持续一个月左右，因为工作量实在庞大。首先，所有有效考卷的文章都需要由书记员先誊抄一遍，这是为了防止考官从笔迹上认出自己相熟的考生，在江南贡院这样的大贡院里，这项工作就需要两千多名书记员日夜赶工。穿插一句题外话，即便如此，作弊也不是完全没有可能的。想要认出"关系户"考生，只需要事先约定特定位置用哪几个字这样的"密码"。最后综合四书题、作诗题、五经题、策论题的成绩来确定最终成绩，其中最重要的考量内容是四书题的作答情况。

考试成绩的公布一般在九月初五到九月二十五，江南贡院考生多，发榜的日子自然也靠后。放榜当天一早，布政司门前会建起一座榜棚，榜上右面画龙，左面画虎，所以乡试榜也被称为"龙虎榜"。张三早就挤在众多考生和家属当中，翘首以待。艳阳高照，阳光逐渐从温暖变得灼目起来，远远听得乐曲声作，布政司府门洞开，龙虎榜被运到榜棚中央。学子们一拥而上，在榜上寻找自己的姓名。虽然这张榜会展示三日，但是谁都想第一时间知道结果。

张三踮着脚尖、伸长脖子使劲往前面探着身子，但还是离得太远，什么都看不到。听得离榜近处，人们已经开始呼喊几个名字，他们无疑是这一榜的前几名："解元""亚元""经魁""亚魁"。可惜，这几个名字里都没有张三。不过张三也不沮丧，是不是前几名不十分要紧，榜上有名最重要。看到结果的考生们渐渐离开让出了位置，大多数垂头丧气地离开，几位榜上有名的看来已经荣升举人，退至一旁互称"同年"，志得意满。张三终于挤到榜下，从前往后焦急地寻找自己的名字，找了一遍，一直找到最后一名"殿榜"，没有自己。他怀疑是自己没看清楚，又从前往后找了一遍，没有；再找一遍，还是没有。

### 高考文本对应

**2015 年安徽卷：**"归田后，尤孤介自持，不接当事。同年王中丞巡抚河南，馈问亟至，一无所受。"

然后张三又找副榜。所谓副榜就是考官认为榜上的生员其实也具备了中举的能力，如果直接评为落榜实在可惜，也于心不忍，但实在因为名额限制，不得不淘汰，就设立一个副榜以示鼓励。副榜上的生员被称为"半个举人"，实际上哪有什么半个之说，是便是，不是便不是，半个举人的真实身份还是生员，只是名头上略好听一些罢了，如果想成为"完整的"举人，还得继续考，直到上了正榜为止。张三把副榜前前后后找了三遍，也寻不到自己名字。

张三情绪有些崩溃，一时间血往上涌，仿佛意识不太清醒，不知不觉被推推搡搡的人流挤出榜棚，他似乎还保持着仰头寻找的姿势，一出榜棚被耀眼的阳光晃了一下。张三闭上眼睛站定，慢慢低下头来，意识渐渐清醒，他不得不接受落榜这个现实。

期望越高，失望就越大，这一次乡试的落榜让张三的情绪很是低落了一阵。那时张三认识的一位先生说起有一位庆军统领庐江吴提督正在招募私人幕僚，愿意推荐他去，张三便前往吴提督军中做幕友了。

> **高考文本对应**
> 
> 2019年江苏卷："意欲要之入幕，酬以馆选，而公率不应。"
> 2014年安徽卷："未遇时皆在先生幕府，卒以撰述名于时，盖自先生发之。"
> 2011年全国大纲卷："太祖欲官之，以亲老辞，乃留愈幕府赞军事。"

其实张三在军中做幕友和考科举并不冲突，平日在吴提督手下也是做一些与文案相关的差事，办事以外的时间照样可以静心读书。吴提督虽是军旅中人，但对张三这样的书生也颇为尊重，几年下来，主客相处颇有一种知遇之恩的情味。

在此期间，光绪二年（1876年）、光绪五年（1879年）都是乡试之年，张三抓住机会没有错过考试，但也都名落孙山。光绪八年（1882年），朝鲜发生兵变，乱子闹得越来越大，烧粮仓、杀官吏，还杀了日本的练兵教师。朝廷得到消息，立即派了水师提督丁汝昌带着兵船战舰开赴朝鲜平乱，吴提督也在援助平乱之列。张三作为平日深受吴提督信任的幕友，在这样紧急的战事当中，各种机要的文件笔墨之事陡然翻倍，自然也是跟随吴提督左右不离的，写奏折、办公事，忙忙碌碌，急于星火。一篇清廷讨伐朝鲜的檄文，就是在开赴朝鲜的战船上，张三以一腔激愤挥墨而就的。

朝鲜战事平定以后，张三回到家乡，闲居在家，专心奉养父母，似乎不想继续在军中效力了。但人生总是如此，世事难料，有心栽花花不开，无心插柳柳成荫。当年张三一心科考屡试不中，可如今日子过得闲云野鹤，才名却日盛起来。可能是因为经过了战事的洗礼，他的胸襟和眼界已非寻常读书人能比；又或许是因为此次随军出战，自己的才能得以展现，知道他、赏识他的人自然就越来越多了。

光绪十一年（1885年），三十二岁的张三来到京城，参加顺天府的乡试。顺天府的乡试和其余各地方的乡试不同，毕竟是天子脚下，不仅是直隶本地的生员可以来考，各省的生员也可以来考。但是顺天府的乡试有个规矩：无论如何，第一名需要留给直隶本地的生员。其实大家都心知肚明：不立这样的规矩，按照当时中国的教育质量，南北方才子完全凭实力正面对决的话，顺天乡试的解元十有八九会是南方人，这岂不是让其他各省看笑话？但第二名，就可以是南方人了，这位南方来的第二名，被称为"南元"。所以真凭实力的话，大家心里都有杆秤，这位"南元"才是货真价实的第一。这次顺天乡试，朝廷派来的主考官是大名鼎鼎的潘祖荫和翁同龢，他们对张三非常器重。没有悬念，没有压力，张三高中"南元"而归。几经周折，张三正式成为一名举人，有资格继续向着进士进击了。

插一个补充说明，上述以张三同学为代表的明清学子的科举历程与唐宋不同，而且这一内容的复杂之处在于，唐宋两朝也有不同。若是死记硬背，便又是没事找事，给自己的大脑徒增负担，关键在于理解我之前强调过的科举制度的发展规律——越来越复杂，考试、筛选的环节越来越多，这样记忆就容易得多啦。

首先说说唐代。唐代是科举制度诞生初期，肯定不可能瞬间发展出全民动员、深入民间的考试系统，参加科举考试的人数也远远比不上明清。唐代的科举中，读书人一上来就是要去考进士的，所以当时根本没有明清时期那般先考取举人这一流程。即便偶尔在唐代文献里见到举人这个说法，也只是用了它的字面意义：被推举来参加考试的人。前面也介绍过，唐代虽然也有秀才，但实际上是和进士平级的不同考试科目而已，没有等级之分。

唐代参加进士考试的考生有以下几种：绝大多数是学馆的学生，当时的长安有崇文馆、弘文馆，学生大多是皇亲国戚；长安有国子监和太学，学生大多是中高层官员，也就是五品及以上官员家的"官二代"们；还有四门学，学生大多是基层官员，也就是六品及以下官员的子弟，以及庶人中的优异者；还有一些专门的技能培训学校，比如律学、书学、算学，招收的是底层官员，也就是八品及以下官员的子弟，还有一些庶民当中脱颖而出的好学孩子。只有小部分考生是学馆以外的人，由地方州县推荐到中央，称为"乡贡"。

这里有一桩我们熟悉的"冤案"，与"诗鬼"李贺的科举之路有关。当时李贺凭借韩愈的激赏在长安城里诗名大噪，正摩拳擦掌准备考个进士挣一份好前途，此时却有嫉妒他的小人向政府举报，说李贺的父亲名叫李晋肃，父亲名中的"晋"和进士的"进"同音，犯了讳，所以政府根本就不应该允许他参加科举考试。虽然韩愈愤愤不平地为李贺引经据典讲道理，写了一篇《讳辩》，但最终也无可奈何，于事无补。我们之前提到，人名是长辈给起的，李贺父亲叫什么名至少是由李贺爷爷决定的，作为晚辈的李贺无论如何也不能改动父亲的名，这真是平白无故响了一声晴天霹雳，冤大头李贺看不到人生的出路，最终贫病交加，在二十七岁就郁郁而终了。我每次讲这个故事的时候，总会有学生质疑，说："不至于呀，老师你看，李贺只是因为犯了讳不能考取进士，那他考个举人，总没什么忌讳了吧？考上举人好歹也能当上个小官，自己努力工作，慢慢晋升，也不算完全没有出路呀……"现在我讲清楚了唐代科举和明清科举在流程上的区别，大家就明白这个质疑为什么不成立了吧？

到了宋代，科举的具体流程演变得比唐代复杂一些，考进士之前，读书人需要参加资格认定的考试。这个考试的性质颇像明清时期的乡试，只是名称不同。在宋代，这个阶段的考试被称为"解（jiè）试"，解试当考中第一名的被称为"解（jiè）元"。解元的说法一直保留到了明清，读音也就延续下来了。这也解释了为什么明清时期考试的一套概念看上去不配套：明明叫乡试，第一名却称为解元，这是延续了宋代的传统。

话又说回来，"解试"这个称呼是从何而来的呢？"解"这个字读去声的时候，在文言文里有发送、发派的意思，比如我们熟悉的"押解"这个词，顾名思义，就是用"押"的手段发送犯人到某地。由此推想，解试的性质，不就是各个地方选拔了优秀的人才，然后把他们发送到中央去继续接受皇帝的筛选吗？

另外，唐宋时期还有一个容易混淆的说法，即那些还没有考上进士，只是来参加进士考试的考生，也可以称为进士。2017年全国1卷高考语文试题里，古诗歌阅读部分选了欧阳修的一首诗——《礼部贡院阅进士就试》，从题目来看，这显然是说身为主考官的欧阳修到礼部贡院去巡视了一圈，看考生们正在参加进士考试。这里的考生们，就被称作进士了。如果不晓得这个细节，读到这里难免犯迷糊：这都已经是进士了，怎么还在贡院考试呢？

# 第十六章
# 成状元

张三想要再接再厉来个进士及第的话，还需要通过两个考试：会试和殿试。这两个考试都需要千里迢迢去京城参加，它们的区别在于：会试决定进士考试是否合格，合格者称为贡士；贡士再参加殿试决定排名次序，然后朝廷就会颁发进士身份。所以较真起来，其实贡士和进士这两个概念没什么大差别，因为会试结束不久就是殿试，贡士也就成了一个临时的身份，大家觉得麻烦慢慢也就不怎么提起了。而且殿试一般不淘汰人，只是排定名次，所以会试合格就会说已经成为进士，这本身没有什么错误，只是略心急了些。

> **高考文本对应**
> 2019年江苏卷："丁丑会试，江陵公属其私人啖以巍甲而不应。"
> 2020年全国新高考1卷："左光斗，字遗直，桐城人。万历三十五年进士。"
> 2020年江苏卷："乙卯，方伯公领乡书，丙辰成进士，己未官比部郎。"
> 2017年全国3卷："许将字冲元，福州闽人。举进士第一。"
> 2015年全国1卷："孙傅，字伯野，海州人。登进士第，为礼部员外郎。"

会试会被安排在乡试的第二年，也就是干支纪年法里的丑、辰、未、戌年；如果有恩科乡试，在恩科乡试的第二年也会相应地安排会试。会试的考期一般在农历二月或者三月，一共三场，分别在初九、十二、十五，因此会试也被称为"春闱"。计算起来，乡试的考试时间在农历八月，等成绩公布，一应手续齐备，庆祝一下，无论如何也得到九月、十月，到来年二月或三月参加会试，其实是剩不下多少备考时间的。尤其是云南、贵州一带的考生，更是要在乡试当年的年底就出发，一路上跋山涉水、翻山越岭，跨越大半个中国来应试，路上急流险滩、豺狼虎豹，得有"老司机"带路。顺利的话，纯赶路也需要两三个月时间，不早些出发，恐怕会耽误考试。

承办会试的机构是礼部，因此会试也被称为"礼闱"，相应的负责人就是礼部尚书。但是礼部尚书只是负责组织考试的官员，主考官仍由朝廷任命指派。这不难理解，就好像咱们现在的高考作文阅卷负责人也不会是教育部部长，通常是指派一位在学界有地位、在阅卷上有经验的大学中文系教授。

### 高考文本对应

**2020年全国1卷**："嘉祐二年，试礼部……殿试中乙科。"
**2014年重庆卷**："乡试后，捷举。意欲赴礼部试，而绌于资斧。"

光绪十二年（1886年），刚刚中举的张三参加了这一年在礼部贡院举行的会试。

三月初八是会试考试的前一天，考生入场，入场流程与乡试类似，考试的环境也大同小异，身经百战的张三对此早就习以为常。不过会试前的筹备工作与地方性考试不一样，毕竟是在天子脚下，这一场考试的题目是由皇帝亲自选定的。就在张三入场的这一天，礼部尚书进紫禁城面圣，请求下达考试题目。天子亲自将选好的四书三道题、诗一道题放入带锁的精致小盒子里，上锁后交给礼部尚书；礼部尚书马不停蹄携带考题到贡院，把考题交给主考官，主考官用钥匙开锁，现场印刷试题。次日一早，张三等考生就收到了试卷。

不过人家毕竟是皇帝嘛，日理万机，不可能天天关注教育和人才选拔工作，象征性地出一套卷子就可以了，其余两场的考题都是由主考官来出的。会试的试题形式和乡试一样，考四书五经、作诗和策论。到三月十六，三场考试就都结束了。

会试考试的阅卷时间大约需要一个月，一般在四月十五前后，礼部衙门前的彩亭里会按照名次张榜公布考试结果。第一名称为"会元"，第二名称为"亚元"，最后一名称为"殿榜"，这和乡试也没什么差别。

很可惜，张三此次考试没能"及格"，没有取得参加殿试的资格，第一次会试便与进士失之交臂。不过此时张三早已不像当初那个乡试落第的稚嫩书生，有了多次考场失意的打磨、战场的历练，他似乎开始对自己不厌其烦地参加这一次又一次的考试，产生了一些怀疑。这些年，国运日衰，朝廷的大权渐渐被太后独揽，接连不断地和几个"洋鬼子"国家干了几仗，都战败了，签了几个不明不白的合约。夜静无人的时候，张三总是睡不着觉，不太清楚自己这样一场一场地考下去究竟是为了什么，他开始迷茫：自己即便考上了，又能做什么？对考试这件事，张三似乎看得越来越淡了。

古时的科举，但凡是主考的官员，一方面是出于公心，要效忠皇帝，替皇帝选才建设国家；另一方面，掺杂私心也在所难免，若真遇上几个有才情、有抱负的好苗子，主考官也非常乐意将其收在门下，给他一个好名次、好成绩，让年轻人从自己手中脱颖而出，也是他对这个年轻人的知遇之恩，日后在官场上，自己也多个晚辈帮手。不单清朝如此，历朝历代皆然，大家都心知肚明，这点私心也不算什么。北宋欧阳修做主考官时选中了苏轼，成就一段忘年交，千年来传为美谈。所以每逢考试的时候，主考官对这些才名在外的考生，自然是格外关注的。

大伙儿可还记得，张三当年考中了顺天府乡试"南元"的那一次，主考官是潘祖荫和翁同龢？这两位可都是当时鼎鼎有名的大人物。潘祖荫当时官拜工部尚书，这世俗的官职不提，单就人家的家世，就堪称科举仕途之家的榜样。祖父潘世恩是乾隆癸丑科状元，官至太傅、武英殿大学士；叔祖潘世璜是乾隆乙卯科探花；潘公本人在咸丰二年（1852年）考中一甲第三名（探花），授翰林院编修。你瞧瞧人家这个家族，就跳脱了"富不过三代"的魔咒，一代一代高唱"诗书继世长"的凯歌。至于翁同龢，就更出名了，他是咸丰六年（1856年）的状元，撇开一堆户部、工部尚书之类的高级核心官职不谈，单在学问方面，他就历任同治、光绪两朝帝师，是死后配谥"文恭"的大臣。

这两位大人物在担任顺天府乡试主考官的时候，都对这位"南元"的文章印象深刻，颇有意栽培他。但是光绪十二年（1886年）的礼部会试，朝廷指派了其他的大臣主事，他们二人都插不上手。等到三年以后，从光绪十五年（1889年）开始，接连几场春闱几乎是潘、翁这两位大人物轮番做"阅卷总裁"，都是全心全意要提拔张三的。

但是现实的问题就来了，当时的科举考试，为了防止考生与考官串通，都是严格执行密封制度的。潘、翁二位大人物，如何在茫茫卷海中寻出自己得意门生的考卷呢？那就只能根据文章的气韵、风格这种虚无缥缈的线索来判断了。这种事连宋代文豪老前辈欧阳修都拿不准，说明凭文风气韵准确判断哪篇文章是哪个特定的人写的，自古以来都不太靠谱。当年欧阳修任主考官的时候，就曾经拿着苏轼的文章拍案叫绝，正准备点个第一名。结果这老前辈自恋的心情冒了一点儿头，判断失误，以为这千古第一的好文章是自己的学生曾巩写的，为了避嫌，忍痛割爱点了个第二名，耽误人家苏轼登顶了。

潘公和翁公寻找张三的文章也接连出了好几次错：光绪十五年的会试，好不容易找出一篇文章，怎么看怎么像张三写的，结果一拆密封线，这个考生叫孙叔和。光绪十八年（1892年）的会试更离奇，找到一篇来自江苏考生的文章，整体表现不错，最重要的是其中一句话像是到过朝鲜的人的口气，这看上去就更像是张三了，选中之后拆开密封线，才知道这个考生是常州来的生员刘可毅。

几经折腾，张三此时已经年逾四十，对继续科考这件事已万念俱灰。上次考完回家，张三一心想着，再也不去赶这一趟进京的路了，就此作罢，或者在故乡做一些自己力所能及的小事，看顾好妻儿，了此残生也好。之前的几次会试，连主考官中意自己都不能遂愿，看来自己这一辈子确实没有鱼跃龙门的命吧。

在光绪二十年（1894年），因为慈禧太后的六十大寿增设了一次恩科。张三的伯父专程修来一封家书，再三叮嘱，命张三再进京试一次。张三当晚辗转反侧，梦中回到了幼时邱先生家的学堂，回想起自己对的"我踏金鳌海上来"那句下联，当时祖父眼里闪着希望的光。在那个束发孩童的心里，自己多有前途、多有能量，可如今已年过不惑，脚下的那只金鳌在哪儿呢？

第二天一早，张三匆匆收拾了几件行李，上京去了。

当年是慈禧太后的六十大寿，寿辰虽在十月初十，但是一开春，整个京城已经憋足了劲要来个气象一新。从皇城开始，四处都在粉刷、修建，为太后的寿诞做准备，一派喜庆和忙碌的景象。而张三这个"佛系"的中年书生，进京之后始终懒懒散散的，整日翻翻书本，或者四处游逛。听得坊间谣传议论，说近日和日本在海上多有些摩擦，北洋舰队在威海卫如何如何，张三就四处打探，想找一张日本的舆图来看。似乎这不考的知识，比自己手上的四书五经更有吸引力。眼见考试就在眼前了，张三竟然发现自己身边的笔墨纸砚都不全，只好现找朋友借钱凑上，然后稀里糊涂进了考场。

张三的科考之路总是上演这种无心插柳柳成荫的桥段，往日踌躇满志，总是名落孙山，如今不紧不慢，老天却格外眷顾。这次张三考中了，放榜那日他竟然都懒得去榜亭看榜，还是其他同学激动地跑回旅店给他带回这个消息的。

考中了?! 张三心里一惊，像一针新鲜鸡血"打"进来，一阵振奋，因为下一关是自己从没经历过的，他要进紫禁城参加殿试。

其实在参加殿试之前，贡士们还得参加一场覆试，这是乾隆皇帝之后的考生们额外多出来的一种测试。道理是这样的：这些人是要进宫去参加殿试的，要接受皇帝亲自检阅，万一哪个考生实力不够，侥幸通过会试，写的文章污了皇帝的眼可不行；万一心理素质太差，一进保和殿考试，发抖如筛糠，也太给万岁爷添堵了……反正就是需要再筛查一遍，确保万无一失。所以这个覆试的性质，决定了它其实并没有真正的会试那样重要，只要不是成绩太差或者有什么违规举动，大家都会顺利通过。这场覆试在保和殿进行，它真正的目的在于让考生们熟悉宫廷礼仪和殿试环境，不至于在皇帝亲临的时候殿前失仪。这场考试本就不难，张三的心态也轻松，成绩比会试更好。

正式的殿试在四月二十一举行，名义上的考官是天子本人，那就意味着这场考试从出题到监考到阅卷到最终敲定名次，都是由天子本人完成的。

事实上，这在很大程度上取决于天子的勤政程度，以及他对这场考试重视与否。勤政的皇帝会自己出题，但毕竟是殿试，就算是懒惰的皇帝，他也得走一个"大臣出好几个方案，皇帝亲自选出一题"的过场。至于阅卷和敲定名次，皇帝究竟参与到什么程度，弹性空间也很大。原则上，前三名必须由皇帝钦点，但是这里的"皇帝钦点"，究竟是皇帝经过自己的独立思考、深思熟虑后评定的，还是大臣们已经做好了工作，皇帝签个字表示一下同意即可？都是因人而异、因时制宜的。

在这场考试中，皇帝如此辛苦，混得像个中学语文老师，还得逐字逐句看考生的考场作文，那殿试为什么会存在呢？除此之外，殿试的考试时间只有一天，试题的数量有限，怎么能如此一考定终身呢？这样公平吗？

殿试的意义和必要性在哪里？殿试之所以重要，是因为它是中央集权的必要手段。前文我讲张三的经历时提到，主考官如果欣赏某个考生，就可以私下提携，对考生有知遇之恩，那他们日后就很有可能形成一个官僚朋党集团，势力大了的话，难免威胁皇权。但考试的最后一关如果能牢牢掌控在皇帝手里，那这些顶尖的考生就都成为"天子门生"，他们一生中最大的知遇之恩是皇帝给的，若要报恩，最终还是要感念皇恩浩荡，而不是哪位臣子的提携。

比较通行的说法是武则天开创了殿试，后来到了宋代，殿试成为定制。武则天曾经在正式登基之前"策问贡人于洛城殿，数日方了。殿前试人自此始"（《通典》）。其实在她之前，也有其他皇帝在大殿上召见举人，比如武则天的老公李治："上亲策试举人，凡九百人，惟郭待封、张九龄五人居上第，令待诏弘文馆，随仗供奉。"（《旧唐书》）甚至更遥远的汉文帝也做过类似的事情。但为什么说殿试源于武则天呢？因为武则天时期的殿试不仅规模大，而且明显地带有笼络文人、收为己用之心。这位中国历史上唯一的女皇帝，篡了自己儿子的权登上皇位，一来得位不正，需要拉拢自己的势力对抗反对派；二来当时的中国历史也发展到了皇权打击门阀士族的重要阶段，用选拔上来的人才对抗世族，把选人的权柄牢牢握在自己的手中也是历史趋势。所以科举考试中的殿试在诞生之初，就带着明确的中央集权目的。

殿试前一天，四月二十寅时（凌晨三点至五点），被任命的殿试读卷官来到皇帝面前，呈上八个策论备选题目。殿试是顶级的考试，就没有解释四书五经之类的琐碎小题了，只考策论。皇帝会和大臣们斟酌一番，最终定下四道题，然后由读卷官把这四道题工整誊写、封好，再请皇帝过目，皇帝正式下达颁布试题的诏书。诏书首先下达至内阁，内阁通宵印刷以后送往保和殿。

四月二十一天还没亮，张三等三百多名贡士已经被提前安排在太和门侧面的两个门前排队了。按照覆试的名次，奇数名次排在昭德门外，偶数名次排在贞度门外。张三的覆试名次是第十名，所以站在贞度门外。此时的紫禁城一片寂静，身边那些官员也是一副肃穆的表情，不敢多说一句话、多行一步路。这些贡士一概垂手而立，低头不语。

等了一阵子，有主管大朝会的鸿胪寺官员前来引导，先是来到保和殿丹陛之下，经过三跪九叩，贡士们进入保和殿，然后銮仪卫军士将试卷押送至殿内。读卷官在保和殿内列队，内阁大学士将制策（殿试试题由天子下达，因而采用诏敕的形式，称为制策）交给礼部尚书，尚书叩头接纳，再由礼部官员分发给考生，考生也叩头接纳，各自入座作答。

因为殿试的性质是直接向皇帝奏对，所以格式上也别有要求。首先，要以"臣对：臣闻"四个字开始；其次，文章提及"皇帝""制策"等字眼的时候，必须另起一行并且平抬一到两个字。这个规矩其实在日常的文书里也有，不过在考场上作答就更考验考生的文字掌控能力了。另起一行虽然是个格式要求，但是看着难免也是文脉的中断，这就要求换行的时候前一行不能留空白，显得即使格式要求如此，也是"恰巧"到了不得不换行的时候，这个叫"彻底"，是考场优秀作文的重要规定动作。最后，所有答案要以"臣谨对"三个字作为结束。

到了殿试阶段，试卷只密封名字的部分，不需要经过誊录，直接交到读卷官手里。读卷官其实就是阅卷老师，乾隆以后一般有八位。两三百份试卷差不多平均分到八位读卷官手中，每个人先按自己的标准给考卷评定等级，一共有五等；然后大家把各自判为第一等的卷子放在一处，选出最优秀的十份，预排名次，上呈皇帝，请皇帝最后定夺。

选出最优秀的十份考卷并且预排名次，这个过程看似是集体决策的结果，其实很容易渗透个人意志。想想看，这八位读卷官的地位都同等吗？总有年资高、职位高的老前辈，他们显然更具话语权。此时若有读卷官看中了张三，也能认出他的字体，就好办多了。比如这个时候翁同龢捋着胡子发表观点了，说："我看这篇文章就很有状元气韵嘛。"此时还会有哪个不知好歹的，非要从文章里挑出个错别字恶心一下翁老前辈吗？

接下来就是皇帝发挥工作弹性的时间了，他可以认可读卷官们的排名，也有权按照自己的意志改动。此时年轻的光绪皇帝拿到的这十篇文章中，最引人注目的肯定就是第一名了。皇帝问："这第一名是哪一位选出来的呀？"翁老师接话说："不才正是老朽。这张三的文章气象恢宏，本人是一江南名士，还是个孝子。"那光绪皇帝还硬要驳老师的面子，怼一句"我觉得他写得不咋样"不成？于是结果通常都会在这般祥和愉快的气氛中敲定下来。

> **高考文本对应**
>
> **2020年全国1卷11题B选项：**"殿试是中国古代科举制度中最高一级的考试，在殿廷举行，由丞相主持。"该选项内容错误，殿试由皇帝亲自主持。

殿试的结果分三个等级。虽然分了等级，但是朝廷也承认大家都很厉害，所以都用"甲"来表示。

一甲只有三位——第一名的状元、第二名的榜眼、第三名的探花，这三位赐"进士及第"称号。

其余的考生，按照排名，人数大概平分一下。下一等级是二甲，从第四名开始，赐"进士出身"称号。其中的第四名，也就是这位差一点就问鼎的二甲第一名，称为"传胪"。

剩余的是三甲，赐"同进士出身"称号。早先三甲里的第一名也称为"传胪"来着，因为这个词的本义就是从上往下传。二甲第一名是从上面传下来的第一个，三甲第一名显然也是。但是慢慢地，大家觉得二甲第一名太优秀、太可惜了，有个专门的名字称呼是应该的；而且二甲的名额比较多，三甲第一名没这么珍贵，大家渐渐在习惯上剥夺了后者的"传胪"称号。

这一甲、二甲、三甲在身份上没有区别，都是进士，但是既然分了等级，大家肯定都是尽量往前争取嘛。这就好比如今的大学毕业生，大家都是本科毕业，但是某位同学是学校评选出来的"十佳大学生"，那在就业市场上就很有竞争力；某位同学在校期间是学生干部，这也是一种背书，说明该同学平时在学习成绩、学生活动、思想表现等方面都可圈可点，在就业市场上也有优势。三甲就类似于最普通的大学毕业生，除了文凭，啥也没有。进士们面临的情形也类似，国家在分配工作的时候，肯定会考虑等级和名次。

### 高考文本对应

**2017年全国3卷11题A选项**："状元是我国古代科举制度中一种称号，指在最高级别的殿试中获得第一名的人。"此选项内容正确。

殿试考生人数不多，阅卷时间也不长，几天以后就放皇榜。这张榜加盖了玉玺，是金灿灿的榜，所以也叫"黄榜""金榜""甲榜"。

公布仪式称为"传胪"或者"大传胪"，通常于农历四月二十五在太和殿举行。

大传胪的退场仪式是张三此生享受过的最高规格待遇——从午门的正中央门洞走出紫禁城。紫禁城的午门有五个门洞，但是最中间的一个，原则上只能皇帝本人使用，体现了皇权的至高无上。但是两种情形可以例外：一是皇帝大婚当日，皇后的轿辇可以从午门正中央门洞进入紫禁城，这是迎接皇宫女主人的最高规格礼遇；二是每次殿试结束以后，前三甲可以从午门正中央门洞走出，这也是一个尊师重教的民族对人才的最高规格礼遇。

与之配合的是，故宫内金水河从太和门广场流过的时候，并不是直线，而是一条弯弯曲曲的线。为什么会设计成这样呢？第一个显而易见的理由是，紫禁城四处都是方方正正的建筑，有一条曲折流淌的河流是一种视觉上的调和，更加美观。这自然没错。第二个理由更有深意，俯瞰金水河，它的样子像什么？正像一把张开的弓，上面的五座桥就是搭在弓上的箭，寓意着皇帝颁布的各种政策、教化由此射向国家的四面八方。想想看，当天张三他们三位由此走出紫禁城，不也是整个科举考试的最终用意所在吗？这些考生经过中央核心权力的选拔以后，带上皇帝的恩遇和政令，被送向国家的四面八方，广布皇恩，开展建设。

注意！唐宋两代与之不同的补充内容又出现了。唐宋时期的科举，在礼部这一级别以上的中央测试阶段，与明清在大致流程上没有显著的差异，都是礼部考一次，殿试再考一次，甚至进士最终的考试结果要按成绩分档，还有宣布成绩的庆典仪式称为"传胪"的这些规定，都是从宋代流传下来的。唯一强调的是，宋代进士的等级不叫一甲、二甲、三甲，而是分为甲、乙两等，于是有了"甲科进士"和"乙科进士"的说法。所以等级概念在使用的时候一定要注意朝代，如果在明清背景下冒出来一句"乙科进士"，就比较丢脸了。

### 高考文本对应

2020 年全国 1 卷："苏轼，字子瞻，眉州眉山人……殿试中乙科。"
2016 年全国 1 卷："曾公亮字明仲，泉州晋江人。举进士甲科，知会稽县。"

比较大的不同在唐代。唐代的科举考试看上去没有后来那般公平，尤其是唐代前半段，门阀士族的势力盛大。虽说开了科考，但就像我之前提过的，各种学校里基本是官家子弟，在当时的科举取才之中，门第也相当重要。

为更好理解，可以这么说，明清时期的科举考试更像咱们现在的高考，虽然有钱有势之家能给孩子提供更好的学习资源和环境，从小就实现辅导班自由，但真到了考场上，是骡子是马可就全凭实力了。名字一糊上，成绩怎么样全凭考卷上的答案。而唐代的科举更像美国的大学招生，不光要看SAT（美国高中毕业生学术能力水平考试）成绩和平时的GPA（平均学分绩点），还要看学生的推荐信是不是够分量。想想看，如果一个高中生的SAT成绩虽普普通通，但人家手持一封比尔·盖茨亲笔写的热情洋溢的推荐信，信中说他觉得这个孩子是难得一见的科技天才，未来一定会有所作为……学校会怎样考量呢？此风一起，那些原本考试成绩好的同学一看这情形，也会想尽办法给自己来点加持，无论如何也得搞到一封含金量高的推荐信。唐代就是如此，科举考试也看"推荐信"的。所以不是只有庸才才去钻营，哪怕是真正有才的人，也会受形势所迫，想尽一切办法结交权贵，以求保举推荐。

我们在学习唐诗的时候，经常接触到一些诗人"干谒"的知识。其实现实好像看上去很令人无奈，但大伙儿大可不必把唐代诗人想方设法结交权贵这件事想得太不堪。那是唐代，那是浪漫得要死的唐代，即便是权贵，也不全是些不学无术的官僚，若有真心欣赏的麒麟才子，他们还是会巴不得发扬一下江湖道义，能拉一把就拉一把。因此在唐朝，"干谒"这种事，说得文艺一些叫"求知己"。

### 高考文本对应

**2011年湖南卷：**"且朝作一文，暮镌于梓，往往成巨帙，干谒贵人及结纳知名之士，则挟以为贽。"

比如白居易当时带着自己的小诗集拜访文坛老前辈顾况以求"推荐信"，不就成了千古美谈吗？顾况最初没把这个小年轻放在眼里，可能也是求他的人太多，心里烦了，看诗集上写了"白居易"三个字，就拿他打趣，说了一句"长安百物皆贵，居大不易"。翻开第一篇，见到这个小年轻写的诗"离离原上草，一岁一枯荣。野火烧不尽，春风吹又生"激起了这位前辈满腔的中唐血泪，不由感叹："有句如此，居天下亦不难！"这就是唐代。

还有李白的《与韩荆州书》，其实就是一篇赤裸裸的干谒文章。但人家是谪仙人，这种求爷爷告奶奶的文章写起来也一点儿都不有损自己的风骨。开篇说："白闻天下谈士相聚而言曰：'生不用封万户侯，但愿一识韩荆州。'"什么意思？就明明白白告诉人家，我来投奔你，不是图你官做得大，我也是挑人的，我来找你是因为你江湖名声好。这就是唐代。

唐代科举的另一独特之处，就是吏部在选任官员的过程中也有很大的权力。

宋、明、清的科举考试都是由礼部主持，考上了，朝廷就会为各级官员分配工作。但是在唐代，即便你通过科举考试，也只是获得了做官的资格，具体能做什么官、被分配去任什么职，还得经过吏部考试。这就类似于如今当老师，礼部的考试相当于考取教师资格证，获得资格以后还得去地方的教育局或者学校，考个编制才能分配工作。

咦？有人会觉得，这听上去还是蛮合理的，可是为什么这个制度后来就没有了呢？我之前讲过，唐代从武则天开始探索殿试的形式，就是为了掌握选拔人才的权力。吏部横插一杠子，在分配工作这个环节上握着这么大的权柄，那不是把皇帝的权力又分出去了吗？反正大家都是刚刚科考的进士，谁在实践岗位上有没有能力，也没有一定的标准。如果吏部的权力掌控在门阀士族手里，这不就是他们想让谁当官就让谁当官吗？得，回回科举，皇帝都落个白忙活。

韩愈当年历经千辛万苦，连续参加四次科举才考中，但是在吏部考试中又被刷下来，空手而归，他人生的悲歌就是源于这个制度。日积月累，韩愈这般寒门子弟越来越多，怨气日盛；而把持吏部的大多数显贵依旧看不起科举，觉得通过科举考上来的穷进士简直就是一群暴发户。以科举为中心，朝廷形成两大利益相互冲突的官僚集团——进士党和任子党（任用自家儿子的门阀士族势力），"牛李党争"就这样爆发了。在内讧中苟延残喘了四十多年，唐代的气数就尽了。

如果像宋代以后那般，干脆不许吏部插手，再加上殿试成为定制，进士是皇帝亲自认可的人才，吏部也就没有资格再挑三拣四。大家成为天子门生后，朝廷直接分配工作，自然会出现实际上执政能力不强的书呆子，但是到这个地步，让不让他继续做官，继续做什么官，做多大的官，决定权还是掌握在皇帝手里。若你是皇帝，你会怎么选？

这一部分所讲述的张三的科举之路故事，并不是我拍脑袋胡乱杜撰的。与张三重合的真实历史人物正是清咸丰三年（1853年）出生在江苏省海门直隶厅长乐镇的张謇，他是中国近代实业家、教育家。书中所讲述的科举故事，都是参考了张謇的儿子张孝若所著的《张謇传》里前五章的内容。

第四部分

# 张三的仕途

上一部分，主人公张三历经艰难险阻，靠着三十多年的不懈奋斗，终于挣得状元的荣耀。学而优则仕，那么接下来他便有资格做一名朝廷命官了。张三都有可能做些什么官呢？哪些官是管什么事的？什么官比较大，什么官比较小？当了官以后会面临什么压力？平常休息的时间多吗？退休制度如何？……对，这一部分还是借着"张三的仕途"这个话题，来了解中国古代官制的大致情况。

在这一部分内容里，关于古代官员职责的知识，是考试的重点，也是大家平时阅读古代文献时理解的难点。比如高考中会出现一些表述，说工部负责工程建设一类的工作，说侍郎是工部职位最高的官员，或者说教坊司这个部门是一个实权单位等，然后让考生判断这些内容对不对。

即便没有专门的题目考查，大家平时在阅读一些文言文材料的时候，也常常见到类似某人去什么地方担任了什么官职的叙述。比如2020年高考语文试题全国新高考1卷中，文言文阅读的文段里就提到，一个叫左光斗的人，"选授御史，巡视中城。捕治吏部豪恶吏，获假印七十余，假官一百余人，辇下震悚"。这句话后半部分的知识点很多，具体讲左光斗做了些什么，比如抓捕吏部的工作人员、缴获伪造的官印等，其实这些工作内容和他的官职——御史紧密相关。如果我们熟悉古代官制，就会知道御史通常是个监察官，这对理解后文来说是重要的辅助信息。

即便不谈考试，我们在学习有关古代的其他内容时，也照样避不开关于官制的知识点。原因在前文已经讲过：考试和做官这两件事对于古代文人而言至关重要。

比如学宋词的时候，咱们得搞清楚，"黄州团练副使"是个干什么的官。此官基本上无实际职权，不得签署公文的那种。再想一想苏轼当年因乌台诗案被贬黄州，一个大知识分子做这么个官，你就更能明白东坡居士当年在东坡上种地，心里得有多憋屈。

事情往往也不是这么一目了然的。比如学唐诗的时候，咱们得知道杜甫曾经担任的官职叫"左拾遗"。那这个官是做什么的呢？是专门负责给皇帝提意见的。了解了这些，我们再去读他的《春宿左省》，才能更深入地理解里面的这一句"明朝有封事，数问夜如何"。这首诗就是杜甫早早地写好了奏章，计划第二天早朝时呈送皇帝，这一晚上就激动得睡不着觉，问了好几次天亮了没有。咱们也想象得出来，杜甫这个单纯可爱的"乾坤一腐儒"啊，对于这么一份出力不讨好还容易拉仇恨的工作，干得多尽职尽责。最后再调动一下那些有关人情世故、仕途险恶的知识，大家也就不难猜到，杜甫这份工作八成做不长久。

在诸多文化常识当中，官制这一部分内容散落于各处，密密麻麻。如果想要保持一种豁然开朗、"一马平川"的阅读感，绝对有必要花些功夫，把这些零碎的小石子扫干净。因此这一部分内容，就作为高手提升的选读部分吧。

关于古代官制的知识，初看上去很让人头痛。

同一个官职的名称，在不同时期、不同语境，对应的职责范围经常差别很大，记住了这个，过不了多久又蹦出来一个新的。比如"司马"这个职务，从字面上看，司是管理，司马就是管理马，是部队的专属。因为古代骑兵部队是拥有马最多的地方，管住了马就是管住了军队。这很好理解啊，我们看到一些历史人物，比如霍光、王莽都做过"大司马"，人家都是掌过兵权的。但是咱们也读过白居易著名的《琵琶行》，最后一句"江州司马青衫湿"，让大家牢牢记住了作者当时的职位是"江州司马"。这就奇怪了，白居易是个文人，怎么也做"司马"去了？"司马"难道不是部队里一个挺高的官职吗？那白居易怎么还念念叨叨"谪居卧病浔阳城"，听上去悲悲惨惨的？原来到了唐代，各州的长官叫作刺史，差不多相当于现在的市长。刺史之下设置别驾、长史、司马，作为其助手。所以"江州司马"这个官职，说好听点儿，相当于"江州市副市长"，其实就是市长身边一个不掌权的助理。死记硬背极其耗费脑细胞，其实你只差一个人来给你讲一讲这个官职是如何一步步演变的，而演变的过程和逻辑是什么。理解了，也就不需要专门记忆了。

> **高考文本对应**
>
> **2020 年全国 3 卷**："此异常大事，大司马必当固让，使万机停滞，稽废山陵，未敢奉令。"
>
> **2018 年全国 1 卷**："曹真出督关右，又参大司马军事。"
>
> **2014 年全国大纲卷**："其出凑曹州刺史，侍御史张洽通州司马。"

有时候现代汉语的习惯也会干扰我们对古代官职的理解。比如"参军"，在现代汉语中指参加军队。南朝有位著名的诗人叫鲍照，就曾经做过"参军"，杜甫也写过诗"俊逸鲍参军"。那么，一个文人，手无缚鸡之力，咋"参军"？当时的部队就这么缺人，也不看一下体格、膂力吗？另外，一个军人，不用什么"威猛""强壮""英武"之类的词来形容，反倒说他"俊逸"，怎么想鲍照都应该是个"花美男"啊。好好做个笔记哦，"参军"这个古代官职的全名叫"参军事"，参不是参加之意，而是参谋之意；军事，自然与打仗有关，但也不是非得指打仗的事情。古人觉得战争是政治的衍生物，是属于政治这个范畴的。所以"参军"最初是军队里给长官、将军等出谋划策的人，慢慢地泛指帮自己的主人参谋各种政治事务的官。

说白了，这个官职就是出主意的，这不就得文人来担任了吗？"参军"是个典型的文职，一般是各级长官的僚属。

> **语文教材链接**
>
> 九年级下册《出师表》："侍中、尚书、长史、参军，此悉贞良死节之臣。"此处可以看到，"参军"是三国时期为国君出谋划策的重要官员。

> **高考文本对应**
>
> 2021年全国新高考1卷："上闻景州录事参军张玄素名，召见，问以政道。"
> 2014年全国大纲卷："韦凑字彦宗，京兆万年人……永淳初，解褐婺州参军事。"
> 2014年四川卷："起家中军临川王行参军，迁太子舍人，除尚书殿中郎。"

让人费解的现象一多，有些人就难免头痛，紧接着下一个动作就是咒骂、躲避加放弃，有些意志坚定却不得其法的同学，准备头悬梁、锥刺股，下决心背下一本词典那么厚的零散知识点。后者虽然"可歌可泣"，但我想说，两种行为其实都不好，前者一无所获，后者劳而少功。我的任务就是把你从狼狈不堪的路上接回来，我来做逢山开路、遇水搭桥的苦力活，开辟出一条走起来没这么艰难而且挺有趣的坦途，咱们一路蹦蹦跳跳、说说笑笑，一起走一遍。

在走这条路之前，我先强调一下这里"铺路"的原则。

首先，我们以建立大框架，也就是知识体系为首要目标，而不是考证细节。比如刚才提到的"参军"一职究竟是个品级多高的官？在什么时代什么样的官员才有资格配备参军？这些大官每人能配备几个参军？参军的工资都由谁负担？……打住打住，这些细枝末节太磨人，而且对于建立大框架没有帮助，在起跑阶段只会增加负担。我只把原理讲明白，目的是让你在文献中看到"参丞相军事""司功参军事""司户参军事""司田参军事"等官职的时候，心里明白这就是一个大官的僚属，"参丞相军事"自然就是辅助丞相的，"司户参军事"自然就是为哪个大官管理户籍、银钱这方面事务的……这样就足够了。如果有个别读者对这些细节非常感兴趣，那欢迎你顺着这条线索钻研下去，我们大部队还是要沿着大道一路狂奔的。

其次，一般来讲，讲解官制问题的思路有横向和纵向之分。横向是以朝代为纲，研究某个朝代都设置了哪些官职，它们分别是做什么的；纵向是以官职为纲，研究某一类官职从诞生直到最后，性质和职责发生过哪些演变。虽然一朝天子一朝臣，可这些臣子的官名却大可不必因为改朝换代而彻底更新一遍。我们现今的很多政府职能部门还保留着古代的说法，比如"教育部""高教司"等。我们这里采取纵向的思路。因为咱们不是在做深入细致的历史研究，而且面对的古代文献可能来自任何一个朝代，所以咱们的目标是提纲挈领地理解某个官职在大方向上是做什么的，为什么职责后来发生了转变，变成了那个样子。其中转变的原因和逻辑至关重要，理解这一点不仅能帮你大大减轻记忆的负担，而且能顺理成章地引导你将其和不同的历史朝代相结合，让你自觉地注意到在那个时代需要留心些什么。

好的，你准备好了吗？我们一起上路。在这一部分里，我会讲到"地方官制""中央官制""军队官制"，以及其他有关官员管理的内容，比如休息制度和退休制度。

# 第十七章
# 地方官制

不论是古代还是现在，在政府官员当中，地方官员的数量都是占大多数的，所以我们在历史文献中遇到的大量官职名称，都和地方官制有关系。值得庆幸的是，虽然地方官员在数量上占多数，但是中国古代的地方官制比中央官制简单明了很多。

我们先用当今中国地方官员的名称类比一下，比如县长、市长等。对，地方官员的官职名称一般都是这个地方的行政区名（省、区、市、县等）加上职位（长、书记、主任等）。首先出现的行政区名非常重要，我们在学习古代地方官制的时候采用这一思路：先梳理一下古代都有哪些地方行政区划，再顺着捋一捋各种行政区划下有哪些常见的官职，知识框架就搭建起来了，再去读古代文献也就没什么大的障碍了。

古代的行政区划，其实相当复杂。因为不同的朝代，甚至同一个朝代的不同皇帝，都可能在行政区划上做一些调整和改动。若是讲起来，连篇累牍尚在其次，关键对于正在打基础的初学者来说，是一场记忆力的浩劫。凭借现代生活的经验，我们会认为省与省是平级的，县与县也是平级的，记忆难度并不大。也就是四个直辖市特殊一些，它们的等级比普通的市更高，和省平级。一来例外的情况并不多，二来有自己的亲身生活体验，记忆起来不复杂。而古代的知识需要死记硬背，记忆难度不可同日而语。关于古代行政区划的知识很令人崩溃，比如同样是府，有时候和州平级，有时候又比州的级别高；同样是州，有的州下辖着县，有的州又没有，和县平级；历史上有的朝代有郡这个区划，有的朝代又没有……这些现象在初学者眼中都是万恶的拦路虎。如果照着这个方向一路求索，力求每个细节都清晰准确，最终的结果就是把自己历练成一个中国古代政治史专家。这样自然不错，但是这种量级的精力投入，对中学阶段的学生来说不现实，成年以后有自由时间可支配的读者大可随意而行。

不如这样，我们单纯地从顺畅阅读文献的要求出发，将那些复杂的行政区划历史沿革问题暂时忽略。我们勾勒几条最粗的线，把入门的门槛降到最低，事情就好办多了。我们把历朝历代出现过的行政区划总结一下，划分成三个部分：基层、中层、高层。

### 基层

县，是古代中国的基层地方行政机构。它自春秋时期正式建立，很古老，也很稳定，一直到清朝末期都还是基层的行政区划，名称也一直保留如初。

直到中华人民共和国成立，政府管理机构才在县之下增加了乡，乡（镇）是我们国家目前最基层的地方行政单位。乡以下自然还有更小的单位，比如村，村民通过村委会实现自我管理。村委会，全名是村民委员会，是村民的自治机构。村委会主任，是村民自主投票选举产生的，其实严格来说不属于国家公务员。

古代也有相似的情况，县以下有过乡、党、闾、卒、邑、亭、里、坊、什、伍、保等更基层的单位，这些单位的名称历朝历代有些变化。这些基层单位的管理者，也像如今的村委会主任一样，不是由国家指派，而是在百姓长期的共同生活当中产生的。产生的方式不如现在一人一票的选举这般民主、公正，但是一般来说当选者都是德高望重、有威信的长者，虽然也不排除出身于当地大户人家的"地头蛇"当选的情况。这些管理者的名称也十分好认，大多数带一个"长"字，比如亭长、保长、乡长等，刘邦在发迹之前就做过亭长；其他少数的管理者名称是加上一个"正"字，比如里正、坊正等。

言归正传，回到县一级上来。在这一级行政区划，古代都出现过哪些一把手的官职名称呢？它曾经和"令""知""尹"（"长"字也出现过，但因为和现代名称一样，故不加以讲解）这几个字搭配过。

"令"这个字对应的甲骨文含义一目了然：高高在上的一张大嘴，冲着下面的一个人喊，显然是在发号施令。这个字用在基层行政长官身上挺合适，看上去也没有什么管理艺术和管理技巧：县令就是喊着号子让人民群众听从指挥。

> **高考文本对应**
>
> **2016 年天津卷：**"宗质乾道庚寅为洪倅，时予为奉新县令，屡谒之，不知其母子间也。"

"知"这个字是知道、了解的意思，它和县搭配在一起，正式成为一个官名是在宋朝时期。宋朝的特点在于，不论是在理念上还是在官制的具体设计上，都大大加强了中央集权。所以当时的地方官是由朝廷选派的，任务是替中央了解当地的政务情况。这一点我们从知县的全称——"知某某县事"中能够很明显地体会到。于是"知"这个字引申出了主持、管理的含义。如果是"权知某某县事"，就是代理县长了——"权"在现代汉语中可组词为"权且"，能看出它有暂且、姑且的意思。宋朝也会有小部分地方官不是由中央派遣，而是通过别的途径选拔的，那不能叫知县，而叫县令。

> **高考文本对应**
>
> 2016 年全国 2 卷："陈登云，字从龙，唐山人。万历五年进士，除鄢陵知县。"
>
> 2016 年全国 1 卷："曾公亮字明仲，泉州晋江人。举进士甲科，知会稽县。"
>
> 2023 年全国甲卷："尝知汀州宁化县。"

"尹"这个字在甲骨文当中的字形，就是右手执杖的样子。这里的杖不是普通的棍子，我们可以把它想象成三星堆出土的金权杖，甚至是埃及法老的权杖。这个字的意思就是一个人手持权杖指挥众人，一种高大上的尊贵感扑面而来。所以在官职当中，原本都是些高大上的官员才配叫尹。比如我们熟悉的当年和屈原作对的令尹子兰，是楚怀王的儿子，是公子身份。令尹这个官职在当时的楚国相当于宰相，很尊贵。后来这个贵气逼人的名称虽然"低下"了一些，但也权柄不小。比如京兆尹，相当于首都市长，而一府的长官被称为府尹。那尹怎么会和县这个最基层的行政区划联系在一起呢？这个现象只在元朝出现过。可能是元朝的皇帝觉得，中原这些官名原先乱七八糟的，看见就心烦，改成了统一的叫法：府尹、州尹、县尹。哎，这样看起来整整齐齐，就顺眼多了嘛。

> **高考文本对应**
>
> 2019 年全国 3 卷 11 题 D 选项："令尹，春秋战国时期楚国设置的最高官位，辅佐楚国国君，执掌全国的军政大权。"此选项内容正确。
>
> 2018 年全国 3 卷 11 题 C 选项："前尹在文中指开封府前任府尹：'尹'为官名，如令尹、京兆尹，是知府的简称。"此选项内容错误，令尹不是知府。
>
> 2014 年全国大纲卷："寻徙河南尹，封彭城郡公。"

## 中层

基层的行政区划讲起来一目了然，但是别开心得太早。打起精神来，中层这边就复杂多了。所谓中层，就是下设有县，但是向上和中央还隔着一层。这一层级的行政区划有郡、州、府、军、监。

强调一下，因为这里是大而粗的归纳，所以在历史长河中，不可能兜住每一条旁逸斜出的小鱼。这也是为了让我们的入门学习尽可能地简要、清晰一些，可持续发展下去。初期做到"数罟不入洿池"，以后才"鱼鳖不可胜食也"。

比如在清代，一些州的上级区划还是州，那州其实在级别上和县就是一样的了。严格来讲，这种州也应该归入基层行政区划。但是这种情况比较少，而且不影响行政长官的官名，我们就统一放在中层的层级里介绍。

再比如郡，在秦代是最高等级的地方机构，是直接对接中央的，原本也不该在这个层级里。秦始皇统一天下之初，设立了三十六郡，三十六郡的长官同时向中央汇报工作，看上去，在数量上还是顾得过来的。哪怕后来郡的数量有所增加，政府也没有规划出更高层级的管理单位。但是秦代郡长官的名称和后世比起来，也没有因此而变得特殊。毕竟秦代存在的时间太短，在郡这个名称存在的绝大部分时间里，它都是一个中层的行政区划，所以我们只能选择忽略秦这个短命的王朝。可能，这也是为了给记忆减负而不得不为之的"歧视"吧。

州也有类似的情况。州在汉代看上去也是最高的机构，直接对接中央。但准确地讲，汉代的州不算是行政区，而是监察区。到了汉武帝时期，汉代有一百多个郡（包含皇家子弟的封地，虽称为"国"，但基本和郡平级），数量庞大，皇帝可能连这一百多个郡守的名字都记不全，难免有顾及不到的。所以汉武帝就把全国分成十几个监察区，几个相邻的郡为一组。每个组派出一名刺史去巡察郡县、监督百官。每一个刺史前去监察的区域成为一个刺史部，后来起名为州，当时各州刺史是直接面向中央汇报工作的。

看出来了吧，当时州并不是完全拥有民政、司法、税收等体系的行政区划。因此我们也还是按照州出现的大部分时期来归类，把它放在中层这一级。但是相应地，汉代的州长官名称特殊，称刺史。我也就顺便交代了，大家单独记忆一下吧。

首先说郡。"郡"在《说文解字》里的字形表现得很明白，左边是君王的君，右边是城邑的邑，那联系在一起解释就是君王直辖的大城市。郡这个行政区划很古老，大概在周朝就有了，"郡，周制，天子地方千里，分为百县，县有四郡"。按照《说文解字》里的记载，当时周天子拥有的土地纵横千里，分为一百个县，每个县有四个郡。如此看来，当时县是比郡更大的行政单位。但是到了秦代正式确立郡县制的时候，郡比县大，管辖着县。

郡的最高长官叫"守"，郡守这个官职名称，就很能体现出郡县制的原理：皇帝派出官员到遥远的土地上，替皇帝守卫这块土地。后来还诞生了太守，意思没有变化，"太"只是表示尊敬，表示人家这位"守"地位高，受尊重。汉代时，太守的俸禄是二千石，因此长期以来人们就习惯性地用"二千石"来代称太守，就好比我们现在也经常戏称哪位年薪百万的精英人士为"某百万"一样。这种说法在古代文献中特别常见，需要注意一下。

郡这个古老的行政区划名称一直延续到了魏晋南北朝，在隋代消失了，那么郡的长官——太守这个官职，理论上也应该一起消失才对。但是人们似乎对这一对名称特别有感情，尤其是文人。比如到了宋代，范仲淹写他的名篇《岳阳楼记》时，开篇就是"庆历四年春，滕子京谪守巴陵郡"。北宋庆历四年，没有"巴陵郡"这个地名已经很久啦，国家也没有"郡"这个行政区划了。宋代那会儿，这里称"岳州"，在如今的地图上是湖南省岳阳市。还有欧阳修在自己的名作《醉翁亭记》里自称为"太守"："醉能同其乐，醒能述以文者，太守也。太守谓谁？庐陵欧阳修也。"欧阳兄当时在滁州做的那个官，名字应该叫知州。你瞧，这些其实就是文人可爱的"小矫情"，他们喜欢在文章里寻求一些古意。是不是真的叫太守不重要，因为这个名称已经深入人心，在他们眼中，但凡是个中层的地方官员，统统称为太守即可。

> **语文教材链接**
>
> **八年级下册《桃花源记》**："及郡下，诣太守，说如此。太守即遣人随其往，寻向所志，遂迷，不复得路。"这里的"太守"，就是当地的地方长官。
>
> **高中选择性必修下册《陈情表》**："前太守臣逵察臣孝廉"所说的"太守"，就是作者所处州郡的地方长官。

> **高考文本对应**
>
> **2020 年全国 3 卷 11 题 A 选项**："太守是郡一级的最高行政长官，主要掌管民政、司法、军事、科举等事务。"该选项内容正确。
>
> **2018 年全国 2 卷**："王涣字稚子，广汉郪人也。父顺，安定太守。"
>
> **2014 年重庆卷**："而先生以政声卓著，由上峰保升郡守矣。"
>
> **2013 年江苏卷**："丰弟翼及伟，仕数岁间，并历郡守，丰尝于人中显诫二弟。"
>
> **2015 年全国 2 卷**："昔国步未康，卿为名将，今天下无事，又为良二千石，可谓兼美矣。"
>
> **2013 年江苏卷**："及司马宣王久病，伟为二千石，荒于酒，乱新平、扶风二郡而丰不召，众人以为恃宠。"

接下来说州。之前讲这些中层行政区划的特殊情况时提到，汉代把一百多个郡分成十几组，每一组都用州来命名，中央在每一个州派去一位刺史监察百官，比如"冀州刺史部""徐州刺史部"。看起来州这个行政区划，好像诞生在汉代。其实不尽然。汉代给这些刺史部以州命名的时候，让当时的文化人认认真真翻了典籍，他们是从《尚书》《周礼》里翻出现成的州名来用的。如此看来，州这个行政区划诞生得也很早，只是后来人们不怎么习惯使用罢了。

"州"在甲骨文里显然是个象形字，就是一条河当中的一块小陆地，这是州的本义。只不过后来"河心沙洲"的本义消失，隶书再加了三点水，另造"洲"字代替。因此州是洲的本字。

如此看来，州作为行政区划，颇有一种天然形成的感觉：水中的一块小陆地，既取水方便，又可以隔绝其他动物的侵袭，这是天然适宜人类居住的好地方，所以慢慢聚集了一群人在此定居。联想一下，中国很多古称"某州"的地方，也大都如此，或因为自然环境优越，适合人类生存，或因为地处交通要塞，人流密集……比如我的故乡山西太原，古称并州，地处晋中平原、汾河谷地，就是三面环山的所在。那里水草丰沛，便于灌溉，而且东、西、北三个方向的大山又能阻挡从黄土高原来的风沙和气流，天然适合人类聚居，于是慢慢地沿着汾河形成了一个"州"。不单单是在古代，即便到了现在，太原市仍然沿着汾河规划，保留着一个狭长的城市形状。

回到汉代以州来命名的几个由郡组成的刺史部，沿着这个思路，它们自然也是要顺应天然的地理形势进行合并的。

州的行政长官，在汉代诞生之初，叫"刺史"，这是提过多次的内容了。但是随着监察区慢慢演变为越来越完善和正式的行政区，州的最高长官的名称一度被改为"牧"。用"牧"这个字组词，有"牧羊""牧牛"，其甲骨文的字形也是一只手举着一条鞭子在驱赶牛。赞叹一句：神命名！名字一改，就看出区域最高长官的性质和权限也变了。刺史的刺是勘查、刺探的意思，史是使者，这个名称和皇帝派出去监察百官的职责非常吻合。牧的性质就完全不同了，他手上有鞭子了，鞭子就是武器，就是军队，就是军权。

东汉末年，各州的牧都是集军政大权于一身的。《三国演义》里描绘的那一场场大混战，好多都是各州的牧在厮杀啊：刘备是徐州牧，也做过豫州牧，刘表是荆州牧，刘璋是益州牧，曹操是兖州牧，袁绍是冀州牧，董卓是并州牧。故事虽然是"演义"，但基本符合历史事实。

可能是这几个牧打来打去，给皇帝带来的恐惧感太深刻了，所以魏晋南北朝时州长官又恢复了刺史的称谓。在魏晋南北朝这著名的大乱世，现实情况是各朝各代都不太平，实际上地方官往往都由军人担任，但是名称还是刺史。很多刺史明明有兵权，那怎么办呢？在刺史后面加上"使持节都督某某等州诸军事"等头衔。头衔很长，断一下句：使持节/都督/某某等州/诸军事，意思就是，皇帝派他（使持节）监督管制（都督）这几个州的（某某等州）军事事务（诸军事）。我们熟悉的成语"闻鸡起舞"中有两位主人公：祖逖与刘琨，他们两人半夜闻听鸡鸣，便起身舞剑练习。其中，刘琨为并州刺史，都督并州诸军事，就是一位领兵刺史。有这些"领兵刺史"，自然也有些不领兵的普通刺史，称为"单车刺史"，听着势单力孤的，好像自己只有一驾马车……

唐代恢复了太平秩序，各州的最高长官依旧称刺史。

> **语文教材链接**
>
> 高中选择性必修下册《陈情表》："后刺史臣荣举臣秀才"中的"刺史"，是地方长官，此处指益州刺史。"臣之辛苦，非独蜀之人士及二州牧伯所见明知，皇天后土实所共鉴。"这句话里的"牧伯"是州郡长官，其实和刺史是一样的意思。

> **高考文本对应**
> 2021年全国新高考2卷:"睿素无北伐之志,以逖为奋威将军、豫州刺史。"
> 2020年全国3卷:"扬州刺史殷浩遣从事收毅,付廷尉。"
> 2018年全国1卷:"魏车骑将军郭淮为雍州刺史,深敬重之。"
> 2018年浙江卷:"青州牧有以荒淫放荡为事,慕嵇康、阮籍之为人……又有郓州牧怒属令之清直与己异者,诬以罪,榜掠死狱中。"

从宋代开始,州的长官又产生了新的命名方式。不要烦,不要慌,这个命名的原理,大伙儿其实不陌生。我在讲县的最高长官时提到,宋代一个原本是中央官员身份的人被派到地方,主持、管理一方事务,就叫知:派去管理一个县,叫知县;派去管理一个州,就叫知州。

巩固这个原理以后,再带你解决一个棘手的难题。我们在宋代的文献里经常看到,很多地方官的官名特别长,比如2016年高考语文全国1卷的文言文阅读里出现了"以端明殿学士知郑州"。什么意思呢?还是先断句:以/端明殿学士/知/郑州。"端明殿学士"是什么东西?你先不用管,知道这是中央政府的官职名称就好。这个官名的意思就是,以一个中央政府官员的身份(以端明殿学士),来管理郑州这个地方(知郑州)。这种官职名称的形式特别具有宋代的风格,只要是宋代的文献,绝大多数避免不了。再看2018年高考语文全国3卷的文言文阅读,出现了"以龙图阁直学士知开封府""以端明殿大学士知颍昌府"。现在你明白了吧?只是把知州改成知府而已,官名构成的基本原理完全一致。

这里有一点点特殊的情况,如果这位知州或者知府的身份特别尊贵,比如是二品以上的高官,或者带有中书省、枢密院这样核心部门的头衔,只是来担任官职较低的州府长官,那就不是"知"了,要称为"判",叫"判某某州"或者"判某某府"。

知州这个官名一直延续到明代，这一点倒没什么必要记忆，反正宋以后没有什么新花样了。以后见到州，大家知道它的最高长官不是刺史就是牧，或者是知州，就够了。

另外需要补充的是，清代为了配合改土归流政策，在一些民族地区设立了"厅"这个行政区划，它相当于州。厅的行政长官被称为"同知"或者"通判"。之所以专门补充这个细枝末节的知识点，是因为我们经常会在清代的文献里看到"盐边厅""雷波厅""松潘厅"等，很容易混淆，如果直接用现代的生活经验来理解，就把它们理解成一个政府机构了。现在的"公安厅"一看就知道是干什么的，但是这个"雷波厅"的职能实在让人费解。所以咱们得有个印象，知道这是一个地名就够了。

> **高考文本对应**
>
> **2019 年天津卷**："提点刑狱王君彦洪、提举常平郑君丙、知州事张君松，皆以乾道乙酉至官下。"
>
> **2011 年全国大纲卷**："平阳知州梅镒坐赃，辨不已，民数百咸诉知州无罪。鼎将听之，吏白鼎：'释知州，如故出何？'"
>
> **2020 年全国 1 卷**："轼恐不见容，请外，拜龙图阁学士、知杭州。"

然后说"府"。"府"这个字在古代文化常识里经常出现，比如之前讲各种住宅的时候出现过，亲王或者宰执大臣的住处叫府；政府衙门机构也有不少叫府的，比如百姓熟悉的戏曲唱词，"包龙图打坐在开封府"。我们专门讲的行政区划里，也有它。

"府"在金文当中的字形如右图，看得出来有一间屋子，里面贝的字形表示屋里有财宝。财宝上面是一个人和一只手，这是在做什么呢？在交付、交接财宝，这一系列动作是在一所大房子里完成的，所以"府"字最初表示的

是官府存放财宝的地方。从"府"这个字的原始字形看，我们能够感受到，一来它有种富贵气，二来相比于州，它更明显具有人为的色彩。

对，这就是府作为行政区划的特点：第一，能称为府的，通常是些富贵乡，是具有重要意义的大城市；第二，府是人为设定的。府这个行政区划从唐代开始设立，皇帝规定，在首都长安、陪都洛阳所在的州，以及各个历史时期历代皇帝的"龙兴之地"设立府这个行政区划。我的家乡太原，就因为曾经是唐朝天子的龙兴之地，从并州升格成为太原府。后来到了宋代，情形也差不多。在历史上，严格地划分层级的话，府和州有时候是同级的，有时候府比州高一个层级，下辖一些州。总体来说，府的地位通常比州高。

最初府的最高行政长官是尹，称为府尹。我之前分析过"尹"这个字，它作为官职名称，自带高大上的光环。除此之外，唐代还在格外重要的府，比如西都京兆府、东都河南府和龙兴之地太原府设置了牧。其实皇帝不傻，他也不会忘记东汉末年那些牧的打打杀杀，所以这几个地方的牧都没有实权，由亲王兼任，而且是不到地方就职的虚职，称为"遥领"。如此就完美了，既彰显出这几个地方格外尊贵，也不必担心地方官员领兵乱政。

到了宋代，府的最高长官称知府，这已经是继知县、知州之后的常识性内容了，不必赘述。但是有个问题，宋代难道就没有像唐代一样，给首都所在的府一些特殊的尊荣吗？每个府的长官都称为知府吗？其实最初是有的，宋都开封所在的府的最高长官就不一样，称府尹。"尹"字的高大上名称在这里又闪耀了一次。但是困难来了，宋太宗赵光义和宋真宗赵恒，在即位之前都曾担任开封府尹。对于皇帝以前当过的差，谁敢用一样的官名坐在同一个位置上？这就比较麻烦，但开封府尹这个职位上的事情还得有人做，礼部的大臣们想了个好主意：既然其他官员上任，府尹这个高大上的光环就不适合用了，还是谦虚一些称知府吧，可知府还不够格，得有个其他头衔——"权知开封府"。它的意思是人家本来是某个职位的官，现在权且代管开封府知府这摊子事儿。古人这些君君臣臣的礼数，真的给后人学习当时的官制带来了不少困扰。

往后的元、明、清三代，在府的行政长官名称上没有创新，还是那么几个来回地用：元代为了整齐划一，看起来舒坦，按照府尹、州尹、县尹这样称呼；明代和清代恢复了知府的称呼，但是重要的府的行政长官称为府尹，比如直隶的顺天府。

> **高考文本对应**
> 
> **2020 年全国 2 卷：**"授庆远军节度使、河北河东燕山府路宣抚使、知燕山府，辽降将郭药师同知府事。"
> 
> **2021 年全国甲卷：**"闰月乙亥，以参知政事王钦若判天雄军兼都部署。"

最后是看上去很陌生的"军"和"监"。这都是宋人的创造，它们和州、府一样，都是宋代的行政区划单位。它们的级别基本和州类似，比较小的则和县平级。之所以取个特别的名字，是因为军是有驻军的，监是管理矿产、造币、牧马、产盐等特殊重要职能的区域。

军和监的长官名称也保留了宋代的特色，称为知军、知监。知军的全称是"权知军州事"，可以看出来，知军和普通的知州比起来，除了民政，还要管理军务。在我们熟悉的历史人物里，周敦颐和朱熹都曾经担任知军这个官职。

## 高层

我在这里定义的所谓"高层"，是指直接面向中央政府汇报工作的这个层级。当然，历史学家看到这里肯定会吹胡子瞪眼，斥责我胡闹，因为这样的定义的确不太严谨。

拿我们现代社会的大型跨国集团公司来进行类比。不同的公司有不同的管理方式，有些公司就像撒豆子一样，把分公司撒向世界，而每一颗豆子，也就是设置在不同国家的分公司，都是平级的，直接和公司总部沟通工作。想象一下，这些豆子就是古代中央政府"撒"在各地的郡、州、府，此时这些郡、州、府就是地方的最高层了。

但是还有一些公司总部觉得豆子太多了，为了方便管理，便把豆子分组，红豆一组，设置一个组长；绿豆一组，设置一个组长；黑豆一组，设置一个组长……豆子只能先汇报给组长，然后由组长负责和公司总部沟通，起到上传下达、统筹管理本组的作用。在这种情况下，所谓的最高层，是各组豆子的组长。把这种情形类比一下，这些豆子还是古代中央政府"撒"在各地的郡、州、府，中央政府将它们分成组，称为某某路、某某道等，那这一层级的长官才是所谓的最高层。

还有一些公司更加复杂。总部原则上还是把豆子们分了组，比如分布在中国、韩国、日本、新加坡、澳大利亚这几个国家的分公司，集中组成亚太区。但是在这个组里，中国这颗豆子长得特别大，甚至远远超过其他几颗豆子的总和，那么总部就可能破例。中国区虽然身份是一颗单独的豆子，但是在层级上也可与亚太区平级，进而直接和总部交流、汇报工作。在这种情况下，所谓的最高层里，既有豆子组长，又有单独的豆子。再想象一下，中国古代的这些州、府当中，也经常有个别州、府，比如都城所在处，地位格外重要，能和其他的州、府小组平起平坐，直接面向中央，它们就都成了最高的层级。

中国古代的历史非常漫长，地方行政划分的情形也各种各样，所以我还是要强调：粗线条，粗线条，粗线条。这个层级里涉及的行政区划有道、路、行省、布政使司、总督区。

先说说"道"和"路"。"道"与"路"这两个字如今能组成一个常见的词"道路"，它们的意思是很接近的。其实在唐代和宋代，它们所表达的含义也类似，只是时代不同，选取的字也不同。

唐代前期，皇帝派出一些中央官员，比如"按察使""采访处置使""观察处置使"，按照一定的道，也就是路线，去一些地方走一走、看一看。根据官名来看，这些中央官员就是调查与处理地方政府不好解决的事务。这些路线肯定是就着山川形制、地理环境而设定的，这个时候的道是监察区的性质。

> **高考文本对应**
>
> **2014年全国大纲卷：**"徙资州司兵，观察使房昶才之，表于朝，迁扬州法曹。"
>
> **2014年浙江卷：**"会故相常衮来为福之观察使，有文章高名。"

到了唐玄宗时期，由于军事的需要，朝廷在一些军事要地设置了都督，那么这些都督要想统辖军事，自然要能调动附近一些州县的人马钱粮等。朝廷认可都督的这些权力，就在官衔上加了"使持节"，于是他们拥有了处置一方军政大事的权力。慢慢这些人被称为"节度使"。节度使通常会兼任所在道的按察使、所在州的刺史，道也就不再是监察区，彻底变成高于州的高级行政区了。

> **高考文本对应**
>
> **2013年全国大纲卷：**"七年，除使持节、督交州诸军事、广武将军、交州刺史。"
>
> **2020年全国2卷：**"授庆远军节度使、河北河东燕山府路宣抚使、知燕山府，辽降将郭药师同知府事。"
>
> **2016年全国1卷：**"拜司空兼侍中、河阳三城节度使。"

第四部分　张三的仕途

宋代的路和唐代的道，在原理上大致相同。我们经常可以在宋代文献中见到京东路、京西路、河北路、河东路这些说法，它们都是在特定区域由一些州和府组成的。但是宋代官制的麻烦之处在于，皇帝把唐朝的教训记得牢牢的，可不想再出个安禄山这样大权独揽的臣子，就要把唐代的制度改一改：多加几个官，让他们分权，不能一个人说了算，这样就安全了。不就是朝廷多开几份工资吗？钱不算啥，政权稳定最重要。于是每一路安排了这么几个机构：经略安抚司（管军事和民政，权力最大）、转运司（管征粮和运输）、提点刑狱司（管司法和监察）、提举常平司（管仓库、放贷，以及盐茶专卖）。名字太长记不住是吧？人家在宋代也有简称，称为帅、漕、宪、仓四司。其实这几个官名里有我们熟悉的：仔细在自己的记忆库里搜索一下，还记得《水浒传》里的"老种经略相公"吗？鲁智深是他帐下的一个提辖，"九纹龙"史进的师傅王进得罪了高俅，就去投奔他……这是何方神圣？连高俅都不敢惹吗？小说里的经略相公，就是当时某一路的经略安抚司（帅司）最高长官——经略安抚制置使。种，是人家家族的姓氏，应该读 chóng，种家一门忠烈，世代为官，在北宋是很受人尊敬的。如此家世，加上一路掌握军政大权，高俅确实轻易不敢招惹。

### 高考文本对应

**2018年全国3卷：** "除户部郎中、京西转运副使。"

**2014年北京卷：** "州以事上转运使，转运使择其吏之能者行视可否。"

**2013年广东卷：** "会李沆、宋湜、寇准连荐其才，以为荆湖北路转运使。"

**2012年全国大纲卷：** "玠按本路提点刑狱宋万年阴与敌境通，利所鞫不同，由是与浩意不协，朝廷乃徙浩知金州兼永兴军路经略使。"

**2019年天津卷：** "提点刑狱王君彦洪、提举常平郑君丙、知州事张君松，皆以乾道乙酉至官下。"

需要注意的是，到了元、明、清三朝，"道"又成了各省里的地方官员。猜测一下，这可能是因为从元朝开始，各个行省都设置了一套类似中书省的干部班子，人家省里的长官也叫丞相呢。把国家的情形推演到省里，国家设置了道，作为管辖多个地方的组织，那省里也应该有道，在省之下，在州、府之上。这样一来，自元朝起，道作为地方的行政单位，就延续下来了。

记不记得鲁迅先生在《故乡》里写到，他返回绍兴的时候，邻居们说他是当了"道台"老爷？这里的道台，也叫道员，就是晚清时期的地方官员，道的级别依旧比省低，但是高于州、府。

明清时期的各种"道"中，不仅仅有管理地方的官职，还有一些是分门别类辅助省级干部工作的，比如"盐茶道""督粮道"等，后来在清末的新政下，还增加了"巡警道"。

接下来看"行省"和"司"。

省这个概念对于我们现代人来说，已经是个非常熟悉的地方行政区划了，比如现在的安徽省、陕西省、河南省等，但现代的生活经验反而影响了我们对古代官制的理解。其实省最初以政府机构出现，是个中央官署。

魏晋南北朝的时候，朝廷开始设立尚书省、中书省、门下省，"省"这个字也以一个非常耀眼的身份登上官制的历史舞台。"省"这个字的甲骨文字形是一只睁得大大的眼睛，眼前是一棵小草，很像仔细观察小草的样子。这个字诞生之初应该是"xǐng"这个读音表达的意思。之所以把它用于官署的名称，是因为统治者强调政权的行使应该多一些观察和自省。这三省作为中央官署的基本架构，在后世的唐、宋、元一直沿用。

但是省后来为什么会变成一个地方的行政单位呢？这可追溯到元代。元代的统治者，性格直爽，喜欢整齐划一，在地方设置了和中央官署差不多的一套管理体系：中书省行走到地方，那就设立一个行省；御史台行走到地方，设立了行御史台；剩下的行枢密院在需要的时候设立一下，不需

第四部分　张三的仕途

要的时候就算了。因此元代最高的行政区划就称为行省，简称省，它们都被中央的中书省直辖。

延续这种直来直去的思路，元代的地方官员名称也和中央保持一致。基本上就是，每个行省都有一套小型的中央办事班底：有一位丞相，还有左右丞相，其余的参知政事、平章事一类官员的名称都参照中央。所以我们看到元代官职的时候觉得很混乱，出现了"丞相"要小心，他不一定是"国务院总理"，可能是某一位"省长"。

> **高考文本对应**
>
> **2014 年山东卷：**"时河南行省缺郎中，吏部请命鼎为之。"
>
> **2012 年江西卷：**"二十三年，奉使江南……时行省理财方急，卖所在学田以价输官。""进拜御史中丞，俄升福建行省平章政事。"

司的全称是"布政使司"，在明代出现，其实性质和元代的行省相当，只是改了个名字而已。从布政使司这个名字来看，明代明显加强了中央对各个省的领导：布是宣布、宣扬之意，一省之领导为布政使，就是中央派来宣扬、落实政策的使者。

而且，所谓的布政使也不是一个人，中央生生把这个衙门拆成了三足鼎立的结构：布政司（藩司，管民政和财政）、都指挥司（都司，管军政）、按察司（臬司，管司法和监察）。

除了和各个布政使司之间沟通日常的工作，中央还会派出一位巡抚御史。巡抚，顾名思义，就是代替皇帝巡察、安抚各地方的，官位一般不高，但是因为直通中央，所以职权很大。这巡察是一年一回，毕竟路途遥远，慢慢巡抚就驻扎在当地长期办公了，到了明朝末年，巡抚反倒成了各省的实际掌控者。

> **高考文本对应**
>
> 2014 年福建卷:"未几,云南布政张公纮召入为尚书。""令白按察司,复檄祖往,固弗受如县。""声称著闻,以最荐升湖广按察司经历。"

最后还剩一个大家熟悉的"总督"。清代官制系统下的总督,名人甚多,大家对其都不陌生。

顾名思义,总督是总体督导、监督,所以总督最初是朝廷派出的监察官。另外,以"督"命名的官职经常与军队相关,比如"都督""督军",所以中央派总督到地方,也是和军队管理之职强相关的。渐渐地,统管军队、监督地方的官员,也就成了地方的最高长官。

清代的总督一般会管理两个省,比如两江总督、闽浙总督、湖广总督、两广总督等;也有管理三个省的,比如东三省总督;还有管理一个省的,因为这个省格外核心、重要,比如直隶总督。这基本上属于封疆大吏了,但是根据历史经验,地方政权如果军权太大,通常会导致地方武装割据的出现。后来的中国军阀混战中,各个派系的军队是哪里来的呢?就是当时这种地方管理制度的遗留问题。

> **高考文本对应**
>
> 2017 年江苏卷:"毕尚书沅总督湖广,招来文学之士。"
>
> 2012 年广东卷:"后在总督任,与巡抚林则徐合力悉加疏浚,吴中称为数十年之利,语详则徐传。"
>
> 2011 年广东卷:"当赵金龙之乱,罗受命,与总督卢公坤往平之。"

## 属官

另外,你注意到了吗?我们在以上三个层级——基层、中层、高层的部分讲述的都是这些层级的一把手。在这些一把手之下，一定存在大量的辅助性官员。这些辅助性官员在历朝文献里出现的概率也是不容小觑的。

因为这个辅助性官僚体系非常庞杂，所以历朝历代都有所继承，也都有所不同。我还是本着帮助你节省脑细胞的原则，粗线条地归纳了以下几个系列，不区分朝代。反正看到如下官职，你心里明白这是个辅助地方一把手的官职，以及它大致是做什么的，就够了。

- "丞"字系列

"丞"在甲骨文里是个会意字：我们首先能辨认出来，中间有个跪坐的人形，这个人掉进一个大坑里了。这个人的上方伸进来两只手，做什么呢？帮他爬出去。因此丞的本义就是辅助、帮助。这个字特别适用在官职名称里：辅助皇帝的是丞相，那辅助知州的就应该是州丞，辅助县令的就是县丞。

不是说只要见到"丞"这个字，就能判断这一定是地方官员的属官，毕竟人家丞相还是中央大员呢。丞做地方官员的属官时，名称前面总会加上这个地方机构的名称，比如"州""县"，还有驿站的负责人叫驿丞，也是符合这个规律的。

在《甄嬛传》里，小主们刚进宫的时候，安陵容说到自己的父亲安比槐就是松阳县的县丞。很多人分不清楚县令和县丞，就以为她是县长的女儿，其实不是的，她相当于副县长的女儿。后来剧中有个情节也严丝合缝地对上了这个细节。有一天安陵容哭哭啼啼地跑去找甄嬛和沈眉庄求助，说自己的父亲下了大狱，因为他参与押送粮草，但是遇上抢劫，县令蒋文庆一看大事不妙，脚底抹油就开溜，还卷走了不少公款。后来甄嬛在皇帝面前替安比槐求情的时候就说了一番"责其首而宽其从"的大道理，最后严惩了蒋文庆，但是放了安比槐。这就对了，安比槐是县丞，相当于副县长，就是个辅助性官员。

> **高考文本对应**
> 2013年上海卷："命左右引出，楚捶数百，府丞、掾史十余人皆谏于廷，弼不对。"

- "从事"系列

"从""事"这两个字放在一起，现今是个动词，说某人从事某工作。但拆开来翻译，也可以理解成"跟从""做事"的意思。从这个意思上讲，从事在古代就可以作为一系列官职的名称，是一个名词。跟从主要官员做事嘛，显然就是次要的属官。

这个系列的官职曾经有"别驾从事史"，这个官是汉代地方刺史的主要副官，称为"别驾"，就是因为这位副官的地位较高，出巡时有资格不与刺史同车，可以单独乘一车。除此之外，还有"治中从事史""簿曹从事史""兵曹从事史""部郡国从事史"等，感觉很晕吧？没关系，只要看到"从事史"三个字，知道这是地方刺史的手下，是分管一摊事务的属官就行了。

后来这个官职的名称简略了些，把"史"拿掉，称从事就可以了，比如有"户曹从事""记室从事"等。

> **语文教材链接**
> 高中选择性必修中册《五代史伶官传序》："其后用兵，则遣从事以一少牢告庙，请其矢，盛以锦囊，负而前驱，及凯旋而纳之。"此处的"从事"，就是庄宗身边的侍从官。

> **高考文本对应**
> 2020年全国3卷："扬州刺史殷浩遣从事收毅，付廷尉。"
> 2016年浙江卷："晋太康中，张茂先为建安从事，游于洞山。"

- "参军"系列

在开头我就讲到,"参军"在古代不是参加军队的意思,而是"参军事"的简称。不仅部队里有参军负责参谋军务,各地文官处也有参军,是负责参谋政务的智囊团。

说得更细致一些的话,一个主管官员手下的参军甚至不止一个:老王是断案方面的智囊,老李擅长文案工作,老刘在户籍管理方面有专长……索性就把参军这个官名搞复杂一些,讲清楚每个职位具体负责的事务。那个著名的鲍参军,是前军刑狱参军,是司法口的基层干部。

**高考文本对应**

2021年全国新高考1卷:"上闻景州录事参军张玄素名,召见,问以政道。"

2018年全国1卷:"后拜骑都尉、参军事、行安南太守,迁尚书郎。"

2014年四川卷:"起家中军临川王行参军,迁太子舍人,除尚书殿中郎。"

- "同"字系列

"同"这个字放在地方官职名称里,一般是指副官。比如"同知",就是知府或者知州、知县的副官,究竟是谁的副官,这就要看上下文的语境了。知府的全称是"知某某府事",那来了一个一同掌管府里事务的"同知",无非是抬举了一下副官。副官毕竟是副官,实际上并不可能真的和一把手共同掌管。

**高考文本对应**

2020年全国2卷:"授庆远军节度使、河北河东燕山府路宣抚使、知燕山府,辽降将郭药师同知府事。"

> 2017年全国3卷："神宗召对，除集贤校理、同知礼院，编修中书条例。"
> 2015年全国1卷："十一月，拜尚书右丞，俄改同知枢密院。"

- "司"字系列

"司"的意思就是管理，一个地方官手下有一些管理专门事务的官员，命名为司是顺理成章的。

但是问题来了，有一些中央官员也是以司命名的，比如早期的五官制度里，司马、司寇、司士等不也全是司吗？不用着急。一般来讲，地方官手下这些司管的那些事儿，一看就比较鸡零狗碎，和中央的司不太一样，比如司食、司户、司兵、司法、司局……当然，这并不是说地方官头衔里就不可能出现五官中的官名，比如司马就经常出现在地方官称上。但是这算特例，从原理上想一想，司马是管理部队的官员，中央有大型的军队，地方也经常有小型武装，所以地方有司马也不是什么稀奇的事情。总的说来，看到和五官里面不一样的那些司，把他们判断成地方官员的属官，在很大概率上不会出错。

**语文教材链接**

九年级下册《送东阳马生序》："有司业、博士为之师，未有问而不告、求而不得者也。"这里的"司业"就是在太学里专门管理学生学业的工作人员。

**高考文本对应**

2021年全国新高考1卷："有司门令史受绢一匹，上欲杀之。"
2014年全国大纲卷："徙资州司兵，观察使房昶才之，表于朝，迁扬州法曹。"

- "典"字系列

"典"在文言文里有掌管的意思,但是掌管内容也是不一样的,有的人掌管军国大事,有的人掌管琐碎杂务……那么典表示掌管哪一种呢?

"典"的甲骨文字形很容易辨认,上面是一排竹简,还有穿起竹条的韦,下面是两只手,捧着这一排竹简。这个字的本义就是表示主持事务的官吏,双手恭敬地捧着古哲先贤的著作,可以此为依据,进行判断。

这就能推断出来,"典"这个字一旦放在官职里,这个官从事的就应该不是什么特别有创造性的工作。比如典试和典狱,一个负责组织科举考试,一个负责管理刑狱,的确都是程序化工作。典史,不要认为其是掌管历史记录的。"史"这个字是"使"字的本字,本义就是皇帝派出的官员,所以从名称上看不出来典史这个官员具体负责什么,它实际上是个掌管缉捕、监狱的属官。

当然,也不是说但凡有典的官职就都是地方官,比如典狱这个职位,掌管的既有地方的监狱,也有中央的监狱。只是因为它管理的事务相对琐碎,所以作为地方官的概率更大。

- "曹"字系列

"曹"在文言文里有一个意思,表示众人。比如范仲淹写的诗"不学尔曹向隅泣"(《和葛闳寺丞接花歌》),"尔曹"就是说你们这些人。因此在另一个义项里,曹作为官职名称的时候,也不是指什么高级官员,主要是一些面向大众的基层属官。比如文言文里常见的词"曹干",指官署中的干事人员;"曹掾",泛指一般官员。

古时以曹命名的地方官员有"兵曹""都曹""府功曹""西曹""户曹"等。

> **高考文本对应**
>
> **2018年浙江卷**："自临晋改应天府户曹，掌南京学，卒于睢阳。"
>
> **2017年全国3卷**："初，选人调拟，先南曹，次考功。"
>
> **2014年全国大纲卷**："徙资州司兵，观察使房昶才之，表于朝，迁扬州法曹。"
>
> **2014年广东卷**："敞以委户曹杜诱，诱不能有所平反，而傅致益牢。"

- "提"字系列

在现代汉语当中，大家评价某人胜任某项工作时，经常会说："你看，人家真是什么事儿都拿得起来。"这个说法很形象。古人也有这样的习惯，只不过用词不同，古人经常用"提"这个字表示拿下某项任务。

比如"提法使司"，是指拿下司法这一领域工作的官员；"提学使司"，是指负责教育领域的官员。

当然，时代不同，有时候用的就不是"提"这一个字。比如"提举"就是经常用到的："儒学提举司"，一看就是负责教育这一块工作内容的官员；"官医提举司"，是和医疗卫生事业相关的职位；"提举常平仓"，是管理国家仓库的……还有在电视剧中常见"大宋提刑官"，提刑官的全名叫提点刑狱公事，这一看就是个司法口的官职。

还是强调一下，并不能绝对地说"提"这个系列的官名，就一定指地方官员的属官，毕竟不论是地方还是中央的官员，都需要"拿起来"某些具体事务，清朝掌管文渊阁事务的长官叫"提举阁事"，这可是在中央之中央——皇宫里当差的呀。再次强调，此系列中绝大多数是地方属官，而不是全部。

> **高考文本对应**
>
> **2020 年全国 1 卷：**"提举官惊曰：'公姑徐之。'""更三大赦，遂提举玉局观，复朝奉郎。"
>
> **2020 年全国 2 卷：**"靖康初，言者论其缔合王黼、童贯及不几察郭药师叛命，罢为观文殿大学士、提举嵩山崇福宫。"

- "道"字系列

之前讲到，作为唐代最高层级的地方行政区划的道，到了元、明、清反而变成普通的地方行政区划。而且这种变化在清代很明显，朝廷在地方一把手手下设置了很多道员，有的负责更小的行政区划，有的则负责省内的一些专门事务，比如"盐茶道""督粮道""巡警道"……

这个小知识是现成的，刚好把它拿过来组装这部分知识体系。

- 其他常见的、典型的地方属官官职名称

比如"通判"，顾名思义，就是通通判断的意思。这在宋代是多见的一种地方属官，是中央朝廷用来牵制各地知州权力的官员。知州对于本州内大小事务下达的命令，包括兵、民、财、刑等，都需要通判签署以后才能下发施行，而且通判有刺察本州官员的权力，所以也称"监州"，在地方上权力很大。

> **高考文本对应**
>
> **2017 年江苏卷：**"先生往就之，为撰《黄鹤楼铭》，歙程孝廉方正瑶田书石，嘉定钱州判坫篆额，时人以为'三绝'。"
>
> **2014 年广东卷：**"通判蔡州，直集贤院，判尚书考功。"

再比如"主簿",顾名思义,主就是负责的意思,簿是竹子头,这个官职自然与文件典籍相关,它最初就是协助主管官员、负责文书工作的书记员。书记员天天接触各种政务文件,主管官员下达什么指令,书记员也帮忙起草,一来二去就很有可能成为主管官员身边颇具实权的属官。没错,在魏晋南北朝时期,主管官员的主簿权力很大,是参与机要、总领府事的。

不过说到底也就是书记员,能不能掌权,能掌多大的权,也都仰仗主管官员的信赖。所以这个官员在中国历史当中,实权时大时小,也没有定数。另外,并不是说中央官员就不需要书记员了,只是中央官僚机构庞大,高官甚多,小小的主簿一般没什么存在感,在文献里出现的时候,还是作为地方官员身份的情形多些。

> **高考文本对应**
>
> **2018 年浙江卷:**"诏即行所至,改除河中府临晋主簿。"
> **2017 年山东卷:**"及始兴王叔陵为扬州刺史,引祠部侍郎阮卓为记室,辟贞为主簿。"

还有"佥(qiān)事",佥是众人、大家的意思,字形简单但是很多人不认识,所以一旦在文言文里出现,就是出考点的热门。趁这个机会扩充一下词汇量吧,与之相关的词有:佥言(众人的意见)、佥望(众望)、佥谋(众人的谋划)、佥议(大家共同商议)。

由此推断,佥事这个官职在古代作为中央官员的概率不大,因为中央官僚体系是为皇帝服务的,哪有什么"众人的事情"?它便经常作为地方官员的属官出现。很多地方官员都有佥事,那具体是哪个级别、负责什么事情,就只能根据上下文来判断了。

不过,随着时代价值观的变化,佥事的位置也会发生变化。比如推翻皇权统治以后,中华民国从名义上来讲是"民"的国家,那不论是中央的机构还是地方的机构，都为大家服务。鲁迅先生就曾做过民国时期教育部的佥事，这就是中央系统的官员。

> **高考文本对应**
>
> 2011 年全国大纲卷："洪武改元，新设浙江按察司，以鼎为佥事。"

此外还有"推官"，在唐、宋、元、明时期都有出现。这个官名很让人费解，它负责什么事务呢？推官是"掌推勾狱讼之事"，在这里推和勾是一个意思：推，是推动；勾，是勾当。这里考验文言文功底，如果按照现代汉语的习惯，把勾当理解为坏事就跑偏了。古代的勾当是处理、负责的意思。比如宋朝有个官职叫"勾当内东门司"，是指内东门司这个机关的负责人有权处理相关事宜。连起来理解，"掌推勾狱讼之事"就是处理司法事务，他们其实就是基层的司法官员。

> **高考文本对应**
>
> 2012 年新课标全国卷："授平江府观察推官。"

再就是一些负责巡检的官员，例如"巡检司""巡检"。中央政府需要定期检查地方官员的工作完成得如何，相应地，地方一把手也不是亲自管理各地，所以也会派出巡察官员，去自己下辖的各地考察政务。

若一定要推究"中央巡视组"和"地方巡视组"的官员在名称上有什么不一样，最牢靠的办法还是如电脑一般存储海量的记忆，毕竟历史那么长，没有什么绝对的规律可言。但是如果想要从语感和经验上进行大致判断，也不是一定做不到。

第一，可以从"抚"字上进行区分。只有皇帝派出的巡察官员，可以用"抚"命名，因为他们是替皇帝去巡行天下、抚军安民的，有把浩荡的皇恩带向四方的使命。而地方官员顶多只能"不辱使命"而已，哪能有什么个人的抚慰和恩泽？使用"抚"字绝对是犯上僭越了。

第二，官名在气势上也不太一样。皇帝派出的"中央巡视组"，常用的名称有"监御史""监察御史""八府巡按"，一听就是理直气壮、气势恢宏的感觉；"地方巡视组"的名称就没有这么"豪横"了，比如"督邮""巡官""巡检"，只是强调一下职责而已。不过这里补充一下，即使出现"御史"，也不能因为里面有个"御"字，就断定是中央官员。"御史"最初是指皇帝亲自指派了什么人去做事，但因为存在的时间太长，慢慢就变成一个普通的官名了，比如在清代地方派出的监察官也叫监察御史。

**高考文本对应**

2011年全国新课标卷："为府州、火山军巡检。"

# 第十八章
# 中央官制

搞清楚中央官制有一定难度,因为古代中央官制较为复杂,再加上时代演变带来的花样翻新,往往让大多数初学者望而却步。

那么我帮助你降低难度的方法就是,先用粗线条勾勒出中央官僚机构的类型,再分门别类地梳理历史变化的原委,这样就会清晰明了很多。

历朝历代,不论官制如何变化,不论具体设置什么官职,其中中央官僚体系基本上都遵循以下这样一个框架。

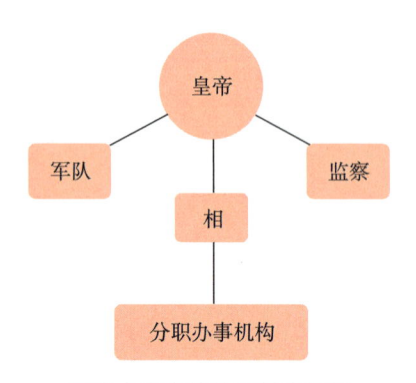

**历代中央官僚体系基本框架**

围绕着皇帝,首先需要相作为日常处理政务的辅助,同时国家的各项事务也需要专门负责的人员来处理,所以在相的领导之下,是各个分职办事机构。

枪杆子里出政权,所以军队的权力往往不会归在某个具体办事机构下面，不过有时候相的权力大，可以插手军队；当皇权压过相权的时候，军队又是由皇帝亲自领导、亲自指挥的，有时甚至连相都插不上手。

在这些机构之外，皇帝还会设立一套监察体系，帮助自己监察百官，看这些官员是不是堪当重任、尽职尽责。

这就是中国古代中央官僚体系的基本样貌，当然实践中会有各种具体情况的交叉和渗透。比如辅助政务的相，权力大的时候也可以负责指挥调配军队、监察百官……它们之间的关系并不像上图简单。接下来咱们分门别类地讨论。

## 相

从理论上来讲，皇帝富有四海，却不能事必躬亲，他需要一个角色辅助自己制定政策、推行政令，否则就真成了"孤家寡人"。司马迁在《史记·陈丞相世家》里说："宰相者，上佐天子理阴阳，顺四时，下育万物之宜，外镇抚四夷诸侯，内亲附百姓，使卿大夫各得任其职焉。"看起来丞相的确是一个"一人之下，万人之上"至关重要的角色。

那对于相本人呢，这个职位一方面能让自己有机会建功立业、名垂青史，可能做不到为天地立心，为生民立命，为往圣继绝学，但为万世开太平还是有希望的；另一方面能当宰相的确是件名利双收的好事，自古以来，但凡为相者，基本是高官厚禄、受人敬仰的。因此许多人拼尽毕生所学，鞠躬尽瘁，死而后已，这是皇权和相权双赢的合作。

然而真实的情况是，人人都会怀有私心和戒备。回顾历史，皇帝和宰相的合作往往都不怎么愉快。一方面，皇帝离不开宰相的辅佐；另一方面，皇帝却无时无刻不在提防这个手握重权的人，担心他可能会威胁到自己。当宰相优秀到一定程度，甚至功高盖世之时，权力大到无人制衡，他也难免会产生"吾可取而代之"的篡权之想。

因此，相权其实一直是在转移的，如下图一般击鼓传花，这个不行就换一个顶上来。而我们讨论相这个职位时，也不能教条般认准"宰相"这两个字，而应着眼于实际权力。于是乎，我们通过以上这一番分析，顺理成章地引出中国古代相权演变的两个基本规律。

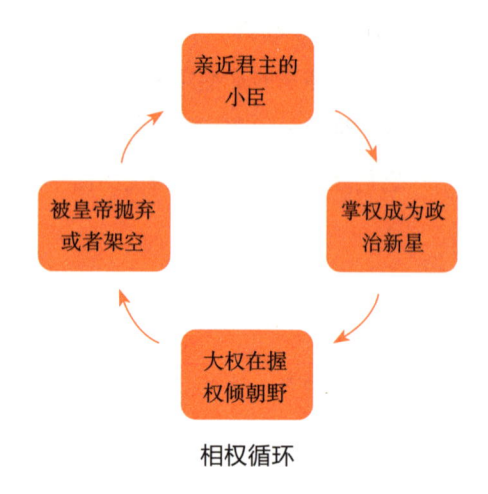

```
       亲近君主的
         小臣
    ↗            ↘
被皇帝抛弃        掌权成为政
或者架空          治新星
    ↖            ↙
       大权在握
       权倾朝野
```

**相权循环**

**规律一：** 相权的变化基本上遵循上图所示这个死循环。

每一轮循环结束，皇帝都会重新选择一股力量，然后开始下一轮循环，周而复始。那些可能被皇帝选中开启下一轮循环的角色包括贵族、臣僚、内朝官、宦官、外戚、文人。我们可能不太清楚每一种都是指什么人，不要紧，后文会一一说到。

由此带来的现象是，在每一轮循环中，实际掌握相权的官职名称都有所不同。告诉你一件事情，我们熟悉的"宰相"或者"丞相"这个官名，其实在中国古代历史上存在的时间很短，这个角色在大部分朝代都不叫宰相，包括我们熟悉的唐、宋、元、明、清。

想想看，在我们的印象当中，有哪些人做过宰相？北宋王安石在主持变法的时候做过，官职据说相当于副宰相。那这个官职具体叫什么？叫参知政事。很多影视作品都会杜撰唐朝名相狄仁杰的探案故事，可是仔细查一查，他的官职竟然叫"同凤阁鸾台平章事"，既有鸟又有楼的奇奇怪怪名字是什么情况？还有王维，我们管他叫"王右丞"，很多人猜测，丞应该是指丞相吧，可是咱们读王维的诗时又总觉得这位本应该日理万机的大唐帝国"副总理"，却一天到晚游山玩水，好像心思也没放在工作上，那皇上容得下他吗？其实王右丞并不是右丞相，而是尚书右丞这个官职，是尚书省长官的辅助性官员，职位不低，但距离宰相还是有一截子的。

**规律二：** 在中国古代官职系统发展过程中，官与职分离的现象越来越严重。

在这些循环当中，有些人在道统上很容易被打倒，比如宦官和外戚，他们本来就没有执政的合法性，一旦被皇权抛弃，也很容易墙倒众人推。但是对于其他角色，皇帝即便想要夺回相权，也不好明里动手，毕竟做这种兔死狗烹的事情会被世人质疑。另外，夺权的事情做得太决绝也容易引起政治动荡。一般的操作都是保留这些位高权重的老臣的官位和优厚待遇，把他们手中的实际职权分给新人。

在这个规律之下就又产生一种现象，即那些原先称得上宰相的官名依旧在，但担任此职的人已经不能算真正的宰相了。或者说，最多算个挂名的宰相，而真正的相权，已经属于其他的官名。

我先做简略的梳理，归纳一下中国古代那些曾经称得上宰相（包括副宰相）的官职名称。

"相"字系列：（左/右）丞相、中丞相、宰相、相邦、相国、使相、内相。

"宰"字系列：冢宰、太宰、少宰。

其他系列：大良造、令尹、御史大夫、太尉、大司徒、大司空、录/领尚书事、尚书令、中书监、中书令、中书舍人、侍中、内史令、纳言、参赞军务、左/右仆射、中书侍郎、门下侍郎、同中书门下三品（以及用"凤阁""鸾台""紫微""黄门"代替"中书""门下"的情形）、同中书门下平章事（以及用"凤阁""鸾台""紫微""黄门"代替"中书""门下"的情形）、参知政事/参知机务、尚书左/右仆射、尚书左仆射兼门下侍郎、右仆射同平章事、翰林待诏、翰林学士知制诰、枢密使、枢密副使、尚书左/右仆射、平章政事、太师、某某殿/阁大学士、某某殿/阁直学士、阁老、枢臣……

读到这里你有两个选择：第一，不问因果，打算靠惊人的记忆力把这些官名一字不差地背下来，以后看到就知道是宰相了；第二，放弃背诵，接着读一读这些名称诞生和变化的原委，让这些名称自然而然地印在你脑海当中。

你真的可以自由选择，因为人类认知事物的方法原本就是多种多样的，各有利弊：擅长记忆的人，通常理解和推理的能力稍逊；喜欢用理解原理代替死记硬背的人，记忆力就不是特别灵光。我推荐你尝试一下第二种选择，这样做不仅能轻松一些，而且确实很长知识。

咱们可以把整个国家的统治类比成一家公司的经营。当然，现代公司的管理模式相对科学，各方利益都可以通过股份制度得到充分保障。但是古代没有股份的概念，我们要把这家公司想象成完全不知道有股份制这种制度的公司，老板一个人管理不过来，需要把公司委托给自己信任的人来经营。

回合一：职业经理人PK七大伯、八大叔

"打仗亲兄弟，上阵父子兵。"很多公司在初创阶段都是全家一起上，公司的成功是家族共同努力的结果。那个功劳最大的人是公司名义上的老板，但七大伯、八大叔当中肯定有好几位功不可没的成员，能力强的就是总经理的上佳人选。

朝代的建立也多是如此。最初作为皇帝强有力辅助的，通常会是这些亲缘功臣。尤其是先秦时期，贵族和普通百姓的身份鸿沟难以逾越，至少得有个贵族身份才可能有个官职，就更不用说"相"这个核心职位了。所以当时各国的"相"虽然名称各异，有称令尹的、有称太宰的、有称冢宰的、有称大良造的，但担任之人基本是宗亲贵族。例如周公以冢宰的身份摄政，未曾称王，就相当于相；战国"四公子"里，春申君曾任楚相，平原君曾任赵相，孟尝君曾任齐相，唯一一个名义上不是相的信陵君曾经窃符救赵，也是魏国的定海神针——这几位只是单纯因为贤能才坐拥相位吗？当然不是，首先，他们的身份是公子。

> **语文教材链接**
>
> **高中选择性必修中册《屈原列传》**："长子顷襄王立，以其弟子兰为令尹。"这句话反映了当时楚国非常典型的政治举动——国君登基之后，让自己亲近的贵族做国家的相。

> **高考文本对应**
>
> **2019 年全国 3 卷 11 题 D 选项**："令尹，春秋战国时期楚国设置的最高官位，辅佐楚国国君，执掌全国的军政大权。"此选项内容正确。
>
> **2019 年全国 2 卷**："于是以鞅为大良造……居五年，秦人富强。"
>
> **2012 年天津卷**："医之为艺，尤非易言。神农始之，黄帝昌之，周公使家宰领之，其道通于神圣。"

这些宗亲贵族担任公司总经理的最大问题，就是他们位高且权重，这明显是对老板地位的威胁，时间一长很容易架空老板，自立山头，很难辖制。于是一些出身不高但能力极强的弱势人物，逐渐凭借自己的实力登上相位。

比如秦国名相吕不韦，商贾出身，做到了相邦；汉代辅佐刘邦开国的相国萧何、丞相陈平等人，也都出身不高。在秦汉时期，执掌相权的人确实被称为相，只不过秦国称相为相邦或者丞相，有时候还分左右，名臣李斯就做过左丞相；到了秦朝后期，宦官赵高独揽朝政，因为宦官当时被称为"中官"，所以称他为中丞相；到了汉代，为了避汉高祖刘邦的讳，相邦改称相国。邦和国都是一个意思。

> **高考文本对应**
>
> 2018年浙江卷："舍此勿言，至于西汉之公孙丞相、萧望之、张禹、孔光，东汉之欧阳歙、张酺、胡广，世之所谓大儒，果足以充儒之名乎？"
>
> 2017年北京卷："秦初并天下，丞相绾等言：'燕、齐、荆地远，不置王无以镇之，请立诸子。'"

一方面，皇帝给予这些相极高的荣耀，所以他们不仅官位高、权力大，而且通常有爵位，还有封地；另一方面，皇帝也会想办法削弱他们的权力：从秦朝开始设立御史大夫和太尉，与丞相并称"三公"。这三个官职都是有资格称为相的。

> **高考文本对应**
>
> 2018年全国2卷："自涣卒后，连诏三公特选洛阳令，皆不称职。"

御史这个官名，御是帝王所用，史就是皇帝派出的官员。"史"的甲骨文字形，上半部分看起来很像一面随风飘扬的小旗子，还融合了"中"的字形。这个小旗子是古代君王特派专员的标志——节，就是苏武牧羊十九年都不肯丢掉的那个东西。下半部分是一只手，表示手中持节。这个字的意思是某人前往国与国之间的区域（中），代表君王谈判，划定国界。所以史是使的本字，吏也与史同源。我们经常感到困惑，古代官职里表示皇帝派出什么人，一会儿写作史，一会儿又写作使，究竟怎么回事呢？它们俩根本就没有区别，这里写为御史而不是御使，只是约定俗成而已。

御史的意思就是君王所拥有的一个官员，具体工作内容确实不明确。

这里的史理解成历史的史，御史理解成君王御用的史官，也讲得通，就是负责皇帝身边的一些文案工作，如记录。比如君王举行朝会，他就在旁边疯狂速记：君王说了什么，大臣A回答了什么，君王又说了什么，大臣B表示同意……试想一下，如果你是君王或者大臣，不论说什么、做什么，都有人在后面原原本本地记录，目的是留存后世，那么你是不是也不能造次？时间长了，御史一来，大家就紧张起来，正襟危坐，慢慢御史的职能就变了，变成监察性质的官员了。御史自然不止一人，他们中的领导就叫御史大夫。大夫原本是先秦时期的一个贵族等级，可能因为御史当中大夫的爵位最高，所以御史大夫就慢慢从史官小领导变成了监察系统的老大。

> **高考文本对应**
>
> **2019年江苏卷：**"虽主爵留之，典选留之，御史大夫留之，而公浩然长往，神武之冠竟不可挽矣。"
>
> **2020年全国新高考1卷：**"选授御史，巡视中城。"

再看另一个官职——太尉。"尉"这个字的篆文字形是上面有一只手伸向一个人，下面是一团火。这个有点难以想象，是在烤火取暖吗？《说文解字》的解释是："从上面按下也……又持火，以尉申缯也。"为了方便记忆，我们想象古代军队中用火罐、火针之类的工具为伤员舒筋活血，后来发展出"熨"这个字，表示用高温工具为衣物"舒筋活血"，烫平褶皱。经过演化，"尉"这个字作为官职，通常是指武官；而下面加上一颗心的话，就成了安慰的慰。太表示大，即地位高，那太尉就是武官之首，统管军权。

> **高考文本对应**
>
> **2017年全国2卷：**"二十七年，拜太尉，赐爵关内侯。"

第四部分 张三的仕途

上面讲到的这些重要且常见的官职名称会以各种变体或者与其他内容组合的形式不断出现在我们面前。理解了其诞生的原委，就可以一通百通。

秦朝以这三位大臣为核心的"三公"制度，汉朝也保留得差不多，丞相仍然分成左右两位，以便分权。汉武帝时期，废除了太尉这个官职，取而代之的是大司马。

> **高考文本对应**
> 2021年全国新高考2卷："左丞相睿以为军谘祭酒。迺居京口，纠合骁健。"
> 2012年山东卷："会疾瘳，召见兴，欲以代吴汉为大司马。"

除此之外，汉代皇帝很聪明的一点是，与"三公"同列又设立了三个地位特别高的虚衔：太师、太傅、太保，相当于皇帝的老师，地位足够高，给足了面子之后，皇帝听不听他们的，就是另外一回事了。对于那些资格特别老的权臣，皇帝不愿意继续让他们掌权，就可以将他们安排在这些职位上。

> **语文教材链接**
> 七年级上册《咏雪》："谢太傅寒雪日内集，与儿女讲论文义。"这里的"谢太傅"是谢安，大名鼎鼎的谢安，本就是大贵族出身，在淝水之战中，他作为东晋一方的总指挥，以八万兵力打败了号称百万的前秦军队，使晋室得以存续。因为有如此高的功业，他去世之后获赠"太傅"的头衔，也体现了东晋朝廷对他的尊崇，于是后人在史籍中记载时常常尊称其"谢太傅"。

> **高考文本对应**
> 2018年全国2卷："延熹中，桓帝事黄老道，悉毁诸房祀，唯特诏密县存故太傅卓茂庙，洛阳留王涣祠焉。"
> 2013年江苏卷："曹爽之势热如汤，太傅父子冷如浆，李丰兄弟如游光。"

总结一下本轮宰相的称呼变化：

冢宰、太宰、令尹、大良造、宰相 → 相邦、（左/右）丞相、中丞相、相国、御史大夫、太尉

**回合二：老板小秘PK职业经理人**

出身不高的职业经理人终有一天在公司里混出了个模样，功劳大，威望高。长久来看，就算经理人A脑子转得慢些，当了炮灰，但只要老板还需要精明强干的职业经理人，总有后浪B、C、D接替，哪天一不小心，他们就会把老板拍死在沙滩上。

老板也不傻，得防着一手。汉武帝就属于那种既双商在线又有雄才大略的老板，他当政以后发现自己的助手班子里，要么是想挪都挪不走的七大伯、八大叔，要么就是纵横多年、想惹也惹不起的功臣经理人。此时的汉武帝感到万分沮丧，并且开始怀疑人生：当个老板，怎么谁都指使不动？环顾四周——嗯，我身边这个小秘书，整天帮我整理书柜、复印文件，把我签好字的文件给各部门发一发，挺不错的。这个小伙子虽然不是什么名牌大学毕业，也没有在其他公司干得好的履历，可是人挺机灵的。而且这些年他跟在我身边鞍前马后，对公司业务和流程也熟悉，还摸得准我的脾气。最重要的是，他与我非亲非故，在公司也没有什么资历，试着提拔提拔他，让他做点儿事情，这孩子全都听我的，好使唤啊。

汉武帝身边的这个小秘书，目前的职位是尚书。尚是尊重、崇尚，书就是典章书籍。官职叫得比较好听，其实就是文件管理员加上文案人员，也叫"掌书""主书"，执掌着皇帝的文书奏章。汉武帝在人群中多看了他一眼，机灵的小伙子马上就心领神会地掀起了这一轮循环的开端：皇帝要责问丞相什么事情，就派尚书去当面斥问，丞相必须恭恭敬敬地对答；丞相要向皇帝陈奏些什么事情，要先对尚书讲，然后由尚书转达给皇帝；百

官有奏报呈上来，先经尚书筛选一遍，拣重要的呈给皇帝御览……小秘书在一项一项工作中揣摩着圣意，拿捏着分寸，时间一长，他不仅取代了老板办公室的主任，连总经理都被他架空了。

其实真实的历史比我们讲述的复杂得多，汉武帝也并不只是提拔了身边的尚书，还有一群层级不高的小官吏，比如侍中、散骑、（中）常侍、左/右曹、给事中。尚书因为掌管文书奏章，和皇帝最为亲近，而且因职权之便，办事更能师出有名，所以成了小官吏顾问团里掌权最多的一种官职。

其他像侍中、散骑、（中）常侍，一看就是皇帝身边的服务型官员：侍中就是侍于中，是在宫廷里为皇帝服务的；散骑是在皇帝骑马出行的时候随行服侍的；给事中的性质也一样，"事"在古代也有服侍的意思，如李白的"安能摧眉折腰事权贵"（《梦游天姥吟留别》）。"给"在给事中里读 jǐ，是给予的意思，中和侍中的中一样，是皇宫。所以给、事、中三个字加起来，就是被授予职权、能够进入皇宫侍奉皇帝的官，这一看也是基层官员。

### 语文教材链接

**高中选择性必修中册《苏武传（节选）》**："初，武与李陵俱为侍中。"苏武原本是汉武帝身边的郎官，后来职位改为侍中。汉武帝与苏武、李陵的关系，刚好反映了汉武帝时期的这一政治变化趋势：他更倾向于派遣自己身边亲近的侍臣，而不是政府的官员，去办理朝廷的外交事务。

**九年级下册《出师表》**："侍中、侍郎郭攸之、费祎、董允等，此皆良实，志虑忠纯，是以先帝简拔以遗陛下。"从这一句可以看出，在三国时期，侍中、侍郎已经不再是国君身边的侍从官，而成为朝廷重要的官员了。"侍中、尚书、长史、参军，此悉贞良死节之臣，愿陛下亲之信之，则汉室之隆，可计日而待也。"从这句话可以看出，当时的尚书也是朝廷重要的官员，身上担着"汉室之隆"的重任，不再仅仅是"复印文件"的小秘书了。

> **高考文本对应**
> 2020 年全国 3 卷:"遂为郎……累迁……御史中丞、侍中、廷尉。"
> 2013 年江苏卷:"正始中,迁侍中尚书仆射。"

他们在这一轮循环当中,渐渐掌握了权力。这些人集中在宫禁之内、皇帝身边,形成了"内朝",主导决策;而从前作为全朝领袖的丞相,变成了"外朝"的主事,是执行机构的统管,带领外朝官员把皇帝决定的事情实施好就行。

到西汉末,丞相这个名称也被改成"大司徒"了,与"大司马""大司空"并称"三公"。从理论上来说,此时的"三公"依然是名义上的宰相,实际的相权已经落入尚书手中了。日渐权盛的尚书也不能继续以皇帝的小秘书这样不尴不尬的身份行事了,东汉初年,他们有了正式的机构——尚书台,长官称尚书令(如果由宦官担任则称中书令),副官称尚书仆射,辅佐的官员还有尚书左/右丞。

有了前面的铺垫,要理解左/右丞的名称是如何来的,相信你已经没有任何障碍了。可是"仆射"这个名称是怎么来的呢?《汉书·百官公卿表》里记载:"仆射,秦官……古者重武官,有主射以督课之……皆有,取其领事之号。"翻译过来就是仆射是秦朝时期的官名,因为古代重武,所以掌管射箭的人掌事,故诸官之长称仆射。仆射里有个"仆"字,可为什么放在这里就变成"掌管射箭的人"了呢?这个来源有些曲折,且听我慢慢道来。仆在文言文里有个解释——驾车,可能是因为西周时期很多仆人的职责都是驾车,所以可以直接指代,不需要额外说明什么。比如《诗·雅·小雅·出车》里有一句"召彼仆夫",就直接指驾车的人了。既然驾车,那就有了掌管车辆之意,而当时的射箭场景——车战当中,每辆战车的车左是手持弓箭负责射箭进行远程攻击的,驾车和射箭就有了紧密的联系,于是仆加射,解释为掌管射箭的人。这个官职会在官僚体系当中反复出现,如果在理解上有偏差，就容易犯糊涂。

实权就这样顺理成章地过渡了，但还剩下一个名分问题。就是尚书这个官职，原本的职位很低，所以一般的做法是，由一个其他中央高级官员"领尚书事"或者"录尚书事"来实际行使尚书的职权。比如汉武帝死后，托孤大臣霍光很快就以自己原本的"大司马大将军"之职领尚书事，把持朝政数十年。

其后的魏晋南北朝时期，世道乱，"三公"的说法也很乱，有时候有太尉，有时候没有太尉；有时候有丞相，有时候没丞相。不过没关系，这不重要。即便有，它们与大司徒、大司马等官职在名义上也还算作宰相，实际上已经是位高却无实权的虚职了。此时真正掌握相权的是录尚书事。

比如曹操、曹爽、司马师、司马昭、王导、谢安、刘裕等，都曾经以各种官职录尚书事。杜甫曾写诗怀念大家更熟悉的诸葛亮，说："丞相祠堂何处寻，锦官城外柏森森。"（《蜀相》）大家都习惯称诸葛亮为"丞相"，其实诸葛亮在蜀汉的官职全称是"丞相录尚书事"，他掌握蜀国的相权不是因为他名为丞相，而是因为后面的"录尚书事"。"丞相"只是表明他在蜀国受人尊重的崇高地位，相当于"赠官"，有没有，影响都不大。后来诸葛亮去世，接替他的蒋琬和费祎，都是"大将军录尚书事"，虽不称丞相，但也不耽误他们掌握相权。

最后，总结一下这一回合宰相称呼的变化：

| 相邦、（左/右）丞相、中丞相、相国、御史大夫、太尉 | → | 大司徒、大司空、尚书令（或中书令）、尚书仆射、领尚书事、录尚书事 |

### 回合三：老板小秘书的大混战

我们以公司老板用小秘书架空职业经理人的故事来举例子，有一个漏洞，就是大家基本上都有一个心理预设：老板总是那一个老板。毕竟现代公司里的人事斗争有时是血雨腥风，三五年来一轮循环也确实差不多了。但在实际的历史洪流中，人的一生就是沧海一粟，面对这种大规模的权力循环，老板可能会换。

这一任老板仙去，他留下的小秘书也自然成长为职场"老油条"，在公司里的关系盘根错节，彻底变成了那个他当年亲手架空的总经理。下一任老板走马上任，依旧厌恶眼前这个总经理。不过，以史为鉴可以知得失，那难道他自己身边就没有几个忠心耿耿的小秘书吗？接下来，可能会唱一出"以其人之道，还治其人之身"的戏。

汉代是刘家的天下，哪怕到了东汉末年，姓刘的天子已经掌控不了朝局，但是王冠不能掉，架子还得撑着，既然是人家刘家的政权，当然还是刘家的尚书台。实际掌握权力的是曹操，虽然他自己还没好意思正式篡权，但他也给自己的权力体系搭建了"伪尚书台"——秘书台。相应地，尚书台的长官称尚书令，他的秘书首领称秘书令。这一阶段的曹家可能还想着，好歹得用一个不一样的名字遮掩一下。

当曹丕"受禅"、正式称王以后，曹家的秘书就顺理成章地成为尚书好了，但曹丕不愿意这样。他可能是想存心恶心一下前朝那批尚书，或者觉得留着他们还有用处。具体原因我们不得而知，反正他的做法是留下前朝的尚书，给自己的私家秘书改个名字，让他们掌握实际的权力。那改什么好呢？有人想起了"中书"这个名称。还记得吗？在西汉的时候，如果由宦官担任尚书令，因为宦官被称为中官，所以就称他为中书令。这个名字甚妙，既和从前的尚书不同，又让大家都知道它和原先的尚书就是一回事。于是，秘书改名为中书，长官称为中书令或中书监，这是用新秘书架空旧秘书的结果。那旧秘书做什么呢？在中书的领导下跑腿打杂、执行命令呗。

第四部分　张三的仕途　　　　　　　　　　　　　　　403

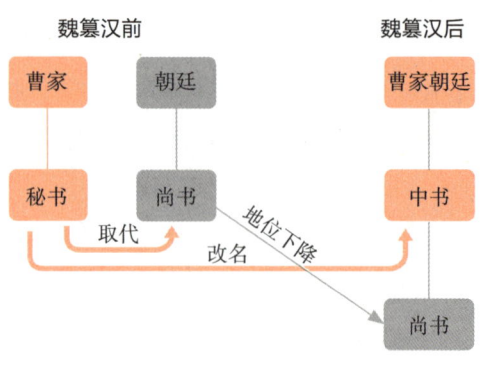

```
魏篡汉前                    魏篡汉后
曹家   朝廷              曹家朝廷
 │     │                    │
秘书   尚书   地位下降      中书
       取代   改名            ↑
                            尚书

        相权变化
```

### 语文教材链接

**八年级上册《答谢中书书》**：这篇文章的题目，是这样断句的：答/谢中书/书。至于这位谢中书是谁，一直没有定论，但根据文章的写作时期——南朝来看，"中书"大概率是官职名称，谢中书即一位姓谢的中书。曹家取代汉室之后，刚好是"中书"这个职位开始在历史中扮演重要角色的时段。

### 高考文本对应

**2013年江苏卷**："至嘉平四年宣王终后，中书令缺。""丰为中书二岁，帝比每独召与语，不知所说。"

这一场战斗以曹家的秘书取得胜利告终，然而在魏晋南北朝这个大乱时期，胜利又能持续多久呢？

南朝后期，新一轮的底层小秘书开展了照猫画虎的架空行动。中书舍人，顾名思义，原本是中书长官中书令或中书监的私人幕僚。舍人，源于先秦时期，是达官显贵自己出钱养的家臣。舍为房屋，舍人就是自己家里的人。孟尝君给冯谖提供好酒、好车、大别墅，冯谖就是孟尝君的舍人，冯谖从此也只认孟尝君为主人，一切以主人的利益为重，为主人营建狡兔之三窟，至于在这个过程中，他人的利益、国家的利益有没有受损，都不在他考虑的范畴内，这就是舍人。中书舍人架空了中书令或中书监，成为中书的实际掌权人，也就成了实际掌握相权的人。

那么中书舍人有影响全国并且笑到最后的政治影响力吗？

北朝史称"五胡十六国"，政治制度极其混乱，有些甚至把久违的"三公"、太宰之类的官职名称都搬出来了，有的还恢复了丞相、相国等，但是在混乱中有一个特征：侍中的崛起。之前也提到，侍中原本就里服侍皇帝的近臣。比如西汉时期，孔安国就曾经做过侍中，他的职责是端着痰盂侍奉皇帝吐痰，看来侍中的地位的确不高，他们也算是一个新的小秘书群体。

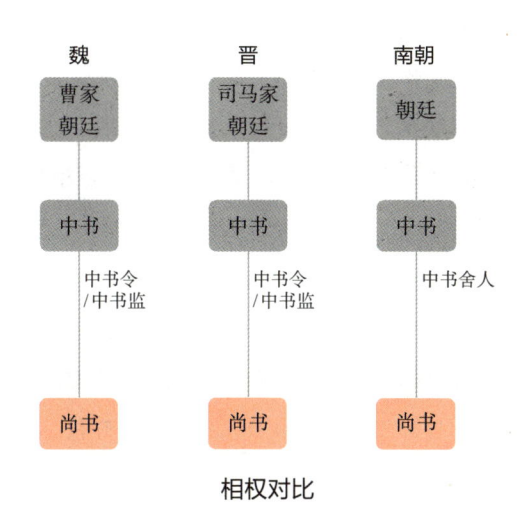

| 魏 | 晋 | 南朝 |
|---|---|---|
| 曹家朝廷 | 司马家朝廷 | 朝廷 |
| 中书 | 中书 | 中书 |
| 中书令/中书监 | 中书令/中书监 | 中书舍人 |
| 尚书 | 尚书 | 尚书 |

相权对比

侍中在北朝特别受器重，皇帝甚至为侍中们专门设立了门下省，作为办事机构，参与国家大政方针的制定，把尚书省架空，成为执行机构。

鉴于这个阶段官制混乱，图就省去吧，实在无从下手。

依旧总结一下这一回合宰相称呼的变化：

| 大司徒、大司空、尚书令（或中书令）、尚书仆射、领尚书事、录尚书事 | 中书令、中书监、中书舍人、侍中 |

**回合四：职业经理人的创造性反扑**

你是不是还沉浸在上一回合小秘书之间的大混战中？一代新秘换旧秘，好戏不断，难道历史就逃不出这个旋涡，越挣扎越往下沉吗？

不行，时代呼唤创新。

隋朝是个神奇的朝代，虽然短命，却创造力十足，科举制度就是兴于隋朝。除了科举取士，它短暂的生命还给后世留下了重要的管制遗产：三省六部制。统治者确实应该回归理性，真不应该继续让那些端着痰盂、陪着骑马、复印材料的小秘书来回折腾了，应该把那些真正有文化、有素质、有经验的职业经理人请回来，让每一个人都不能把持太大的权力，从而使他们都不能凭借一己之力威胁老板，而且他们之间还要相互钳制。

这一轮创新叫作分权与钳制。

宰相权力太大，可是谁规定国家只能有一个宰相了？"三公"时期不就分成三个了吗？尚书令权力太大，谁规定尚书令只能有一个了？把他们的职权统统打散，这样每个人的权力都不会太大。除此以外，还得想办法发动官员彼此监督，这样他们都能认真工作且无法夺权。这就是领导的艺术嘛。

老板得意地笑了，三省六部制逐渐完善起来。

这个灵感也充分借鉴了过去的政治制度经验，将相权一分为三，即三省，其实每个部分看上去都不陌生。

**尚书省，**主管政令的实施。尚书们笑道："是的，早在曹丕挤对我们那会儿，我们就在干这摊子事儿了。"长官称尚书令，副长官称仆射。这几个都不陌生。

> **高考文本对应**
>
> 2014 年四川卷:"尚书令沈约,当世辞宗,每见筠文,咨嗟吟咏,以为不逮也。"
>
> 2021 年全国新高考 2 卷:"以尚书仆射戴渊为征西将军。"

**中书省**,负责和皇帝一起制定决策,起草诏书。中书们也笑道:"没错,我们很久很久以前在曹家做的就是这些事情,早就驾轻就熟了。"长官称中书令,副长官称中书侍郎。侍郎这个头衔是个新面孔,但是里面有个"侍"字,这一看也是个皇帝近臣的官职名称。嗯,同样是小秘书经过斗争翻身做长官的历史遗产。

> **高考文本对应**
>
> 2014 年全国大纲卷:"中书令崔湜、侍中岑羲曰:'公敢是耶?'"
>
> 2016 年全国 1 卷:"英宗即位,加中书侍郎兼礼部尚书,寻加户部尚书。"

**门下省**,负责审核政令。如果门下省觉得中书省颁布的那些政令不合理,有权驳回,中书省就需要重新讨论,合理的坚持,不合理的修改,再发给门下省,直到门下省通过为止。门下省的设置看着最新,可也在前面见过,那现在你都能猜到门下省的长官叫什么了,就是北朝火起来的小秘书——侍中。

> **高考文本对应**
>
> 2016 年全国 1 卷:"拜司空兼侍中、河阳三城节度使。"
>
> 2013 年全国 2 卷:"初,揆秉政,侍中苗晋卿累荐元载为重官。"

这三省的长官都可以被称为宰相，唐代初年的时候在政事堂联合办公。他们之间并不是简单地区分了正副，或者划分了领域，而是各自的职权在工作流程上相互牵制，这样一来，皇帝作为总指挥，就有了很多可以插手、平衡的空间，以及放权的自由。

不过看到后文这张表格的时候，你是不是也觉得很费解——整整齐齐的三个省以及三省长官怎么还有这么多别称？这里有些具体的历史渊源。

**三省概况表**

| 部门名称 | 职权 | 长官名称 | 副长官名称 | 部门职员 |
| --- | --- | --- | --- | --- |
| 中书省/内史省/西台/凤阁/紫微省 | 制定政策，起草诏书 | 中书令/中书监/内史监/内史令/右相/内史/紫微令 | 中书侍郎西台侍郎凤阁侍郎紫微侍郎 | 中书舍人、起居舍人、通事舍人、右散骑常侍、右谏议大夫 |
| 门下省/东台/鸾台/黄门省 | 审核诏书 | 侍中/纳言/侍内/黄门监/左相 | 门下侍郎/黄门侍郎/东台侍郎/鸾台侍郎 | 左散骑常侍、左谏议大夫、起居郎、给事中、左补阙、左拾遗 |
| 尚书省/文昌台/都台/中台 | 实施政令 | 尚书令 | 尚书左/右仆射 | 尚书左/右丞 |

首先是隋代的时候，好巧不巧，隋文帝父亲的名字里有个"忠"字，古代讲究避讳，同音不同字也不行。中书省和它的长官中书令、中书侍郎都带"中"字，还有门下省的长官侍中也带"中"字，这些就都得改。最后改动的结果就是这样：

内史省（中书省所改）——内史监、内史令；

门下省——纳言（侍中所改）；

尚书省——尚书令、尚书左/右仆射。

后来改朝换代，朝廷就没有"中"字的忌讳了，三省名称改回。由于李世民即位之前曾经做过尚书令，而且自己常年在外作战，也顾不上尚书省的实际事务，所以当时是由尚书省的副长官尚书左/右仆射在官职上加了

"知政事"，进入政事堂实际掌控尚书省的。李世民即位后，天下无人再敢做尚书令，于是尚书令从此成了一个只在理论上存在的尚书省长官，实际的领导是尚书左/右仆射。左右两位仆射里，又以左为尊，所以左仆射就是实际的一把手，也属于宰相之位。"房谋杜断"中的房玄龄，是唐代一代名相，他当时的官职就是尚书左仆射。

> **高考文本对应**
>
> 2021 年全国新高考 2 卷："四年秋七月甲戌，以尚书仆射戴渊为征西将军。"
> 2014 年全国 1 卷："及闻休烈卒，追悼久之，褒赠尚书左仆射。"
> 2013 年全国 2 卷："德宗在山南，令充入蕃会盟使，加左仆射。"

后来在三省的框架基本保持不变的前提下，唐代又几次改变三省的名称，比如把三省的名字改称中台、西台、东台，看上去不知道是什么部门，但也还算得上低调、齐整。武则天时期则把中书省和门下省改为"凤阁""鸾台"，这就彻底不像做官像写诗了。你也不要说是因为女人当皇帝不靠谱，男人当皇帝的时候脑洞也大。开元年间，唐玄宗也朝中书省、门下省动刀子，给改成了"紫微省"和"黄门省"。每次改动，相应官署的官员名称也得改：中台（尚书省）的长官叫左/右匡政，西台为右相，东台为左相；文昌台（尚书省）有左/右相，凤阁（中书省）长官为内史，鸾台（门下省）长官为纳言；紫微省的长官为紫微令，黄门省的长官为黄门监。

这时候就应该联系一下之前提到的内容：狄仁杰的官名——同凤阁鸾台平章事，名称里面这楼阁鸟兽，就是上面这一通操作的产物。

当然，每一次官署名称的变化，其实不是简单地改个名字，背后一定包含着当时的统治者对政治体制的调整。但三省的框架，算是随着唐代政权的巩固牢牢地确立下来了。

依旧总结一下这一回合宰相称呼的变化：

| 中书令、中书监、中书舍人、侍中 | 尚书令、尚书左/右仆射、中书令/监、右相、内史、紫微令、中书侍郎、侍中、纳言、侍内、黄门监、左相、门下/黄门/东台、鸾台侍郎 |

### 回合五：职业经理人在权力中的内卷

职业经理人在上一轮权力之争中胜出，重回权力巅峰的滋味很不错。虽然自己再也不能叫回"总经理""副总经理"之类风光的名字，大家都被冠上了"复印材料小秘书""跑腿买盒饭小哥"这样的官衔，朝野都是"尚书""侍中""侍郎"之类，但是里子都有了，面子争不争的，也就那回事儿了。

可是，制度上的创新也并不长久，接下来，我最初讲的那两个规律还会继续发挥作用：从前，没有职权的侍从官可以从底层席卷到最高层，现在在职业经理人内部，他们照样可以从较底层向高层走；高层官员的权力被架空以后，会再次上演一遍职权分离的故事。

唐代的很多"老板"颇具政治创新能力。比如老板发现公司里有些低品阶的管理人员，比如某个部门的经理助理，虽然年轻，资历不深，但是对公司的运营很有想法，而且年轻人有冲劲儿，有体力，也肯卖命。老板很愿意重用他。但是古人云："名不正则言不顺。"重用他，总得有个合适的身份：老板让公司总经理给自己买一份盒饭回来，这不像话；同样地，派一个部门经理的助理和别的公司的经理进行商务谈判，也不合适。

反正现有的总经理不好马上就撤职，唐太宗的做法是给这个年轻人安上一个"同总经理级别"的头衔，既灵活变通，又不动摇总经理目前的地位，也不至于让他在公司里瞎折腾。

那么在唐代，与总经理级别相当的是什么官职呢？中书和门下。中书省草拟诏书，门下省审核诏书，这两个部门原本就有联系，经常在一起办公或者吵架，唐玄宗就干脆将它们合在一起，称为"中书门下"。当时中书门下最高长官的官阶是三品，所以皇帝想要提拔哪个低品级的臣子来一起办公，就给他加上一个"同中书门下三品"的头衔。这个头衔的断句应该是这样的：同/中书门下/三品。"同中书门下平章事"也是一样的，应这样断句：同/中书门下/平章事。"平章"是评审、处理的意思，就是说这个人可以和中书门下的长官一起办公，以一样的身份处理政务。至此，就能把狄仁杰的官名理解得更透彻，同凤阁鸾台平章事，凤阁鸾台等同于中书门下，这就是特定历史时期的诗意版"同中书门下平章事"。

这些"同三品""平章事"掌握了相权，也可以跻身宰相之列。这种任命方法特别灵活，此类宰相人数便剧增起来，朝野之中，林林总总加在一起，有十几位称得上"相"的官员并不稀奇。他们的地位也不再是从前那般一二品之尊的大员了。曾经的宰相们——尚书左/右仆射、中书令、中书侍郎、侍中、门下侍郎再一次走上"三公"的老路，只要头衔不挂"平章政事"，就只能做个挂名宰相。

另外，中唐以后藩镇割据，节度使的权力越来越大，于是宰相又作为一个荣誉头衔颁发给了节度使，比如哥舒翰、郭子仪等人，就是以节度使之身兼任宰相，称为"使相"。不过节度使身为封疆大吏，平时都不在京城居住、办公，所以这里的"相"也是个虚职。

唐代，一共出过360多位称得上宰相的官员，他们的官阶大多数在三品以下，这很能说明问题，即皇帝越来越不允许手下的臣子位高还权重。

### 高考文本对应

2013年北京卷："初，彬之总师也，太祖谓曰：'俟克李煜，当以卿为使相。'"

到了宋代，皇帝的分权制衡套路越玩越深，过去的三省长官被保留下来，依旧是高官厚禄但不管事的虚设宰相，真正管事的是"中书门下"这个从三省当中脱胎而出的行政首脑机关，又增设了主管军事的枢密院的"枢密使"和主管财政的三司的"三司使"。在宋代，"宰执"就是宰相与执政官之总称。

> **高考文本对应**
>
> **2017年全国3卷**："遂命将诣枢密院阅文书。及至北境，居人跨屋栋聚观，曰：'看南朝状元。'"
> **2015年全国1卷**："十一月，拜尚书右丞，俄改同知枢密院。"
> **2018年全国3卷**："还朝，用为三司盐铁判官，以比部员外郎出知遂州。"
> **2013年辽宁卷**："下三司，永和阴遣人以利动公，公执以为不可。"

唐代留下来的"同中书门下平章事"依旧是宰相，但下面又多出了"参知政事"作为副手，用来分摊权力。当年王安石掀起轰轰烈烈的变法运动时，职位正是参知政事。官衔当中有"平章事"的，又变成了新一轮的虚职。比如文彦博这样德高望重的重臣、老臣，年纪大了以后，职位一般就是"平章军国重事""同平章军国重事"，翻译过来就是"专门处理国家重要事务"。

> **高考文本对应**
>
> **2021年全国甲卷**："闰月乙亥，以参知政事王钦若判天雄军兼都部署。"
> **2011年浙江卷**："累授东西台舍人、参知政事。"

因为北宋一波又一波的变法运动，南宋又迁了都城，所以每一波政治运动都容易导致官僚结构的变化，因此宰相的名称变化很多。宋代有过这些称得上宰相的官名：尚书左仆射兼门下侍郎（司马光做过的官职）、尚书左/右仆射（称为左/右丞相）（陆秀夫和文天祥就曾经是左/右丞相）等。看得出来，仆射这个职位在宋代很受重视，实际掌权的官职名称里总有它。比如在南宋权倾朝野的"奸相"秦桧便做过"右仆射兼同平章事"。

其实，分权太多，也有弊端，比如无事的时候大家就喜欢互相拆台，有事的时候各部门又经常互相扯皮，办事效率低。如果皇帝个人能力强，可以从中制衡、果断裁决，那么情况还行；如果皇帝个人能力不行，或者兴趣、爱好根本不在处理朝政上，这种形势也在呼唤一个强有力的政治强人脱颖而出，统摄全局。

比如大家特别熟悉的《水浒传》里，当时的皇帝基本不管朝政，掌权的大臣是谁来着？蔡京蔡太师。太师这个职位，太是大，师是老师，即国家的大老师，名义上是皇帝的老师。这个职位长期位列"三公"之中，一般都是地位尊贵却不掌握实权的，在北宋晚期能置于三省之上，统摄朝政，也是时代在召唤的结果。

**高考文本对应**

**2011 全国新课标卷**："后三十年，契丹萧太师与灌会，道曩事，数何巡检神射。"

在蒙古人统治的元代，统治者把三省合并在一起，总称为中书省，最高长官是中书令。即便人家是草原民族，但看汉人玩权力的游戏也这么多年了，知道臣子位高且权重是一件危险的事，所以中书令一般都是虚设的，有时候皇太子辅助皇帝办事的时候会充当一下中书令，但也不是实际掌权的。

因此，元代的宰相是中书省的副长官——左/右丞相、平章政事。蒙古族尚右，因此以右丞相为尊。主管军事的叫枢密院，长官叫枢密使，但是同样因为权力太大，职位经常空缺，副长官叫同院、同知，实际掌权。负责监察的部门叫御史台，长官是御史大夫，副长官称为御史中丞。这些朝廷大员，也算是宰相。

想提醒一下的是，联系之前地方官制的内容——元代在各个行省里有类似中央的一套干部班子，因此我们可不能看到"丞相""平章政事"之类的，就判断为宰相，得看清楚是"中书左/右丞相""中书平章政事"，还是地方的一套干部班子。

依旧总结一下这一回合宰相称呼的变化：

| 尚书令、尚书左/右仆射、中书令/监、右相、内史、紫微令、中书侍郎、侍中、纳言、侍内、黄门监、左相、门下/黄门、东台、鸾台侍郎 | 同中书门下三品/平章事、宰执、枢密使、三司使、参知政事、尚书左/右仆射、太师、左/右丞相、平章政事、同院知、御史大夫、御史中丞 |

### 回合六：大学教授PK职业经理人

明太祖朱元璋是个很有个性的老板，人家是正儿八经的草根出身。通过农民起义建立公司以后，自己就在那儿琢磨：要啥总经理呀？给他开那么高的工资不说吧，你看看以前那些老板，还得天天想法子和总经理斗，图个啥？我这么能干，空手套白狼都能打下这么大的江山，我就不信，这一摊子事儿我一个人还不能搞定？

朱老板不信这个邪，牙一咬心一横，决定以一己之力直接统率公司各个部门，结果就是：中国历史上从春秋战国到元末存续了将近两千年的宰相制度，明代咔嚓一刀，干干脆脆地将其砍掉了。相本来就是辅助君主的，既然君主自己说了"我不需要辅助"，相也没必要存在了。

俗话说"打江山易，守江山难"，就算朱老板自己真的能力超群，也保证绝对没有头疼脑热的时候，但时间一长，朱老板奋斗的决心难道一点儿也不会动摇吗？——我在腥风血雨之中打下江山为了啥，难道是为了给自己争取一份全世界最累的工作？咋想咋不划算。暖风吹得游人醉的时候，朱老板也很想就此躺平。像雪片一样从全国各地飞来的奏章，分分钟就把他淹没了，真的忙不过来。

此外，当年那个一腔热血的朱重八，真的坐上皇位当了终极大 boss（老板），也多少摸索出一些权力游戏的玩法：做重大决定的时候，大老板冲锋在前往往并不好，因为谁也不能保证这个决定一定行得通，但是碍于大老板的身份，被打脸了也没法承认。有个手下就不一样了，让他去冲锋陷阵，万一不行，那也不是最高决策者出了问题，而是没本事的和尚把好经念歪了。大老板此时出山，手刃贪官也好，调整策略也罢，都不影响自己永远正确的形象。

他重新环顾四周：有什么办法可以既不破坏眼前的政治体系，又能规避历史中上演过的悲剧，还能有人来给我帮帮忙？他看上了一种人——大学教授。

大学教授有两个优势：首先，人家文化高、素质优，这就不是从前汉代那些专管复印文件的小秘书了，比起派个给自己端痰盂的侍中出门，皇帝真要重用的话，让教授出面办事，自己也有脸面；其次，古代的大学教授们不鼓捣量子力学，天天研究的课题就是如何治理朝政，办起事来轻车熟路。

古代虽然没有名义上的大学，但是也设立了专门养活高级文人的机构，他们不参与政治，以纯粹的学术研究为人生目标。皇帝需要的时候可以从中选拔一些出来做官，不需要的时候喊几位出来开个研讨会，也能找他们咨询一下学术界的意见。哪怕让他们纯粹写首诗、画张画，风花雪月的，感觉也不错。

其实这也不是朱老板拍脑袋决定的，以前有老板做过类似的事情，有经验可循。比如唐代的李姓老板有一段时间就很重视翰林院，大学里的学术意见就经常被他采纳，成为公司实际执行的大政方针。那时候翰林院的

"待诏""知制诰"还一度被称为"内相"。

还有宋代的赵姓老板，也很喜欢大学，而且通过真金白银的实际行动支持。他在自己的私家别墅群里建了好几栋楼，分拨经费，购买最先进的仪器设备，请大学教授前来做科研，好不气派！当时有很多公司员工纷纷想去这些科研大楼里兼职。时间一长，在公司里面混的人，若没有在科研大楼的兼职头衔，都不好意思出去说自己是这家文化气息浓厚的公司的员工了。

有些员工真有文化，兼职做研究自然没有问题，哪怕没有做实际研究，在研究所挂名也显得顺理成章，比如苏轼曾经就是龙图阁学士。这个龙图阁，就是当时一所科研大楼的名字。有些员工虽然并不是以文化水平高著称的，但是作为公司的实力干将，若立了功，老板也经常给他一个研究所兼职身份作为奖励。比如电视剧里经常出现的那个大公无私的办案名臣包拯，别看人家长得黑黢黢的，可是戏里为什么唱"包龙图打坐在开封府"？因为人家也在龙图阁兼职，只不过职位没有苏轼高，是龙图阁直学士。

既然说到在科研大楼兼职的职位高低问题，那不妨多延伸一些。当时的科研大楼可不止一座龙图阁，还有观文殿、资政殿、端明殿、天章阁、宝文阁、显谟阁、徽猷阁等，所以在哪座科研大楼兼职是有高低之分的。一般来讲，殿比阁高级。在这些殿中，昭文殿和集贤殿是最高级的，一般只有宰相才能在这两座楼里兼职。其余的殿地位次之，阁的地位再低一些。在同一座科研大楼里兼职，也有院士、教授、副教授、讲师的差别，这些在当时叫学士、直学士、待制和直阁。

## 高考文本对应

**2020 年全国 1 卷：**"轼恐不见容，请外，拜龙图阁学士、知杭州。"

> **2020 年全国 2 卷：**"靖康初，言者论其缔合王黼、童贯及不几察郭药师叛命，罢为观文殿大学士、提举嵩山崇福宫。"
> **2018 年全国 3 卷：**"徽宗立，以龙图阁直学士知开封府。"
> **2012 年全国新课标卷：**"上方靳职名，非功不予，诏燧治郡有劳，除敷文阁待制，移知婺州。"

既然有前朝的经验，朱老板和他的儿孙们就立马结合自己的实际需要行动起来了。我们现在还能看到，故宫里有不少建筑就是明代朱姓老板们当时分配用作科研大楼、供养大学教授的地方，比如中和殿（当时叫华盖殿）、保和殿（当时叫谨身殿）、文华殿、武英殿、文渊阁、东阁（是当时左顺门南庑房东阁，左顺门后改名为协和门），一共是"四殿二阁"。后来清朝皇帝沿用这个制度的时候，撤销了中和殿，增加了体仁阁，于是"三殿三阁"成为定制。

说起来，宰相的职位虽然取消了，但相这种辅助工作总是需要有人来做的，相权也始终存在。在明代接管相权的，就是这些"大学教授"，因为他们在紫禁城里办公，而且参与皇帝制定政策的决策过程，因此被称为"内阁"。在内阁工作的官员被称为"阁部"，阁部数量众多，为首的年资地位高，被称为"阁老"。

这样讲是为了方便理解，实际运行中不可能把"内外"区分得如此泾渭分明。内阁大学士长期参与政治，也不会甘心停留在品级不高的学术职位上，很多职位后来都加上了六部官员的政治身份，比如六部的尚书、侍郎，甚至还有加太师、太傅这种高品阶的。

依旧总结一下这一回合宰相称呼的变化：

| 同中书门下三品/平章事、宰执、枢密使、三司使、参知政事、尚书左/右仆射、太师、左/右丞相、平章政事、同院/知、御史大夫、御史中丞 | 阁部、阁老 |

**回合七：随叫随到的自由组合班底PK七大伯、八大叔＋大学教授**

清代延续了明代的思路，不设宰相，或者说不设立名义上的宰相，皇帝直接统管六部。皇帝本人的权力很大，但也少不得有人辅助。清代作为少数民族入关统治的朝代，在辅助皇帝统治这件事情上是分前后两个阶段的。

首先登场的是七大伯、八大叔。刚入关的爱新觉罗氏心里一定会有深深的不安和恐惧，因为"非我族类，其心必异"啊，所以他们对于汉人是否和他们梳一样的发型、穿一样的衣服非常在意。而且刚刚打下江山，这些叔叔、大伯确实功劳很大，所以任用亲族就成了皇帝的最先选择。清代前期，由亲王和功臣出面辅政。大家熟悉的摄政王多尔衮，是顺治皇帝的亲叔叔、康熙皇帝的叔爷爷。还有康熙皇帝年轻时的辅政大臣鳌拜，也是立下赫赫战功的功臣，是皇太极最信任的武将，号称"满洲第一勇士"。帮助康熙皇帝战胜鳌拜的重臣索额图，是他第一任皇后的叔父……不过这一波势力，没什么可斗的，自觉与皇帝沾亲带故，还有功劳爵位在身，金饭碗往怀里一揣，过不了几代，人就斗志全无，没什么战斗力了。

另一波势力是明代遗留的内阁传统，也就是那些掌握实权的大学教授。面对他们，清代皇帝的做法是保留内阁这种形式，择优录用成立了秘书处，称为"南书房"，其余就作为荣誉头衔，继续让官员们兼职，用以象征他们在学术界的地位。所以清代的"翰林""大学士"就又成了荣誉称号，不掌实权。和珅原本是皇帝护卫队里的队员，能有多高的学术水平？虽然能听懂皇帝说一句"虎兕出于柙，龟玉毁于椟中，是谁之过与"，顶多算得上现在初中生水平，但他做过内阁首席大学士。这说明清代的大学士已经和实际的学问没什么直接关系了。和珅手中的实际权力，源于"领班军机大臣"和几个核心部门的尚书职位，而与首席大学士没什么关联。

那相权由谁来掌握呢？我们学历史的时候都学过，中国古代的皇帝集权在清代达到最高峰，面对核心的相权，皇帝想让谁掌握就让谁掌握，只要能马上为自己效力。

雍正皇帝成立了一个神奇的机构——军机处。

在皇帝居住的养心殿外，仅一墙之隔，在乾清门西侧划拨出一排不起眼的房屋，成立了军机处。有了这个机构，皇帝有任何公务，都可以立即召见军机大臣；大臣有任何奏报，也能以最快的速度递交给皇帝。军机处就相当于皇帝的机要秘书处。自古以来，君臣之间，从来没有过这般办事效率。从此以后，掌握实际权力的标志不再是做了什么官，而是"进军机"。

军机处的人员结构非常简单，地位高的是军机大臣，普通办事人员为军机章京。而且这两种头衔的人员数量没有规定，皇帝想增就增，想减就减。进入军机处的官员，也没有规定一定的级别和部门，甚至连满、汉都不限制。在这一轮拼杀当中，一批精简、精简再精简的随叫随到自由组合班底最终以胜利告终。

依旧总结一下这一回合宰相称呼的变化：

阁部、阁老 ▶ 军机大臣、军机章京

## 分职办事机构

流水的相权，铁打的各部。一个国家，不论上层的政治权力怎样斗争、更迭，实际的各项事务总要有人做。就像一个班级，无论谁当班长，作业都要按时收齐，卫生也得天天打扫，这就涉及中央政府的分职办事机构。

这一部分远远不如相权的变化那样精彩纷呈，顶多就是有些朝代分得粗略一些，有些分得精细一些。按照常理来推断，朝代越靠后，分职越精细、越清晰。

最古老的分职是五官制度。此五官，并非我们通常所说的"耳、目、口、鼻、舌"这五官，而是周朝分掌政事的五个高级官职。《礼记·曲礼下》记载："天子之五官，曰司徒、司马、司空、司士、司寇，典司五众。"

**司徒**，司为管理，徒为人众，而且是普通人，所以司徒就是管理平民百姓的官署，与之相关的工作就是土地与户口。

**司马**，两个字都没什么难度，但是这个官职也绝不是字面意义上"管马的官"这么简单。纯粹管马的官叫弼马温，就是孙悟空做过的那个。古代马最多的地方是军队，因为当时的战争主要是车战，马多、战车多是一个国家强盛的表现，所以司马是管理军队的高级官员。

**司空**，空是空间、地理，所以司空主管修建房屋、道路一类的土木工程。

**司士**，士是贵族，所以司士掌管贵族的官爵俸禄。

**司寇**，寇是坏人，组词尽是"流寇""贼寇""倭寇"一类，所以司寇是政法口的最高长官，掌管法律和刑狱。孔子就曾经是鲁国的大司寇。

五官制度影响深远，甚至几个姓氏都出于此，如"司马""司徒""司空"，因为当时做官不需要参加公务员考试，全看血缘关系。一个家族长期占据这个官职，慢慢就以之为氏了。当然也不会一成不变，比如我们熟悉的两位史学家——司马迁和司马光，恰巧都姓司马，而且都是史学世家。司马迁的父亲司马谈，以及司马光的父亲司马池，都与历史学颇有渊源。但从五官制度这个根源来看，他们家最早的祖先，其实应该是部队高管。

后来出现在我们的历史视野里的是秦汉时期的三公九卿制度。

"三公九卿"的说法由来已久，据说夏朝的政治体制就是这一套。《礼记》记载："夏后氏官百，天子有三公、九卿、二十七大夫、八十一元士。"只不过夏朝太过久远，留下来这么一个名词，具体指的是什么，也基本说不清楚。别说"九卿"为何，就连"三公"究竟是哪三位，后世也各有各的说法，有时候是指太师、太傅、太保，有时候又变成司马、司空、司徒……但是秦代将"三公"明确了下来，是丞相、御史大夫和太尉，这一点在前文讲过了，此处不再赘述。

接下来的"九卿"，就是在丞相的领导下负责朝廷各项杂务的。"九"这个字在中国古代属于典型的虚指之数，一般泛指很多，不一定是确切的。在秦汉时期，能算进"九卿"的官职也的确超过九个。"卿"在先秦时期是对高级贵族的称呼，但是放在秦汉，已经没有了世袭的内涵，只是表示这位官员身份很尊贵，国家很重视。这些官职包括：

**奉常，**掌管宗庙礼仪，地位很高，属九卿之首。奉就是捧，指古人双手恭敬地捧着丰茂的植物，祭拜神灵，以求丰收，所以引申为侍奉。常是规则、准则，比如成语"三纲五常"。古人眼里的准则肯定不是现代科学讲的万有引力定律，而是神灵的意志，所以"侍奉规则"这个意思，与宗庙礼仪紧密相关。后代带有"常"这个字的官名或者官署，也通常与此有关，比如太常寺。

**宗正，**以宗开头的官名，通常掌管皇族、宗室事务。

### 语文教材链接

**八年级上册《周亚夫军细柳》：**"乃以宗正刘礼为将军，军霸上。"这位宗正官刘礼，就是汉朝的九卿之一。作为"宗正"，他的本职工作是管理皇族事务。在这篇文章里，皇帝安排他去作战了，看来汉代的官员任用还是相对灵活的，汉代官员的工作不一定局限于本职工作。

**少府**，掌管专供皇室需用的山海池泽之税及官府手工业，之前在宰相系统里经常出现的官职名称侍中，原本就是少府这个机构的属官，一看就是负责帮助皇帝吃喝玩乐的小官员。

以上是负责皇家生活和祭祀相关职责的官职。

**郎中令**，也被称为"光禄勋"，掌管皇帝宫殿的贴身警卫，是皇帝的侍卫长，其属官有大夫、郎、谒者、期门、羽林宿卫官。

> **高考文本对应**
> 2012年山东卷："兴没后，帝思其言，遂擢广为光禄勋。"

**卫尉**，掌管宫门的警卫，某某宫的卫尉就称为某某卫尉，比如长乐卫尉。

**中尉**，官名后演变为执金吾，负责巡查京师，保护京师安全。关于"金吾"这个名称需要留意一下，因为后世还有很多官职与此有关，比如唐宋时期，有金吾卫、金吾将军、金吾校尉……那为什么负责京师防卫的官职要叫这个名字呢？说法有二：其一，《古今注·卷上·舆服》说："金吾，亦棒也。以铜为之，黄金涂两末，谓为金吾。"这意思就是，金吾是一根两头涂了黄金的铜棒子，是汉朝时期的一种礼器，仪仗队里举着这种棒子的就称作执金吾了；其二，《汉书·百官公卿表》记载："金吾，鸟名也，主辟不祥。天子出行，职主先导，以御非常，故执此鸟之像，因以名官。"这里又说金吾是一种能辟邪的鸟。不过我觉得，这两种说法可能并不矛盾，甚至互为因果。因为金吾鸟能避邪，所以护卫京师的军队制作了一种礼器，就是那根棒子，两头涂的黄金可能也是这种金吾鸟的图案。

以上是负责警卫工作的军队属性官职。

古代警卫官职职能范围

> **高考文本对应**
>
> 2012 年山东卷:"拜长乐卫尉,迁执金吾。"

廷尉,掌管司法审判,这是司法口的官员。这个官职看似与军队没什么关联,但为什么用了"尉"字呢?想想看,我们现在的司法部门难道没有类似军队的执法力量吗?比如警察、特警之类。只不过在古代,远远没有我们现在的政府部门区分得清楚。

> **高考文本对应**
>
> 2019 年全国 1 卷:"廷尉乃言贾生年少,颇通诸子百家之书。"
> 2012 年辽宁卷:"帝大怒……手诏付廷尉,将加戮,累日方赦之。"

太仆,掌管宫廷御马和国家马政,再一次印证"仆"这个字可以直接指驾马的仆人。

> **高考文本对应**
>
> 2013 年江苏卷:"帝崩后,为永宁太仆,以名过其实,能用少也。"

第四部分 张三的仕途

**典客**，也称大行令、大鸿胪，掌管外交和民族事务。鸿胪这个词其实是根据声音写成这样的："鸿胪"这个词，鸿就是大，所谓"鸿儒"就是大儒的意思，胪是传语、陈述的意思。两个字加在一起翻译一下，就是"大嗓门传话"。老百姓家里婚丧嫁娶的大型典礼仪式都需要一个"主持人"来操持料理，这个人不仅得在当地有声望，还得嗓门大，大声地为众人安排各项事务。那国家层面类似的主持人，叫"鸿胪"，也是在国家的各项典礼仪式上，朗声宣读，传声赞导的专员。

**治粟内史**，也称大农令、大司农，掌管租税钱谷和财政收支。

以上为负责国家各项杂事的官职。

---

### 高考文本对应

**2018 年全国 2 卷**："宠风声大行，入为大司农。"

**2020 年全国 1 卷 11 题 C 选项**："司农是官名，又称为大农，主要掌管农桑、仓储、租税等相关事务。"此选项内容正确。

---

**内史**，古代政区名，秦代京畿附近由内史治理，即以官名为名。汉景帝时分为左、右内史与主爵都尉，武帝时改为京兆尹、左冯翊和右扶风。

**主爵都尉**，秦代时的主爵都尉掌列侯，后在汉代更名都尉，后来又更名右扶风。治所在长安，管辖长安附近的一块土地，职责就相当于郡太守。

补充说明一下，这里涉及的京兆尹、左冯翊、右扶风，基本相当于太守，但是因为地理位置特殊，在畿辅之地，所以名称特别，而且地位更尊贵，合称"三辅"。三辅这个词，既可以指这三位官员，也可以指他们管辖的这一片地区。

以上是几位"直辖市"的市长。

提醒大家，这些官职的名称以及它们的代称，要留心看一看，因为秦汉时期的官制对后世的影响很大。后来的很多官员名称都源于此，所以把这些弄清楚，以后见到相近的，在来源上、职责上，都可以帮助判断一二。

我在列举"九卿"的时候就已经大致分类了，不难发现，秦汉时期的九卿制度对国家各项杂务的划分较乱。比如皇帝自己家吃喝玩乐的事情和国家的政务混杂，就好像公司的公账和老板的私账没有区分清楚，这属于早期的公司经营模式。再比如，有些职权的归属也有疑问，在京师里搞防卫工作的郎中令、卫尉、中尉，应该属于部队管辖，还是属于行政机构管辖？若是部队管辖，就应该听命于太尉；若是属于行政机构，就应该听命于丞相。

三公九卿制度是分职行政机构的早期样貌，后世在此基础上改动较大。

最著名、出现次数最多的制度，就是隋唐时期诞生的三省六部制，其中尚书省负责执行政令，三省六部形成了更加完善的分职机构管理模式。

> **高考文本对应**
>
> **2013年全国2卷**："及载登相位，因揆当徙职，遂奏为试秘书监，江淮养疾。"
>
> **2017年全国3卷**："绍圣初，入为吏部尚书。"
>
> **2016年全国1卷**："英宗即位，加中书侍郎兼礼部尚书，寻加户部尚书。"
>
> **2018年全国3卷**："除户部郎中、京西转运副使。"
>
> **2014年全国1卷**："转比部员外郎，郎中。"
>
> **2015年全国1卷**："孙傅，字伯野，海州人，登进士第，为礼部员外郎。"
>
> **2011年辽宁卷**："礼部员外郎张九龄驳曰：'庆礼在人苦节，为国劳臣，一行边陲，三十年所……'"礼部为六部之一，礼部员外郎显然不是礼部的长官，因为礼部长官应该是礼部尚书。此处员外郎当指礼部下属的礼部司的员外郎。

第四部分　张三的仕途

从下图可以看出，其实三省六部制刚刚发展到唐代时，就已经比"三省"与"六部"复杂多了，更不用说后来宋、元、明、清的不断改革。我们以唐代前期的分职体系作为早期的蓝本来介绍，是因为后期的改革也都是基于这一系统进行修补的。

```
                        皇帝
    三公 ─────────────────┼───────────────── 三师
                         │
        ┌──────┬──────┐  ├──中书门下──御史台
        秘    殿    内   │
        书    中    侍   │
        省    省    省   │
                       尚书省
                         │
                        六部
    ┌──────┬──────┬──────┼──────┬──────┐
   吏部   户部   礼部   兵部   刑部   工部
    │      │      │      │      │      │
   吏部司 户部司 礼部司 兵部司 刑部司 工部司
    │      │      │      │      │      │
   司封   度支   祀部   职方   都官   屯田
    │      │      │      │      │      │
   司勋   金部   膳部   驾部   比部   虞部
    │      │      │      │      │      │
   考功   仓部   主客   库部   司门   水部
    │      │      │      │      │      │
   宗正寺 司农寺 太常寺 太仆寺 大理寺 军器监
           │      │      │             │
          太府寺  鸿胪寺  卫尉寺         将作监
                  │      │             │
                 光禄寺  诸卫           都水监
                  │                    │
                 国子监                 少府监
```

唐代开元时期中央管制系统示意图

首先，我们能在图中看到清楚的六部。

**吏部**，掌天下文官的选授、封勋、考绩等，大致相当于现在的中共中央组织部以及人力资源和社会保障部。

> **高考文本对应**
>
> **2020 年全国新高考 1 卷**："捕治吏部豪恶吏，获假印七十余，假官一百余人，辇下震悚。"此句中，逮捕整治吏部不法官员与后文中获得假官印、假官员有紧密联系。
>
> **2016 年全国 2 卷 5 题 C 选项**："吏部是古代六部之一，掌管文官任免、考核、升降、调动等，长官为吏部尚书。"此选项内容正确。
>
> **2016 年全国 3 卷**："又谓珪刚直忠谠，当起用。吏部请如雍言，不报。"此句中说到傅珪刚正忠诚，应该起用，所以是职能相关的吏部向皇帝请示的。

**户部**，掌天下户口、土地、钱谷之政令，大致相当于现在的农业农村部、财政部、民政部。

> **高考文本对应**
>
> **2014 年全国 2 卷**："文请预发军饷三月，户部难之。"发军饷的事情与户部职能紧密相关，所以是户部发难的。
>
> **2012 年全国大纲卷**："他军以匮急仰给朝廷，浩独积赢钱十万缗以助户部，朝廷嘉之，凡有奏请，得以直达。"此句中，军饷告急，所以郭浩是直接捐助户部的。

**礼部**，掌天下礼仪、贡举之政令，大致相当于现在的外交部、教育部。

### 高考文本对应

**2020年全国1卷**："嘉祐二年，试礼部……殿试中乙科。"

**2016年全国3卷5题A选项**："礼部为六部之一，掌管礼仪、祭祀、土地、户籍等职事，部长官称为礼部尚书。"此选项内容错误，礼部不掌管土地、户籍，这是户部的职能。

**2014年重庆卷**："试后果捷南宫，得出为某邑宰，循例省亲回籍。"此句中的"南宫"指礼部。

**兵部**，掌天下军卫武官的选授、练兵、武器之政令，大致相当于现在的国防部、原总参谋部、原总装备部、原总后勤部。

### 高考文本对应

**2015年全国1卷5题B选项**："兵部是古代'六部'之一，掌管全国武官选用和兵籍、军械、军令等事宜。"此选项内容正确。

**2013年全国1卷**："……为兵部尚书，督团营如故。""为兵部十三年，尽心戎务，于屯田、马政、边备、守御，数条上便宜。"

**刑部**，掌天下刑法及徒隶、勾覆、关禁之政令，大致相当于现在的司法部、最高人民法院、最高人民检察院和公安部。

### 高考文本对应

**2014年山东卷**："鼎在刑部一以宽仁行法，威声不起，而人皆乐其不苛刻。"

**工部**，掌天下百工、屯田、山泽之政令，大致相当于现在的住房和城乡建设部、工业和信息化部、交通运输部、水利部、林业部、国家发改委。

六部最初是整整齐齐的,各自下辖四个司,一共二十四个司。我们现今还在沿用这个传统,比如教育部下辖基础教育司、高等教育司、职业教育与成人教育司、民族教育司……但是具体有多少个司,应该视情况而定,所以发展一段时间以后,司的数量肯定会有所调整。

> **语文教材链接**
> 高中必修下册《答司马谏议书》:"某则以谓受命于人主,议法度而修之于朝廷,以授之于有司,不为侵官。"此处的"有司"是相关部门的意思。

> **高考文本对应**
> 2016年全国1卷5题C选项:"古代朝廷中分职设官,各有专司,所以可用'有司'来指称朝廷中的各级官员。"此选项内容错误。有司指的是某件事的相关官员,而不是各级官员。

这里需强调的是,仔细观察一下,你会发现有些司的名称也称为"部",比如刑部下设的比部、工部下设的水部。你记不记得唐朝有一首诗《近试上张籍水部》:"洞房昨夜停红烛,待晓堂前拜舅姑。妆罢低声问夫婿,画眉深浅入时无。"题目里提到"张籍水部",这个官员的名字叫张籍,当时的官职是水部员外郎。注意,这里就算写作部,也不是指六部长官。一来水部不在六部之列,二来六部长官叫"某部尚书"或者"某部侍郎",员外郎是六部下设的一个司的副司长。

> **高考文本对应**
> 2018年全国3卷:"还朝,用为三司盐铁判官,以比部员外郎出知遂州。"

第四部分 张三的仕途

> **2011年浙江卷**："再迁水部员外郎。时兄文琮为户部侍郎，于制，兄弟不并台阁，出为云阳令。"

除此之外，现在的教育部下设机构里也有不叫某某司的，比如"巡视工作办公室""中华人民共和国联合国教科文组织全国委员会秘书处"。古代也一样，在整齐的二十四司以外还有"五监"。

**国子监**，掌儒学训导，有国子学、太学、四门学、律学、书学、算学六学。长官称为祭酒。

**少府监**，掌百工技巧，比如织布、冶炼之类。长官称监、少监。

**将作监**，掌土木工程，长官称大匠、少匠。

**军器监**，掌修缮、制造甲弩。

**都水监**，掌川泽津梁，总舟楫、河渠。长官称使者。

"五监"以外还有"九寺"——光禄寺、太仆寺、太常寺、宗正寺、大理寺、卫尉寺、鸿胪寺、司农寺、太府寺。这些名字看上去都很眼熟吧？对，这基本上是由秦汉时期的"九卿"演变过来的。

### 语文教材链接

**高中选择性必修下册《项脊轩志》**："此吾祖太常公宣德间执此以朝，他日汝当用之！"看来作者归有光的祖上是做过太常这个官职的。

### 高考文本对应

**2021年全国乙卷**："戴胄忠清公直，擢为大理少卿。""行刑之日，尚食勿进酒肉，内教坊及太常不举乐。"

**2014年全国大纲卷**："睿宗立，徙太府，兼通事舍人。"

> **2021 年全国乙卷 11 题 D 选项**："大理丞是大理寺的重要官员，大理寺是我国古代掌管刑狱的官署。"此选项内容正确。
>
> **2014 年全国大纲卷**："久之，迁太原尹，兼北都军器监，边备修举，诏赐时服劳勉之。"
>
> **2013 年辽宁卷**："天圣五年，举进士第一，为将作监丞，通判湖州。"

这个部分没难度，但是我们经常产生的疑问是：寺不是寺庙吗？怎么出现在三省六部结构中？在现代人看来，寺就是宗教场所，比如佛寺、清真寺，这里的政府机关怎么和宗教扯上关系了呢？

这是在语言发展历史过程中颠倒了因果的典型例子。"寺"在诞生之初，原本就是政府办事机构，后来才和宗教寺庙扯上关系。可是后来，"寺"本来所指的政府办事机构之意没怎么留传，而所代表的寺庙之意却传播甚广，慢慢地，人们头脑中的因果逻辑就颠倒了。

"寺"的金文字形，从"又"，就是我们看到的位于字形下半边的一只手，上半边像现代汉语的"止"字的部件普遍认为是记录读音的声符。《说文解字》里讲："寺，廷也，有法度者也。"寺，原来就是官署的名字。也有学者认为，以"寺"为官署名，可能与"寺人"这一职务有关，寺人就是近侍内臣，比如顾炎武《知日录》讲："自秦以宦者任外廷之职，而官舍通谓之寺。"

东汉时期发生了一件大事：汉明帝派人去西域求佛法，派出的人很能干，还把当时的天竺高僧请入中原。负责接待这位外国宗教贵宾的地方，就是"寺"。可是这里毕竟是世俗场所啊，高僧长久住下去也不合适，皇帝就拨钱专门给高僧建了一处固定的住所。那这处住所叫什么呢？反正是我们尽地主之谊、接待贵宾的地方，也应该叫寺，就以当时驮来经书的白马命名，称为白马寺。有此先例，以后的其他佛教建筑也纷纷以寺命名，于是寺和宗教有了关系。

言归正传，回到"九寺"上来，因为脱胎于"九卿"，所以长官称为卿、少卿。

我们在这也能看到，唐代的六部制度比前面提到的秦汉九卿制度有了很大进步。

首先，将皇帝家吃喝玩乐的事情和朝政事务区分开。除三省六部外，唐朝还设立了秘书省、殿中省、内侍省来管理皇帝的私生活。秘书省掌管经籍图书、国史实录等，长官称为监、少监，下设著作局、太史局；殿中省服务于皇帝的生活起居，长官称为监、少监，下设尚食、尚药、尚衣、尚乘、尚舍、尚辇六局；内侍省掌管宫廷内部事务，长官称为内侍、内常侍，都由宦官担任，下设掖庭、宫闱、奚官、内仆、内府五局。

其次，在九卿制度里，担任京师防卫工作的郎中令、卫尉、中尉，它们的归属有些疑问，唐代把"诸卫"，比如左/右卫、左/右骁卫、左/右武卫、左/右威卫、左/右领军卫、左/右金吾卫、左/右监门卫、左/右千牛卫、左/右羽林军卫，都归在了兵部，特殊之处在于，皇帝是可以直接指挥、调动这些卫的。

以后宋、元、明、清的中央政府分职办事机构都延续了六部的框架，虽然时有改动，比如增加或者合并一些职能部门，抬高或者降低一些部门的等级地位，调整一些部门的职权……但是有了这个基础框架，随机应变，是完全没有问题的。

### 监察

监察这个系统，在官职名称方面比其他系统显得简单很多，你只需要牢牢记住一个词，就可以解决百分之八十的问题了：御史。前文已经介绍过其名称来源，御史原本是个专门记录皇帝言行、掌管文案的小官吏，但是时间一长，只要他在，皇帝和大臣都会觉得倍儿紧张，于是演变成了监察官员。

所以我们就不需要分朝代来讨论，但凡看到某官职里带这两个字，一般是监察系统的人：监御史、御史中丞、监军御史、监察御史、巡察御史、御史大夫、左/右督御史、左/右佥都御史……

> **高考文本对应**
> 2020年全国2卷："未几，自秘书少监除中书舍人，擢御史中丞。"
> 2020年全国新高考1卷："都御史周应秋犹以所司承追不力，疏趣之，由是诸人家族尽破。"
> 2020年全国新高考2卷："卒时，佥都御史王用汲入视，葛帏敝籝，有寒士所不堪者。"
> 2015年安徽卷："官咸宁半载……入为云南道监察御史。"

相应地，还有"巡"字系列。一般带上"巡"字的官职，也是中央或者地方长官的特派员，出去了解其他官员的工作情况如何，比如巡按、巡抚……虽然后来清朝的巡抚变成地方大员，但他最初是做巡检监察工作的。

还有一些官职在设立之初就有监察的权力，比如门下省，就是审查中书省诏令的。那么门下省驳回中书省的诏令有哪些理由呢？除了从理论上分析一下这个诏令是不是合适，如果中书省有官员因为贪污受贿制定诏令以谋私利呢？这也是驳回的绝佳理由。因此门下省专门有一批给事中，他们就是做这方面调查工作的，也可以算是监察系统的成员。

到了唐宋时期，除了传统的监察系统，还发展出一种官职，是专门负责给皇帝提意见的，称为"谏官"。你不要觉得设立这种官职是表示皇帝自己有多么高的思想政治觉悟。谏官的性质虽在指出君主之过，但是中国古代的思路基本是这样的：皇帝英明神武，不可能有问题，所有的判断失误都是因为下面有奸臣作祟。所以谏官给皇帝提意见，也不可能直指皇帝本人，一般都是提醒皇帝，要注意小人做坏事。比如不能说皇帝最近因为太沉迷于女色而荒废朝政，得从魅惑皇帝的红颜祸水说起，提醒皇帝小心身边有这样的不贤后妃……这不就演变成了另一套监察系统吗？到了宋代，这一套系统天天盯着宰相执政有没有什么过失，早就不管皇帝了。

这些谏官的名称，包括左/右散骑常侍、左/右谏议大夫、左/右补阙、左/右拾遗。杜甫有"杜拾遗"之称，就是因为他曾经做过左拾遗。

### 语文教材链接

**高中必修下册《答司马谏议书》**：这篇文章题目中的"司马谏议"是司马光，他当时的职位是右谏议大夫。

### 高考文本对应

**2012年江苏卷**："其始为吏，公复以循吏许之，佹仕至谏议大夫，号为名臣。"

**2013年全国2卷**："开元末……诏中书试文章，擢拜右拾遗。"

## 军队

中国古代纯粹的武官官职，在文献里出现的情形远远不如文官官职这般密集。这倒不是说军队不重要，一个原因是舞刀弄枪这个领域实在不是文人们擅长的，距离他们的生活也相对较远，所以文献里出现的次数就相对少。毕竟像辛弃疾、陆游这般文能提笔落诗词、武能上马定乾坤的全面人才，在历朝历代都是凤毛麟角。

另一个原因是，古代经常出现文人指挥作战同时兼任文官职位的情况，这就把武官官职与文官官职混在一起了，让原本属于武官范畴的官职也变得有点儿模糊，最终经常"沦落"在文官里研究讨论了。比如范仲淹曾经领兵镇守西北，担任的官职是"陕西经略安抚招讨副使，兼知延州"。范仲淹早年苦读及第，是典型的文人出身，但是他当时担任的"陕西经略安抚招讨副使"是军队的军事长官，虽然名义上负责"安抚招讨"，貌似是做些思想政治工作，抚慰军心，实际上这个官职在宋代掌握作战指挥权，这就是典型的文人领兵。其兼任的延州知州，更是典型的地方行政官职。这些官职放在范仲淹一个人身上，使得"陕西经略安抚招讨副使"这个军职，越来越不像张飞喝断当阳桥那般威武阳刚，转而带有文人色彩了。同理，汉代的州、牧，清朝的总督……都是文武两职一把抓，并且任职者多有文人，既然如此，那么这些官职统统归入文官系列中讨论，反而更方便一些。

> **高考文本对应**
>
> **2013 年辽宁卷：**"今韩丞相坐主帅失律，夺招讨副使，知秦州；范文正公亦以移书元昊不先闻，夺招讨副使，知耀州。"

那么我们在这一节里就打破朝代的壁垒，基于单纯属于军队的官职，总结出一些规律，以期实现的目标是：一见到官职的名称，我们能认出是个武官，并且大致推测出其品级高低和职权范围。

常见的高阶武官名称，一般有"将军""司马"，或者干脆称为"大将军""大司马"。但是这些将军的内部也有高低之分，一般来讲，名称越短的官职，官越大。比如头衔只有一个"大将军"，那就是国家的三军总司令，他一般负责运筹帷幄，不会轻易出门打仗。

> **语文教材链接**
>
> **高中必修下册《鸿门宴》：**"玉斗一双，再拜奉大将军足下。"项羽身边的大将军是亚父范增，他职位很高，和项羽十分亲近。

### 高考文本对应

**2018 年全国 1 卷**："曹真出督关右，又参大司马军事。真薨，宣帝代焉，乃引芝参骠骑军事，转天水太守。"

**2013 年江苏卷**："至嘉平四年宣王终后，中书令缺，大将军谘问朝臣：'谁可补者？'或指向丰。"

**2011 年江西卷**："天子使使者持大将军印，即军中拜青为大将军，诸将皆属。"

"大将军"的手下会有一些名称略长的将军，比如"骠骑将军""车骑将军"等，或者有时候名字没这么有文化，直接以前、后、左、右命名，这些将军一般是领兵作战的。

### 高考文本对应

**2021 年全国新高考 2 卷**："睿素无北伐之志，以逖为奋威将军、豫州刺史。""四年秋七月甲戌，以尚书仆射戴渊为征西将军。"

**2018 年全国 1 卷**："魏车骑将军郭淮为雍州刺史，深敬重之。"

**2017 年全国 2 卷**："更始遣柱天将军李宝降之。"

还有一些官职名称更长的将军，一般是专门部队的，比如"左/右羽林军大将军""左/右金吾卫大将军""左/右监门卫大将军"……我们能从"将军"二字前面的一串描述看出这是专门负责哪一部分卫戍工作的。这些大将军和皇帝的安危密切相关，所以他们的官名看上去特别威风。

### 高考文本对应

**2021 年全国甲卷**："契丹犹觊关南，遣其监门卫大将军姚东之持书复议，帝不许而去。"

还有一种官职，在军队里的身份比较灵活，在历史上前后变化比较大——"郎"字系列。郎是"廊"的本字，原本表示宫殿里精美的玉砌廷廊。

继续往实用处想一想，古时君王在殿里办公、居住，殿外的廊子，就是他随身的侍卫、侍从、医师等随时待命的地方。在我们的文化传统中，医生为什么被称为"郎中"呢？就是这样来的。"侍郎"就是皇帝的贴身侍从，这个职位原本的意思应该是"侍于郎"。还有一个非常重要的侍卫角色，甚至都不需要其他的字，直接一个"郎"字就变成他们的专属称呼。

再往深处想一想，君王的这些贴身侍卫和郎中、侍郎不一样，他们既然负责保护君王的安全，肯定是随身携带武器的，那么首先必须保证这些人绝对效忠君王。如何保证呢？在达官显贵子弟中选。这些小伙子的家族利益与君王的利益是紧紧绑定的，属于"根正苗红"的可靠孩子。即便他本人想做什么不利于君王的举动，但他全家在君王眼皮子底下，也容易被牵制。"郎"其余的一些属性就是附加的了，比如天天跟在君王身边，在形象方面也得是千挑万选过的，毕竟是一个国家的门面。所以叫"郎"的官职，通常和皇帝关系密切，比如"羽林郎"。电视剧《还珠格格》里面，福尔康这个人物，就是典型的"郎"。

> **高考文本对应**
>
> 2020年全国3卷："彪之曰：'位之多少既不足计，自当任之于时，至于超迁，是所不愿。'遂为郎。"
>
> 2012年上海卷："初式不愿为郎，上曰：'吾有羊在上林中，欲令子牧之。'式既为郎，布衣草蹻而牧羊。"

明白了"郎"这个字的原始意义，它在军队里的灵活地位就容易理解了。它的地位可能很高，因为本来就是贵公子出身，在君王身边又容易赢得信任，再派去军队里历练一番有了战功，这不就齐了吗？三国时期的

"中郎将"，就是个典型的掌握实权的军事将领。周瑜就曾担任"建威中郎将"，诸葛亮做过"军师中郎将"，曹丕担任过"五官中郎将"。当时的中郎将，在理论上低于将军，但显然高于普通的校尉，实际上比一些挂闲职的将军拥有更大的实权。

中郎将曾经掌握兵权，这就免不了让后代君王忌惮——反正原本就是皇帝身边的侍卫首领，皇帝不愿意让他掌权的时候，就让他老老实实地在自己身边待着；或者把这一官职当作一个高高的虚衔赏赐给功臣……具体操作因朝代而异。

### 高考文本对应

**2017年全国2卷**："光武破寻、邑，憙被创，有战劳，还拜中郎将，封勇功侯。"

**2012年山东卷**："嵩为中郎将，监羽林十余年，以谨敕见幸。"

其余地位比较高的武官，有些可以通过名称看出来，比如"某某指挥使""某某率"；还有一些就得结合具体的朝代背景进行判断，比如唐代的节度使和清代的总督，他们具体"节制调度"些什么，"总体督导"些什么，权力范围包不包括军权，就不由官职名称决定了，而是要看当时的历史环境。

接下来是"尉"字系列。之前讲到秦代设立太尉的时候，我们已经从字形的角度分析过"尉"为什么会成为一个典型的武官官职称呼。直到现在，尉还存在于中国人民解放军军衔体系里：上尉、中尉、少尉。

从上尉、中尉、少尉也能看出来，尉在古代军队里的地位比较灵活，最高直至"太尉"，在当时它是一个国家最高的军事统帅。但太尉的称呼其实并没有延续太久，而尉在古代军队里一般是中低级军官，因为后世的最高级军官都称为将军或中郎将了。汉代霍去病在成为将军之前，就被封为剽姚校尉，这就能看出来，尉的官职比将军低。

尉出现的时候一般是校尉、都尉、卫尉、县尉，还有一些看上去有自己专业领域的职位，比如城门校尉、中垒校尉、屯骑校尉……

> **语文教材链接**
>
> 八年级上册《周亚夫军细柳》："军门都尉曰"，这里的"军门都尉"，就是看守军营大门的一个普通军官。

> **高考文本对应**
>
> 2018年全国1卷："后拜骑都尉、参军事、行安南太守，迁尚书郎。"
> 2018年全国3卷："纯礼沉毅刚正，曾布惮之，激驸马都尉王诜曰：'上欲除君承旨，范右丞不可。'诜怒。"
> 2012年山东卷："永平元年诏曰：'故侍中卫尉关内侯兴，典领禁兵，从平天下，当以军功显受封爵……'"

唯一需要强调和注意的是"廷尉"。眼熟不？之前我们在讲汉代的九卿制度时，就已提及这个官职。对，它不一定属于武官系统，文官系统里也有廷尉。廷尉，顾名思义，就是朝廷里的尉，是个司法审判机构，不属于军队。军队里也可以有自己的廷尉，即军队的司法审判机构，比如哪些逃兵抓回来要杀头啊，哪些不守规矩的兵要被打板子啊，都是由军队里的廷尉处置的。

> **高考文本对应**
>
> 2020年全国3卷："扬州刺史殷浩遣从事收毅，付廷尉。彪之以球为狱主，身无王爵，非廷尉所料，不肯受，与州相反复。"
> 2019年全国1卷："孝文皇帝初立，闻河南守吴公治平为天下第一，故与李斯同邑而常学事焉，乃征为廷尉。"

第四部分　张三的仕途

最后，剩下一众没什么规律可言的中下层武官名称，看似纷杂，不容易记忆。但是谢天谢地，我们有《水浒传》呀！那里面的一百单八将，基本是糙汉子出身，上梁山前大都是些基层武官。有这些人物的故事打底，就不怕你对这些官职没有印象了。

**鲁提辖**。鲁智深曾经当过提辖，而且这段历史还引出了一个职位更高的官职——经略相公。当时鲁智深就是在经略相公府上做提辖。宋代的时候，一个路会设置一个经略安抚制置使，这个官职就是《水浒传》里的经略相公。北宋的经略安抚制置使作为统管一路军政的最高长官，权力比知府、知州还大。在经略相公府上，像鲁智深这样的提辖有三十多位，所以他大致相当于连长级别吧。

**林教头**。林冲曾经是八十万禁军枪棒教头。教头，顾名思义，是在军校里教育、管理学员的长官，并不领兵打仗，听着威风，但并不是八十万禁军都听他摆布。而且他是专管枪棒的教头，这就说明还有其他的教头，比如专管射箭的教头。教头之上还有都教头，比他的官更大。但是无论如何，军校也属于军队管理的范畴，因此当林冲怒气冲天地扳过调戏自己娘子的流氓的肩膀，看到此人是太尉高俅的干儿子时，拳头就软了，因为北宋的太尉是他顶头上司的顶头上司。

**武都头**。武松、朱仝、雷横等人都做过都头。武松打虎归来，成了小小县城里人人仰慕的英雄好汉，并被授予了一个都头的官职。都头相当于刑警大队里的刑侦科长，所以你看后来武松哥哥被嫂嫂害死以后，他的整套办案流程是丝毫不乱的：找证人、写供词、让嫌犯在众人面前认罪并且签字画押……这应该都是做都头这段时间里培养出的职业素养。另外，武松当时找来验尸的仵作九叔，也不是普通老百姓随便就能办到的。

**戴节级**。"神行太保"戴宗做过节级。当时宋江被刺配江州，途经梁山泊，被晁盖等人请上山寨，但他不肯留在梁山，执意前往刺配之地。吴用修书一封，让宋江捎给戴宗，请戴宗对宋江多加照应。戴宗为什么照应得了宋江呢？因为节级这个官职相当于副监狱长。

**陆虞候**。当初陷害林冲的陆谦，就是个虞候。"虞"这个字的本义是神兽，这个神兽一会儿用在地名里，一会儿用在人名里，一会儿又用在官职名称里，说明没有一定之规。虞候在春秋时期只是个掌管山泽鸟兽的官，后来慢慢就用作军官称号了，但虞候具体管辖什么也不确定，反正就是个基层官员，和节级差不多，长官分派什么工作就做什么。

**杨制使**。杨志是武举出身，在殿帅府做过制使。"使"这个字有使者的意思，制使就是朝廷派出办理公务的官员。他出差办理过的最重要任务，就是押送生辰纲，但这生辰纲最终被吴用智取了，所以杨志丢了官。

**秦统制**。"霹雳火"秦明曾经担任青州指挥司统制。这个官不小，看上去是青州当地驻军的"统领""管制"，地位至少不低于师长。他是有丰富领军作战经验的正规军出身，当时是中了"诡计"才归顺梁山的。所以你看，秦明不仅自己打架厉害，而且是个有统兵之才的将领。他手执狼牙棒，在一系列战斗中率众屡立战功，接受招安以后随宋江四处征讨，也是股肱之臣。

**李都统制**。顾名思义，"都统制"这个官职比秦明的"统制"更大。梁山好汉接受招安打败方腊后，在幸存的好汉中，一共有七个人被封为都统制，连李逵都成了镇江润州都统制。都统制有节制所属地域的权力，相当于临时战区的司令长官。有战事的时候，其他人都要听都统制的。

**黄都监**。"镇三山"黄信原是青州慕容知府麾下兵马都监。他是青州指挥司统制秦明的徒弟，秦明投降落草后，黄信也随着师父投了宋江。由此看来，都监是统制之下的一个军官职位。

还有一些零散的小角色，比如经常在牢城营里看到的"管营"和"差拨"，相当于劳改大队的队长和看管；押送林冲去沧州时险些害了他性命的董超、薛霸是解差，即专门押送犯人的低级差役。

第四部分　张三的仕途

# 第十九章
# 品阶勋爵

在学习古代官制时,很多人经常会觉得很烦琐,不能理解为什么要搞得这么复杂。其实有些东西是古今相通的,比如现代的职称体系。

以中学老师这个职业为例,我刚刚工作的第一年属于实习阶段,什么职称都没有;后来晋级的第一步,是评选"中学一级教师",这是中级教师里的最高级别;继续往上,就是"高级教师";再往上努力,还能做"特级教师"。虽然特级教师不是一个正式的职称,只是个荣誉称号,但是这对于一个中学老师来说,也是毕生梦寐以求的荣耀。

这可能就是职场中人亘古不变的心理需求:怪兽是要一路不停地打下去的,如果前方没有怪兽可打,工作也就没什么奔头了。对于中学老师来说,每一个三年几乎都在重复同样的工作,大学刚毕业的年轻人做的事情和即将退休的老教师做的事情也没什么区别,那老教师在心态上难免会有一些失衡。于是,在做事情的职权之外,多了一层职称的区别:同样是教书育人,"老革命"是特级教师,年轻的毕业生是中学一级教师,这个差距就一下子拉开了。虽然代课费差不了几块钱,但是心态、感觉上就不一样了。

古代官制中的职称,比现在复杂一些,有品、阶、勋、爵这四种。了解这部分内容后,我们就能看明白古代文献当中经常出现的长长的官职名称,比如司马光上书宋神宗时自称"端明殿学士兼翰林侍读学士太中大夫提举西京嵩山崇福宫上柱国河内郡开国公食邑二千六百户食实封一千户赐紫金鱼袋臣司马光"。我们把这长长的自称放在这部分内容的开头,等到最后检验学习成果，就能做到精准断句。另外，这个体系里的名称，比如司马光提到的"太中大夫"，挺像我之前讲到的御史大夫之类的实际职权官名，这就容易引起混淆：这是个什么官？具体是做什么的？只有搞清楚它的出处，才不会在这些无谓的细节上纠结。

## 品

品是古代官制体系里最常见的，是衡量官员地位高低的标准。我们熟悉的"一品大员""九品芝麻官"都是从这里来的。

品的划分源于魏晋时期的"九品官人法"，即把人才划分成九个等级。虽然后来作为官阶的品和九品官人法的品在内涵上相去甚远，但名称上是一脉相承的。虽说是九品，真正使用起来却不只是九级。

北魏孝文帝在每一品后面加了"从"，九品实际上就变成了十八个等级：一品、从一品、二品、从二品、三品、从三品……

后来，品不仅仅分正和从两级，从四品以下，每一个级别还要分上下阶，这样一来九品就被实际划分成了三十个等级：正一品、从一品……正四品上阶、正四品下阶、从四品上阶、从四品下阶、正五品上阶、正五品下阶、从五品上阶……

这三十个等级的九品制，唐、宋都在沿用，而且武官是从正三品就开始分上下阶的，实际的等级比文官更多。后来的元、明、清只保留正和从，九品制就恢复为十八个等级了。

这里需要说明一下的是，我们说到"九品芝麻官"一般是指知县，其实知县是个正七品官员。知县若是最末的九品，那让知县下属的县丞、县学训导、主簿、巡检情何以堪呢？在这里，巡检的品级是最低的，属于从九品。但凡有了品级，都是"入流"的"流内官"。巡检再往下，比如典史、驿丞，就是"不入流"的了，他们只能算作吏，而不是官。

> **高考文本对应**
> 
> **2021年全国新高考1卷：**"上悦，召文武五品已上告之曰：'裴矩能当官力争……'"
> 
> **2020年全国1卷：**"元祐元年，轼以七品服入侍延和，即赐银绯，迁中书舍人。"

## 阶

在前文讲相的时候，我就反复提到一个思路：某某官职，从前还是个手握相权的实权派，但是现在有了新的角色掌握相权，那这个官职就沦为一个虚衔，皇帝把它赏赐给一些不再掌权的元老，以示尊重，让他们安享晚年。这类和实际职务不同的虚衔，被称为"散官"。散官，顾名思义就是闲散的官，与之相对应的是"职事官"。

当散官逐渐多起来以后，朝廷就得再搞出一个章程，规定好高低次序，让它们整齐划一。毕竟，如果宰相和知州闲居，竟然做了同一个散官，确实不合适。于是朝廷给这些散官定了层级，有了体系，散官也被称为"阶官"，简称为阶。

以唐代为例，正式的官员从正一品到从九品下阶，一共有三十个等级。这三十个等级也对应着各自的阶官（见下表）。

**等级和阶官对应表**

| 等级 | 阶官 | 等级 | 阶官 | 等级 | 阶官 |
| --- | --- | --- | --- | --- | --- |
| 正一品 | （空缺） | 正五品上阶 | 中散大夫 | 从七品上阶 | 朝散郎 |
| 从一品 | 开府仪同三司 | 正五品下阶 | 朝议大夫 | 从七品下阶 | 宣议郎 |
| 正二品 | 特进 | 从五品上阶 | 朝请大夫 | 正八品上阶 | 给事郎 |
| 从二品 | 光禄大夫 | 从五品下阶 | 朝散大夫 | 正八品下阶 | 征事郎 |
| 正三品 | 金紫光禄大夫 | 正六品上阶 | 朝议郎 | 从八品上阶 | 承奉郎 |
| 从三品 | 银青光禄大夫 | 正六品下阶 | 承议郎 | 从八品下阶 | 承务郎 |

（续表）

| 等级 | 阶官 | 等级 | 阶官 | 等级 | 阶官 |
|---|---|---|---|---|---|
| 正四品上阶 | 正议大夫 | 从六品上阶 | 奉议郎 | 正九品上阶 | 儒林郎 |
| 正四品下阶 | 通议大夫 | 从六品下阶 | 通直郎 | 正九品下阶 | 登仕郎 |
| 从四品上阶 | 太中大夫 | 正七品上阶 | 朝请郎 | 从九品上阶 | 文林郎 |
| 从四品下阶 | 中大夫 | 正七品下阶 | 宣德郎 | 从九品下阶 | 将仕郎 |

**高考文本对应**

2020 年全国 3 卷："加光禄大夫、仪同三司，未拜。"

2020 年全国 2 卷："罢为观文殿大学士、提举嵩山崇福宫；又责授朝议大夫、秘书少监、分司南京，随州居住。"

2014 年全国 1 卷："累封东海郡公，加金紫光禄大夫。"

对应着找一找，里面有没有司马光超长官名里的一小部分？

在这么多阶官名称里，我们挑出两个重要的来讲。

首先是从一品的阶官——"开府仪同三司"。现在我们应该已经养成习惯了，遇到长长的官名，先断句：开府/仪同/三司。"开府"，需要联系一下之前讲到"府"这种住宅时的内容——什么身份的人才能开府居住？在汉代，"三公"、大将军可以开府；在宋代，"执政、亲王曰府"。因此"开府"的意思是，虽然他的官职不够，但是特别赐予开府的权力。"三司"也是高级官员，在汉代，"三公"就是三司；在唐代，御史台、中书台、门下省是三司；在宋代，独立出来的主管对外贸易的机构成为三司。因此"仪同三司"，就表示"对待他的规格、礼仪和高级的三司官员齐平"。我们通过对名称的分析也可以看出，这里面没有提到具体负责啥事儿，只是在强调福利待遇。对，这就是阶的精髓。

第四部分　张三的仕途

> **高考文本对应**
>
> **2017 年全国 3 卷：**"政和初，卒，年七十五。赠开府仪同三司，谥曰文定。"
>
> **2015 年全国 1 卷：**"明年二月，死于朔廷。绍兴中，赠开府仪同三司，谥曰忠定。"

其次是正二品的阶官——"特进"。一般来讲，退休老干部的生活，就是养养花、钓钓鱼、下下象棋、听听音乐，腿脚利索的话，还能跳跳广场舞。他们做点儿什么都好，唯独别没事儿就跑回原单位，对人家现任领导的各项工作指指点点，这个特别招人烦，因为不在其位不谋其政嘛。但是，"特进"不一样，意思就是：皇上特别交代了，其退休以后，依旧欢迎其进入朝堂，对晚辈的工作进行提点教导，甚至可以参与大政方针的制定。

不过，特批归特批，真的进入朝堂，说话还有没有人听，这就不可知了。但这毕竟是对退休老干部很贴心的心理安慰，让他觉得自己讲话还有人愿意听。

> **高考文本对应**
>
> **2018 年全国 1 卷：**"芝以年及悬车，告老逊位，章表十余上，于是征为光禄大夫，位特进，给吏卒，门施行马。"

唐代的阶官制度是后世的蓝本，即便后世有所改动，我也不打算详细列举了。总之，不必把每一个阶官的名称都记得很清楚。阶官名称基本上分了两个系列："某某大夫"和"某某郎"（在武官系统是"某某将军"和"某某校尉"），而且从名称上基本看不出来具体是做什么事情的，比如"银青光禄大夫"，一看就是个只负责闪耀光芒的名字，在文献里见到的时候，心里要有数。

## 勋

勋，是功劳的意思，比如现代汉语里的"勋章"，就是用来彰显功劳的奖章。在古代，勋也分层级，用来表示官员的荣誉地位。

勋的制度开创于魏晋南北朝时期，但是当时没有形成系统，没有制度化。勋正式制度化是在隋代，将勋分成十一个等级。唐代在此基础上有所调整，正式确立为十二个等级，称为"十二转"。这个体系基本沿用到了明代，清代就把勋和爵两个体系合并在一起了。

提起"十二转"，肯定会想起南北朝民歌《木兰辞》里那句"策勋十二转，赏赐百千强"。为什么到了唐代才确定十二转制度？这不是木兰穿越了，也不是你的记忆混乱了，而是因为《木兰辞》流传到唐代，曾经被唐人修改润色过。

**十二转制度与勋名对应表**

| 级别 | 勋名 | 级别 | 勋名 |
| --- | --- | --- | --- |
| 十二转 | 上柱国 | 六转 | 上骑都尉 |
| 十一转 | 柱国 | 五转 | 骑都尉 |
| 十转 | 上护军 | 四转 | 骁骑尉 |
| 九转 | 护军 | 三转 | 飞骑尉 |
| 八转 | 上轻车都尉 | 二转 | 云骑尉 |
| 七转 | 轻车都尉 | 一转 | 武骑尉 |

单单看这些勋的名称，似乎都与军事有。这也有道理，新朝代刚刚建立的时候往往会奖励功勋之臣，他们基本上都是和皇帝一起打下江山的铁哥们儿。但是到了宋代，这些勋就不再只是奖励军功了。继续对应着找一找，这里面有没有司马光超长官名里的一部分？

原则上讲，既然是奖励功劳，就是老子有功，儿子却不一定有。比如在现代社会，袁隆平老先生获得了"共和国勋章"，只有勋章可以流传后世，这个头衔却不能代代相传，在古代也是一样。所以勋这个东西，既不能给官员带来额外的俸禄，又不能世袭，在世俗意义上，实际的用途远远比不上爵。它只有一点用处，即万一获勋者犯罪了，可以用勋来减免、抵挡一下。但也不能低估荣誉这种东西对于奋斗者的意义，我们去看看那些年近百岁的抗战老兵就明白了，他们身上穿着早已褪色的旧军装，却把胸前的一枚枚军功章擦得闪闪发亮。

## 爵

爵的本义是古代的一种酒杯，经常被用作祭祀的礼器，所以很有可能被当作贵重的赏赐物，由君王赏赐给臣下。得爵的臣下的身份，与其他人是不一样的，由此渐渐演化出中国古代的爵位制度。

中国古代的爵位分为公、侯、伯、子、男五个等级，这个之前讲过。实际上秦代建立、最高统治者称皇帝以后，王的等级就低于皇帝，也成了一个分封爵位的等级。除了汉代分封过几位异姓诸侯王，在其余各朝，王基本不会用来封赏异姓功臣了。汉代以后，只有皇子才能封王，异姓只能封侯，称为"列侯"。诸侯王的嫡长子继承王位以后，其余庶子的爵位就会下降，也成为侯，这种侯是"王子侯"。魏晋南北朝时期，封爵的制度越来越系统化，侯与侯也渐渐有了差别，比如"郡侯""县侯""乡侯""亭侯"，公也有了"开国公"这样的说法。

**不同朝代的爵位对应表**

| 朝代 | 王 | 公 | 侯 | 更低 |
| --- | --- | --- | --- | --- |
| 唐 | 王、郡王 | 国公、郡公、县公 | 县侯 | 县伯、县子、县男 |
| 宋 | 王、嗣王、郡王 | 国公、郡公、县公、开国公、开国郡公、开国县公 | 开国侯 | 开国伯、开国子、开国男 |
| 元 | 王、郡王 | 国公、郡公 | 郡侯 | 郡伯、县子、县男 |

> **高考文本对应**
>
> **2021年全国新高考1卷：**"十一月庚寅，降宗室郡王皆为县公，惟有功者数人不降。"
>
> **2013年四川卷：**"及壮，知向濂洛之学，事同郡王柏，从登何基之门。"
>
> **2013年湖北卷：**"蓟国公希贡，犹布衣，为通报。"
>
> **2014年全国1卷：**"累封东海郡公，加金紫光禄大夫。"
>
> **2014年全国大纲卷：**"寻徙河南尹，封彭城郡公。"

继续找找，这里面有没有司马光超长官名里的一小部分？

相较于其他的品、阶、勋来说，爵得到的利益明显更多。

首先，爵是可以世袭的，只要不是犯了什么滔天大罪，就能世代罔替。爵位世袭和皇家一致，原则上是嫡长子继承，其余庶子的爵位递减一级，直到递减为平民。理论上确实是这样，但是在实际操作过程中，都是到了王朝中后期，贵族们的爵位利益才会减少。一来是这帮贵族世代繁衍，子又有子，子又有孙，人数众多，政府养活起来肯定是不堪重负；二来是历代王朝到了中后期，内部的各种矛盾凸显，实力弱化，各处都捉襟见肘，所以通常就会在贵族管理上抠门一些。清代是个例外，除了几位"铁帽子王"，其余贵族的爵位都是世袭递减的。也就是说，儿子能继承的爵位，要比父亲低一级，这样就能让贵族集团的"新陈代谢"速度加快，朝廷的负担也小一些。

其次，在明代以前，爵位还能带来一块相应的封地。这块封地自然不可能再像先秦时期那般分封给谁就归属于谁。但是这块封地上的利益，封主还是可以享用的。这是获爵者在俸禄以外的另一可观的收入来源，并且世袭罔替。不过，随着分封制逐渐瓦解，封地的世袭也越来越打折扣了。比如父亲的封地是两千户人家，到儿子的时候就只能继承一千户了。

第四部分 张三的仕途

在隋、唐、宋时期，另有一种奇特现象，就是名义上的封地和实际享有的封地不一样。比如隋代的杨素，"进爵郢国公，邑三千户，真食长寿县千户"，看明白了吗？就是说朝廷给杨素画了一张三千户的大饼，名义上归他，实际上只有长寿县的一千户归他。到了宋代，不论是名义上的，还是标明了"实赋""实封""真食"，其实都是画大饼。明代便正式取消了封地。

> **高考文本对应**
>
> **2020 年北京卷：**"晋出公十七年，智伯与赵、韩、魏共分范、中行地以为邑。"
>
> **2019 年全国 2 卷：**"卫鞅既破魏还，秦封之於、商十五邑，号为商君。"
>
> **2017 年北京卷：**"始皇既并天下，分郡邑，置守宰，理固当然。"

最后，用元代赵天麟的一句话来总结这部分内容："夫爵者官之尊也，阶者官之次也，品者官之序也，职者官之掌也。"

最后，还是回到本章开头提到的司马光的超长官职名称上来，可见其官职名称之复杂。

端明殿学士兼翰林侍读学士 || 太中大夫 || 提举西京嵩山崇福宫 || 上柱国 ||
　　　学术身份　　　　　　　　　阶　　　　　　实际官职　　　　　　勋
河内郡开国公 || 食邑二千六百户食实封一千户 || 赐紫金鱼袋 || 臣 || 司马光
　　爵　　　　　　　　封地　　　　　　　　　　荣誉

# 第二十章
# 官员考绩

人生没有哪个阶段是轻松的,在学校读书得接受考试,好不容易混个官儿当,又得接受考核。不过有了在学校身经百战的经历,人在官场也适应得快些,因为考来考去,形式其实大同小异。

先说名称。学生应付的考查叫"考试",官员面对的叫"考绩""考课""考功",很容易类比记忆吧?

> **高考文本对应**
>
> **2019 年浙江卷:**"为考功郎有声,以不能附会,非久出参闽藩。"
> **2017 年全国 3 卷:**"初,选人调拟,先南曹,次考功。"
> **2014 年广东卷:**"通判蔡州,直集贤院,判尚书考功。"

再说形式。学生在学校面对的几种考查形式,在官场上也能一一找到对应。

第一种形式,从上到下一级一级地考。比如学生平时在学校经历的月考、期中考,是学科老师出卷子考查;学科老师带的各个班成绩如何,由教导主任考查;教导主任的工作业绩如何,由主管教学的副校长考查……

古代官员的考查也一样,只是专有名词略有不同。考试成绩A等,在古代官场上叫"最";考试成绩D等,在古代官场上叫"殿"。"殿"这个字,我在讲宫殿建筑的时候提到,最初是指搭起一个高台,上面盖房子,所以就有垫在下面的意思。现代汉语里还保留着"殿后""殿军"这样的词语。

> **高考文本对应**
>
> 2015年上海卷:"彦光前在岐州,其俗颇质,以静镇之,合境大化,奏课连最,为天下第一。"
> 2014年福建卷:"声称著闻,以最荐升湖广按察司经历。"
> 2018年浙江卷:"旧制,判、司、簿、尉四考,无殿负,例为令录。"

第二种形式,是学生自己写阶段性总结报告。学校里的老师会经常要求学生写这种东西——对比着学期刚开始的时候制定的目标,总结自己这段时间的学习成绩如何,班集体的事务参与得怎样……

古代官员也一样,专有名词叫"上计"。这个制度很古老,战国时期就有了,就是各个地方的官员在年初把自己辖区每年的人口数量、农业税等预算数字写在木券上,一分为二。"老师"收到这个"券"的一半,年终把"学生"叫过来,对着另一半,一一责问落实情况。

因此,官职里包含"上计"两个字的,都是负责这方面工作的。比如上计掾(yuàn)、上计掾史、上计吏。司马懿就是上计掾出身。

> **高考文本对应**
>
> 2018年全国1卷:"郡举上计吏,州辟别驾。"
> 2016年上海卷:"举上计吏,州四辟从事……皆不就。"

第三种形式,就是期末考试、会考之类的统一性考试,由某个区/县或者更大的行政区划部门,派出命题小组,统一出题,考查辖区内的所有考生。古代也一样,不同朝代有不同大小的监察区。比如之前提到,汉代有刺史区,唐、宋有道和路等,这些区域最初的划分,也都与统一考查官员的目的相关。那么根据不同的朝代，就会有刺史或者御史中丞或者巡抚大人之类的官员前来统一考核官员的业绩。

还有大考与小考的制度，比如唐代是四年一大考、每年一小考，这和中学生三年一大考、一年两小考类似。还有，考核结果要公之于众，类似于现在的全校张榜。考试成绩特别优秀的可以跳级，成绩很差的需要降级，官员根据考绩结果会有升职与降职。

# 第二十一章
# 官职变化

一个官员，从任职到职位的调动，中间可能遭遇父母丧事而丁忧，以及最终退休。我们在这一章里梳理这方面内容。

## 任职

**授**，就是授予官职、爵位。这种用法随处可见，需要注意的是，在宋代，如果在授的前面加上"责"字，变成"责授"，就是贬官的意思。

> **高考文本对应**
>
> 2020年全国2卷："王黼赞于上，授庆远军节度使、河北河东燕山府路宣抚使、知燕山府，辽降将郭药师同知府事。""又责授朝议大夫、秘书少监，分司南京，随州居住。"
>
> 2020年全国新高考1卷："选授御史，巡视中城。"
>
> 2016年全国2卷："征授御史，出按辽东。"

**任**，就是担任官职。

> **语文教材链接**
>
> 九年级下册《出师表》："受任于败军之际，奉命于危难之间，尔来二十有

一年矣。"这句话中的"任",可以翻译成重任,其实也就是担任重要官职的意思。

**高中必修下册《谏太宗十思疏》**:"简能而任之,择善而从之。""任"就是任用、委派官职的意思。

## 高考文本对应

**2019 年全国 1 卷**:"于是天子议以为贾生任公卿之位。"

**2018 年全国 2 卷**:"臣任功曹王涣以简贤选能,主簿镡显拾遗补阙,臣奉宣诏书而已。"

**征**,就是征召为官,一般用于某人第一次做官或者地方官员第一次入京为官。

## 高考文本对应

**2019 年全国 1 卷**:"故与李斯同邑而常学事焉,乃征为廷尉。"

**2018 年全国 1 卷**:"芝以年及悬车,告老逊位,章表十余上,于是征为光禄大夫,位特进,给吏卒,门施行马。"

**辟**,也是征召授官,不过用"辟"字,一般就是去做长官的部属。

## 高考文本对应

**2020 年全国 2 卷**:"子辟章知泉州,迎安中往,未几卒,年五十九。"

**2017 年山东卷**:"引祠部侍郎阮卓为记室,辟贞为主簿。"

**拜**,这个字一看就与典礼仪式有关系,用于授予官职的隆重场合,而

第四部分 张三的仕途

且皇帝一般会亲自授官。通常被授予"大将军""宰相"这样的官职，才称得上"拜"。

> **高考文本对应**
> 2020年全国2卷："宣和元年，拜尚书右丞；三年，为左丞。"
> 2019年全国1卷："居顷之，拜贾生为梁怀王太傅。"
> 2018年全国2卷："岁余，征拜侍御史。"

选、举、简，就是经拣选而授官。

> **语文教材链接**
> 八年级下册《大道之行也》："选贤与能，讲信修睦。"此处的"选"就是选拔官员的意思。
> 八年级上册《生于忧患，死于安乐》："傅说举于版筑之间，胶鬲举于鱼盐之中，管夷吾举于士，孙叔敖举于海，百里奚举于市。"这句话中的"举"，就是拣选、提拔的意思。当然，根据文中的具体语境，"举"要翻译成被提拔。
> 九年级下册《出师表》："先帝称之曰能，是以众议举宠为督。"这里的"举"也是拣选、提拔的意思。"是以先帝简拔以遗陛下"中的"简""拔"，都是拣选、提拔的意思。
> 高中选择性必修中册《屈原列传》："人君无愚、智、贤、不肖，莫不欲求忠以自为，举贤以自佐。"此句中的"举"也是指选拔官员。
> 高中必修下册《谏太宗十思疏》："简能而任之，择善而从之。"这里的"简"是拣选、授予官职的意思。

### 高考文本对应

**2020 年全国新高考 1 卷**："选授御史，巡视中城。"
**2019 年江苏卷**："意欲要之入幕，酬以馆选，而公率不应。"
**2018 年全国 1 卷**："郡举上计吏，州辟别驾。"
**2014 年湖北卷**："有司举于朝，为南康丞。"
**2018 年全国 2 卷**："臣任功曹王浼以简贤选能，主簿镡显拾遗补阙，臣奉宣诏书而已。"

**点**，就是指派某人担任某官职。皇帝点的，自然就是"钦点"。

**荐**，是由下向上推荐而授官。

### 高考文本对应

**2018 年浙江卷**："于时或荐太初博学有文，诏用为国子监直讲。"
**2016 年全国 1 卷**："初荐王安石，及同辅政，知上方向之，阴为子孙计，凡更张庶事，一切听顺。"

**解褐**，褐指平民服装，解褐特指脱离了平民身份。

### 高考文本对应

**2015 年上海卷**："解褐秘书郎，时年十七。"
**2014 年全国大纲卷**："永淳初，解褐婺州参军事。"

**起家**，就是从家乡起身，被授予官职。

### 高考文本对应

**2014 年四川卷**："起家中军临川王行参军，迁太子舍人，除尚书殿中郎。"

**封**，不是授予官职，而是授予爵位。授予与爵位相伴的土地、人口等，也称为"封"。

> **语文教材链接**
>
> 高中必修下册《鸿门宴》："劳苦而功高如此，未有封侯之赏。"此句中的"封"，是结合"侯"这个爵位而言的。
>
> 高中选择性必修上册《五石之瓠》："大败越人，裂地而封之。"这里的"封"，就是国君给功臣分封了爵位，同时奖赏了土地。

> **高考文本对应**
>
> 2021年全国新高考1卷："上皇敦睦九族，大封宗室，自两汉以来未有如今之多者。"
>
> 2021年北京卷："太公封于齐，以此二子解沮齐众，开不为上用之路，同时诛之。"

**除**，就是任官。这个字的使用范围非常广泛，不论是新任，还是改任，都可以称"除"。但是因为这个字还有"除去"的意思，所以非常容易混淆。比如"后除齐州刺史，以黩货除名"（《北史·薛修义列传》），前后两个"除"字的意思就完全相反。前一个"除"字是做官的意思，后一个"除"字表示被开除。"除"这个字为什么这么让人纠结呢？这和它的本义相关。左边的耳刀旁，我们已经见过很多次了，它表示的是山崖上的石头或者建筑的台阶；右边的部分可以明显看出屋顶和柱子、大梁的结构，对，它表示一个个房舍。左右加在一起，就是房屋前面的台阶。后人根据这个意思往不同的方向引申，就得出了完全不一样的结果：登上台阶，引申为做官；而登上台阶的同时，剩下的台阶越来越少，所以有了除去的意思。我们熟悉

的春联中有一句"爆竹声声除旧岁",你看,人们过日子,是不是也和爬台阶一样呢?日子过一天少一天,台阶也是爬一阶少一阶。

> **语文教材链接**
> 高中选择性必修下册《陈情表》:"寻蒙国恩,除臣洗马。"这里的"除",就是授予官职的意思。

> **高考文本对应**
> 2020 年全国 2 卷:"未几,自秘书少监除中书舍人,擢御史中丞。"
> 2020 年全国 3 卷:"初除佐著作郎、东海王文学。"

**补**,就是填补官位的空缺。

> **高考文本对应**
> 2020 年江苏卷:"而癸未需次调补,竟请告归,从太夫人意也。"
> 2018 年全国 2 卷:"自涣卒后,连诏三公特选洛阳令,皆不称职。永和中,以剧令勃海任峻补之。"

**赠**,是专门追赠给已故官员的荣誉官职,对于现任有功官员的已故长辈也可以用"赠"。

> **高考文本对应**
> 2020 年全国 1 卷:"洵卒,赠光禄丞。"
> 2020 年全国 3 卷:"太元二年卒,年七十三。即以光禄为赠,谥曰简。"

**为**,就是做某某官。

第四部分 张三的仕途

> **高考文本对应**
>
> 2021年全国乙卷："戴胄忠清公直，擢为大理少卿。"
> 2021年全国新高考2卷："睿素无北伐之志，以邃为奋威将军、豫州刺史，给千人廪。"

**表**，就是表彰的意思，引申义就是被人表彰、推荐而授予官职。

**录**，就是录取、录用，经常指超出常规直接选到中央为官，还经常表示负责某方面的事务。比如"录尚书事"，意思就是尚书台的工作由他负责。

> **高考文本对应**
>
> 2020年全国新高考1卷："忠贤既诛，赠光斗右都御史，录其一子。"
> 2016年全国3卷："嘉靖元年录先朝守正大臣，追赠太子少保，谥文毅。"

**通籍**，本来是指登记了名字，获得可以进宫的权力。一般来讲，进宫是做什么去呢？什么人才有资格进宫呢？自然是官员进宫办公或者奏对，所以就有了做官之意。

**版授**，版就是板，是官员手中所持笏板的前身，授予笏板，自然就是做官了。

还有一些官职的名称活用成动词，也表示担任这个官职的意思。比如某人"刺连州""守巴陵郡""通判舒州""巡抚陕西"等，都是这类用法。

## 去职与降职

**罢、免**，就是免除、撤销职务。

**语文教材链接**

高中选择性必修下册《归去来兮辞（并序）》："寻程氏妹丧于武昌，情在骏奔，自免去职。"此句中的"免"，就是免除职务的意思，但对于陶渊明来说，特殊之处在于这个职务是他自己给自己免除的，因此说"自免"。

**高考文本对应**

2020 年全国 2 卷："本欲即行卿章，以近天宁节，俟过此，当为卿罢京。"

2016 年全国 2 卷："论罢应天巡抚李涞、顺天巡抚王致祥，又论礼部侍郎韩世能、尚书罗万化、南京太仆卿徐用检。朝右皆悻之。"

2016 年山东卷："若刑者罚，若罚者免。"

2015 年上海卷："上闻而谴之，竟坐免。"

"**解**"**字系列**，如解、解印、解绶、解组、解佩等。要看这一组动作的发出者是谁，如果是上级发出的，就代表做官者被罢官了；如果是做官者自身发出的，就是主动辞职。

**高考文本对应**

2014 年重庆卷："先生固儒者，不耐于酬酢之烦，又淡于利禄，遂以亲老乞终养。解组后，欲为各丐谋治生业，竟皆避之他去。"

2013 年江苏卷："时台制，疾满百日当解禄。"

2012 年四川卷："即日上疏解官去，执弟子礼事献章。"

**挂冠**，就是脱下官帽、辞职的意思。

**归**，就是归还官位给国家，自己回家。需要注意的是，归有时候是指离开一段时间以后恢复官职，所以要根据上下文来判断。比如"母丧，服除，归故官"这个例子就很典型，是指做官者丁忧一段时间以后复职。

> **语文教材链接**
>
> 高中选择性必修下册《归去来兮辞（并序）》：题目中的"归去"，直接翻译是回家，但言外之意是，自己要离开官场了。

> **高考文本对应**
>
> 2019年江苏卷："计偕之日，便向吏部堂告归。"
> 2016年全国2卷："以久次当擢京卿，累寝不下，遂移疾归。"

**夺**，就是剥夺官职。

> **高考文本对应**
>
> 2017年北京卷："三代之兴，诸侯无罪不可夺削，因而君之虽欲罢侯置守，可得乎？"
> 2013年辽宁卷："今韩丞相坐主帅失律，夺招讨副使，知秦州；范文正公亦以移书元昊不先闻，夺招讨副使，知耀州。"

**落**，一般指免去一部分官职。

**开缺**，就是开除。哪怕开除了他之后，这个职位还没有合适的人顶上来，也要开除的意思。

**除籍、除名**，通籍是做官，相应地，除籍就是免官。

**褫**，这个字形比较复杂，但是看过电视剧《甄嬛传》的读者对其就不会感到陌生了，谁做了什么坏事，就要被"褫夺封号，贬为答应"。褫专门指犯错以后被羞辱性地夺去官职。

**降、贬**，都是降低的意思。但是降既可以用于官位，也可以用于爵位，贬就只能指贬官。

> **高考文本对应**
> 2021年全国新高考1卷:"十一月庚寅,降宗室郡王皆为县公,惟有功者数人不降。"
> 2017年全国1卷:"高祖受命,晋陵公主降为东乡君。"
> 2020年全国2卷:"又贬单州团练副使,象州安置。"
> 2017年全国3卷:"与蔡卞同肆罗织,贬谪元祐诸臣,奏发司马光墓。"

谪,是贬官,而且通常是被外放到偏远地区。"滕子京谪守巴陵郡",就是典型的例子。

> **语文教材链接**
> 九年级上册《岳阳楼记》:"庆历四年春,滕子京谪守巴陵郡。"由此句中的"谪"字看出,滕子京到巴陵郡来做知州,是被贬的。

> **高考文本对应**
> 2019年江苏卷:"抗疏论之,谪粤之徐闻尉。"

削,不论是降职,还是削爵,都特指因罪被处分。

> **高考文本对应**
> 2019年全国1卷:"贾生数上疏,言诸侯或连数郡,非古之制,可稍削之。"

黜,除了用在比较高级的官员身上,还用在皇位继承人的身上,比如"黜太子"。太普通的官职,通常不配用这个字。

第四部分 张三的仕途

> **语文教材链接**
>
> 高中必修下册《谏太宗十思疏》:"想谗邪则思正身以黜恶。"这里的"黜"就是皇帝要贬黜、远离身边的恶人。

> **高考文本对应**
>
> 2018 年全国 1 卷:"公居伊周之位,一旦以罪见黜,虽欲牵黄犬,复可得乎!"
> 2013 年全国 1 卷:"文升严核诸将校,黜贪懦者三十余人。"

### 官职调动与提升

**迁、徙**,通常指官职调动,但是"迁"有上升的意思。《说文解字》曰:"迁,登也。"所以单独说迁,如果上下文没有十分明确的指向,其中就有升官的意思。更加广泛的用法是在迁的前面加上左右标定方向:左迁表示贬官,右迁表示升官。相应地,左除是贬官,右除是升官。

> **语文教材链接**
>
> 九年级上册《岳阳楼记》:"迁客骚人,多会于此。"很多资料喜欢把此处的"迁客"翻译成"被贬谪远调的官员",其实仅从文本并不能看出来这些"客"究竟是左迁还是右迁。但是根据当时范仲淹的处境,以及站在岳阳楼上看到自然景致后百感交集的情绪,这里的"迁",大概率是左迁,即被贬了。其实迁的方向不论左右,这些人在朝为官,远离京城,宦游四海,大家的处境和情感不都是相通的吗?因此这里是左迁还是右迁,其实也并不重要。
>
> 高中选择性必修中册《屈原列传》:"令尹子兰闻之,大怒,卒使上官大夫短屈原于顷襄王,顷襄王怒而迁之。"这句话并没有直接点明"迁"的方向,但是根据上下文,顷襄王已经"怒"了,所以屈原只能是左迁,即贬谪。

**高中选择性必修中册《苏武传（节选）》**："武，字子卿。少以父任，兄弟并为郎，稍迁至栘中厩监。"这句话中的"迁"依旧没有明确的指向。看看上下文，根据常理推断，文中说苏武年少的时候是皇帝身边的郎官，也并没有提及他犯错之类的内容，猜测过了一段时间之后"稍迁"，应该是稍微升了官职的意思。

## 高考文本对应

**2020年全国1卷**："元祐元年，轼以七品服入侍延和，即赐银绯，迁中书舍人。""徙知密州。司农行手实法，不时施行者以违制论。"

**2020全国2卷**："上为迁安中翰林学士，又迁承旨。""高宗即位，内徙道州，寻放自便。"

调，就是调动。

## 高考文本对应

**2016年江苏卷**："乙未，成进士，授清江令，调广昌，僚寀多名下士。"

**2012年广东卷**："（道光）五年，调江苏。"

改、易，就是改任，变动官职。

## 高考文本对应

**2018年浙江卷**："自临晋改应天府户曹，掌南京学，卒于睢阳。"

**2017年全国3卷**："归报，神宗善之，明年，知秦州，又改郓州。"

**2012年全国新课标卷**："既而被檄秀州，至则员溢，就院易一员往漕闱，秦熺果中前列。"

**转、换、移**，也是调职。

> **高考文本对应**
>
> **2020 年江苏卷**："戊寅，方伯公以大参备兵通、泰，寻由河工超迁河南右辖。未几，转左。"
>
> **2019 年江苏卷**："寻以博士转南祠部郎。"
>
> **2017 年全国 3 卷**："知颍昌府，移大名……在大名六年，数告老，召为佑神观使。"
>
> **2013 年全国 2 卷**："后累年，揆量移歙州刺史。"

**升**，就是升官。

> **高考文本对应**
>
> **2015 年湖北卷**："侯居常三年，升山东副使以去。"
>
> **2014 年重庆卷**："而先生以政声卓著，由上峰保升郡守矣。"

**擢、拔**，就是提拔。

> **语文教材链接**
>
> **高中选择性必修下册《陈情表》**："过蒙拔擢，宠命优渥，岂敢盘桓，有所希冀。"这句话里的"拔""擢"都是受看重、升官的意思。

> **高考文本对应**
>
> **2021 年全国新高考 1 卷**："上善其言，擢为侍御史。"
>
> **2020 年全国 2 卷**："未几，自秘书少监除中书舍人，擢御史中丞。"
>
> **2013 年天津卷**："近日应潜斋高弟有曰凌嘉印、沈文刚、姚敬恒，皆拔起孤露之中能成儒者。"

**进、晋**，就是晋升。

> **语文教材链接**
> 九年级上册《岳阳楼记》："是进亦忧，退亦忧。"此句中的"进"是指受皇帝看重，在中央为官的意思。

> **高考文本对应**
> 2019 年全国 2 卷："公叔座知其贤，未及进。"
> 2018 年全国 1 卷："武帝践祚，转镇东将军，进爵为侯。"

**入、出**，入是入京师为中央官，出就是出京师做地方官。同是做官，原没什么本质区别，甚至有时候品级也没有变化。但是古代官员总是喜欢在京师做官，因为离皇帝近，近水楼台机会多，所以"出"就多少带点被贬的失落。

> **高考文本对应**
> 2020 年全国 1 卷："元祐元年，轼以七品服入侍延和，即赐银绯，迁中书舍人。"此句中的"延和"，指的是延和殿。
> 2018 年全国 2 卷："宠风声大行，入为大司农。"
> 2020 年全国新高考 1 卷："出理屯田……因条上三因十四议……诏悉允行。水利大兴。"
> 2018 年全国 3 卷："还朝，用为三司盐铁判官，以比部员外郎出知遂州。"

**起**，就是起复或者开复，指免职的官员被再次授以官职。

### 高考文本对应

2018年全国1卷："宣帝嘉之，赦而不诛。俄而起为使持节……"
2016年全国1卷："明年，起判永兴军。居一岁，还京师。"

## 兼职、代理

**摄、兼、领**，就是兼理，比如"摄吏部事"，指兼职吏部尚书；"领左将军"，就是原本有自己的职位，但兼职左将军。

### 高考文本对应

2020年全国3卷11题D选项："居摄是指古代帝王因年幼不能亲政，大臣代居其位来处理政务的一种制度。"此选项内容正确。
2021年全国甲卷："闰月乙亥，以参知政事王钦若判天雄军兼都部署。"
2018年全国3卷："以父仲淹荫……知陵台令兼永安县。"
2015年浙江卷："甲申秋，直秘阁王侯柅来领太守事，于是方有水灾，尽坏堤防，民不粒食。"

**权**，就是权且暂代的意思。比如"权御史中丞"，就是指暂代御史中丞这个职位。

### 高考文本对应

2020年全国1卷："三年，权知礼部贡举。会大雪苦寒，士坐庭中，噤未能言。"

**假、借**，借不难理解，假在这里不是指假冒，而是用了"假借"的字义，表示暂时代理，比如某人做了"假司马""假相国"，不要觉得这个官

468　　古代文化常识这样学

职来得不合法。

**守**，表示临时任官或者代理官职。比如"守相"，就是临时代理宰相。

**行、判**，表示兼任比自己的本职级别低的职务。比如"行兵部尚书"或者"判相州"，就说明人家原本的品级比兵部尚书或相州太守要高，类似教导主任兼职班主任。

> **高考文本对应**
> 2018 年全国 1 卷："后拜骑都尉、参军事、**行**安南太守，迁尚书郎。"
> 2017 年全国 2 卷："憙年未二十，既引见……即除为郎中，**行**偏将军事，使诣舞阴，而李氏遂降。"
> 2021 年全国甲卷："闰月乙亥，以参知政事王钦若**判**天雄军兼都部署。"
> 2014 年广东卷："旋改集贤院学士、**判**南京御史台。"

**署**，就是签署、代理，指有权签署。

> **高考文本对应**
> 2020 年全国新高考 2 卷："**署**南平教谕，迁淳安知县。"

**护**，也是代理，但一般是高级别的职位空缺以后，由低级别的官员暂时代行职务，守护印信。

**知**，也是有本职工作，但是同时"知某某事"。

> **高考文本对应**
> 2020 年全国 1 卷："轼恐不见容，请外，拜龙图阁学士、**知**杭州。"
> 2020 年全国 2 卷："王黼赞于上，授庆远军节度使、河北河东燕山府路宣抚使、**知**燕山府。"

**带**，就是附带。一般是因为一些官员俸禄微薄，所以多在他头上附带一些官衔，这样他们就能多领一些薪水，但并不需要多做什么工作。这也是一种给古代官员发放福利的形式。

**检校**，是一种荣誉性虚衔，比如"检校兵部尚书"，其实并不管理兵部。

### 高考文本对应

2012 年全国大纲卷："十四年，召见，拜检校少保。"

2011 年辽宁卷："俄拜庆礼御史中丞，兼检校营州都督。"

**勾当**，不是做坏事的意思，而是兼职的一种说法，以原本的职务勾当某某官职或某某部门，在唐、宋文献里经常出现。

**充**，就是充当，但是此处有一种特派的味道。

### 高考文本对应

2016 年全国 3 卷："武宗立，以东宫恩，进左谕德，充讲官，纂修《孝宗实录》。"

2011 年辽宁卷："寻迁大理评事，仍充岭南采访使。"

**加**，这种情况比较复杂，从我们熟悉的成语"加官晋爵"可以体会到，官职、爵位、头衔、勋等都是可以加的。另外，学过古代官职演变的历史之后，我们就会知道一个常识，即古代的很多官名和职权还是分离的，所以加官和加职也可以不是一回事，这就只能根据上下文自行判断了。

### 高考文本对应

2020 年全国 3 卷："加光禄大夫、仪同三司，未拜。"

2016 年全国 1 卷："英宗即位，加中书侍郎兼礼部尚书，寻加户部尚书。"

**提点**，也是原本有自己的职位，又被任命管理其他事务。

> **高考文本对应**
>
> **2012 年江苏卷：**"擢提点利州路刑狱。公至逾年，劾城固县令一人妄杀人者，一道震恐，遂以无事。"
>
> **2011 年全国新课标卷：**"提点河东刑狱，迁西上阁门使、领威州刺史、知沧州。"

**行走**，是清代常用的说法，相当于给某位官员发放了通行证，可以在某部门"行走"就是可以在那个部门办事的意思。"军机处行走""南书房行走"等，都是常见的实权官职。

## 退休

古人做官时有哪些途径能离开当前的岗位呢？一种情况是被炒鱿鱼，官员犯了什么错，被革去官职；另一种情况是自己主动辞职，就如同现在。魏晋南北朝时期的官吏管理制度比较奇葩，官员离岗很自由。你看当年彭泽县的县令陶渊明，就因为上级通知他第二天需要穿上制服迎接上级部门领导，他一时不爽，便挂冠而去，自由自在地走了。不过在这大乱世，文人们又处在崇尚魏晋风骨的年代，也难怪这么奇葩。

绝大多数体制内的干部离开岗位的原因就是退休了。退休在古代有这样几种说法。

**致仕**。这个说法最常见，却总有人觉得奇怪：致不是招来的意思吗？比如"招致"。而仕显然指做官，比如"仕途""出仕"。这两个字组合在一起，意思怎么变成退休了呢？真相是这样的：除了招来，致还有送走的意思。致仕的意思其实就是把这个官职送走，即还给皇帝。

等等！汉语词汇为什么如此让人崩溃，一个字竟然包含截然相反的两

个意思？这就又得请出我们的语言帮手——金文了。"致"的金文字形的左半边是"至"这个字，就是到了的意思，右半边是一个人，组合起来的意思基本就是人到了。可是这个意思，可以根据具体情况做不同的解读啊。什么人？到哪儿了？如果发出动作的这个人是张三，张三让别人到他这里来，那就是"招致"的意思；如果发出动作的这个人是李四，李四让别人到别人自己想去的地方，那就是"送走"的意思。一个字有意思相反的两种解释，并不是这个字本身让人纠结，而是后人在本义的基础上，从不同的角度进行了引申。

同样的原理，"致事""致政"也是把职权还给皇帝，即退休的意思。

**高考文本对应**

2016年全国1卷："旋以太傅致仕。元丰元年卒，年八十。"
2016年全国3卷5题C选项："致仕本义是将享受的禄位交还给君王，表示官员辞去官职或到规定年龄而离职。"此选项内容正确。

需要注意的是，古代文献里也经常出现与"致"有关的词，除了退休这个意思，可得想清楚"致"是招致还是送走，再对词义进行判断。"致身"是献身入仕，"致治"是到了天下大治的境界，"致命"是舍弃生命，"致效"是献身效命。

**乞骸骨。**这个说法属于向皇帝卖惨。中国人讲究落叶归根，官员们一出来做官，就往往是宦游四海、离乡万里。说句不好听的，万一年纪大了，身体不好，突然在任上去世，实在是人生的重大遗憾。所以"乞骸骨"的意思就是，我都为皇帝效力一辈子了，我就盼着百年之后能顺顺利利地把骨头埋在家乡的土地里，这是要告老还乡，即主动请求退休的意思。

"乞身""赐骸骨"，也是一样的意思。

**"归"字系列**。这个原理还是落叶归根,人老了要回到故乡。那回到故乡做什么呢?那个年头没有老干部活动中心,也没有广场舞可以跳,官员们回乡通常就是回归田园,哪怕自己不种地,看看家乡的小村庄里"狗吠深巷中,鸡鸣桑树颠",看看"一畦春韭绿,十里稻花香",也算是老有所养了。

因此,根据回家以后的状态不同,"归"这个系列,有"归老""归耕""归田""归田里""归休"。

有一个特殊的词是"归养",这不是说自己老了,而是说父母老了,要回家赡养父母的意思。

---

**高考文本对应**

2020 年江苏卷:"而癸未需次调补,竟请告归,从太夫人意也。"
2019 年江苏卷:"计偕之日,便向吏部堂告归。"
2015 年安徽卷:"归田后,尤孤介自持,不接当事。同年王中丞巡抚河南,馈问亟至,一无所受。"

---

如今我们有法定退休年龄,其实古代也有,一般来说是七十岁。这就比较让现代人惊讶了,现在医疗、营养条件都好了,公务员退休年龄才是男满六十周岁、女满五十五周岁,古人这么有魄力吗?毕竟人活七十古来稀。

一方面,古代官员人数远远比不上现在的公职人员数量。好不容易选拔出这些官员,国家自然比较珍惜,他们通常都是要为祖国的建设事业奋斗终生的。另一方面,具体实施起来也不尽然,比如人家干到五十多岁了,身体确实不好,主动上书"乞骸骨"了,皇帝也未必不答应;或者有些明明还年轻力壮的官员犯错了,或者在政治斗争中落败,以回家养老的名义离开官场,也落个体面;还有些特别贪恋权力且长寿的,非得哭着喊着要继续发挥余热。官员退休以后虽然也有"退休金",但毕竟不如身在其位时的直接好处多。

如果国家再次起用已经致仕的官员,叫"落致仕"。

## 丁忧

丁忧是官员们需要暂时离开岗位的普遍原因。之前讲丧礼的时候提到,在五服之内,什么亲戚关系的人物需要守丧多长时间都是有标准的。守丧期最长的是父母之丧,有二十七个月之久。

从理论上来讲,既然要守丧,就不能工作。这样一来,如果一个官员在任期间将父母的丧期都守满,差不多要五年时间,再加上其他亲戚的丧期,这个官基本上也就不用做了。为了不严重影响国家机器的运转,隋唐以后政府官员的丁忧,就只是儿子守父母之丧,最多包括承重孙(长房嫡长孙)守祖父母之丧。

# 后记

我还很小的时候,父亲提起一个什么人,说他很牛很牛,我问父亲,他哪里厉害,得到的答案至今记忆犹新:"人家著作等身。"这是我第一次听到"著作等身"这个成语,第一次知道这个价值观——写很多书的人,就很牛。

年纪渐长,我感受到了来自父亲的一些期待。

他希望我踏踏实实地待在校园里,学位读到没的可读了再考虑工作,可我总是焦躁难耐,觉得自己在校园里待得太久太久,我要工作,要赚钱,要亲近社会。

他希望我像他一样,在一所大学里教书,稳定、纯净、受保护,可我喜欢到高中教书,青春、有趣,还不用整天写论文。

可能只剩下最后一个期待了吧。他希望我能多写点儿东西,达到著作等身的厉害程度,或者著作等腰,哪怕等膝盖也行。可我偏偏从小爱说爱讲,唯独不爱动笔。其实爱不爱的,都是借口,本质上就是懒怠和拖延。

2020年夏天,中信出版社的编辑找到我,希望我就自己的短视频相关内容写一本书。我答应的时候,心里其实在想,虽然父亲口头从没表达过什么,但我不能让他心里的期待全都落空。这就算是我三十多年来,第一次正儿八经地交作业吧,从前编过一些高中语文练习册,准确地说,那算不上什么著作。即使不能著作等身,能等脚后跟也比交白卷强。

在整个写书的过程中,父亲比我这个作者都上心。我在北京写几万字,就被父亲催着发过去，他在太原打印好，给我修改得密密麻麻，再寄回北京。他是刚刚恢复高考那会儿的老派中文系大学生，我是自媒体时代天天和粉丝在弹幕里逗闷子的UP主。他看不上我的文风，说太不严肃；我不能接受他的修改，说没有趣味……

相爱的人，总是避免不了"相杀"。总算定稿了，无论如何，一定要高调致谢我这磨人的首席斧正官。希望我在服务学生、读者的同时，也交上了一份满意的家庭作业，送出了一份诚挚的成长礼物。

惊喜的是，在成书过程中，我也体会到一些纯粹用文字媒介输出的乐趣，有两回，竟然哗哗写出了心流状态。有时候自己还翻着书稿甜蜜地憧憬一下：我还不到四十岁，悟已往之不谏，知来者之可追，万一有一天，真的就著作等身了呢？你看，我才一米六。